KB056403

횡단적 사유와 역사인식

텍스트와 컨텍스트의 횡단적 읽기

이 책은 동아시아역사연구소 총서 17권입니다.

횡단적 사유와 역사인식: 텍스트와 컨텍스트의 횡단적 읽기

초판 1쇄 발행 2018년 2월 28일

저　자 ｜ 이상동 외
펴낸이 ｜ 윤관백
펴낸곳 ｜ 도서출판 선인

등록 ｜ 제5-77호(1998.11.4)
주소 ｜ 서울시 마포구 마포대로 4다길 4(마포동 324-1) 곳마루빌딩 1층
전화 ｜ 02)718-6252 / 6257
팩스 ｜ 02)718-6253
E-mail ｜ sunin72@chol.com
Homepage ｜ www.suninbook.com

정가　36,000원
ISBN　979-11-6068-157-4　93900

· 저자와 협의에 의해 인지 생략.
· 잘못된 책은 바꿔 드립니다.

횡단적 사유와 역사인식

텍스트와 컨텍스트의 횡단적 읽기

이상동 외

도서출판 선인

서문

    국내 대표적인 진보 서양사학자인 김택현 교수는 E . H. 카의 『역사란 무엇인가』를 번역했다. 기존의 역자들이 역사를 과거와 현재의 대화라고 할 때 그는 역사란 "역사가와 그의 사실들의 지속적인 상호작용의 과정"이라고, 즉 과거/사실을 '그의' 사실로 번역함으로써 카가 말하고자했던 근대 역사학의 한계를 정확히 국내 독자들에게 전달했다.

    푸코가 비판적으로 언급했던 '시선의 고고학'으로서의 근대 역사학은 텍스트, 문서, 담론 등이 역사가의 시선에 따라 선택되고 또 거기에 해석이 덧붙여지는 해석학적 성격이 짙다. 역사가에게 선택된다는 점에서 역사가와 불가분의 관계에 있는 선택된 사실로서의 역사는 목적성과 총체성 및 발전·진보의 이름으로 신의 정의에 견줄만한 객관적 학문의 지위를 획득했다. 카 또한 진보와 객관성의 가치 추구 속에서 역사(학)의 존립근거를 찾았다. 그러나 이와 같은 '선한' 총체성으로서의 역사는 타자에 대한 환원과 동화라는 '폭력'적 과정을 거치며 지식/권력으로서 작동해왔을 뿐이다.

목적론적이고 일선적인 역사는 횡단과 교차를 통해, 레비나스의 표현을 빌리자면 '고통 받는 타자'의 얼굴을 드러냄으로써 극복된다. 다수의 보수 역사학자들이 경계하는 바와는 달리 총체성의 해체는 파괴와 소멸의 길이 아니다. 해체는 경계 짓지 않음이며 넘나듦의 다른 이름이다.

『횡단적 사유와 역사인식: 텍스트와 컨텍스트의 횡단적 읽기』는 이를 실현하기 위한 실천의 일환이다. 이 책은 총 3부로 구성되었다. 1부는 "의례 · 공간 읽기", 2부는 "담론 · 정치 읽기", 끝으로 3부는 "텍스트 · 인식 읽기"라는 주제를 다룬다.

제1부는 의례와 공간의 관점에서 역사를 다층적으로 분석한 글들로 이루어졌다. 한영화는 「신라 사면의 의례와 공간」이라는 제목의 글에서 '사면'은 범죄자에게 부과된 형벌의 일부를 감해주는 것으로, "왕의 정치행위와 연관성"이 있다고 말한다. 그렇기 때문에 사면은 '제의' 및 '의례적' 성격을 갖고 있다고 한영화는 주장한다. 아울러 그는 사면의 의례적 특성을 '공간' 구조의 관점에서 바라봄으로써 사면의 의미를 다층적으로 분석한다. 이현주의 글 「신라 중대 유교식 혼인의례의 도입과 왕후」는 왕실 여성의 지위와 혼인의례의 상관관계에 대해 살펴본다. 이현주는 이 글에서 진골 세력의 도전에 맞서 왕실의 권위를 높이고 정당성을 공고히 하기 위해 유교식 의례가 활용되었으며 신목왕후의 유교식 혼인의례는 그 지향성의 일환이었다고 주장한다. 결국 신라 중대 왕권은 왕실 여성, 즉 왕후와 태후의 지위와 권한을 확대하고 강화하기 위해 의례적 장치를 활용했다는 것이다. 박재우는 「고려전기 영토관념과 변경(邊境)」이라는 제목의 글에서 고려의 영토와 변경의 문제를 다룬다. 박재우는 이 글에서 우선 고려의 영토 관념에 대해 살펴보고 그 영토 관념이 영토문제에

영향을 끼쳤음을 규명한다. 그는 지리적 공간 개념을 통해 분석해 본 결과 고려의 영토의식은 중층적이었으며 북방과 남방의 변경은 다층적인 모습을 띠었다고 주장한다. 한편 권순홍은 그의 글 「조선 전기의 고구려 초기 도성(都城) 위치 비정과 그 실상」을 통해 조선 전기에 행해진 고구려 초기 도성에 대한 위치 비정들을 살펴봄과 동시에 그 속에 있는 논리 구조를 분석한다. 제1부는 조성산의 「18세기 후반 이희경(李喜經)·박제가(朴齊家)의 북학사상 논리와 고학(古學)」이라는 제목의 글로 마무리된다. 조성산의 글은 연암그룹 인물 중 북학론을 가장 적극적으로 펼쳤던 박제가와 이희경의 경우를 통해 북학논의와 고학인식의 상관관계를 논한다. 조성산에 따르면 박제가와 이희경을 비롯한 연암그룹은 고학의 구체적 문제의식을 발전시키기보다는 억제했다. 반면 그들은 북학론을 더 적극적으로 전개했는데, 그 근간에는 고학 정신을 강조함으로써 청나라의 중화성을 인정하고자 하는 북학사상의 사유구조가 자리하고 있었다고 조성산은 주장한다.

"담론·정치 읽기"라는 제목의 2부는 담론의 정치성과 정치 담론화를 검토하는 글들로 이루어졌다. 이혜린은 「1920년 대한민국임시정부 대통령불신임운동의 주체와 성격」이라는 제목의 글에서 1920년에 있었던 임시정부 대통령불신임운동의 주체와 성격을 규명하고자 한다. 그는 불신임운동의 주체는 임시정부의 차장직을 맡고 있던 신대한동맹단과 한인사회당의 구성원이었다고 말하면서 그들이 이승만을 축출하고자 한 이유를 밝히고 있다. 한편 김진흠의 글 「1958년 5·2총선 연구: 부정 선거를 중심으로」는 부정 선거로 얼룩진 5·2총선에 대해 살펴본다. 김진흠은 특히 선거 결과 여촌 현상이 두드러진 것에 대해 그것은 철저한 부정선거에 의한 것이었다고 주장한다. 그는 5·2총선이 입후보 등록 과정, 선거운동 과정, 투개표 과정 등의 전반에 걸쳐서 불법이 자행되었음을 입증했

다. 제2부의 마지막은 오제연의 「1970년대 '유언비어'의 불온성」이라는
제목의 글로 채워진다. 오제연은 유언비어의 생산, 재생산, 유통의 과정
을 분석한다. 이를 통해 유언비어는 허무맹랑한 거짓 이야기가 아니라
합리적 상상력이 가미된 비판 담론의 일부라고 주장한다. 그에 따르면
유언비어는 "집단성에 기반한 합리성을 획득하여, 비합리적 체제에 대한
불신과 불만을" 가중시키는 것이며, 이것이 유언비어의 '불온성'이 형성되
는 메커니즘이다.

　3부에 수록된 글들은 "텍스트 · 인식 읽기"를 시도한다. 정동준은 그의
글 「『동아시아사』 교과서의 고대사 서술 분석: '평화 공존' 목표를 저해하
는 서술을 중심으로」에서 2014년 간행된 3종의 『동아시아사』 교과서가 '평
화 공존'을 위한 서술을 어떻게 하고 있는지에 대해 분석한다. 정동준은 특
히 중국 중심적 서술과 민족주의적 서술을 중심으로 논의를 전개한다. 이
정민은 「탄원서에 나타난 서독인들의 동백림사건 인식」이라는 제목의 글
을 통해 남한정부와 서독정부가 동백림사건을 바라보는 인식의 차이가 어
떠했는지에 대해 살펴본다. 나아가 이정민은 서독 각계각층에서 작성된 탄
원서는 남한과의 외교 관계로 동백림사건 해결에 소극적인 자세를 취하던
서독정부를 움직여 남한정부에 압박을 가하는 형태를 취하게 되었다고 주
장한다. 제3부는 이상동의 「스코틀랜드 왕가의 '신성한' 혈통 만들기: 알렉
산더 2세와 성 마가렛 숭배」라는 제목의 글로 끝을 맺는다. 이상동은 그의
글에서 왕실 구성원들이 왕실 출신 성인에 대한 숭배 의식을 강조하고 그
성인을 숭배하는 공간을 번영시킴으로써 '차별성'을 획득했다고 밝힌다. 다
시 말해 왕실 구성원은 성인의 혈통을 이어받은 '신성한 혈통'을 갖고 있다
는 것으로, 이는 곧 왕권 강화의 수단으로 활용되었다는 것이다. 왕실 성인
의 숭배는 곧 왕권 강화를 위한 정치적 프로파간다로 활용되었다는 것이
이상동의 주장이다.

『횡단적 사유와 역사인식: 텍스트와 컨텍스트의 횡단적 읽기』에 실린 글들은 횡단적 사유를 통해 역사인식의 지평을 확장하고자 하는 시도를 보여준다. 경계·구분 짓기라는 (근대)역사학의 한계를 뛰어넘으려는 노력의 산물이다.

2018년 2월
이 상 동

차례

‖ 제2부 담론 · 정치 읽기 ‖

‖ 제3부 텍스트 · 인식 읽기 ‖

제1부
의례·공간 읽기

신라 사면의 의례와 공간

/ 한영화 /

1. 머리말

사면은 범죄자에 대해 집행되고 있는 법률상의 효력을 해소하거나 재판의 결과 확정된 형(刑)의 일부를 감형시키는 것이다. 사면의 행사는 군주권과 밀접하게 관련이 되어 있는 것으로 정치적으로 중요한 연결고리를 가지고 있다. 그래서 중국이나 일본에서는 일찍부터 사면에 대한 연구와 정리가 이루어졌으나, 한국 고대사회의 사면은 활발한 연구가 이루어지지는 않았다. 뒷 시기인 고려의 사면에 관해서는 부분적으로 연구가 되었으나 삼국이나 신라 중·하대의 사면은 사료상의 한계로 다양한 방면에서 연구되기 어려웠다.

사료상의 한계를 가지고 있다하더라도, 사면의 시행 역시 왕의 정치행위와 관련해서 행해졌기 때문에 이를 통해 정치적 역관계 속에서 왕권과 관련하여 연구하고자 하는 노력은 계속되어 왔다. 일찍이 부여의 영고에서 행해졌던 '해수도(解囚徒)'로부터 제의와 사면의 관계를 규명하고자 했던 바 있었으며[1] 삼국의 경우 고구려나 신라를 중심으로 하여 정치적 상황과 왕의 사면권 행사의 상관관계를 살피려는 연구들이 있어왔다.[2] 더 나아가 구체적으로 제도로서의 사면의 정착을 율령제에 기초한 중국적인 사면제도의 수용과 연관 지어 신라의 경우 나물니사금대로 설정하기도 하였고,[3] 다른 한편 초기의 관습에 의한 사면의 시행이 신라 중대에 이르러 율령적 중앙집권체제가 확립됨으로써 그 성격이 강화된 것으로 파악하는 연구가 진행되기도 하였다.[4]

사면의 성격상 왕의 정치행위와의 연관성을 배제할 수는 없을 것이지만 그 접근방식은 좀 더 다양화될 필요가 있다. 기본적으로 사면은 부여의 영고에서도 확인할 수 있듯이 재판·형벌과 짝을 이루어 제의와 관련성을 가지고 있었다. 이는 제천행사이자 국중대회였던 제의의 장(場)에서 신에 의해 행해졌던 것이 점차 신의 대리자인 왕을 대표로 하는 지배세력에 의해 행해졌고, 이를 왕이 독점함으로써 권력을 행사할 수 있는 기반으로 삼았던 것과 연관이 있었다. 그렇기 때문에 사면의 시행이 신왕(新王)의 즉위의례나 순무과정 그리고 자연재해에 대한 수습 등과 같은 왕의 권력을 발휘하거나 과시할 수 있는 하나의 방법으로 나타났던 것이다. 영고와 같은 제의에 기반을 두었던 사면의 시행은 율령을 통해 제도적으로 정착되고,

---

1) 李基白,「韓國 古代의 祝祭와 裁判」,『歷史學報』157, 1997; 김수태,「한국 고대의 축제와 사면」,『韓國古代史研究』59, 2010.

2) 윤성환,「고구려 전기의 사면령」,『民族文化』34, 2009; 신정훈,「新羅 中代의 大赦와 恩典이 가지는 정치적 의미」,『白山學報』85, 2009.

3) 이근우,「赦免記事를 통해 본 韓日 律令制 수용문제」,『淸溪史學』16·17, 2002: 나물니사금대 이전 경주지역을 중심으로 한 錄囚原罪의 형태의 관행이 존재했던 것에 비해, 나물니사금 이후부터는 사면과 더불어 조세면세나 관작수여 조치 그리고 曲赦가 등장함으로써 율령적 의미의 赦, 大赦가 시행된 것으로 파악하였다.

4) 金敏漢,『新羅時代 赦免에 대한 硏究』, 성균관대학교 석사학위논문, 2001.

중국의 유교적 예제의 수용에 따라 상하관계를 명확히 함으로써 국가의 지배질서를 공고히 하는 데에 역할을 하게 되었다.

본고는 신라 왕들의 즉위와 관련해서 행해졌던 사면과 그 변화를 분석함으로써 실제로 왕의 권력을 지지하는 이데올로기의 변화를 짚어보고자 한다. 이는 시점뿐만 아니라 공간의 변화를 동반하게 되는 것으로 사면이 행해지는 공간의 변화가 갖는 의미를 파악하고자 한다.

사면이 행해졌던 공간의 변화와 의미는 당과 일본의 사례를 비교·검토하는 과정을 거치게 될 것이다. 당의 예제를 적극적으로 받아들였던 신라 중대 이후 사면 의례가 신라 왕궁 내에서 어떻게 구현되고 있는지 살펴보고자 한다. 사면 의례의 공간은 왕궁의 구조와도 밀접한 관련을 갖는 것이기 때문에, 결국 당의 예제가 신라나 일본에서 어떻게 적용 혹은 변용되는가도 살펴볼 수 있을 것이다.

2. 대사(大赦)와 녹수(錄囚)의 공간

1) 시조묘·신궁 제사와 사(赦)

중국에서 사면은 황제의 즉위나 태자의 책봉, 개원(開元), 전쟁의 승리, 상서(祥瑞)의 출현 등 경사(慶事)나 가뭄, 홍수, 지진, 충해(蟲害), 천문(天文)의 변화, 일·월식 등 천재지변을 계기로 행해진 것으로 분류된다.[5] 한국 고대사회에서의 사면은 부여에서의 제천행사이자 국중대회인 영고에서 행해졌던 '해수도(解囚徒)'를 비롯하여 고구려, 백제, 신라에서 왕의 즉위,

---

5) 『歷代刑法考』 卷33 赦12.

태자의 책봉, 순수, 자연 재해 등을 계기로 시행되었다. 그 형태는 대사(大赦), 사(赦), 곡사(曲赦), 녹수(錄囚)·여수(慮囚) 등으로 다양하게 나타났다. 주로 왕의 즉위나 책봉과 관련해서는 대사나 사의 형태로, 농사의 풍흉과 관련된 자연재해에 대해서는 녹수(錄囚)·여수(慮囚)의 형태로 시행되었다.[6)]

대체로 대사나 사는 전국적으로 모든 인민(人民)을 대상으로 하는 전면적인 사면을 의미하는 것으로[7)] 왕의 즉위나 태자의 책봉 등과 연관되어 시행되었다. 특히 왕의 즉위를 계기로 시행된 대사나 사는 기본적으로 왕의 권위를 높이는 데에 기여하는 한편, 인민에게 은혜를 직접 베푼다는 덕치의 의미로 이완된 민심을 수습하는 데에 목적이 있는 것이었다.

신라의 경우 『삼국사기』에 기록되어 있는 즉위와 관련된 대사는 다음의 표로 확인할 수 있다.

〈표 1〉 『삼국사기』에 나타나는 신라 신왕(新王)의 즉위와 사면

왕명	前王의 사망 時期	赦免의 선포(年月)		내용	비고
유리니사금	10월	2년(25)	2월	親祀始祖廟 大赦	
일성니사금	8월	원년(134)	9월	大赦	2년 정월 親祀始祖廟
아달라니사금	2월	2년(155)	정월	親祀始祖廟 大赦	
벌휴니사금	3월	2년(185)	정월	親祀始祖廟 大赦	
미추니사금	12월 28일	2년(263)	2월	親祀國祖廟 大赦	
소지마립간	2월 3일	원년(479)		大赦	2년 2월 祀始祖廟
진지왕	8월	2년(577)	2월	王親祀神宮 大赦	
선덕왕	정월	2년(633)	정월	親祀神宮 大赦	

---

6) 錄囚(慮囚)는 아직 판결을 받지 않은 죄인을 재심사하는 절차이므로 엄밀하게 말한다면 그 자체가 사면은 아니다. 그러나 중국의 경우 魏·晉에 이르러서는 錄囚(慮囚)와 함께 사면조치가 이루어지는 것이 관례였으며, 곧 사면의 한 형태로 인식되었다고 한다.(『歷代刑法考』 卷33 赦12 論赦2 六代慮囚.) 신라의 경우도 錄囚(慮囚)하여 "原罪"를 행했던 경우가 거의 대부분이므로 錄囚(慮囚)를 사면의 범주로 보고자 한다.

7) 이근우, 앞의 논문, 714쪽.

태종무열왕	3월	원년(654)	4월	大赦	
신문왕	7월 1일	2년(682)	정월	親祀神宮 大赦	
효소왕	7월	3년(694)	정월	親祀神宮 大赦	
성덕왕	7월	원년(702)	9월	大赦	2년 정월 親祀神宮
효성왕	2월	원년(737)		大赦	3년 정월 拜祖考廟
혜공왕	6월	원년(765)		大赦	2년 2월 王親祀神宮
선덕왕	4월	원년(780)		大赦	2년 2월 親祀神宮
원성왕	정월 13일	3년(787)	2월	親祀神宮 大赦	
애장왕	6월	2년(801)	2월	大赦	3년 정월 王親祀神宮
헌덕왕	7월	원년(809)	8월	大赦	2년 2월 王親祀神宮
희강왕	12월	2년(837)	정월	大赦獄囚殊死已下	
문성왕	7월 23일	원년(839)	8월	大赦	
헌안왕		원년(857)		大赦	2년 정월 親祀神宮
경문왕	정월 29일	원년(861)	3월	大赦	2년 2월 親祀神宮
헌강왕	7월 8일	원년(875)		大赦內外殊死已下	
진성왕	7월 5일	원년(887)		大赦	
효공왕	12월 乙巳	원년(897)		大赦	
경애왕	8월	원년(924)	10월	親祀神宮 大赦	

〈표 1〉에 의하면 효소왕대까지는 일성니사금, 소지마립간, 태종무열왕을 제외하면 신왕이 즉위한 후 첫 번째로 맞이하는 해의 정월이나 2월에 대사가 행해졌다. 그리고 성덕왕 이래로 원성왕과 애장왕을 제외하면 모두 신왕이 즉위하는 원년에 대사가 시행되었다. 대체적인 흐름은 초기 신왕의 즉위 다음 해에 시조묘 혹은 신궁 제사와 연계되어 행해졌던 사면이 중대를 거치면서 신왕의 즉위 원년에 행해짐으로써 다음 해 정월, 2월에 행해졌던 신궁 제사와 분리되었음을 확인할 수 있다.

신왕의 즉위 다음 해에 사면이 행해진 경우는 신라뿐만 아니라 삼국이 공히 시조묘 제사와 관련이 되어 있었다.[8] 물론 『삼국사기』에 삼국 시기

---

[8] 고구려의 경우 대무신왕, 민중왕, 신대왕, 동천왕, 평원왕대에 즉위와 관련하여 대사가 행해졌는데, 민중왕을 제외한 나머지는 모두 즉위한 다음 해 정월이나 2월에 시행되었다. 백제는 왕의 즉위와 관련해서는 분서왕, 전지왕 2건뿐으로, 분서왕대는 즉위 원년에, 전지왕은 즉위 다음해에 사면을 행하였다.

에 행해졌던 모든 사면이 기록된 것이라 생각되지는 않지만, 기록상으로 나타나는 주된 패턴은 신왕이 즉위한 후 처음 맞이하는 해에 시조묘나 신궁에 제사하면서 함께 사면령을 내렸던 것이다. 이는 부여의 영고나 고구려의 동맹과 같은 제천의례에서 형벌과 사면이 함께 행해졌다는 사실을 상기시킨다.[9] 영고에서 행해졌던 "단형옥 해수도"와 동맹에서 행해졌던 제가평의에 의한 형벌의 단행은 제의와 연동된 형벌과 사면의 성격을 가늠하게 한다.[10]

제천행사에서의 재판과 형벌의 집행, 사면은 신성함과 두려움의 대상인 천신의 권위에 의해서 행해졌던 것으로 신판(神判)과 연결될 수 있다. 형벌의 집행을 통해 신에 대한 제물로 신의 노여움을 가라앉히고 신의 판단에 복종함으로써 정화의식을 치르는 것이며,[11] 신의 너그러움과 용서를 통해 사면이 행해졌다고 볼 수 있다. 이러한 신판은 결국 하늘의 권위를 빌려 권력의 정당성을 확보하려는 왕 자신을 위한 것으로 그 중심이 옮겨가게 되므로,[12] 영고나 동맹에서의 하늘에 대한 강조는 곧 왕을 강조하는 것이며 왕의 의지를 신의 의지로 표현하는 것이었다.[13]

이러한 제천행사에서의 신의 성격은 자연신에서 인격신을 거쳐 시조·

---

[9] 고구려에서 10월의 동맹제는 고구려 고유의 신년적 의미를 가졌을 가능성이 있지만, 중국과의 교류 속에서 신년의 기점에 대한 조정이 필요했을 것이다. 흉노의 경우 역시 매년 정월, 5월, 가을에 제의가 치러지는데, 이 중 정월의 單于庭에서의 小會는 중국의 영향을 받은 것으로 파악되기도 하였다(江上波夫, 『匈奴の社會と文化』, 山川出版社, 1999, 290쪽).

[10] 고구려의 10월 동맹제는 시조묘 제사와 연관성을 가졌을 것이라 생각되지만,(서영대, 「한국 고대의 제천의례」, 『한국사시민강좌』 45, 2009, 14~15쪽) 점차 정월이나 2월에 행해지는 시조묘 제사의 위상이 높아졌을 것이라 생각된다.

[11] 韓鈴和, 『韓國 古代의 刑律 硏究』, 성균관대학교 박사학위논문, 2011, 43쪽.

[12] 장국화 편, 임대희 역, 『중국법률사상사』, 아카넷, 2003, 31~35쪽; 도미야 이따루 지음, 임병덕 외 옮김, 『유골의 증언』, 서경문화사, 1999, 195쪽.

[13] 김수태, 앞의 논문, 271쪽.

조상신으로 구체화되는 과정을 겪게 되며, 삼국에서 시조묘 제사는 점차 왕권과 밀착되어 왕실의 조상신으로서 그 중요성을 갖게 되었다.[14] 즉 왕의 집권력을 강화하려는 정치적 성격이 강한 시조묘 제사의 중요성이 커지게 되는 것이었다. 그러므로 신라를 비롯한 삼국에서 사면은 신왕이 즉위한 시점보다 즉위한 후 맞이하는 정월이나 2월의 시조묘 제사와 연동하여 행해졌던 것으로 그 의미가 크다 하겠다.[15] 즉위와 관련된 시조묘 제사는 왕이 '천제지자(天帝之子)'인 시조의 후계자로서의 위치를 재확인하고, 왕을 정점으로 지배세력의 서열화가 표출되는 자리였던 만큼 이 때에 행해졌던 형벌이나 사면은 이데올로기적 측면에서 왕의 정치력을 정당화하는 데에 역할을 하기 때문이다. 다시 말하면, 신왕이 즉위한 후 다음 해 정월·2월 시조묘 제사의 중요성은 천신으로부터 정당성을 부여받은 천신의 계승자로서의 신왕의 면모를 부각시킬 필요가 있었던 것이며 이러한 자리를 통해 사면을 단행함으로써 신왕의 정치력을 확인, 제고했던 것이다.

그렇다면 신라의 경우 시조묘 제사와 연동되어 선포·시행된 사면의 공간은 어디였을까. 일단 시조를 제사하는 장소로는 시조의 묘(廟)를 살펴볼 필요가 있다. 묘(廟)는 능(陵)과 연관성을 가지고 있었던 것으로 추정되는데, 시조의 묘(廟)라 함은 혁거세의 능과 관련이 있었을 것이다. 시조의 묘(廟)와 관련해서 사료상으로 묘정(廟庭)이라든지, 수묘가(守廟家)의 증치(增置)가[16] 언급되었던 것으로 보아 작게는 건축물로, 크게는 능, 묘, 수묘

---

14) 김창석, 『삼국과 통일신라의 유통체계 연구』, 일조각, 2004, 47~48쪽.
15) 신라인들에게 연초에 거행하는 의례에서 신의 강림을 통해 지상의 축복을 약속받고 농경의 풍요를 기원하는 전통이 있었는데 이러한 의례적 전통을 기반으로 해서 연초의 시조묘 제사가 신왕의 즉위의례로서 기능했던 것으로 생각된다(나희라, 『신라의 국가제사』, 지식산업사, 2003, 86쪽).
16) 『삼국사기』 권3 「신라본기」 3 소지마립간 7년 4월.

가 등을 포함한 일정한 구역으로 볼 수 있을 것이다.[17] 시조에 대한 제사
는 능역 내에서 이루어졌을 것인데, 이 때 제사의 공간으로 주목되는 것이
'묘정(廟庭)'이다. 시조묘의 정(庭)에서는 신이한 현상들이 나타나는데, 나
해니사금대는 시조의 묘정(廟庭)에서 여우가 울었고,[18] 나물니사금대는 묘
상(廟上)에 자운(紫雲)이 휘감고 신작(神雀)이 묘정(廟庭)에 모이기도 하였
으며, 묘정(廟庭)의 나무가 연리(連理)되는 현상이 나타나기도 하였다.[19]
이러한 신이한 현상이 나타났던 정(庭)은 신라에서 제의를 구현하는 하나
의 공간으로서 역할을 하였을 것으로 추측된다. 이는 가배(嘉俳)가 행해졌
던 '대부지정(大部之庭)'이나 '부정제(部庭祭)'를 통해서도 확인할 수 있다.
'대부지정(大部之庭)'은 부의 여성들이 모여서 적마(績麻)를 행했던 공간이
었으며,[20] '부정제(部庭祭)'는 수재나 한재로 말미암아 행해진 제의로[21] 부
정제가 행해졌던 공간 또한 부정이었을 것이라 추측된다. 유리니사금대에
가배가 행해졌던 공간으로서의 대부의 정과,『삼국사기』제사지에 실린 부
정제가 어느 정도의 연관성이 있는지는 알 수 없으나, 그 성격과 내용이
다르다하더라도 분명한 것은 정(庭)이라는 공간에서 행해졌던 제의였다는

---

17) 최광식은 미추왕이나 김수로의 경우를 통해 王陵을 王廟로 인식했을 가능성을 제기
    하고 능 옆에 건물을 지어 廟로 했을 것이라 추정하였다(최광식,「신라 상대 왕경의
    祭場」,『新羅王京研究』(新羅文化祭學術發表會論文集16), 1995, 75~76쪽). 나희라는
    시조묘 제사 관계기사를 토대로 庭과 나무 그리고 수묘가를 포함한 일정한 구역으로
    파악하였다(나희라, 앞의 책, 75~82쪽). 한편 김창석은 구체적으로 廟는 별도의 공간
    으로 왕릉 자체가 아니라 왕릉 주변에 세운 건축물로 파악하였다(金昌錫,「신라 始祖
    廟의 성립과 그 祭祀의 성격」,『역사문화연구』26, 2007, 194~199쪽).
18)『삼국사기』권2「신라본기」2 나해니사금 10년 8월.
19)『삼국사기』권3「신라본기」3 나물니사금 3년 2월; 7년 4월.
20)『삼국사기』권1 신라본기1 유리니사금 9년.
    가배는 풍요를 비는 굿놀이로서 농사의 풍요와 마을의 번영을 바라는 儀式으로서 績
    麻와, 길쌈 경쟁이 끝나고 신에게 공헌물을 바치는 의식인 가무·백희로 구성되었다
    (김경화,「백희잡기를 통해 살펴 본 고대의 축제」,『역사와현실』87, 2013, 287쪽).
21)『삼국사기』권32 잡지1 제사 '部庭祭 梁部'.

것이다. 결국 정(庭) 자체에 의미가 있다기보다는 정(庭)을 둘러싼 공간의 문제가 될 것인데, 이 때의 대부나 부는 6부를 대표하는 것으로 추정되며 정(庭)은 이들을 아우르는 제의적 공간으로서의 역할을 담당하게 되는 것이었다.[22]

한편 정(庭)이 갖고 있는 공간적 의미는 흉노와 일본의 경우가 참고할 만하다. 흉노의 소회(小會)가 행해졌던 선우정(單于庭)은 원래 흉노의 최고 통치자인 선우가 거처하는 공간을 이르지만, 단순한 생활공간이 아니라 정치적 공간이자, 제의가 베풀어지는 동안에는 신성한 공간으로서도 역할을 하였다.[23] 일본의 경우 추고기(推古期) 이전에 등장하는 정(庭)은 천황의 어재소(御在所) 앞 공간을 칭하는 것으로, 이후 내리(內裏) 혹은 대극전 남쪽인 조당원과 대응된다. 즉 일본에서의 정(庭)은 조당(朝堂)의 선구적 형태로, 공적 의식(儀式)과 정치의 공간이기도 하였다.[24]

그렇다면 신라에서의 시조에 대한 제의는 또한 묘(廟)를 중심으로 하여 정(庭)에서 이루어졌을 가능성이 크다. 그러므로 신왕의 즉위 다음 해에 이루어졌던 시조묘 제사에 연동된 대사(大赦)의 반포와 시행은 시조의 묘정(廟庭)에서 행해졌으리라 생각되며, 소지마립간 혹은 지증마립간대 설치되었던 신궁에서도 이와 크게 다르지 않았을 것이라 추정된다.[25]

---

22) 윤성재, 「신라 가배(嘉排)와 여성 축제」, 『역사와현실』 87, 2013, 342쪽.

23) 박원길, 『유라시아 초원제국의 샤마니즘』, 민속원, 2001, 17~37쪽; 동북아역사재단, 『(譯註 中國 正史 外國傳 1: 史記 外國傳 譯註』, 2009, 68~70쪽; 윤성재, 앞의 논문, 342~343쪽.

24) 鬼頭淸明, 「日本における朝堂院の成立」, 『日本古代の都城と國家』, はなわ書房, 1984, 203~206쪽.
庭은 廷과도 통하는 것으로 宮中, 즉 宮 혹은 室의 가운데를 뜻하며,(『說文解字』) 朝政·朝廷은 朝日儀禮에서 연원된 것이었다(白川靜, 『字統』, 平凡社, 1984, 603쪽). 그러므로 원초적 형태인 조일의례의 공간이었던 조정에서는 이후 주요 國事의 결정과 국가의 대사가 의정되었다(貝塚茂樹, 「朝と闕」, 『貝塚茂樹著作集』 제1권, 1976, 13~14쪽; 李成九, 「中國古代의 市의 觀念과 機能」, 『東洋史學硏究』 36, 1991, 13쪽).

2) 남당과 녹수(錄囚)

신라 상대에는 즉위의례의 일환으로서 시조묘나 신궁 제사에 수반된 대사(大赦)뿐만 아니라 왕의 미유(彌留)[26] 등을 계기로 사(赦)가 행해지기도 하였으며, 특정 지역에 대한 곡사(曲赦)가 행해지기도 하였다.[27] 이 뿐만 아니라 농사의 풍흉과 관련되는 가뭄이나 홍수와 같은 자연재해에는 녹수(錄囚)를 행하였다. 녹수는 왕이 하늘의 법에 어긋나면 가뭄과 같은 재이를 통해 이를 경고하는 것이므로 이에 대한 대책으로서 잘못된 형정으로 인한 억울함과 원한을 풀어주는 것이었다. 녹수는 아직 판결을 받지 않은 죄인을 재심사하는 절차로 그 과정에서 억울함이 있다면 그 원한을 풀어주는 것이기 때문에 엄밀하게 말하면 그 자체가 사면에 속하지는 않는다. 다만 재심 절차뿐만 아니라 이어 '원죄(原罪)'가 행해지기 때문에 실제로 사면의 범주에 든다고 할 수 있다.

녹수와 '원죄'의 과정을 거치는 사면은 그 의미로만 본다면 하늘과 관련된 것이기도 하고, 더욱이 신라 상대에는 농사의 풍흉과 관련해서만 녹수가 행해졌기 때문에 애초부터 제의와 관련되었을 것이다. 대체로 상대에 녹수가 봄·여름이거나, 3·4월, 7월, 10월에 시행되었던 것을 보면, 시조

---

25) 신궁은 시조의 탄생지인 奈乙에 설치했다고 하였다. 여기서 나을은 대체로 나정으로 비정되지만, 陶唐山으로 보거나(최광식, 앞의 논문, 80~81쪽) 狼山으로(문경현, 「신라인의 산악 숭배와 산신」, 『신라사상의 재조명』(신라문화제학술발표회논문집 12), 1991), 영주지역(강종훈, 『신라상고사연구』, 서울대학교출판부, 2000)으로 비정되기도 하였다. 나정의 경우는 우물을 중심으로 하는 팔각건물지와 담장, 부속건물지 2동 등이 발굴된 바 있어,(중앙문화재연구원, 「慶州 蘿井 整備事業地區內 發掘調査 현장자료」(2002.6.12)) 신궁의 위치로 유력하다(나희라, 앞의 책, 151~152쪽).

26) 『삼국사기』 권2 「신라본기」 2 기림니사금 13년 5월.

27) 『삼국사기』 권3 「신라본기」 3 나물니사금 42년 7월; 소지마립간 10년 3월; 『삼국사기』 권4 「신라본기」 4 진흥왕 16년 11월.

묘에 대한 사시(四時) 제사와 시기적으로 연관되었을 가능성도 배제할 수 없다. 물론 가뭄이나 홍수로 인해 행해졌던 녹수가 시조묘 제사 시기와 꼭 일치한다고 할 수는 없다. 그러나 사면과 제의의 연관성을 감안한다면 시조묘 제사와의 연계 가능성을 아예 배제할 수는 없을 것이다.

한편 다음의 사료를 보면 이러한 녹수와 관련된 공간이 구체적으로 등장한다.

> 진평왕 7년(585) 봄 3월 가뭄이 들자, 왕이 정전(正殿)을 피하고 상선(常膳)을 감하였다. 남당(南堂)에 납시어 친히 녹수(錄囚)하였다.[28]

위의 사료에 의하면 진평왕은 가뭄으로 정전을 피하고 남당에서 녹수를 행하였다. 사료상으로는 드러나지 않지만 이후 '원죄'라는 사면의 조치로 이어졌을 것으로 추측된다. 여기서 진평왕이 녹수를 행한 공간으로서 '남당'을 주목할 필요가 있다. 남당이 처음 등장한 것은 첨해니사금 3년(249)이었다. 이 때 남당은 궁의 남쪽에 설치하였으며 동왕 5년(251) 정월부터 정사를 보는 공간이 되었다.[29] 이후 미추니사금 7년(268)에는 남당에서 여러 신하들과 형정(刑政)을 논의하기도 하였으며,[30] 눌지마립간 7년(423)에는 양로연을 베풀었다.[31] 이를 통해 본다면 남당은 연회의 공간이자 국사

---

28) 『삼국사기』 권4 「신라본기」 4 진평왕 7년 3월.

29) 『삼국사기』 권2 「신라본기」 2 첨해니사금 3년 7월; 『삼국사기』 권2 「신라본기」 2 첨해니사금 5년 정월.

30) 『삼국사기』 권2 「신라본기」 2 미추니사금 7년.

31) 『삼국사기』 권3 「신라본기」 3 눌지마립간 7년 4월.
金瑛河는 눌지마립간 7년 왕이 친히 남당에서 養老宴을 베풀었다는 기사로 마립간 시기 왕의 권력이 직접 미칠 수 있는 정치적 공간이 확대되는 반면에 귀족세력의 입지가 점차 축소되고 있음을 반영하는 것으로 이해하였다(金瑛河, 「新羅 上古期의 官等과 政治體制」, 『韓國史研究』 99·100, 1997, 63쪽).

(國事)의 논의, 왕의 정무 집행의 장(場)으로서의 모습을 보여준다.[32] 남당의 위치는 궁 남쪽에 설치되었고 '도당'이라는 별칭이 있었다고 하나, 정확한 위치를 알 수는 없다.[33] 처음에 궁의 남쪽에 설치된 것으로 남당이라 칭해졌던 것은 분명하다. 그러나 신라의 궁이 금성에서 월성으로 옮겨가는 과정에서 남당 또한 그 위치가 변했을 가능성이 있다.

신라의 궁성으로 처음 나타나는 것은 혁거세 21년에 쌓은 금성이었다.[34] 이곳에 혁거세는 궁실을 지었다.[35] 그리고 파사니사금이 월성을 쌓고 옮겨 거처하게 되었다.[36] 이 월성은 금성의 동남쪽에 위치한다고 하였다.[37] 『삼

---

32) 남당회의의 성격에 관해서는 화백회의로 보거나(李丙燾, 『韓國古代史研究』, 博英社, 1976, 624쪽) 관료회의로(盧鏞弼, 「新羅 中古期 中央政治組織에 대한 研究史的 檢討」, 『忠北史學』 3, 1990, 22~38쪽) 파악하기도 한다. 전덕재는 상고기의 남당회의는 국정의 최고 의결기구로서의 성격을 지녔지만, 530년대 상대등 설치를 계기로 국정운영에서 왕의 최종 결정을 보좌하거나 자문하는 성격으로 변했으며, 통상 남당회의는 왕이 주재한 것으로 파악하기도 하였다(全德在, 「新羅 和白會議의 성격과 그 변화」, 『歷史學報』 182, 2004, 9~10쪽).

33) 남당의 위치에 대해서는 '궁남'이라는 위치와 都堂이라는 별칭으로 인해 지금의 남산 북단의 도당산으로 보는 견해가 제기된 바가 있었다(李丙燾, 「古代 南堂考」, 『서울대학교논문집』인문사회과나1호 51집, 1954; 朴方龍, 「都城」, 『韓國史論』 15, 국사편찬위원회, 1985, 350~354쪽). 혹은 남당이 도당산에 있다가 진평왕 7년 정궁인 월성의 평의전으로 옮겨간 것으로 보기도 한다(朴方龍, 「六世紀 新羅王京의 諸樣相」, 『國邑에서 都城으로: 新羅王京을 중심으로』(신라문화제학술논문집 26), 2005, 161~162쪽). 그러나 도당산에 남당의 북청과 남청이(『일본서기』 19 흠명천황 15년 12월) 수용될 공간이 없으므로 월성 내부로 추정하기도 한다(전덕재, 「新羅 王宮의 配置樣相과 그 變化」, 『신라문화제학술발표회논문집』 27, 2006, 150쪽).

34) 금성의 위치는 대체로 경주읍성 지역, 알천 유역, 교동지역, 황성공원 일원 등으로 제시되기도 하였으나 정확한 실체를 규명하기는 어렵다.

35) 『삼국사기』 권1 「신라본기」 1 혁거세거서간 21년 · 26년 정월.
『삼국유사』에 의해 혁거세가 금성으로 옮기기 전까지 머물렀던 궁실은 창림사터에 위치하며 이것이 사량궁과 밀접한 관련이 있는 것으로 보기도 한다(전덕재, 앞의 논문, 141쪽).

36) 『삼국사기』 권1 「신라본기」 1 파사니사금 22년 2월 · 7월.

37) 『삼국사기』 권34 「잡지」 3 지리1.

국사기』에는 월성으로 이거한 이후에도[38] 금성과 관련하여 남문,[39] 동문,[40] 북문,[41] 서문[42] 기사와 정(井),[43] 그리고 정사당 설치 기사가[44] 지속적으로 나타난다. 이는 월성으로 옮겨간 후에도 금성이 일정 정도의 역할을 하고 있었음을 뜻하기도 한다. 왜냐하면 남해차차웅 이래로 왜의 침입이나 이서고국의 침입이 모두 금성을 공격하는 것으로 나타나고 있으며,[45] 실성니사금은 금성 남문에서 활쏘기를 보기도 하였기 때문이다.[46] 사실상 월성으로 왕이 이거한 후에 나타나는 '궁(宮)'이라는 표현은 월성을 뜻하는지 금성을 뜻하는지 명확하지는 않다. 다만 궁과 금성이 함께 등장하는 기사들로 봐서 궁은 대체로 월성이라고 파악해도 좋을 듯하다.[47]

이러한 상황은 자비마립간 2년(459), 왜인의 침입과 포위가 금성이 아닌

---

38) 금성은 『구당서』, 『신당서』, 『한원』, 「숭복사비」 등에서도 보이는데 여기서의 금성은 당시 신라의 수도 왕경을 지칭할 수도 있다. 그러나 신라본기에 나타나는 금성은 왕경 전체를 가리킨다기보다는 특정 성이라 생각된다.(전덕재, 앞의 논문, 143쪽; 문경현, 「신라왕경고」, 『신라문화제학술발표회논문집』 16, 1995, 181~182쪽) 본고에서도 이에 따라 금성을 신라 왕경에 대한 명칭이 아닌 월성 이전의 왕성으로서의 금성으로 파악하고자 한다.

39) 『삼국사기』 권1 「신라본기」 1 혁거세 60년; 『삼국사기』 권3 「신라본기」 3 눌지마립간 42년 2월; 소지마립간 4년 2월.

40) 『삼국사기』 권1 「신라본기」 1 탈해니사금 24년 4월; 『삼국사기』 권2 「신라본기」 2 벌휴니사금 13년 4월.

41) 『삼국사기』 권2 「신라본기」 2 아달라니사금 7년 4월.

42) 『삼국사기』 권2 「신라본기」 2 미추니사금 원년 7월.

43) 『삼국사기』 권1 「신라본기」 1 유리니사금 33년 4월; 『삼국사기』 권3 「신라본기」 3 소지마립간 22년 4월.

44) 『삼국사기』 권1 「신라본기」 1 일성니사금 5년 2월.

45) 『삼국사기』 권2 「신라본기」 2 조분니사금 3년 4월; 『삼국사기』 권45 「열전」 5 석우로; 『삼국사기』 권2 「신라본기」 2 유례니사금 14년 정월; 흘해니사금 37년; 『삼국사기』 권3 「신라본기」 3 나물니사금 38년 5월; 눌지마립간 42년 2월.

46) 『삼국사기』 권3 「신라본기」 3 실성니사금 14년 7월.

47) 『삼국사기』 권2 「신라본기」 2 벌휴니사금 13년 4월; 첨해니사금 7년 4월.

월성이었다는 점을 통해 확인된다.[48] 이는 외부의 적이 포위했던 왕성이 금성이 아니라 월성으로 변화했던 것을 뜻하는데,[49] 그렇다면 대체로 왜병의 금성 포위의 마지막 기사인 눌지마립간 28년(444)[50] 이후 어느 시점부터 월성이 실질적인 정궁(正宮)으로서 역할을 했을 것이라는 추측을 가능케 한다. 이는 선덕왕대 비담의 난이 일어났을 때 비담 등의 군대가 명활성에 주둔했고, 왕은 월성에 머물렀다고 했던 점에서 명확하다. 금성은 『삼국사기』에서 소지마립간 22년(500)을 마지막으로 더 이상 등장하지 않는다.[51] 이러한 배경은 자비마립간 12년(469) 방리(坊里)의 이름을 정했던 것과[52] 소지마립간대 월성의 수리와 명활성에서의 이거(移居), 시(市)의 개설, 궁실 중수,[53] 지증왕대의 동시 설치[54] 등 왕궁과 왕경에 대한 정비가 이루어짐으로써 월성이 정궁으로서 중심적 역할을 하였기 때문으로 보인다. 그러므로 진평왕대 등장했던 남당은 정궁인 월성 안에 존재했던 것으로 봐야할 것이다.[55]

---

48) 『삼국사기』 권3 「신라본기」 3 자비마립간 2년 4월.

49) 李相俊, 「慶州 月城의 變遷過程에 대한 小考」, 『嶺南考古學』 21, 1997, 126쪽

50) 『삼국사기』 권3 「신라본기」 3 눌지마립간 28년 4월.

51) 『삼국사기』 권3 「신라본기」 3 소지마립간 22년 4월.

52) 『삼국사기』 권3 「신라본기」 3 자비마립간 12년 정월.

53) 『삼국사기』 권3 「신라본기」 3 소지마립간 9년 7월 · 10년 정월 · 12년 · 18년 3월.

54) 『삼국사기』 권4 「신라본기」 4 지증마립간 10년 정월.

55) 중국의 전통적인 도시계획과 관련해서 『周禮』 考工記의 '中央宮闕', '前朝後市', '左祖右社', '左右民廛' 등의 원칙이 있었다. 이 중 '前朝後市'는 조정을 전방으로 하고 상품 매매를 하는 시장을 후방으로 한다는 것이다. 조정 내에서는 천자의 남면이 기본 원칙이다. 전덕재는 월성에 대한 정밀조사를 근거로 하여 석빙고 남동쪽 건물지를 정전으로 보고 그 남쪽에 남당이 존재했을 가능성을 제기하였다. 또한 6세기 단계의 남당의 구조는 『일본서기』 권19 흠명천황 15년 "北廳"의 존재로 북청과 남청, 그 사이의 마당, 왕이 정좌할 수 있는 전각을 추정하였다(전덕재, 『신라 왕경의 역사』, 새문사, 2009, 183~188쪽). 하지만 월성의 위치상 사실상 남면이 어렵고, 왕궁의 북문이 정문임을 감안하면(여호규, 「國家儀禮를 통해 본 新羅 中代 都城의 空間構造」,

남당은 연회, 국사의 논의, 정무집행의 공간으로 중국에서의 조당(朝堂)
과 비교 가능할 것이다.56) 중국에서 정전(正殿)과 조당이라는 정치공간은
황제와 백료가 조의를 결정하는 장소였는데 전한기를 거쳐 후한시기에 형
성되었다.57) 그리고 점차 조당은 백관(百官)의 회의 장소뿐만 아니라 의례
집행의 공간으로서 역할을 하였으며,58) 위·진남북조 시기에는 관료들의
집단적 의정기구로, 애도의례 등의 의례가 거행되기도 하였다.59) 즉 중국
에서의 정치적 공간이자, 의례의 공간으로 정전과 조당의 조합은 주요한
위치를 점하고 있는 것이었다.

눌지마립간대의 양로연과 미추니사금대의 군신과의 형정 득실에 대한
논의 그리고 진평왕이 행한 녹수가 남당에서 이루어졌던 것은 시기상의 변
화를 가늠하기는 어렵지만, 그 역할은 정치적 공간이자 의례의 공간이었던
것으로 파악하기는 어렵지 않다. 그렇다면 신라에서 행해졌던 기본적인 정
사의 논의와 정무 집행, 의례의 공간은 정전-남당을 중심으로 이루어졌던
것으로 파악해도 좋을 듯하다.60)

농사의 풍흉과 관련된 재이로 말미암아 행해졌던 녹수는 진평왕대 남당

『한국의 도성: 都城 造營의 傳統』, 서울시립대 서울학연구소, 2003, 94쪽) 남당은 왕
궁의 남쪽이라고 단정하기는 어렵다. 남당이 월성 안으로 배치되었더라도 배치의 방
향과 상관없이 기존의 명칭을 그대로 썼을 가능성도 배제할 수 없다.

56) 鬼頭淸明, 앞의 논문, 220~223쪽.

57) 佐藤武敏,「唐の朝堂について」,『難波宮と日本古代國家』, 塙書房, 1977, 191~192쪽.

58) 후한의 조당은 일상적인 업무와 황제의 政令이 전달되는 곳 그리고 의례공간으로서
의 기능을 수행하였다(와타나베 신이치로 지음, 문정희, 임대희 옮김,『天空의 玉座』,
신서원, 2002, 49~53쪽).

59) 漢代는 集議에 중점이 있었다면, 위·진남북조에서는 의례가 집의보다 적지 않은 중
요성을 가졌던 것으로 파악된다(佐藤武敏, 앞의 논문, 195쪽).

60) 전덕재는 일본 전기난파궁의 내리전전이 천황이 기거하는 사적인 공간이면서 의례를
행하는 공적인 공간이었다는 점을 들어, 진평왕대 정전 역시 국왕이 정무를 보는 편
전의 성격을 지니면서 동시에 국가적인 의례를 거행하는 공적인 공간으로 파악하였
다(전덕재, 앞의 책, 193쪽).

에서 왕에 의해 결정되었다. 녹수가 남당에서 이루어졌다하더라도 '원죄'의 시행이 어디에서 이루어졌는지 확인하기 어렵다. 앞서 언급하였듯이 녹수에 의한 원죄는 농사의 풍흉과 관련된 자연재해로 말미암아 시행되었기 때문에 일찍부터 제의와 연관되었을 가능성은 높다. 그러나 한편으로는 녹수를 통한 왕의 정치행위가 남당에서 이루어졌다면, 후속 조치로서의 '원죄'라는 사면 행위 또한 남당에서 이루어졌을 가능성도 배제할 수 없을 것이다. 그렇다면 진평왕대 남당에서의 녹수는 사면에서의 제의성이 점차 탈각해나가는 과정의 단편으로 파악할 여지가 있을 것이다. 이는 신왕의 즉위의례와 관련된 대사에서도 나타나기 시작하는데, 이는 장을 달리해서 검토해 보고자 한다.

3. 사유례(赦宥禮)의 공간적 구성

앞선 〈표 1〉의 내용에서 보듯이 신왕의 즉위와 관련하여 신년의 시조묘나 신궁 제사와 짝을 이루던 사면은 사료상 성덕왕 이후로는 신왕의 즉위 원년에 시행되었다. 즉 사면이 시조묘나 신궁 제사와 분리되고 신왕의 원년 즉위의례와 함께 행해지는 것으로 변화한 것이다. 신왕의 즉위 이후 다음 해에 신궁 제사가 하대까지 지속적으로 이어지고는 있지만, 사면이 행해지는 시점이 신궁 제사와의 연관성이 아닌 원년 즉위와 연동된다는 것은 중요한 의미를 갖는다. 이와 함께 관리 임명의 시점 또한 대체로 중고기 초반까지 다음해 정월이나 2월에 관리임명이 있었던 것이 점차 중·하대에는 즉위 원년에 이루어지는 방향으로 변화하고 있다는 점도 주의할 만하다.[61) 이는 점차 신왕의 왕위에 대한 정당성 확보가 원년의 즉위의례를 통해서 이루어지는 것으로 변화하는 부분을 보여주는 것이다. 즉위의례의 장은 권력을 장악한 사람의 지위를 재확인시킴으로써 통치권의 권위가 타인에게 미치는 정당성을 부여해주는 장치이다. 의례의 구현은 질서 또는 규칙성을 고착화시킴으로써 집단적 공유가 이루어지는 매개가 된다.[62] 이러한 의미로 원년의 즉위의례가 중요한 의미를 갖게 되는 것은 법흥왕대 이래 '율령'의 반포를 비롯하여 진덕왕대 이루어졌던 당제의 수용과 밀접한 관련이 있었던 것으로 보인다. 특히 진덕왕 5년(651) 하정례의 시작과 신문왕 6년(686) 당에 『예기(禮記)』 등을 청하여 『당례(唐禮)』 중 길흉사(吉凶事)의 예법을 받는 등의 당 예제를 통한 유교적 의례의 강화와 관련이 있었던 것이다.[63]

왕의 즉위를 계기로 시행된 대사나 사는 신왕의 덕을 선포하는 것으로 왕에 의한 정치적 통합이나 왕의 정치력과 관련이 있는 것이었다. 신라 상대의 시조묘나 신궁 제사는 곧 즉위의례이기도 했다. 즉위와 관련된 시조묘나 신궁 제사와 같은 제의가 함께했던 것은 왕이 천신의 계승자로서의 정당성을 확보하고 지배층 내부에서 최고의 지위를 가지고 있음을 보여주기 위함이었다. 그러나 이것이 시조묘나 신궁 제사와 같은 제의와 분리되어 원년의 즉위의례와 바로 연결된다는 것은 제의가 아닌 왕의 즉위의례만으로도 왕위에 대한 정당성이 확보되고 있다는 것을 보여준다. 즉 중대 이래로 왕권의 정당성은 천신으로부터 부여받은 것이 아니라 유교적 이데올로기를 통해 제도적으로 보장받을 수 있음을 의미하는 것이다. 그렇다면 왕의 즉위의례와 연동된 사면 의례는 어디서 행해진 것일까. 먼저 중국에서 행해진 사면 의례를 살펴보고 이와 비교해보고자 한다.

---

61) 나희라, 앞의 책, 154쪽.

62) 하워드 J. 웨슬러 지음, 임대희 옮김, 『비단같고 주옥같은 정치』, 고즈윈, 2005, 78~79쪽.

63) 진덕왕대를 전후하여 신라에 들어온 오례는 신문왕 6년 길흉요례에서 체계화되어 중대 왕권과 왕실의 안정에 기여하였다(채미하, 「신라 중대 오례와 왕권」, 『한국사상사학』 27, 2006).

중국에서 행해졌던 사면은 그 공간이 명확하지 않으나 북위나 북제의 기록으로 추정이 가능하다. 북위에서는 중흥(中興) 2년(532) 4月에 효무제(孝武帝)가 즉위하여 태극전(太極殿)에서 조하(朝賀)받고 창합문(閶闔門)에[64] 올라 개원(改元)과 대사(大赦)의 조서를 선포하였다.[65] 북제의 경우 사면하는 날에 무고령(武庫令)이 금계(金鷄)와[66] 고(鼓)를 창합문 밖 오른쪽에 설치하고 수도(囚徒)를 궐 앞에 모이게 하여 고(鼓)를 천 번 치고 가쇄(枷鎖)를 풀어주었다.[67] 대체로 북위나 북제에서 궁의 남문인 창합문 밖에 수도(囚徒)를 모이게 하여 문에서 사서를 반포하는 유사한 과정을 거쳤다. 이 과정은 당에도 그대로 이어졌다.

> A 사면이 있는 날, 무고령(武庫令)은 금계(金鷄)와 고(鼓)를 궁성(宮城) 문 밖 오른편에 설치하고, 수도(囚徒)를 궐(闕) 앞에 모이게 한다. 고(鼓)를 천 번 울리고 조(詔)를 선포하고 나서 풀어준다. 그 사서(赦書)는 제주(諸州)에 반포하는데, 견(絹)에 써서 [제주(諸州)에] 보내도록 한다.[68]
>
> B-1) 대당(大唐)의 영(令)에서는 사면하는 날에 무고령(武庫令)이 금계(金鷄)와 고(鼓)를 궁성(宮城) 문 밖 오른편에 설치하고 수도(囚徒)를 궐(闕) 앞에 모이게 한다고 하였다.[69]
>
> 2) 무릇 나라에는 사유(赦宥)의 일이 있으며 먼저 수도(囚徒)를 궐하(闕

---

[64] 북위에서 효무제가 즉위하여 개원과 대사의 조서를 선포한 閶闔門은 낙양성의 궁성의 남문이다.

[65] 『魏書』 권11 「紀」 11 廢出三帝紀 太昌 元年 4月 "戊子, 卽帝位於東郭之外, 入自東陽·雲龍門, 御太極前殿, 羣臣朝賀. 禮畢, 昇閶闔門, 詔曰…".

[66] 金鷄는 竿頭에 설치하는 금으로 장식한 닭으로 왕의 赦命을 뜻한다.

[67] 『隋書』 권25 「志」 20 刑法 齊律 "赦日, 則武庫令設金鷄及鼓於閶闔門外之右. 勒集囚徒於闕前 撾鼓千聲, 釋枷鎖焉."

[68] 『舊唐書』 권50 「志」 30 刑法 "太宗之制 … 諸有赦之日, 武庫令, 設金鷄及鼓於宮城門外之右, 勒集囚徒於闕前, 撾鼓千聲, 訖宣詔而釋之, 其赦書頒諸州, 用絹寫行下."

[69] 『通典』 卷169 刑7 赦宥 "大唐令曰 赦日, 武庫令, 設金鷄及鼓於宮城門外之右, 勒集囚徒於闕前'.

下)에 모이게 하고 위위(衛尉)에게 명하여 금계(金鷄)를 세우고 제(制)가 선포가 끝나는 것을 기다려 이내 풀어준다.[70)

사료 A와 B는 각각 『구당서』와 『통전』, 『당육전』에 실린 사유례로 『당령습유』에 A는 정관령으로, B는 개원령(7년, 25년)으로 복원되었다.[71) 그 내용은 크게 다르지 않아 사일(赦日)에 무고령(武庫令, 혹은 衛尉)에게 명하여 금계와 고를 궁성문 밖 오른쪽에 설치하게 하고, 수도를 궐 앞에 모이게 한 후 고를 천 번 치고 조를 선포하고 풀어주는 것이었다. 그리고 이를 제주(諸州)에 반포하는 과정을 거쳤다.

여기에서 더 나아가 개원 20년(732)에 반포된 『대당개원례(大唐開元禮)』에는 구체적으로 규정된 사유례가 서술되고 있다.

a. 당일 날이 밝으면, 본사(本司)가 조(詔)를 받들어 내외(內外)에 선포하여 고하는데, 직(職)에 따라 공변(供辨)한다. 수궁(守宮)이 평상시의 의(儀)와 같이 조당에 여러 문무관의 차(次)를 설치한다.
b. 여러 관인들은 시각이 되면 모두 조당에 모이고 각각 (직에 맞는) 복(服)을 갖추어 차(次)에 나아간다. 봉례(奉禮)는 순천문(順天門) 밖에 여러 문무관의 차(次)의 판위(版位)를 설치한다. 조당의 남쪽에 동서로, 문은 동쪽 무는 서쪽으로 두 줄로 북면하되 우두머리는 서로 마주본다. 여러 관의 서북에 중서령의 자리를 설치하되 동향하게 한다.
c. 형부시랑이 그 소속 부하를 거느리고 먼저 금계(金雞)를 서조당(西朝堂)의 동쪽에 설치하되 남향하게 한다. 고장(鼓杖)은 금계의 남쪽에 둔다. 드디어 북을 울리면 한 번 북이 울릴 때마다 장(杖) 하나를 던진다. 형부시랑이 경사의 현재 수인(囚人)을 기록하여 여러 관인들의 남쪽에 모이게 하는데 북면하게 하고 서쪽을 위로 한다. 수인(囚人)이 다 모이면 북을 멈춘다.
d. 통사사인이 여러 관인을 이끌고 각각 자리에 나아가게 한다.

---
70) 『唐六典』 권6 刑部郎中員外郎 "凡國有赦宥之事 先集囚徒於闕下 命衛尉樹金鷄 待宣制 訖 乃釋之".
71) 『唐令拾遺』 獄官令30.

e. 중서령이 조(詔)를 받으면 드디어 조서를 안(案)에 두고, 영사(令史) 2인이 안(案)을 받든다. 통사사인이 중서령을 이끌고 번절(幡節)을 가진 자가 앞서 길을 안내하고 안(案)을 가진 자가 그 뒤를 잇는다. 문 밖 위(位)에 이르러 선다. 절(節)을 가진 자는 중서령의 남쪽의 서는데 조금 서쪽으로 하며, 令史(영사)로 案(안)을 든 자는 중서령 서북쪽에 선다. 모두 동면한다. 서게 되면 절을 지닌 자가 절의(節衣)를 벗고 안을 든 자는 중서령 앞으로 나아가 이른다. 중서령은 조서를 취하고 안을 든 자는 안을 들고 물러나 자리로 돌아간다. 중서령은 "유조(有詔)"라 하면 여러 관인들은 모두 재배한다. 조서를 선포하는 일이 끝나면 여러 관인들이 또 재배하고 무도(舞蹈)한 후 또 재배한다.

f. 형부에서 수인(囚人)을 풀어준다. 형부상서 앞에서 조서를 받아 물러나 자리로 돌아간다. 절을 지닌 자는 절의(節衣)를 입는다. 통사사인은 중서령을 이끌고 번절이 앞에서 인도하여 들어간다. 통사사인은 여러 관인들을 이끌고 차(次)로 돌아온다.[72]

『대당개원례』의 의거하여 사서(赦書)의 선포 과정은 간략하게 하면 다음과 같다.

a. 순천문 밖 조당에 문·무관 차(次)의 설치 ⇨ b. 문·무관 차에 판위(版位) 설치 ⇨ c. 형부에서 금계와 고(鼓)·장(杖)을 설치하고 수인(囚人)을 모이게 함 ⇨ d. 문·무 관인들의 자리 배석 ⇨ e. 사서의 선포 ⇨ f. 수인의 방면. 요약하면 순천문(승천문) 밖의 동·서 조당 남쪽으로 수도(囚徒)를 집합시키고 문·무 관료들이 모이면 황제의 조서가 선포되는 것이었다.

당에서 사유례가 행해지는 핵심적인 공간으로서의 승천문(대명궁에서는 단봉문)은 태극궁(太極宮)의 남문으로, 원정(元正)·동지(冬至)뿐만 아니라 사유(赦宥), 빈객 등과 관련된 의례가 거행되었던 곳이었다.[73] 태극궁의

---

72) 『大唐開元禮』 129 宣赦書 ; 『通典』 130 開元禮纂類25 嘉禮9 宣赦書.

73) 『唐六典』 卷7 尙書工部 郎中·員外郎 "宮城在皇城之北. 南面三門: 中日承天, 東日長樂, 西日永安. 若元正, 冬至大陳設, 燕會, 赦過宥罪, 除舊布新, 秀萬國之朝貢, 四夷之賓客, 則御承天門以聽政."

승천문 밖은 황성으로 관료들의 집무의 장이기도 하지만, 수도(囚徒)가 모인 곳은 횡가(橫街) 혹은 승천문가 북에 해당하는 곳으로 이는 중요한 의례를 행하는 광장임과 동시에 도로 위이기도 하였다.

〈그림 1〉 당 장안성 평면도

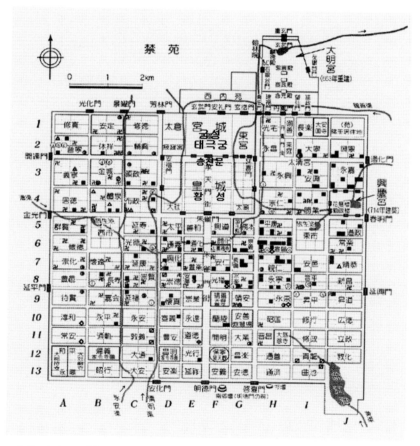

* 출처: 奈良縣立橿原考古學硏究所附屬博物館, 『宮都 飛鳥』, 2008.

〈그림 2〉 당 장안성 태극궁

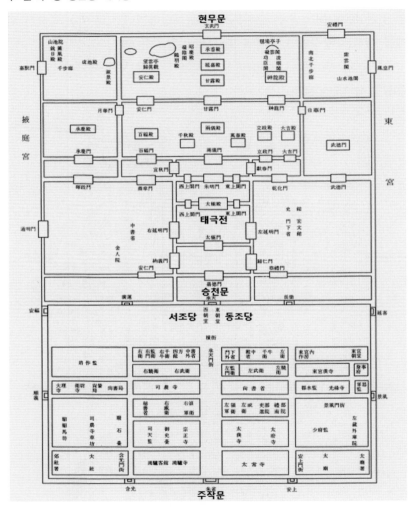

* 출처: 와타나베 신이치로, 『천공의 옥좌』, 신서원, 2002.

〈그림 1〉과 〈그림 2〉와 같이 당의 궁은 내조-중조-외조의 구조로 『주례』에 기반을 두었다. 『주례』에 의하면 연조(燕朝), 치조(治朝), 외조(外朝)의 3조제

로, 왕의 정전이 있는 연조와 일상적으로 신하와 정사를 의논하는 장으로서의
치조, 만민에게 대사(大事)를 알리는 장소임과 동시에 옥소(獄訴)와 관련된 장
이었던 외조로 구성되어 있다.[74] 태극궁의 경우 북에서 남으로 걸쳐 황제의 일
상생활의 장소로서의 내조인 양의전, 조회 및 의례가 집행되었던 중조인 태극
전, 관청가인 황성과의 접점으로서 외조인 승천문과 조당의 구성을 갖는다. 이
러한 배치는 현종부터 당 말기까지의 주요 궁이었던 대명궁에도 적용되었다.[75]
대체로 중조인 태극전에서는 황제의 즉위식, 황제에 대한 존호봉정, 황제의 장
례, 황태자의 책립, 제과시험, 시령(時令)의 독수(讀受), 개원조의 발포(發布) 등
황제가 하는 기본적인 조정과 의례가 집행되었고, 외조인 승천문에서는 즉위 ·
교사 · 종묘제사 · 존호봉정 · 개원 · 원회의례가 집행될 때 대사가 행해졌다.

수에서부터 시작하여 당의 태극궁과 대명궁은 공간배치와 기능면에서
위 · 진남북조 시기의 조정과 뚜렷하게 구별되는데, 그 특징은 궁이 남북을
축으로 배치되면서 내조와 중조의 공간적 분리가 한층 두드러졌으며 상서
성과 조당이 외조화되었다는 것이다.[76] 특히 당의 조당은 승천문(대명궁
에서는 단봉문)과 함께 독자적 기능을 수행하는 공간으로,[77] 외조화되었다

---

74) 佐竹昭, 「藤原宮の朝庭と赦宥儀禮: 古代宮室構造展開の一試論」, 『日本歷史』 478,
1988, 8쪽. 漢~唐간에 치조가 소멸되고 조당이 외조로 이동함으로써, 실질적으로 연
조가 분화되어 당의 내조와 중조가 형성되는 변화를 맞이하였다고 한다.

75) 대명궁은 내조로서의 자신전, 중조로서의 선정전, 외조로서의 함원전, 조당, 단봉문
의 배치를 취한다.

76) 와타나베 신이치로 지음 · 문정희, 임대희 옮김, 앞의 책, 74쪽.
佐藤武敏은 태극궁의 조당이 정문이었던 승천문 밖에 있었음을 증명한 바 있었다(佐
藤武敏, 앞의 논문, 198~200쪽).

77) 첫 번째는 재상들의 회의장소로 매일 오전 조당에서 회의하고 오후에는 본관의 관사
로 가서 집무를 행하였고, 두 번째는 의례의 장소로 길례의 제사와 황제의 임헌행사
및 조회 때 관료들의 대기장소였다. 그리고 세 번째는 관료와 민중으로부터의 상소를
처리하는 공간이었다. 승천문이 즉위, 개원, 존호 受冊 등의 경사가 있을 때 황제가
행차하여 대사령을 선포하여 사회 전체의 갱신을 꾀하는 기능을 가진 곳이었다면,
조당은 상표나 소송의 수리 등을 통해 사회와의 접점의 역할을 하였던 것이다(와타
나베 신이치로 지음 · 문정희, 임대희 옮김, 앞의 책, 81~82쪽).

는 점은 유의할 만하다. 위·진 이후 내조기구였던 조당이 외조화되었다는 것은 황제와 공경－귀족이라는 두 개의 축이 없어지고 황제에 의한 일원적 조정구조의 출현으로 해석되기 때문이다.[78]

일본의 경우 대보 율령 이전 등원경(藤原京) 단계까지는 궁의 대극전(大極殿) 앞 조당원(朝堂院)에 죄인을 모아놓고 사면 의례를 거행했던 것으로 추측된다.(〈그림 3〉) 그러나 대보 원년(701)에 태정관의 처분으로 기존의 대극전문에서 거행되었던 사면 의례가 폐지되고 관아별로 행해지게 되었다.[79]

〈그림 3〉 일본 등원궁

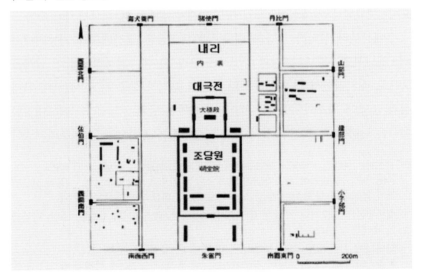

* 출처: 奈良文化財研究所·朝日新聞社,『飛鳥·藤原京展』, 2002.

---

78) 승천문과 외조화된 조당은 황제의 일원적 정치력이 전사회적으로 발산되는 출구로서의 역할을 하는 것으로 평가되기도 하였다(와타나베 신이치로 지음·문정희, 임대희 옮김, 위의 책, 76~77쪽).

79)『續日本紀』卷2 大寶元年 11月 乙酉 "太政官處分, 承前有恩赦罪之日, 例率罪人等集於朝庭. 自今以後, 不得更然. 赦令已降, 令所司放之."

일본 고대의 궁은 기본적으로 내리(內裏)와 조당 또는 조당원이라 불리는 주요 건물로 구성되었다. 그리고 등원궁(694~710) 단계에는 조방제에 기초한 경(京)의 제도가 확인되며 내리와 대극전 그리고 조당원의 구조가 성립된 것으로 파악된다.[80] 대보 원년 이전의 사면 의례는 조당원에 죄인을 모아놓고 행해졌을 것으로 추측되는데, 그러할 때 등원궁의 대극전문은 당의 태극궁 승천문에 비정되고 조당원은 당의 태극전 남쪽의 횡가와 황성에 대응할 수 있다.[81] 그러나 등원궁의 대극전과 조당원의 구조는 당의 승천문과 조당·횡가의 존재방식과는 다르다. 기본적으로 당의 승천문은 황제가 출어(出御)해서 민에 대치하고 황제의 덕의 위대함을 과시하고 그 정통성을 확인하는 장이었다.[82] 승천문 밖은 광대한 횡가로 동·서 조당이 위치하면서, 중요한 의례를 행하는 광장인 동시에 도로 위이기도 하였다.

그러나 일본의 궁에서는 천황과 민이 대치하는 장이 설정되어 있지 않다.[83] 등원궁이나 평성궁은 대극전문 밖, 즉 조당원은 회랑에 의해 닫힌 구조였다. 또한 조당은 12개로 실제로 정무를 행했던 장소이기도 했다.[84]

80) 鬼頭淸明, 1978, 「日本における大極0殿の成立」, 『古代史論叢』 中.

81) 등원궁에 대해 당의 3조제를 대응시키면 대극전문은 외조, 대극전은 중조, 내리정전은 내조에 해당한다. 이러한 대응은 이미 일본의 도성제 연구에서 일찍부터 지적되었던 바였다(守野久, 「律令國家と都市」, 『大系日本國家史』 1古代, 1975; 岸俊男, 「都城と律令國家」, 『岩波講座 日本歷史』 2, 1975).

82) 당의 사면 의례에서의 승천문은 관료뿐만 아니라 일반 민이 볼 수 있는 공간이었다(『冊府元龜』 권84 帝王部 赦宥 "(太宗貞觀)十七年四月丙戌 立晉王爲皇太子 是日 帝御承天門樓 大陳仗衛 文武百辟列於外 京邑士女重疊而觀者 皇城街悉滿 當道中樹金鷄 大赦天下 罪非十惡皆赦之").

83) 佐竹昭, 앞의 논문, 4~5쪽.

84) 岸俊男, 「朝堂の初步的考察」, 『橿原考古學硏究所論集』(『日本古代宮都の硏究』, 1988), 1975: 岸俊男에 의하면 이들 조당은 관인들이 매일 출근해서 실제로 정무를 행했던 장소였다. 즉 조당은 즉위나 朝賀, 朝參 등의 국가적 대례 그리고 군신이 참여하는 의식으로서의 朝儀, 더 나아가 정치의 장으로서의 조정의 공간이었다.

당제에 의해서 대극전문을 승천문에 대비해서 사면 의례를 시행하였지만, 당과는 달리 일본의 대극전문 밖 조당원은 정무의 핵심 장소로 외조화되지 않고 폐쇄된 공간으로서 궁성에 포함되었던 것이다. 그러므로 사면 의례의 폐지는 궁성과 황성의 미분리, 즉 등원궁에서의 당제의 요소와 그렇지 않은 요소의 모순으로 나타난 현상이었고,[85] 결국 이는 중국 황제의 관료와 민에 대한 지배력이 일본에 비해 상대적으로 그 독자성과 전제성을 가지고 있었던 것으로 평가되기도 하였다.[86]

신라는 이미 언급한 대로 진덕왕대 조원전에서 하정례를 시작하였다. 하정례의 시작은 640년대 이후로 활발해진 대당관계와 연관이 있었다. 진덕왕 3년(649)에는 중국의 의관제를 수용하였고, 동왕 4년(650)에는 진골로 재위한 자 들에게는 아홀(牙笏)을 갖게 하는 한편, 당의 연호도 사용하는 등 당의 제도를 적극적으로 수용하는 연장선상에서 행해진 것이었다. 당의 경우 원일 의례가 태극전에서 승천문으로 이어지는 공간에서 행해졌던 것을 감안한다면, 신라의 조원전은 당의 태극전에 대응하였던 것으로 보인다.[87] 다음의 사료는 신라에서의 사면 의례를 단적으로 보여주는 것으로 당의 승천문에 비견되는 무평문이 등장한다.

　　　경문왕 원년(861) 3월 왕이 무평문에 납시어 대사하였다.[88]

---

85) 佐竹昭, 앞의 논문, 5쪽: 佐竹昭는 사유례의 폐지는 조당원이 폐쇄된 정무 중추의 한 복판에서 치르는 의례라 하더라도 죄인이 모인다는 점에서 문제가 있고 관인들이 이 점에 위화감을 가졌을 가능성을 제기하였다.

86) 守野久, 앞의 논문.

87) 이영호, 「7세기 신라 왕경의 변화」, 『國邑에서 都城으로: 新羅王京을 중심으로』(신라문화제학술논문집 26), 2005, 191~192쪽.

88) 『삼국사기』 권11 「신라본기」 11 경문왕 원년 3월.

위의 기사에 따르면 경문왕은 원년에 무평문에서 대사령을 내렸다. 전 왕인 헌안왕이 정월 29일에 죽고 경문왕의 즉위에 따라 3월에 사면령이 반 포되었던 것이다. 즉위에 따른 사면령의 반포가 무평문에서 행해진 것은 당의 승천문과 견줄 수 있을 듯하다. 다만 무평문의 위치가 문제가 될 것인 데, 월성의 정문은 지형적인 문제로 중국이나 일본처럼 남문이 정문이 되 기는 힘든 구조였다. 사료상으로 신문왕대 납비(納妃)나[89] 성덕왕대 주대 (奏對)가[90] 북문과 관련되어 나타나고 있고, 중국의 경우 '무(武)'자와 관련 한 성문이 모두 북문에 해당했던 것을 감안한다면 무평문을 월성의 북문이 자 정문으로 추정하는 것이 가능하다.[91] 그렇다면 당의 태극전–승천문으 로 이어지는 의례의 공간을 감안한다면, 중대 이후 신라의 의례는 이에 대 응하는 조원전–북문(무평문)을 중심으로 이루어진다고 봐야할 것이다. 이 는 일본에서 사유례가 행해졌던 대극전–대극전문으로 이어지는 공간과도 통한다.

이와 함께 북문(무평문)의 북쪽, 즉 월성의 북쪽 지역에서 첨성대 사이 에 배치된 건물군은 관아지구로 추정된다. 발굴을 통해 계림 동편의 석축 수로의 남쪽 지역은 6세기 중반으로 추정되며, 수로 북쪽지역인 계림 북편 과 첨성대 남편의 건물군은 7세기 이후로 추정된 바 있었다.[92] 이 관아지 구는 당의 황성이나 일본의 조당원과 견줄 수 있을 것이다.[93]

---

89) 『삼국사기』 8 「신라본기」 8 신문왕 3년.

90) 『삼국사기』 8 「신라본기」 8 성덕왕 33년 정월.

91) 여호규, 앞의 논문, 94~95쪽: 북문은 황제의 禁衛軍이 주둔하고, 五行思想에서 북방 수호신인 '玄武'로 설정한 것과도 연관되었다고 하였다.

92) 金洛中, 1998, 「新羅 月城의 性格과 變遷」, 『韓國上古史學報』 27, 231쪽.

93) 余昊奎, 앞의 논문, 97~98쪽.

〈그림 4〉 월성 주변의 지역과 관아지구

* 출처: 여호규, 「國家儀禮를 통해 본 新羅 中代 都城의 空間構造」, 『한국의 도성: 都城 造營의 傳統』, 서울시립대 서울학연구소, 2003.

〈그림 5〉 중대 이후 월성의 확대된 범위

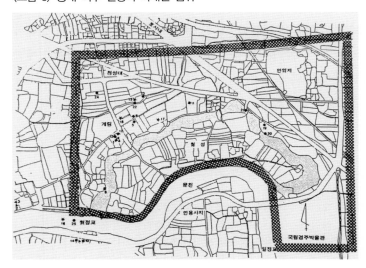

* 출처: 李相俊, 「慶州 月城의 變遷過程에 대한 小考」, 『嶺南考古學』 21, 1997.

하지만 일본의 경우 대보 원년(701)에 기존의 대극전문에서 거행되었던 사면 의례를 폐지하고 관아별로 행했던 것은 당과는 다르게 나타나는 현상이었다. 일본의 조당원, 즉 관아지구는 폐쇄된 공간으로서 궁성 내부에 포함되었고, 그러므로 사면 의례의 폐지는 궁성과 황성의 미분리로 인해 나타난 현상이었음은 앞서 언급한 바 있다. 일본의 사면 의례의 폐지가 대극전문을 중심으로 궁성과 황성의 미분리라는 당의 궁구조와 달랐던 것이 이유가 되었다면, 신라는 북문(무평문)을 중심으로 한 외조와 관아지구의 구조가 일본과는 달랐고 당과 유사성을 보였기 때문에 하대까지도 이러한 사면 의례가 지속적으로 이어지는 것이 가능했을 것이다.

이는 6~7세기를 거치면서 이루어졌던 제도의 개혁 및 당제의 수용을 통해서 신라 왕권이 지향했던 바를 왕궁 구조에 일부 반영했던 것으로 파악된다. 당에서의 태극전–승천문으로 이어지는 의례공간은 일본에서는 대극전–대극전문, 신라의 경우 조원전–북문(무평문)으로 반영되었다. 그러나 당이 이 공간을 황제와 민의 접점으로서 의미를 두었다면, 일본은 폐쇄적인 구조로 변용되어 사유례가 폐지되었던 것과 달리 신라에서는 이를 왕궁의 확대와 개편을 통해 실현하고자 했던 것이다.

그렇다면 중고기까지 정치, 의례의 공간이었던 남당은 어떻게 되었을까. 남당은 6세기대 이후로 사료에 등장하지 않는다. 남당의 존폐를 확인할 수는 없으나, 그 기능이 여러 전각들로 분화되었음은 이미 지적된 바가 있다.[94] 혹은 남당이 존속했다면 당에서의 조당과 같이 외조화되어 북문(무평문) 밖에 배치되었을 가능성도 배제할 수 없다. 결국 남당은 6~7세기를

---

94) 남당의 의례적 기능은 조원전으로,(余昊奎, 앞의 논문, 91쪽) 정치적 기능은 평의전으로 계승된 것으로 보기도 한다(朴南守, 「新羅 和白會議에 관한 再檢討」, 『新羅文化』 21, 2003, 11쪽; 전덕재, 앞의 책, 211쪽).

거치면서 변화된 상황에 따라 소멸되거나 궁에서 재배치되었던 것으로 보인다.

신라의 왕궁 구조는 몇 차례에 걸쳐 월성에 대한 수리나 대대적인 정비, 보수로 변화를 맞이했지만, 전폭적인 공간의 전환을 가져오지는 못하였다. 진흥왕 14년(553) 새로운 궁궐을 지으려던 시도는[95] 황룡사의 건립으로 이루어지지 않았고, 신문왕 9년(689) 달구벌 천도는[96] 결국 이루어지지 않았다. 하지만 왕과 귀족들의 역관계에서 왕을 중심으로 한 권력관계를 드러낼 수 있는 왕궁의 새로운 배치와 구조는 결국 기존 월성을 둘러싼 공간 안에서 재편성과 확대를 통해 실현할 수밖에 없었을 것이다. 그리하여 월성을 중심으로 한 내조와 중조 그리고 북문(무평문)을 중심으로 한 외조로 편성이 이루어졌던 것이다.

남당은 신라의 전통적인 정치와 의례의 공간이었다. 그러나 당제의 수용에 따른 월성을 둘러싼 재편성과 확대가 이루어지면서 남당은 외조화되거나 없어지면서, 그 기능이 다른 전각으로 옮겨가게 되었다. 그러면서 신라의 조원전－북문(무평문)이 당의 태극전－승천문이 수행했던 의례의 공간으로서 역할을 하게 된 것이었다. 조원전에서 북문(무평문)으로 이어지는 즉위와 사면 의례를 통해서 신라 역시 관료와 인민에 대한 지배력을 높이는 것을 그 목적으로 했을 것임은 틀림없다. 신문왕대 관사의 증설과 관료 조직의 확충 그리고 국학의 체계화, 5등관제의 개편과 문무관료전의 지급, 녹읍의 폐지와 조(租)의 지급 그리고 9주 5소경의 정비 등 일련의 제도 개혁은 중앙집권적인 관제의 확립과 지방 제도의 정비까지 아우르는 것이었고, 월성을 둘러싼 공간에 대한 재정비는 이러한 개혁을 구현하고자하는 의지가 일정 정도 반영되어 나타났던 것이었다.

---

95) 『삼국사기』 권4 「신라본기」 4 진흥왕 14년 2월.
96) 『삼국사기』 권8 「신라본기」 8 신문왕 9년 윤9월.

4. 맺음말

사면은 범죄자에 대해 집행되고 있는 법률상의 효력을 해소하거나 재판의 결과 확정된 형의 일부를 감형시키는 것으로, 성격상 왕의 정치행위와의 연관성을 배제할 수 없다. 부여의 영고에서도 확인할 수 있듯이 사면은 재판, 형벌과 짝을 이루어 제의와 관련성을 가지고 있었다. 그리고 더 나아가 삼국에서는 신왕의 즉위나 순무과정, 자연재해에 대한 수습 등과 같이 왕이 권력을 발휘하거나 과시할 수 있는 행위와 연관되어 있었다. 왕의 일상적인 사면은 절기의 변화에 따라 하늘과 땅의 조화에 부합하는 행위일 뿐만 아니라, 특정 시기에 행해지는 사면은 군주의 덕치를 보여줌으로써 정치력을 행사하는 것이었다.

신왕의 즉위의 일환으로 이루어졌던 다음 해의 시조묘·신궁 제사와 사면은 왕의 권력이 천신의 계승자로서 정당성을 보장받았던 것을 보여준다. 그러나 이와 같은 형태의 사면은 성덕왕 이후 신왕의 즉위 원년에 시행됨으로써 시조묘·신궁 제사와 분리되는 경향을 보인다. 이러한 변화는 왕의 권력이 '하늘'에 의해 보증받는 것에서 나아가 의례 행위 그 자체만으로도 정당성을 부여받는 제도적 안착과 관련된 것으로 파악된다. 이러한 변화의 배경은 진덕왕대 중국식의 하정례 거행, 신문왕대 국학의 설치와 『당례』를 통한 주요 의례에 대한 습득이 신라사회의 유교 이념 확산에 영향을 미치고 왕권의 정당성이 그러한 예제를 통해 확보되었기 때문이다.

'즉위와 관련한 시조묘·신궁 제사─사면'에서 '즉위의례─사면'으로 행해지면서 사면의 선포와 시행의 공간도 시조묘·신궁 제사의 공간인 묘정(廟庭) 등에서 즉위의례가 이루어졌던 왕궁 내부로 변화하였다. 왕궁 내부에서의 변화는 일상적인 사면이나 녹수가 진평왕대 남당에서 행해졌고, 중대로 들어서면서 조원전에서의 즉위의례 그리고 북문(무평문)에서의 사면

의례로 정착되었다. 왕의 정치력을 보여줄 수 있는 사면과 관련된 의례는 이러한 재편성된 월성의 구조 속에서 변화될 수밖에 없었다.

당 태극전에서 승천문에 이르는 사면 의례는 유교적 예제를 바탕으로 관료·인민과 접점이 될 수 있는 궁성과 황성의 분리, 조당의 외조화를 통해 구현되었다. 신라에서는 지형상의 다름에도 불구하고 조원전에서 북문(무평문)에 이르는 의례 공간을 통해, 외조로 구분된 북문(무평문)을 중심으로 관료·인민과의 접점을 만듦으로써 예제를 통한 지배질서를 실현하고자 하였던 것이다. 그러나 다른 한편으로 일본의 경우는 궁의 구조에서 궁성와 황성의 미분리와 폐쇄된 공간으로서의 조당원이 존재함으로써 당이나 신라에서 행해졌던 사면 의례는 폐지될 수밖에 없었다. 6~7세기를 거치면서 당이나 신라, 일본 모두 왕의 통치권의 극대화라는 지향점을 같았으나 실제로 적용시키는 데에는 기존 사회구조에 따라 변용이 더해질 수밖에 없었던 것이다.

신라 중대 유교식 혼인의례의 도입과 왕후

/ 이현주 /

1. 머리말

7세기는 중국의 수와 당이 통일제국으로 등장하여 중국 중심적 세계질
서를 구축한 시기였고, 고구려, 백제, 신라의 삼국이 통일국가의 수립을 위
하여 서로 세력 각축전을 벌였던 시기였다. 7세기 동아시아 국제전은 한국
고대 각국의 국내체제뿐만 아니라 국제질서의 재편이 유도되는 결과를 낳
았다. 즉 신라와 당의 연합세력에 의해 백제와 고구려가 멸망되었다. 이후
신라는 당을 축출하고, 고구려 유민이 발해를 건국함으로써 남북국시대가
되었던 것이다.[1]

7세기 동아시아국제전은 신라에서는 중대왕실의 성립으로 이어졌다. 신라
의 중대는 무열왕(654)부터 혜공왕(780)까지를 일컫는데, 무열왕은 진골출신

---

[1] 김영하, 『新羅中代社會研究』, 일지사, 2007, 88~118쪽.

으로 왕위에 오른 첫 번째 왕이었다. 이처럼 중대는 왕실과 귀족 모두 진골신
분이었으므로 중대왕권의 정치적 선결과제는 다른 진골귀족의 체제 도전이
라는 대내적 모순을 해결하고,[2] 왕위의 정당성을 확보하는 일이 되었다.

중대 초기의 왕들은 왕권의 안정을 위해 대내적으로 체제를 정비할 필
요가 있었다. 무열왕은 즉위한 후 이방부격(理方府格), 시호법과 묘호제,
치사제와 궤장하사, 중조의상제, 동궁제, 9주제, 5묘제, 해관제, 시호제 등
율령과 제도에 관한 당제를 적극적으로 수용하였다.[3] 이처럼 중대왕실은
당제를 적극적으로 수용함으로써 체제를 정비하였다.

신문왕과 신목왕후는 중대에 처음으로 유교식 혼인의례를 시행하였다.
신문왕과 신목왕후의 혼인이 유교식 혼인의례로 시행된 배경과 의미를 알
아보고, 그로 인한 중대 왕후의 위상 변화에 대해 고찰하고자 한다.

기왕의 중대 정치사 연구에서 신목왕후를 정치세력의 동향과 관련하여
주목하였는데,[4] 개인의 정치적 역량이나 행위보다는 왕과 귀족세력 간의
정치적 추이를 살펴보기 위해 언급하였다. 최근에는 신목왕후의 정치적 역
할, 태후로서의 섭정에 대해서 주목한 연구가 이루어졌다. 효소왕대에 신
목왕후의 섭정이 이루어졌고, 따라서 효소왕대에 이루어진 정치적 행위가
다름 아닌 신목태후에 의한 것이었다고 파악하였다.[5] 이들 연구는 신목왕

---

2) 金瑛河,『韓國古代社會의 軍事와 政治』, 高麗大學校 民族文化硏究院. 2002, 277쪽.

3) 김영하, 앞의 책, 209쪽.

4) 辛鍾遠,「新羅五臺山事蹟과 聖德王의 卽位背景」,『崔永禧先生華甲紀念 韓國私學論
叢』, 探求堂, 1987; 金英美,「聖德王代의 專制王權에 대한 一考察: 甘山寺 彌勒像·
阿彌陀像銘文과 관련하여」,『梨大史苑』22·23 합집, 1988; 金壽泰,『新羅中代政治史
硏究』, 一潮閣, 1996; 朴海鉉,『신라 중대 정치사 연구』, 국학자료원, 2003; 李泳鎬,
「新羅의 王權과 貴族社會: 중대 국왕의 혼인 문제를 중심으로」,『新羅文化』22, 2003.

5) 金台植,「『三國遺事』竹旨郎條 탈구축을 통한 新羅 花郎과 그 花主」,『충북사학』21,
2008;「母王'으로서의 新羅 神睦太后」,『新羅史學報』22, 2011; 曺凡煥,「神穆太后」,
『서강인문논총』29, 2010.

후의 정치적 역할에 주목함으로써 중대의 정치사를 다각적으로 파악하는데 기여하였다. 그러나 신목왕후의 정치 행위를 개인의 역량으로만 한정하고 있어 신라 중대 왕후의 존재 양상을 파악하는 데에는 한계를 지닌다.

따라서 신라 중대의 정치·제도적 지형 안에서의 중대의 왕실여성, 특히 왕후의 위상과 제도적 입지를 알아보고자 한다. 특히 중대의 유교식 혼인의례의 도입이 왕실여성의 지위 변화에 어떠한 영향을 끼치고 있는지에 대해서 '신목왕후'를 중심으로 알아볼 것이다. 우선 신목왕후의 혼인의 배경, 유교식 혼인의례의 절차, 그에 따른 왕후의 위상을 알아보고자 한다. 다음으로 유교식 의례가 왕후의 위상에 미치는 영향에 대해서 살펴보고, 마지막으로 중대 '왕후' 칭호의 의미를 살펴봄으로써 중대 왕후의 위상을 고찰할 것이다. 이를 통해 의례와 여성의 상관성, 특히 신라 중대의 유교식 의례와 왕실여성 위상의 상관관계를 이해하기 위한 단초를 마련할 수 있기를 기대한다.

2. 신목왕후와 유교식 혼인의례

1) 신목왕후의 혼인 배경

신목왕후는 일길찬(一吉湌) 김흠운(金欽運)의 딸로, 신문왕의 두 번째 왕비이다. 신문왕에게는 왕비 김씨가 있었는데, 즉위 원년에 출궁되었다. 다음은 그와 관련된 사료이다.

신문왕이 왕위에 올랐다. 이름은 정명(政明)이다. 문무대왕의 맏아들로 어머니는 자의왕후(慈儀王后)이다. 왕비 김씨는 소판(蘇判) 흠돌(欽突)의 딸이다. 왕이 태자로 있을 때 그를 맞아들였는데, 오래도록 아들이 없다가 나중에 그 아버지의 반란에 연루되어 궁중에서 쫓겨났다.[6]

위의 사료에 의하면, 신문왕의 태자비였던 왕비 김씨는 오래도록 아들이 없었고, 아버지의 반란에 쫓겨났다고 하였다. 기왕의 연구에서는 왕비 김씨가 출궁된 직접적인 사유를 두 가지로 파악하였다. 우선 사료에 기록된 대로 왕위를 계승할 아들이 없었기 때문으로 보았다.[7] 다음으로 왕비 김씨가 아버지의 반란이 출궁의 직접적인 원인이었을 것이라고 보았다.[8]

이처럼 왕비 김씨의 출궁은 아버지인 김흠돌의 반란의 원인을 구명하는 문제와 관련되어 주목되었다. 전자의 경우, 왕비인 김씨가 차기왕위계승권자인 아들을 낳지 못하였기 때문에 김흠돌세력의 정치적 지위가 약화되었고, 이에 반란이 야기되었다고 보았다. 후자의 경우, 중대왕권과 진골귀족 간의 정치적인 역학관계가 김흠돌의 반란의 직접적인 이유였을 것으로 추론하였다. 즉 김흠돌의 반란은 중대왕권이 강화됨에 따른 진골귀족의 반발에 의한 것이었고, 왕비의 출궁은 반란이 진압된 결과였을 것이라고 보았던 것이다.

중대왕실은 태종 무열왕에 이어 문무왕, 그리고 신문왕에 이르기까지 장자가 왕위를 계승하였다.[9] 또한 중대왕실이 진골출신으로써 여전히 다른 진골귀족의 도전을 받고 있는 상황이었다. 이와 같은 상황에서 차기

---

6) 『三國史記』 卷8 新羅本紀8 神文王 원년.

7) 李丙燾, 『韓國史』(古代篇), 乙酉文化社, 1959, 645쪽; 井上秀雄, 「新羅政治體制の變遷科程」, 『古代史講座』 4, 1962, 220쪽.

8) 姜聲媛, 「新羅時代 叛逆의 歷史的 性格」, 『韓國史硏究』 43, 1983, 34~35쪽; 신종원, 앞의 논문, 103쪽; 김수태, 앞의 논문, 13~14쪽.

9) 李基白은 중대 국왕에게 왕위를 이을 아들을 얻고자 하는 노력이 강하게 나타나는데, 이는 중대 전제왕권의 하나의 특징적인 현상이라고 보았다(『韓國史講座』 고대편, 一潮閣, 1982, 312쪽).

왕위계승권자인 아들이 없다는 것은 신문왕의 입장에서는 우려되는 일이었을 것이다. 그럼에도 불구하고 왕위를 계승할 아들이 없다는 이유로 출궁되는 사례가 처음일 뿐만 아니라 즉위 원년에 이루어졌다는 점을 주목하고자 한다.

신문왕 원년(681) 8월 8일에 왕비의 부인 김흠돌을 비롯한 파진찬 흥원, 대아찬 진공의 반란에 이어 8월 28일에 군관이 반란을 일으켰다. 반란은 진압되었고, 그 결과로 김흠돌과 흥원, 진공은 죽임을 당하였고, 군관 역시 목 베어 죽임을 당하였다. 이와 같은 반역의 형벌은 당사자에만 국한된 것이 아니라 그의 자손에게까지 연좌되었는데,[10] 김흠돌의 딸은 왕비의 지위에서 출궁되었고, 군관의 적자(嫡子) 한 명은 자살하도록 하였다.[11] 이로 볼 때 즉위 원년의 신문왕이 왕비 김씨를 출궁시킨 직접적인 이유는 아들이 없었기 때문이라기보다는 아버지인 김흠돌의 반란에 연좌된 결과였을 것으로 여겨진다.

그렇다면 신문왕 즉위 원년에 김흠돌과 군관이 반란을 일으킨 원인은 무엇이었을까. 신문왕이 반란을 평정한 후의 교서의 내용을 살펴보면, 김흠돌의 난에 대해서는 "흠돌, 흥원, 진공은 벼슬이 재능으로 오른 것이 아니요, 관직은 실로 은전(恩典)에 의하여 오른 것이라 하며, 이들이 몸을 삼가 부귀를 보전하지 못하고, 권력과 위세를 마음대로 부리고, 관료들을 업신여겼으며, 아래 위를 모두 속였다. (생략)"[12]이라고 하였다. 또한 군관의 난에 대해서는 "병부령 이찬 군관은 반열의 순서에 따라 마침내 높은 지위에 올랐으나, (생략) 임금의 명령을 받음에 자기 몸을 잊으면서까지 사직에 붉은 충성을 표하지 않았다. 이에 역신 흠돌 등과 사귀면서 그들이 반역을

---

10) 朱甫暾, 「新羅時代의 連坐制」, 『大丘史學』 25, 1984, 36~38쪽.
11) 『三國史記』 卷8 新羅本紀8 神文王 원년.
12) 『三國史記』 卷8 新羅本紀8 神文王 원년.

도모하고 있다는 사실을 알면서도 일찍이 알리지 않았으니(생략)"[13]이라고 하였다.

이로 보아 신문왕 즉위 원년에 일어난 두 건의 반란, 즉 흠돌의 난과 군관의 난이 별개가 아닌 동일한 사안으로 인식되었음을 알 수 있다. 흠돌, 흥원, 진공, 그리고 군관은 진골귀족으로서 높은 지위에 올랐고, 그들의 권력과 위세가 왕에게 위협이 되었던 것이다. 특히 흠돌의 경우, 반란의 중심 인물로 거론되었다. 김흠돌이 진골귀족이자 왕비의 부로서의 위상이 무열왕 직계인 신문왕의 왕권에 커다란 위협이 되었음을 알 수 있다.

이에 신문왕은 즉위 직후에 김흠돌의 반란을 빌미로 그를 평정하고, 그의 딸인 왕비를 출궁시켰던 것이다. 이처럼 신문왕이 즉위 직후에 진골귀족인 김흠돌과 군관의 반란을 진압하였다. 신문왕이 원년에 김흠돌의 딸인 왕비를 출궁시키고, 3년에 새로 맞아들인 왕비가 김흠운의 딸인 신목왕후이다. 신문왕과 신목왕후의 혼인이 신문왕의 왕권을 강화시키는 요인으로 이루어졌을 것이라는 점을 유추할 수 있다.

신목왕후의 아버지인 김흠운은 나밀왕 8세손으로, 태종대왕의 사위였다.[14] 김흠운의 관위는 일길찬(一吉湌)이었는데, 이는 7위에 해당하는 관위로 그다지 높은 관위가 아니었다. 김흠운이 태종무열왕의 사위임에도 불구하고, 일길찬에 머물렀던 것은 그가 태종무열왕 2년, 즉 655년에 전사하였기 때문으로 여겨진다. 신문왕과 김흠운의 작은 딸이 혼인할 당시는 김흠운은 이미 전사한 후였으므로, 전사할 당시의 관위인 일길찬이 기록되었던 것이다.

신문왕이 아버지가 없는 김흠운의 딸과 혼인하였다. 이를 신문왕이 왕권을 강화하는데 외척인 귀족세력의 영향력을 배제하려는 의도였다고 파

---

13) 『三國史記』 卷8 新羅本紀8 神文王 원년.

14) 『三國史記』 卷47 列傳47 金欽運傳..

악하였다.[15] 그러나 김흠운의 딸은 태종무열왕의 외손녀로, 이들의 혼인은 족내혼으로 볼 수 있다.[16] 신목왕후에게 부친은 없었으나, 무열왕의 딸인 모친으로 인해 무열왕계, 즉 중대왕실의 지지 세력이 있었으리라 여겨진다.

또한 신문왕과 신목왕후의 혼인의례에 참여한 남성 관인을 살펴보자. 혼인의례 절차에서 택일(擇日)에서는 이찬 문영, 파진찬 삼광, 납채(納采)에서는 대아찬 지상, 책비(册妃)에서는 이찬 문영과 개원, 명사봉영(命使奉迎)에서는 파진찬 대상, 손문과 아찬 좌야 · 길숙이 참여하였다. 참여관인의 등급이 이찬 문영과 개원은 2위, 파진찬인 삼광 · 대상 · 손문은 4위, 대아찬 지상은 5위, 아찬 좌야와 길숙은 6위이다.

혼인의례에 참여한 관인 중 문영은 문무왕대에 고구려와 백제를 상대로 한 전투에서 큰 공을 세운 이래로[17] 줄곧 높은 지위에 있었던 인물이다. 개원은 무열왕의 아들이자, 문무왕의 형제로, 신문왕에게는 숙부이다.[18] 삼광은[19] 김유신의 아들이었다.[20] 신문왕 혼인의례의 실질적인 주도자는

---

15) 이영호, 앞의 논문, 77쪽; 박해현, 앞의 논문, 69쪽; 조범환, 앞의 논문, 11~12쪽.

16) 신문왕이 전제왕권의 강화를 위해 정치적인 의도에서 족내혼을 단행한 것이라고 보았다(李基白, 앞의 책, 312쪽; 김수태, 앞의 책, 29쪽). 또한 신문왕의 혼인에 문희의 소생인 愷元이 간여한 것으로 보아, 김흠운의 딸이 문희인 문명왕후의 딸이었을 것으로도 보았다(이영호, 앞의 논문, 53쪽 주19; 曹凡煥, 앞의 논문, 10쪽).

17) 金文穎(文永)은 이후 문무왕 원년(661)에 首若州摠管이 되었고, 동왕 8년(668)에는 대아찬으로서 卑列城州行軍摠管이 되어 蛇川城에서 고구려 군사를 크게 격파하였다. 그리고 동왕 10년(670)에 軍官과 함께 백제고지 12성을 재점령하는 등의 전공을 세웠다. 신문왕 3년(683)에는 이찬으로서 왕의 혼인의례를 주선하였고, 효소왕 3년(694)에 상대등이 되었다(鄭求福 外, 『譯註 三國史記』, 精神文化研究院, 1997, 183쪽).

18) 『三國遺事』卷1 紀異2 太宗春秋公.

19) 『三國史記』卷6 新羅本紀6 文武王(上) 6年; 『三國史記』卷43 列傳3 金庾信(下); 『三國史記』卷6 新羅本紀6 文武王 8年.

20) 黃善榮은 三光이 무열왕의 3女인 智照夫人이 김유신에게 시집오기 전에 先夫人으로부터의 소생으로 보았다(「新羅 武烈王家와 金庾信家의 嫡庶問題」, 『釜山史學』9, 1985, 13쪽).

높은 관위의 문영과 개원이었으리라 여겨지는데, 이들은 문무왕의 공신이
자 형제였다. 그리고 파진찬 삼광의 참여로 보아 김유신계 역시 신문왕의
혼인의례에 적극 참여하고 있음을 알 수 있다. 이들은 무열왕계와 김유신
계로서[21] 문무왕대에 측근적 성격을 가진 귀족들이었다. 이로 볼 때 신문
왕과 신목왕후의 혼인은 무열왕계의 결집의 차원이었고, 혼인의 목적은 중
대왕실의 왕권 강화였음을 알 수 있다.

2) 유교식 혼인의례의 시행과 의미

신문왕과 신목왕후의 혼인은 유교식 혼인의례로 행해졌다. 신문왕대에
행해진 유교식 혼인의례의 절차를 살펴보고, 유교식 혼인의례가 시행된 의
미를 알아보고자 한다. 다음은 관련 사료이다.

> 신문왕 3년(683), ①봄 2월에 일길찬(一吉湌) 김흠운(金欽運)의 작은 딸[少
> 女]를 맞아들여 부인(夫人)으로 삼았다. ②먼저 이찬(伊湌) 문영(文穎)과 파진
> 찬(波珍湌) 삼광(三光)을 보내 기일을 정하고, ③대아찬(大阿湌) 지상(智常)을
> 보내 납채(納采)하게 하였는데, 예물로 보내는 비단이 15수레이고 쌀·술·기
> 름·꿀·간장·된장·포·젓갈이 135수레였으며, 조(租)가 150수레였다. ④5월
> 7일에 이찬(伊湌) 문영(文穎)과 개원(愷元)을 그 집에 보내 책봉하여 부인으로
> 삼았다. ⑤그 날 묘시에 파진찬(波珍湌) 대상(大常)·손문(孫文), 아찬(阿湌)
> 좌야(坐耶)·길숙(吉叔) 등을 보내 각각 그들의 아내와 양부(梁部) 및 사량부
> (沙梁部) 두 부의 여자 각 30명과 함께 부인을 맞아오게 하였다. 부인은 수레
> 를 탔고, 좌우에서 시종을 하였는데, 궁인(宮人)과 부녀자[娘嫗]가 매우 많았
> 다. 왕궁의 북문(北門)에 이르러 수레에서 내려 대궐로 들어갔다.[22]

---

21) 김수태는 무열왕의 아들인 개원과 김유신의 아들인 삼광이 주도적인 역할을 하였다
고 보기도 하였다. 문영 역시 대백제전에서 당나라 장군 소정방이 기일을 어겼다고
그를 참하려고 했을 때 김유신이 목숨을 구해주었던 것으로 보아 김유신과 밀접한
관계였을 것으로 보았다(앞의 책, 25쪽).

신문왕이 즉위 3년에 유교식 혼인의례를 거행하며 새로 왕비를 맞이하였다. 일길찬 김흠운의 작은 딸을 이례적으로 유교식 혼인의례를 거행하면서 맞아들이고 있다. ①은 일길찬 김흠운의 작은 딸을 맞아들여 부인으로 삼았다는 사실을 전한 것이고, ②~⑤까지가 그와 관련된 절차를 기술한 내용이다. ②에서 이찬 문영과 파진찬 삼광을 보내어 기일을 정하고, ③에서 대아찬 지상을 보내 납채(納采)를 하게 하였다. ④에서 5월 7일에 이찬 문영과 개원이 김흠운의 집에 가서 김흠운의 딸을 부인으로 책봉(册封)하였다. 5월 7일 책봉을 마친 후, ⑤에서 당일에 파진찬 대상·손문, 아찬 좌야·길숙 등을 보내서 각각 그들의 아내와 양부(梁部) 및 사량부(沙梁部) 두 부의 여자 각 30명과 함께 부인을 맞아오게 하였다. 입궁(入宮)할 때에 행렬을 하였고, 왕궁의 북문에 이르러 수레에서 내려 입궁하였다. 입궁 후의 절차는 사료에 나오지 않는다.[23]

이처럼 신문왕의 혼인의례가 2월부터 5월 7일 입궁까지 3개월에 걸쳐 진행되었음을 알 수 있다. 2월에 기한을 정하고, 예물을 들이고, 부인으로 책봉하고, 맞아들이는 과정이 각각 유교식 혼인의례를 따르고 있다. 유교식의 혼인절차에 따른 왕실혼인으로는 고려의 왕태자의 혼인이 있다. 다음은 신문왕의 혼례와 당 및 고려의 유교식 왕실혼인 절차를 비교한 표이다.

---

[22] 『三國史記』卷8 新羅本紀8 神文王 3년. "春二月 納一吉飡金欽運少女爲夫人 先差伊飡文穎·波珍飡三光定期 以大阿飡智常納采 幣帛十五轝 米·酒·油·蜜·醬·豉·脯·醢一百三十五轝 租一百五十車 五月七日 遣伊飡文穎·愷元抵其宅 册爲夫人 其日卯時 遣波珍飡大常·孫文·阿飡坐耶·吉叔等 各與妻娘及梁·沙梁二部嫗各三十人迎來 夫人乘車 左右侍從 官人及娘嫗甚盛 至王宮北門 下車入內."

[23] 서영교는 『高麗史』王太子納妃儀조를 근거로 왕궁내의 혼인의식을 복원한 바 있다. 고려사에 의하면, 궁에서 들어가는 의식(妃入內)－태자와 비가 합방하는 의식－혼인 의례를 치른 3일째 되는 날 태자부부가 머물고 있는 려정궁에 부왕이 사신을 보내는 의식: 백관들이 참가하는 가운데 태자비가 배알하는 의식이 있었다. 신라 역시 이와 유사했을 것으로 추정하고 있다(「신문왕의 婚禮儀:『고려사』禮志와 비교를 통하여」, 『白山學報』 70, 2004, 470쪽).

〈표 1〉 왕실혼례 절차 비교표

혼례 절차	육례	대당개원례	신라 중대	고려	조선
(1)		臨軒命使	擇日		擇日
(2)	納采	納采	納采	納采	納采
(3)	問名	問名			問名
(4)	納吉	納吉		擇日	納吉
(5)	納徵	納徵			納徵
(6)	請期	告期		告期	告期
(7)		册后	册夫人	(册妃)	册妃(嬪)
(8)	親迎	命使奉迎	命使奉迎	遣使	親迎
(9)				告大廟	
(10)				同牢	同牢

위의 표는 신라의 신문왕대 유교적 혼인의례를 『의례』의 사혼례와 당과 고려, 조선의 절차와 비교한 것이다. 우선 『의례』의 사혼례는 전형적인 육례(六禮)의 절차를 알려준다.[24] 이 중 문명과 납길은 주자의 『가례』에서는 '의혼(議婚)'으로 대체되는데, 이는 혼인상대를 선택할 때에 신중을 기하는 절차이다. 다음으로 당의 『대당개원례』의 가례(嘉禮)의 황제납후(皇帝納后)조와 고려사의 왕태자납비의(王太子納妃儀), 그리고 조선의 『국조오례의』에서 가례의 납비의(納妃儀)와 납빈의(納嬪儀)의 혼례 절차와 비교하였다. 고려의 왕태자납비의에서는 책비의 절차가 없는데, '납비의'의 절차를 간략하게 기술하면서 생략된 것일 뿐 실제로는 시행되었으리라 여겨진다.

또한 조선의 가례에서 육례는 납채-납징-고기-책비-친영-동뢰이다. 그러나 국왕이 친영을 거행한 사례는 1517년(중종 12) 중종과 문정왕후의 혼례이고, 납비친영례(納妃親迎禮)는 실린 것은 1744년(영조20)에 편

---

24) 『儀禮』 士婚禮에서 納采-問名-納吉-納徵-請期-親迎을 六禮라고 한다. 여기서 請期가 告期에 해당하는데, 청기는 신랑측에서 신부 집으로 사자를 보내어 먼저 혼인할 날을 정해줄 것을 청하는 것인데 반해 告期는 신랑측에서 신부측에 날짜를 고지하는 것이다. 왕과 왕세자의 경우, 請期가 아닌 국왕이 敎文으로 통지하는 告期를 시행한다(이욱, 「조선시대 왕세자 혼례의 절차와 의미」, 『古文書研究』 48, 2016, 319쪽).

찬된 『국조속오례의』였는데, 이전에는 국왕의 혼례는 명사봉영으로 시행되었다.[25] 이처럼 왕의 혼인의례는 일반적인 유교 의례와 조금 다르게 진행된다.

다음으로 『대당개원례』에 나오는 납비례의 절차와의 비교를 통해 신문왕대 혼례의 절차를 비교하여 보자.[26] 『대당개원례』의 가례 납후(納后)조에 나오는 혼례 순서는 다음과 같다. 복일(卜日)─고원구(告圓丘)─고방택(告方澤)─임헌명사(臨軒命使)─납채(納采)─문명(問名)─납길(納吉)─납징(納徵)─고기(告期)─고묘(告廟)─책후(册后),[27] 명사봉영(命使奉迎)─동뢰(同牢)─황후표사(皇后表謝)─조황태후(朝皇太后)─황후수군신하(皇后受群臣賀)─황제회군신(皇帝會群臣)─외명부조회(外命婦朝會)─군신상례(群臣上禮)─황후묘현(皇后廟見)─거가출궁(車駕出宮)[28]의 순서로 진행된다. 이 중 복일─고원구─고방택[29]의 절차는 동상의(同上儀)라 하여 위의 의례와 같으므로 생략되어 있다. 본격적인 절차는 임헌명사부터 시작한다.

신문왕의 혼례는 입궁까지만 기록되어 있고, 이후의 동뢰에 해당하는 절차는 생략되어 있다. 따라서 『대당개원례』에서 신문왕의 혼례와 비교가 가

---

25) 이미선, 「『嘉禮都監儀軌』를 통해 본 조선 왕실의 婚禮 문화」, 『한국계보연구』 2, 2011, 135쪽.

26) 『周禮』에서 기초한 五禮는 隋煬帝가 편찬한 『江都集禮』를 거쳐 당대에 정비되었다. 당대의 오례체계는 정관례와 현경례를 거쳐 『開元禮』로 집대성되었던 것이다. 당 현종대에 편찬된 『대당개원례』는 당태종대의 정관례와 당 고종대의 현경례를 절충하여 편찬한 것으로, 당의 開元 20년(732), 즉 성덕왕 31년에 반포되었다. 신문왕 6년에 당에서 보내온 『길흉요례』는 정관례와 현경례에서의 오례에 관한 내용이었을 것이다 (나희라, 『신라의 국가제사』, 지식산업사, 2003, 177~179쪽; 채미하, 「신라 중대 오례와 왕권: 오례 수용을 중심으로」, 『韓國思想史學』 27, 2006, 128~130쪽, 134~135쪽 참조). 정관례와 현경례의 구체적인 내용은 남아 있지 않기 때문에 『대당개원례』를 통하여 알아 볼 수밖에 없다.

27) 『大唐開元禮』 卷93, 嘉禮 納后 上

28) 『大唐開元禮』 卷94, 嘉禮 納后 下

29) 『通典』 卷122, 禮82 開元禮纂類17 · 嘉禮1 皇帝納后.

능한 절차를 중심으로 살펴보고자 한다. 해당되는 절차는 임헌명사부터 명사봉영까지로, 즉 임헌명사-납채-문명-납길-납징-고기-고묘-책후의 절차이다. 다음은 『대당개원례』 황제납후 의례에서의 해당 절차이다.

(1) 임헌명사(臨軒命使) : 이틀에 걸쳐 진행된다. 하루 전에 태극전(太極殿)에 어악(御幄)을 비롯한 의식에 필요한 여러 물품들을 진열한다. 당일에 조당(朝堂)에 관리들이 모이면, 황제가 나와 제(制)로서 명을 받들 사자(使者)와 부사(副使)를 임명한다.

(2) 납채(納采) : 하루 전날 부인의 집 길가 오른쪽에 사자의 자리를 마련하는 것으로 의례를 준비한다. 당일 새벽[大昕]에 납채하라는 제문(制文)를 받들고 사자와 부사가 부인의 집에 당도한다.

(3) 문명(問名) : 납채를 마친 후 같은 날, 복서(復書)를 하기 위한 문명을 한다.

(4) 납길(納吉) : 하루 전날, 납채와 마찬가지로 부인의 집 길 가에 사자의 자리를 준비한다. 당일 새벽 사자와 부사가 문명하여 점친 결과 길(吉)하다는 결과가 나왔다는 사실을 알린다. 예를 마치고 돌아간다.

(5) 납징(納徵) : 하루 전날 납채와 마찬가지로 부인의 집 길 가에 사자의 자리를 준비한다. 당일 새벽 사자와 부사가 와서, 예를 갖추어 옥백(玉帛) 등의 폐백을 전한다. 예를 마치고 돌아간다.

(6) 고기(告期) : 하루 전날 전과 같이 준비를 한다. 당일 새벽 사자와 부사가 와서 혼례 일정을 알린다.

(7) 책후(册后) : 하루 전날 부인의 집에 예식을 준비한다. 당일 임헌명사를 하고, 책봉의 예를 행한다. 예를 마치면, 황후는 책봉을 받은 자리에서 내려와 상궁의 인도 하에 궁으로 들어간다.

(8) 명사봉영(命使奉迎) : 당일 저녁 무렵[其日晡後]에 행해진다.

위의 〈표 1〉의『대당개원례』에서의 납후 절차를 보면, (1)과 (8)은 왕궁에서 행해지는 반면, (2)부터 (7)까지의 절차는 모두 부인의 집에서 이루어진다. 또한 (2), (3)이 동일한 날 이루어지고, (8)과 다음 절차인 동뢰가 동일한 날 이루어진다. 즉 납채와 명사봉영 및 동뢰가 혼인의례의 시작과 끝에 해당하는 절차인 것이다.『대당개원례』에서는 (6)과 (7) 사이에 고묘의 절차가 있다. 이는 담당관리가 특생(特牲)으로써 묘에 고하는 고례이다. 신문왕의 혼례의에서 고묘의 절차는 생략되어 있다. (7)에서 책후의 의례는 부인의 집에서 이루어진다. 책후의 예를 마치고, 상궁의 인도 하에 궁으로 들어간다고 하였다.30) 그러나 책후의 예는 부인의 집에서 행해진다. 책봉을 받은 후이기 때문에 황후와 궁을 칭했음을 알 수 있다. (8)의 명사봉영이 실질적인 입궁에 해당하는 절차이다. 명사봉영을 통해 입궁한 황후와 당일 저녁에 동뢰를 행함으로써 혼례 절차는 마무리된다. 즉 실질적인 혼례의례는 (8)의 황후의 입궁에 해당하는 명사봉영과 합방에 해당하는 동뢰이다.

신문왕의 혼례를『대당개원례』의 혼례와 비교하여 볼 때 두 가지의 절차가 주목된다. 하나는 입궁 절차이고, 다른 하나는 책봉절차이다. 우선 입궁 절차에 대해서 살펴보자.『대당개원례』에 따르면, 황제는 친영(親迎)을 하지 않는다. 친영은 황태자 이하 친왕납비(親王納妃), 공주강가(公主降家), 삼품이상혼(三品以上婚)에서 이루어지는 절차였다.『고려사』의 왕태자납비의에는 절차상 친영이 아닌 견사봉영(遣使奉迎)이라 되어있다. 간혹 친영의 예도 보인다. 고려의 친영례는 중국과 달리 왕실혼 그것도 왕자와 공주의 혼례에만 국한되어 나타나고 있다.31)

30)『大唐開元禮』卷93, 嘉禮 納后 上.

신문왕 혼례의 입궁 절차에 대해서는 친영으로 보기도 하고,[32] 명사봉영으로 보기도 한다.[33] 친영은 신랑이 신부집에 가서 신부를 맞아 자기 집으로 돌아와 혼인식 예를 행하는 것이다. 친영은 혼인식의 주체가 남자 및 남자집이 되는 것으로, 여자를 맞아 남자 집에 소속시키는 의미를 표상하는 의례이다. 친영은 조선시대에까지 실시여부를 놓고 논란을 야기하였던 절차이다. 친영의 절차가 행해지려면 그에 따른 혼속 및 친족질서가 배경이 되어야 한다. 고려시대까지 남귀여가혼(男歸女家婚)이 일반적으로 행해지고 있었던 터라 친영의 혼례 절차가 일반화되기는 다소 무리가 있었을 것이다.

뿐만 아니라 왕실 혼인의 경우, 일반 혼인과는 달리 혼인의 주체가 왕 및 왕실이 된다. 친영을 하기 위해서는 왕이 친히 행차를 하여야 한다. 『대당개원례』에서 황제납후의 경우, 황제가 직접 친영을 하지 않고 명사봉영이라 하여, 황제가 임명한 사자가 대신 황후를 맞이하는 절차를 행한다. 신문왕의 혼례의에서는 친영이 아닌 명사봉영의 의례를 행하고 있는 것으로 보아 황제납후의 예를 따르고 있음을 알 수 있다.[34] 즉 신문왕의 혼례는 입궁할 때에 친영이 아닌 명사봉영을 하고 있는데, 이는 중국의 황제납후의 혼인의례에 따른 것이었음을 알 수 있다.

신라의 혼인의례에서는 택일-납채-책비-명사봉영의 절차가 찾아진다. 여기서 택일-납채-책비-명사봉영의 절차는 순서대로 이루어지고

---

31) 권순형, 『고려의 혼인제와 여성의 삶』, 혜안, 2006, 92~94쪽, 103쪽

32) 井上秀雄, 『譯註 三國史記』, 平凡社, 1980, 281쪽; 권순형, 앞의 책, 40~41쪽; 이영호, 앞의 논문, 28쪽; 김수태, 「신라 신문왕대 왕 친영례의 시행」, 『新羅史學報』 29, 2013, 320~321쪽

33) 장병인, 「조선 전기 왕의 혼례형태: '가관친영례'의 시행을 중심으로」, 『한국사연구』 140, 2008; 채미하, 앞의 논문, 138~139쪽; 채미하, 「신라의 嘉禮 수용과 運用」, 『韓國古代史探究』 18, 2014, 95~96쪽

34) 채미하, 앞의 논문, 138쪽 각주 60).

있다. 다만 혼인 날짜를 정하는 절차로 추정되는 '택일'이 가장 앞서서 진행되고 있다는 점이 주목된다. '택일'을 '정기(定期)'에 해당하는 절차로 볼 경우, 문명, 납길, 고기에 해당하는 절차일 것이다. 이는 혼인날짜를 길한 날로 점치고, 결정한 후에 통보하는 행위이다. 또한 '택일'로 볼 경우, 이는 조묘(祖廟)에 혼인을 조묘에 고하는 행위로 볼 수 있다. 신문왕의 혼례의 중 '택일'이 가장 먼저 행해진 것으로 보아, 이미 혼인 대상과 날짜가 정해진 상황에서 조묘에 고하고, 납채가 진행되었음을 알 수 있다.

다음으로 왕실여성의 책봉 의례가 행해졌다.『신당서』및『대당개원례』황제납황후와 황태자납비를 보면, 고기와 친영 절차 사이에 책후 내지 책비 의례가 포함되어 있다. 사료 A의 신문왕의 혼례에서도 왕실여성의 책봉 절차가 나오고 있다. 그런데 '책비'의 단계에서 비가 아닌 '부인'으로 책봉하였음이 주목된다. 사료 A에서 알 수 있듯이 유교적 납비례의 절차로 왕실혼인을 행하였으나, 납비(納妃)가 아닌 납부인(納夫人)을 하였고, 책비(冊妃)가 아닌 책부인(冊夫人)을 하였음을 알 수 있다. 즉 신문왕의 혼례에서는 비가 아닌 부인을 맞아들였고, 책봉하였던 것이다. 신문왕은 중국의 유교식 혼인의례를 도입하여 왕실혼인을 행하였으나 실질적으로는 신라의 방식으로 수용하였다는 점을 알 수 있다.

3) 유교식 혼인의례와 왕후의 지위

신문왕의 배우자로서 왕후나 왕비가 아닌 '부인'을 맞아들였다. 이와 관련하여 신문왕 이후의 왕실혼인에 관한 사료를 살펴보자.

> B-(1) 성덕왕 3년(704), 여름 5월에 승부령(乘府令) 소판(蘇判) 김원태(金元泰)의 딸을 맞아들여 비(妃)로 삼았다.[35]

B-(2) 성덕왕 19년(720), 3월 이찬(伊飡) 순원(順元)의 딸을 맞아들여 왕비(王妃)로 삼았다. (중략) 6월에 왕비(王妃)를 책봉하여 왕후(王后)로 삼았다.[36]

B-(3) 효성왕 3년(739), 3월에 이찬(伊飡) 순원(順元)의 딸 혜명(惠明)을 맞아들여 비(妃)로 삼았다.[37]

B-(4) 경덕왕 2년(743), 여름 4월에 서불한(舒弗邯) 김의충(金義忠)의 딸을 맞아들여 왕비(王妃)로 삼았다.[38]

사료 B는 중대에 왕이 즉위한 후에 혼인을 한 사례들이다. 신문왕 이후에 행해진 왕실혼인이 유사한 양상을 보인다는 점이 주목된다. 사료 A에서 신문왕의 혼례는 2월에 사신을 보내어 날짜를 정하고[擇日], 예물을 보내었다[納采]. 그리고 5월 7일에 사신을 보내어 부인으로 책봉(册封)하고, 입궁(入宮)을 행하였던 것이다. 5월 7일이 왕의 혼례일이었던 것이다. B-(1)에서 성덕왕 3년의 혼례는 5월에 행하였고, B-(2)에서 성덕왕 19년(720)의 혼례는 3월에 행하고, 6월에 왕후로 책봉하였다. 또한 B-(3)에서 효성왕 3년(739)의 혼례는 3월에 행해졌다. 그리고 B-(4)에서 경덕왕 2년(743) 4월에 서불한 김의충의 딸을 맞아들여 왕비로 삼았다.

이처럼 사료 B에 의하면, 중대 왕의 혼례가 2월 내지 3월에 택일을 통해 시작하여, 5월 내지 6월에 책봉함으로써 마무리되는 절차였음을 알 수 있다.[39] 신문왕의 혼례 이후에 왕의 혼인 시기가 유사한 형태를 보이고 있는

---

35) 『三國史記』卷8 新羅本紀8 聖德王 3년.

36) 『三國史記』卷8 新羅本紀8 聖德王 19년.

37) 『三國史記』卷9 新羅本紀9 孝成王 3년.

38) 『三國史記』卷9 新羅本紀9 景德王 2년.

39) 이영호는 왕비는 궁궐에 들어오기 전 단계인 부인 책봉, 궁궐에서의 왕비 책봉, 다시 왕후 책봉이란 단계를 거쳤다고 보고 있다(앞의 논문, 39쪽). 그러나 夫人의 책봉과 왕비 및 왕후 책봉의 선후 관계가 신문왕대 사례 외에는 보이지 않아서 이 절차가 정례화된 것인지는 의문이다. 신문왕대에 왕비 출궁 후 혼례가 첫 사례라 왕비가 아닌 夫人으로 책봉되었으리라 생각된다. 이후 왕후 및 태후 책봉은 왕위후계자가 왕위에 오른 결과에 따른 것일 것이다.

것이다. 사료 B의 국왕의 혼인은 신문왕 이후 그와 동일한 절차로 혼인하였기 때문에 중복되는 내용은 기록에서 생략하였음을 유추할 수 있다.[40]

또한 왕이 즉위 후에 혼인을 한 경우, 즉위 초에 혼례를 행하였다는 점역시 주목된다. 신문왕은 즉위 3년에 혼인을 하였다. B-(1)의 성덕왕, B-(3)의 효성왕도 즉위 3년에 혼인을 하였다. B-(4)의 경덕왕은 즉위 2년에 혼인을 하였다. 또한 하대의 왕들 중 즉위 후에 혼인을 한 문성왕(文聖王)도 즉위 4년에 혼인을 하였다.[41] 신문왕과 성덕왕이 5월에, 효성왕과 문성왕이 3월에, 경덕왕이 4월에 혼인을 하고 있다. 중대 이후 왕의 혼례 시기가 즉위 초와 봄에 집중되어 있음을 알 수 있다. 이로 보아 중대 이후의 왕실 혼인이 유교식 혼례인 납비례로 정례화되는 양상을 보인다. 즉 신문왕의 혼례는 중대 왕의 혼인 형태의 전범(典範)이 되었던 것이다.

그렇다면 중대 왕실이 유교식 혼례를 행한 이유는 무엇일까. 다음의 신문왕 6년의 기록을 살펴보자.

> 신문왕 6년(686), 당나라에 사신을 보내 예기(禮記)와 문장(文章)을 청하니, 측천무후가 담당 관청에 명하여 길흉요례(吉凶要禮)를 베끼고 문관사림(文館 詞林) 가운데 모범으로 삼을 만한 글을 골라 50권의 책으로 만들어 주었다.[42]

위의 사료에 의하면, 신문왕 6년에 신라가 당에 예기와 문장을 요청하였다. 당의 측천무후가 관리에게 명하여 『길흉요례』를 베끼고, 아울러 『문관사림』 중에서 규계(規誡)에 관한 글을 선택하여 50권을 만들어 주게 하였

---

[40] 신문왕의 혼례의가 자세히 기록된 이유는 『三國史記』의 기재방식으로 보아 현직 왕이 재임 중 중국식으로 혼인한 첫 사례였기 때문일 것으로 생각된다. 이후 이 혼인의례는 즉위 후 혼인한 다른 왕들에게도 모범이 되었고, 次妃나 太子妃를 맞이할 때도 비슷한 절차를 거쳤으리라 여겨진다(이영호, 앞의 논문, 29쪽).

[41] 『三國史記』卷11, 新羅本紀11 文聖王 4년.

[42] 『三國史記』卷8 新羅本紀8 神文王 6년.

다. 신라에서 '예기'를 요청하였는데, 이는 『책부원귀』에서는 예기로,[43] 『구당서』와 『신당서』에서는 '당례(唐禮)'로 기록되었다.[44]

신라에서 『예기』는 중고기 유학의 수용과 아울러 일찍이 도입되었다. 지증왕대에 상복제의 내용이 나오고 있다.[45] 또한 진평왕 8년(586)에 유학 교육을 담당할 예부령(禮部令) 2인이 두어졌다.[46] 또한 「임신서기석」의 기록에 의하면,[47] 『모시(毛詩)』, 『상서(尙書)』, 『예기』, 『춘추전(春秋傳)』 등이 교육되었음을 알 수 있다.[48] 뿐만 아니라 진평왕대 원광의 세속오계에서의 충효신용(忠孝信勇)의 덕목은 『논어』와 『예기』에서 강조했던 중요한 덕목이었다.[49] 따라서 신문왕 6년에 당에 요청한 예기는 『예기』라는 특정 서책이라기보다는[50] '예에 관한 기록'의 일반명사로 보아 당례 또는 예전으로 볼 수 있을 것이다.[51] 측천무후가 보내주던 『길흉요례』는 오례 중 길례와 흉례만을 채록한 것이라고 보기보다는[52] 국가제도 전반에 걸친 길례에서 흉례에 이르는 오례의 중요한 내용이 모두 포함되었을 것이라고

---

43) 『册府元龜』 卷999 外臣部 請求.

44) 『舊唐書』 卷199上 列傳149上 東夷 新羅; 『新唐書』 卷220 列傳 145 東夷 新羅.

45) 『三國史記』 卷4 新羅本紀4 智證王 5년.

46) 『三國史記』 卷4 新羅本紀4 眞平王 8년.

47) 「壬申誓記石」의 신미년의 경우 진흥왕 12년(551)이나 진평왕 33년(611)으로 추정된다.(崔光植, 「壬申誓記石」, 『譯註 韓國古代金石文』 2, 駕洛國史蹟開發研究院, 1992, 177쪽)

48) 「壬申誓記石」 "詩尙書礼傳倫得誓三年"(韓國古代社會研究所, 앞의 책, 175~178쪽)

49) 김영하, 「新羅 中代의 儒學受容과 支配倫理」, 『韓國古代史研究』 40, 2005; 앞의 책, 202쪽

50) 濱田耕策, 「新羅の神宮と百座講會と宗廟」, 『東アジア世界における日本古代史講座: 東アジアおける儀禮と國家』, 1982; 『新羅國史の研究』, 吉川弘文館 재수록, 2002, 39~40쪽.

51) 나희라, 『신라의 국가제사』, 솔벗, 2003, 175~177쪽; 채미하, 앞의 논문, 127쪽.

52) 濱田耕策, 앞의 책, 40쪽; 나희라, 앞의 책, 179쪽.

보는 편이 옳을 듯하다.[53]

그렇다면 신문왕이 6년에 당에 예제에 관련된 책과 글을 특별히 요청한 이유는 무엇일까. 대외적으로 당과의 관계 개선이라는 측면과 대내적으로 중대왕권의 안정이라는 측면을 고려해 볼 수 있다. 중대 왕권의 초석은 당과의 관계에 기반한 것이었다. 태종 무열왕인 김춘추는 진덕왕 2년(648)에 대당외교를 시작하였다. 김춘추의 당에 대한 외교는 대외적으로는 군사외교가 주목적이었으나, 대내적으로는 신라의 지배체제를 개편하기 위해 당의 율령체제를 수용하려는 측면도 있었다.[54] 김춘추가 당에서 행한 외교활동을 보면, 백제정벌을 위한 군사정벌을 요청함과 동시에 국학(國學)에서의 석전(釋奠)과 강론(講論)의 관람을 요청하였다. 또한 신라의 조정화를 위해 당의 장복(章服)을 요구하였고, 아들 문왕(文王)과 함께 당의 관작을 제수받았다.[55] 이로 볼 때 진덕왕대 김춘추의 당에 대한 외교 목적은 비담의 반란 이후 노정된 대내외적인 모순을 극복하고, 중앙집권적 귀족관료체제를 수립하려는 데 있었던 것이다. 김춘추는 친당노선을 노골화하는 한편 유교적 통치이념에 입각한 한화적(漢化的) 내정개혁(內政改革)을 추진하였던 것이다.[56]

또한 무열왕이 즉위한 후 이방부격(理方府格), 시호법과 묘호제, 치사제와 궤장하사, 중조의상제, 동궁제, 9주제, 5묘제, 해관제 등 율령과 제도에 관한 당제를 적극적으로 수용하였다.[57] 시호 역시 지증왕 사후 처음 실시되었다고는 하나,[58] 유학적인 의미의 시호제는 무열왕 이후 비로소 제도화

---

53) 채미하, 앞의 논문, 130쪽.

54) 鬼頭淸明, 「七世紀後半の國際政治史試論: 中國·朝鮮三國·日本動向」, 『古代の日本と朝鮮』, 學生社, 1974, 181쪽.

55) 『三國史記』卷5 新羅本紀5 眞德王 2년.

56) 金瑛河, 앞의 책, 265~277쪽.

57) 김영하, 앞의 책, 209쪽.

되었다.59) 문무왕대는 당과의 전쟁 이후 당과의 관계가 소원해질 수밖에 없었다.60) 신문왕은 당과의 관계를 개선하고61) 본격적인 체제 정비를 함으로써62) 왕권을 안정시키고자 하였던 것이다.

이처럼 중대왕실은 왕권의 안정을 위해 대내적으로 체제를 정비할 필요가 있었다. 중대왕실은 당제를 적극적으로 수용함으로써 체제를 정비하였다. 당의 율령과 제도 도입은 중국식 예제의 수용을 동반하였다.63) 중국식 예제의 근간은 유교사상이다. 유교사상에서 예(禮)는 존비차등(尊卑差等)의 계층 질서를 유지함으로써 사회질서를 도모하는 규정인데, 원래는 가(家)의 질서였으나 점차 군신관계와 국제외교 상의 규범으로까지 확장되었던 것이다.64) 당과 신라의 국제외교 상의 중국식 예제 관념이 신라 내부의 계층 상호 간의 질서를 유지하기 위한 기제로 수용되었던 것이다. 즉 중대 초기에 율령관제와 아울러 중국식 예제의 수용도 이루어졌는데, 이는 중대 왕권의 강화와 체제적 안정을 목적으로 한 것이었다.

신문왕이 유교식 왕실혼례를 도입하였던 것은 중대 왕권이 유학을 기본으로 하는 율령체계를 지향하였던 것과 같은 맥락이었을 것이다. 신라의 중대 왕권은 율령을 수용하는 데 있어 논리보다는 기능을 중심으로 수용하

---

58) 『三國史記』 卷4 新羅本紀4 智證王 15년.

59) 김영하, 앞의 책, 208~211쪽.

60) 신형식은 문무왕 8년(668) 이후 성덕왕 2년(703)까지의 35년간이 사실상의 국교단절 상태였다고 보았다(『韓國古代史의 新硏究』, 一潮閣, 327쪽, 1984, 347쪽).

61) 李基白, 『新羅政治社會史硏究』, 一潮閣, 1974, 234~235쪽; 金壽泰, 앞의 책, 45쪽.

62) 채미하, 「新羅의 五廟制 '始定'과 神文王權」, 『白山學報』 70, 2004, 272~274쪽.

63) 濱田耕策은 신문왕대의 五廟制가 『禮記』 王制篇의 "天子七廟 諸侯五廟"에 부합한 것으로 보아 이 시기 예제의 도입을 唐의 天子에 대한 諸侯의 예를 근간으로 한 것이었다고 파악하였다(앞의 책, 40쪽).

64) 미조구치 유조 편저, 김석근·김용천·박규태 옮김, 『中國思想文化事典』, 책과함께, 2011, 451쪽.

였다. 이와 같은 기능 중심의 율령적 지배체계에서는 예제에 기초한 윤리적 지배를 병행함으로써 새로운 규범의식을 부여하여야만 했던 것이다.[65] 그러한 점에서 중대 왕실의 유교적 혼례는 대내외적으로 통치이념으로서의 유학적 지향을 가시화하기에 적합한 왕실의례였다.[66]

따라서 신문왕의 유교적 혼례가 중대 이후 왕실 혼인의 전범(典範)이 되었고, 중대 이후 왕들의 혼례에서도 동일한 의미와 지향으로 재연되었다. 중대 왕이 유교적 절차에 의해 행한 혼례를 행하였던 것은 중대왕권의 율령적 지배체제의 이념을 정당화하는 의식의 일환이었던 것이다.[67]

그렇다면 중대 왕권과 연동되는 왕후의 위상은 어떠하였을까. 다음은 혼인 이후의 신목왕후에 관한 사료이다.

> C-(1) 신문왕 7년(687), 봄 2월에 원자(元子)가 태어났다. 이 날 날씨가 음침하고 어두컴컴하였으며 천둥과 번개가 심하게 쳤다.[68]
>
> C-(2) 신문왕 11년(691), 봄 3월 1일에 왕자 이홍(理洪)을 태자로 봉하였다.[69]

C-(1)에서 신목왕후는 신문왕 7년에 원자(元子)를 낳았다. 이에 신문왕이 왕자가 태어난 지 2개월 만에 대신을 조묘(祖廟)에 보내어 제사를 올렸다. 제사대상은 태조대왕, 진지대왕, 문흥대왕, 태조대왕, 문무대왕으로[70]

---

65) 金瑛河, 앞의 책, 218쪽.

66) 김수태는 신문왕이 시행한 유교적 혼례의 배경이 중대의 왕족 김씨가 족내혼을 통해 정치적 권력을 배타적으로 소유하려고 하였고, 이에 새로운 방식의 혼례방식이 필요하였던 것으로 이해하였다(앞의 논문, 332~334쪽). 중대 왕권의 정치적 독점을 위한 새로운 방식의 혼례 도입이기 보다는 중대 왕권의 유교적 지향이 혼례로 가시화하였던 것이라 생각한다.

67) 이현주, 「신라 중대 왕후의 책봉과 위상 정립」, 『역사와 현실』 95, 2015, 228~240쪽.

68) 『三國史記』 卷8 新羅本紀8 神文王 7년.

69) 『三國史記』 卷8 新羅本紀8 神文王 11년.

신문왕의 직계이다. 이는 진골귀족세력에 대하여 왕실의 정통성과 권위를 강조하기 위한 의도였을 것으로 여겨진다.[71] 아울러 원자가 태어난 지 두 달 후에 조묘에 제사지냈다. 이는 원자의 적통성(嫡統性)을 인귀(人鬼)에 보증받기 위한 의도도 있었으리라고 생각한다.[72] C-(1)에서 원자가 태어난 날씨가 음침하고 어두컴컴하였으며, 천둥과 번개가 심하게 쳤다고 기록하였다. 두 달 후에 조묘 제사의 제문에 어지러운 기후를 염려하며 이후 사시 사철의 기후를 순조롭게 하여주기를 기원한 것으로 보아 제사의 목적에 원자의 건강과 순조로운 성장에 대한 기원이었을 것임을 알 수 있다.

신문왕은 물론 중대왕실이 성목왕후가 출산한 원자에 대해 차기왕위계승자로서의 기대를 하였을 것이라 여겨진다. 이는 성목왕후의 입지를 다지는 역할을 하였던 것이다. 그리고 C-(2)에서 신문왕 11년에 원자가 태자로 책봉됨에 따라 신목왕후의 위상이 더욱 공고해졌을 것이다. 이처럼 신목왕후는 유교식 혼인의례에서의 책봉, 원자의 출산, 그와 관련된 조묘의 제사, 원자의 태자 책봉이라는 일련의 유교적 절차에 의해 왕후로서의 지위가 공인되었다. 이처럼 신목왕후의 지위는 유교적 의례를 통해 공식화되었던 것이다.

요컨대 신문왕과 신목왕후의 왕실혼인을 유교적 절차에 의해 시행하였던 것은 중대왕실이 왕권을 강화하기 위한 조치의 일환이었다. 왕후의 위상은 곧 중대왕권의 강화와도 직결되는 사안이었던 것이다. 이처럼 중대왕실이 진골귀족을 견제하고, 왕권을 강화하기 위한 수단으로 왕후의 지위를 유교식 의례로 공식화하였다. 이는 결국 중대 왕후의 지위와 권한을 제도화하는 계기로 작용하였던 것이다.

---

70) 『三國史記』 卷8 新羅本紀8 神文王 7년.

71) 채미하, 『신라 국가제사와 왕권』, 혜안, 2008, 166~168쪽.

72) 신종원, 앞의 논문, 104쪽; 박해현, 앞의 책, 65쪽.

3. 신목왕후의 위상

중대왕실이 왕권을 강화하기 위한 체제 개편의 일환으로 왕의 배우자인 왕후의 위상 강화가 이루어졌음을 알 수 있었다. 이와 관련하여 신목왕후를 중심으로 왕후의 위상을 구체적으로 살펴보고자 한다. 다음은 『삼국사기』와 『삼국유사』의 신목왕후 관련 사료이다.

> D-(1) 제31대 신문왕. 김씨이다. 이름은 정명(政明)이며, 자(字)는 일소(日炤)이다. (생략) 비(妃)는 신목왕후(神穆王后)이고, 김운(金運)공의 딸이다.[73]
>
> D-(2) 제32대 효소왕. 이름은 이공(理恭)이며 혹은 홍(洪)이라고 한다. 김씨이며, 아버지는 신문왕이고, 어머니는 신목왕후이다.[74]
>
> D-(3) 제33대 성덕왕. 이름은 흥광(興光)이며, 본명은 융기(隆基)이고, 효소왕의 모제(母弟)이다.[75]
>
> D-(4) 효소왕이 왕위에 올랐다. 이름은 理洪 (혹은 恭)이고, 신문왕의 태자이다. 어머니의 성은 김씨로, 신목왕후인데, 일길찬 김흠운의 딸이다.[76]
>
> D-(5) 성덕왕이 왕위에 올랐다. 이름은 흥광(興光)이다. (중략) 신문왕의 둘째아들이고, 효소왕의 동모제(同母弟)이다.[77]

D-(1)~(3)은 삼국유사 왕력편에 나오는 신목왕후이다. D-(4)~(5)는 삼국사기 즉위조이다. D-(1)은 신문왕의 부인으로서 신목왕후의 칭호가 보이고, D-(2)~(5)는 효소왕과 성덕왕의 어머니인 신목왕후를 알 수 있다. 이처

73) 『三國遺事』 王曆1 第三十一 神文王.
74) 『三國遺事』 王曆1 第三十二 孝昭王.
75) 『三國遺事』 王曆1 第三十三 聖德王.
76) 『三國史記』 卷8 新羅本紀8 孝昭王 즉위조.
77) 『三國史記』 卷8 新羅本紀8 聖德王 즉위조.

럼 『삼국사기』 즉위조나 『삼국유사』 왕력편의 사료에서는 신문왕의 배우
자이자 효소왕과 성덕왕의 어머니로서 모두 "왕후"의 칭호로 기록되었음이
주목된다. 한편 「황복사금동사리함기(皇福寺金銅舍利函記)」에서 신목태후
(神睦太后)와 왕후(王后)라고 하여, 태후와 왕후의 칭호가 보인다. 다음은
「황복사금동사리함기」의 명문이다.

> 신문대왕이 다섯 가지 계(戒)로 세상에 응하고 열 가지 선(善)으로 백성을
> 다스려 통치를 안정하고 공을 이루고는 천수(天授) 3년(692) 임진 7월에 돌아
> 갔다. 신목태후(神睦太后)와 효조대왕(孝照大王)이 받들어 종묘의 성령(聖靈)
> 을 위해 선원가람(禪院伽藍)에 삼층석탑을 세웠다.
>
> 성력(聖曆) 3년(700) 경자 6월 1일에 신목태후가 마침내 세상을 떠나 높이
> 극락에 오르고, 대족(大足) 2년(702) 임인 7월 27일에 효조대왕도 승하하였다.
>
> 신룡(神龍) 2년(706) 경오 5월 30일에 금주대왕(今主大王)이 불사리(佛舍利)
> 4과와 6치 크기의 전금미타상(全金彌陀像) 1구와 『무구정광대다라니경(無垢淨
> 光大陀羅尼經)』 1권을 석탑의 제2층에 안치하였다.
>
> 이 복전(福田)으로 신문대왕, 신목태후, 효조대왕의 대대 성묘(聖廟)가 열반
> 산(涅盤山)을 베고 보리수에 앉는데 보탬이 되기를 빈다.
>
> 융기대왕(隆基大王)은 수명이 산하(山河)과 같이 오래고, 지위는 알천(軋川)
> 과 같이 크며, 천명의 자손이 구족하고 칠보(七寶)의 상서로움이 나타나기를
> 빈다. 왕후는 몸이 달의 정령과 같고, 수명이 겁수(劫數)와 같기를 빈다.[78]

위의 사료는 「황복사금동사리함기」의 명문(銘文)이다. 명문상의 금주

---

[78] 「皇福寺金銅舍利函記」 "神文大王 五戒應世 十善御民 治定功成 天授三年 壬辰七月 乘
天 所以神睦太后 孝照大王 奉爲宗廟聖靈 禪院伽藍 建立三層石塔 聖曆三年 庚子六月
一日 神睦太后 遂以長辭 高昇淨國 大足二年 壬寅七月十七日 孝照大王登霞 神龍二年
丙午五月卅日 今主大王 佛舍利四 全金彌陀像六寸一軀 無垢淨光大陀羅尼經一卷 安置
石塔第二層 以卜以此福田 上資神文大王 神睦太后 孝照大王 代代聖廟 枕涅盤之山 坐
菩提之樹 隆基大王 壽共山河同久 位與軋川等大 千子具足 七寶呈祥 王后 體類月精 命
同劫數 內外親屬 長大玉樹 茂實寶枝"(韓國古代社會研究所 編, 黃壽永 「皇福寺金銅
舍利函記」, 『譯註 韓國古代金石文』 3, 駕洛國史蹟開發硏究院, 1992, 346~350쪽).

대왕은 융기대왕인데, 융기는 D-(3)에서 알 수 있듯이 성덕왕의 본명이다. 「황복사금동사리함기」가 작성된 시점은 신룡 2년(706)으로, 성덕왕 5년에 해당한다. 명문의 내용을 보면, 효소왕과 신목왕후가 692년에 신문왕을 위하여 삼층석탑을 세웠는데, 신목왕후가 700년에, 효소왕이 702년에 세상을 떠나자, 성덕왕이 706년에 불사리 4알과 전금미타상 6촌 1구와 『무구정광대타라니경』 1권을 석탑의 제2층에 안치하여 빌었다고 하였다.

여기서 신문왕의 배우자이자 효소왕과 성덕왕의 어머니인 신목태후는 D-(1)~(4)까지의 신목왕후와 동일 인물임을 알 수 있다. 즉 신목왕후는 아들인 효소왕과 성덕왕이 왕위에 즉위하였고, 이에 태후의 지위를 가졌던 것이다. 그런데 「황복사금동사리함기」를 제외하고는 사료 D에서는 태후가 아닌 신목왕후로 기록되고 있다. 삼국사기 즉위조와 삼국유사 왕력편의 기록상의 특징으로 보아 "왕후"가 공식적으로 사용된 최종 칭호였을 가능성이 크다.

그렇다면 『삼국사기』와 『삼국유사』의 문헌사료에서 신목왕후의 최종 칭호가 "왕후"로 기록된 이유는 무엇일까. 우선 효소왕의 출생 시기에 대한 기록을 살펴보자. 『삼국사기』에서는 신문왕 7년(687)에 출생하였다고 하였고,[79] 『삼국유사』 대산오만진신조에서는 효소왕은 천수 3년 임진(692)에 즉위 하였는데, 이 때 나이가 열여섯 살이었다고 하였다.[80] 이 두 기록 모두 효소왕이 692년에 즉위하였다는 점에는 일치한다. 다만 즉위 시의 나이가 전자에 따르면, 6살이고, 후자에 따르면 16살이다.

효소왕이 즉위할 당시의 나이가 6살일 경우, 왕으로서 친정하기에는 어

---

[79] 『三國史記』 卷9 新羅本紀9 神文王 7년.
[80] 『三國遺事』 塔像4, 臺山五萬眞身조.

린 나이이다. 하지만 16살인 경우, 충분히 친정할 수 있는 나이이다. 그러나 왕실의 주요 사안인 원자(元子) 탄생의 기록이『삼국사기』신라본기에 기록된 것으로 보아 이 기록 자체를 후대에 개찬된 것이라 보기는 어렵다.[81] 효소왕이 687년에 출생하고, 692년에 6살의 나이로 즉위하였다는 사실은 믿어도 좋을 듯하다.

이처럼 효소왕이 어린 나이에 즉위했음에도 불구하고, 모친이 섭정했다는 기록이 없다. 이에 대해 신목태후의 섭정에 대해 기록은 없지만, 섭정이었을 것이라고 보는 견해와[82] 섭정이 아니었을 것이라고 보는 견해가[83] 나뉘어 있다. 효소왕이 6살에 즉위하여 11년을 재위하다가 702년 7월에 16살의 나이로 사망하였다. 효소왕이 6살에 즉위하여 16살에 사망한 것으로 보아, 효소왕대의 정국 운영은 효소왕의 친정체제였을 것이라고 보기는 어렵다. 그럼에도 불구하고 섭정 기록이 없다는 것은 신목왕후가 효소왕의 어머니, 태후의 자격으로 섭정을 하지 않았을 것이라는 가능성을 상정할 수 있다.

그렇다면 효소왕대에 정국을 실질적으로 운영하였던 세력은 누구인가. 우선 효소왕의 정국은 모후의 입궁과 관련된 세력들, 즉 문영, 개원 등에

---

[81] 최근 서정목은 후자의 기록을 신뢰하여 일련의 논문을 통해 효소왕이 16살의 나이로 즉위하였다는 기록이 신빙성이 있음을 주장하였다(「모죽지랑가의 창작 동기와 정치적 배경」,『서강인문논총』37, 2013a; 「모죽지랑가의 시대적 배경 재론」,『한국고대사탐구』15, 2013b; 「효소왕의 출생시기 관련 기록 검토」,『震檀學報』122, 2014). 정황상으로 볼 때, 신목왕후의 혼인 시기와 효소왕의 출생 시기의 측면에서 가능성을 무시할 수 는 없다. 그러나 근거로 드는 사료인『삼국유사』의 세주의 기록이『삼국사기』신라본기의 기사보다 신빙성이 높다고 보기는 어렵다. 뿐만 아니라 효소왕의 즉위시의 나이만『삼국유사』의 기록을 취신한다는 점은 사료 인용의 형평성에도 어긋나는 것이라 생각한다.
[82] 김수태, 앞의 책, 42쪽; 김영미, 앞의 논문, 377쪽.
[83] 박해현, 앞의 책, 68쪽.

이루어졌을 것이라고 보았다.[84] 다음으로 신목태후가 정국운영을 적극적
으로 행했다고 보는 견해가 있다.[85] 효소왕 3년(694)에 문영이 상대등이
되고,[86] 효소왕 4년(695)에 개원이 상대등으로 임명되었던 것으로 보아[87]
효소왕 초기의 국정 운영은 문영과 개원을 중심으로 이루어졌을 것이다.
이들은 신목왕후의 혼인의례와 관련된 인물이다. 신목왕후의 아들인 효소
왕이 즉위하였고, 신문왕과 신목왕후의 혼인의례를 주도적으로 시행했던
이들이 정국 운영의 최상위층에 포진되었다. 신목왕후가 효소왕대의 정국
운영에서 배제되었다고 볼 수는 없다.

　신목왕후가 가진 정치적 영향력의 근거를 알아보고자 한다. 이는 신목
왕후의 정치적 영향력의 범주와도 관련된다. 사료 D에서 신목왕후로 일관
되게 지칭되었던 것과는 달리 「황복사금동사리함기」의 명문에서는 "신목
태후"로 일컬어졌다. 「황복사금동사리함기」는 황복사의 삼층석탑과 관련
된 연혁을 기록한 것이다. 692년에 신문왕이 죽고, 신목태후와 효소왕이
신문왕을 위하여 삼층석탑을 세웠다. 700년에 신목태후, 702년에 효소왕이
죽었고, 신룡 2년(706) 경오 5월 30일에 금주대왕인 성덕왕이 석탑에 여러
예물을 넣으면서 이 명문을 작성한 것이다. 즉 명문 작성 시점은 성덕왕대
인 706년이고, 명문에서의 "태후" 칭호 역시 그 시점을 확정하기 어렵다.
무엇보다 성덕태후의 칭호가 생전의 칭호였는지, 죽은 후인 성덕왕대의 칭
호였는지를 알아볼 필요가 있다.

　이에 D-(2)와 (4)에서 효소왕의 어머니를 신목왕후로 기록하였음을 주목

84) 김수태, 앞의 책, 42쪽; 김영미, 앞의 논문, 377쪽; 박해현, 앞의 책, 68쪽.
85) 조범환은 신목태후가 섭정 이상의 정치적 역할을 하였다고 보았고(앞의 논문, 16쪽
　　각주 21), 金台植은 섭정이나 수렴청정이 아니라 제4의 여왕이었을 것이라고 이해하
　　였다(앞의 논문, 76쪽).
86) 『三國史記』卷8 新羅本紀8 孝昭王 3년.
87) 『三國史記』卷8 新羅本紀8 孝昭王 4년.

하고자 한다. 또한 위의 「황복사금동사리함기」 명문에서 신목태후와 대구되는 "왕후"의 칭호가 보이고 있는 점이 주목된다. 명문상의 왕후는 성덕왕의 왕비이다. 성덕왕에게는 두 명의 왕비가 있었다. 즉 선비(先妃)인 배소왕후와 후비(後妃)인 점물왕후가 그들이다. 이 중 배소왕후(혹은 엄정), 혹은 『삼국사기』에서는 성정왕후인 성덕왕의 선비는 성덕왕 15년(716)년에 출궁되었다.[88) 작성 시점이 성덕왕 5년(706)이므로 명문상의 왕후는 성정왕후였음을 알 수 있다.

이로 볼 때 명문에서의 신목태후의 "태후" 칭호는 동일한 명문상에서 성덕왕의 왕후와 구분하기 위하여 의도적으로 칭했을 가능성이 있다. 또한 명문 작성의 시점이 성덕왕대이므로 성덕왕과의 관계에 주목하여 어머니와 배우자를 각각 태후와 왕후로 칭하였으리라 여겨진다. 즉 신목왕후는 두 아들인 효소왕과 성덕왕이 각각 왕위에 즉위하여 "태후"로서의 지위를 갖게 되었다. 그럼에도 불구하고 신목왕후는 왕의 어머니로서 태후로 책봉받기 보다는 여전히 전왕인 신문왕의 배우자인 왕후로서의 위상을 견지하고 있었던 것이다.

효소왕 초기의 국정은 신목왕후를 주축으로, 문영, 개원 등의 신문왕대 세력이 운영하였을 것이다. 신목왕후의 정치적 영향력은 어린 왕인 효소왕의 어머니인 태후로서가 아닌, 전왕인 신문왕의 왕후로서의 지위가 근간이었다. 즉 효소왕대에 신목왕후는 효소왕의 어머니인 태후로서 섭정하였던 것이 아니라 전왕의 왕후로서 정국을 운영하였던 것이다.

이와 같은 신목왕후가 가진 신문왕의 왕후로서의 위상은 유교식 혼인의 례를 통해 공인된 것이었다. 이는 신라 중고기 진흥왕의 어머니인 지소태후의 섭정과는 다른 양상을 보이는 지점이다. 지소는 법흥왕의 딸로서 법

---

88) 『三國史記』 卷9 新羅本紀9 聖德王 15년.

흥왕의 동생인 입종갈문왕과 혼인하여 지증왕계의 구심점의 역할을 하는 존재였다. 법흥왕에 이어 그의 외손자인 진흥왕이 왕위에 올랐다. 진흥왕이 즉위할 수 있었던 배경으로 법흥왕의 딸인 지소의 아들이라는 혈통적 배경이 주요한 요소로 작용하였다.[89]

반면 효소왕이 왕위를 계승한 이유는 신문왕의 장자이기 때문이었다. 효소왕은 차기왕위계승권자의 지위를 조묘제사와 태자 책봉으로 공인받았다. 또한 신목왕후는 유교식 혼인의례를 통해 신문왕에게 책봉을 받고, 왕후의 지위를 획득하였던 것이다. 신목왕후와 효소왕의 정당성이 전왕인 신문왕으로부터 비롯되었음을 알 수 있다. 그리고 이는 조묘제사와 책봉의례를 통해 공식화되었던 것이다.

이처럼 신목왕후가 가진 왕후의 지위는 유교식 의례를 통해 획득된 지위였다. 중대왕실은 '왕후' 칭호의 수용과 유교식 의례를 통해 왕후의 지위를 정립함으로써 왕권 강화를 도모하였는데, 이는 동시에 왕후의 지위와 역할이 제도화되는 계기로 작용하였다.

4. '왕후' 칭호와 중대 왕후의 위상

중대 왕후가 가지는 위상을 중대왕권과 관련하여 살펴보고자 한다. 우선 중대의 왕후 칭호의 사용례를 볼 필요가 있다. 다음은 중대왕실여성의 칭호별 일람표이다.

---

89) 김선주, 「진흥왕의 즉위배경과 지소태후의 섭정」, 『한국학대학원논문집』 13, 1997, 178~181쪽.

〈표 2〉 중대왕실여성의 칭호별 일람표

왕명 \ 내용	관계	三國史記 新羅本紀 王室女性 이름	三國史記 新羅本紀 諡號	三國遺事 王曆篇 王室女性名稱	三國遺事 王曆篇 諡號	책봉호	혼인/출궁
무열왕	母	天明夫人	文貞太后	天明夫人	文貞太后	원년(654)	
	妻	文明夫人		訓帝夫人	文明王后		
문무왕	母	文明王后		訓帝夫人			
	妻	慈儀王后		慈義王后			
신문왕	母	慈儀王后		慈訥王后			
	妻	王妃金氏		神穆王后			출궁
		夫人金氏					혼인
효소왕	母	神穆王后		神穆王后			
성덕왕	母			神穆王后			
	妻	金元泰女		陪昭王后(先妃)	嚴貞	成貞王后	혼인/출궁
		順元女		占勿王后(後妃)	炤德		혼인
효성왕	母	炤德王后			炤德太后		
	妻	王妃朴氏					
		順元女 惠明		惠明王后			혼인
		後宮					
경덕왕	母				炤德太后		
	妻	順貞女		三毛夫人(先妃)			출궁
		金義忠女		滿月夫人(後妃)	景垂王后		혼인
혜공왕	母	滿月夫人		滿月王后			
	妻	新寶王后(元妃)		神巴夫人(先妃)			
		金璋女(次妃)		昌昌夫人(妃)			

〈표 2〉은 『삼국사기』 신라본기 즉위조의 기사와 『삼국유사』 왕력편의 기록을 토대로 작성한 중대왕실여성의 칭호별 일람표이다. 즉위조와 왕력편의 왕의 모와 처의 칭호는 사후에 추증된 시호이거나 최종적으로 가장 높은 위상을 갖는 칭호를 기록하였을 것이다.

〈표 2〉에서 알 수 있듯이 중대의 왕실여성의 칭호는 부인과 왕후였다. 무열왕이 원년에 아버지를 대왕으로, 어머니를 태후로 추봉하였다. 처에

대한 책봉 기사는 명확히 나오고 있지 않지만, 삼국사기 왕력편에 문명왕
후라는 칭호가 보인다. 또한 〈표 2〉에서 왕의 어머니의 칭호로 태후와 왕
후가 보이고 있다. 태후는 무열왕의 어머니인 문정태후와 효성왕과 경덕왕
의 어머니인 소덕태후가 보인다. 문정태후와 소덕태후 모두 돌아가신 후에
추증된 시호이다. 「황복사금동사리함기」에 효소왕과 성덕왕의 어머니 역
시 성목태후로 기록되어 있으나, 「황복사금동사리함기」의 명문이 성덕왕
5년에 작성되었다는 점으로 볼 때 태후의 칭호는 시호일 가능성이 높다.

무열왕 원년에 태후의 칭호가 보이는 것으로 보아 왕의 모친의 칭호로
서의 '태후'의 칭호를 알고 있었을 것이다. 그럼에도 불구하고 〈표 2〉에서
보이듯이 어머니의 칭호로 태후보다는 왕후의 칭호가 많이 기록된 이유는
무엇일까. 중대의 '왕후' 칭호는 대왕의 배필을 일컫는 칭호였다. 즉 '대왕
－왕후(大王－王后)'로서 대왕과 동등한 지위를 가진 배필의 의미를 가진
것이었다. 이는 중고기의 '대왕－대왕비', '왕－왕비'의 칭호가 대왕의 비
(妃), 왕의 비로서 각각 대왕과 왕에게 종속된 배필로서의 의미만 지녔던
것과는 다른 양상을 보인다.

중대왕권은 왕비의 격상된 표현으로서 왕후의 칭호를 사용하였다. '왕후'
는 황제의 배우자인 '황후(皇后)'를 일컫는 칭호였다. 무열왕이 즉위 원년
(654) 당으로부터 개부의동삼사(開府儀同三司) 신라왕(新羅王)으로 책봉을
받았다.[90] 중국적 용법에 의하면, 신라왕의 처는 신라왕비(新羅王妃)이고,
신라왕의 어머니는 신라왕태비(新羅王太妃)로 칭해져야 한다.[91] 무열왕이
자신의 모친을 태후로 추증하였던 것은 '후(后)' 칭호를 쓰고자 의도하였던
것임을 알 수 있다.

이처럼 신라 중대에 왕비가 아닌 왕후, 태후가 수용되었던 것은 중대왕

---

[90] 『三國史記』 卷5 新羅本紀5 太宗武烈王 元年.

[91] 『唐會要』 卷47 封建雜錄 下.

권의 의도가 반영되었던 것임을 알 수 있다.[92] 즉 중대왕실이 왕권의 안정
과 체제의 정비가 급선무인 상황에서 '대왕-왕후체계'로 표방함으로써 왕
실의 위상을 높이고자 의도하였던 것이다.[93] 신문왕이 유교식 혼인의례
절차를 도입하였던 것은 이와 같은 중대왕권의 지향과 맞닿아 있는 지점이
었다.

　다음으로 중대 왕후의 위상 변화에 대해서 알아보고자 한다. 중대 왕후
의 위상과 관련하여 중국 황후와 황태후의 위상을 살펴보자. 중국의 후비
제에서 황후는 황제와 동체(同體)이며, 지아비인 황제의 종묘를 받들고,
'모천하(母天下)'하는 존재로 인식되었다.[94] 이에 황후는 황제와 더불어 국
가 통치 질서에 참여할 수 있었고, 나아가 신하들로부터 '칭신(稱臣)'을 받
았던 것이다.[95]

　황후는 제도상에서 황제와 병립한 존재로서 이는 관료제도 상에도 나타
난다. 당의 후비제(后妃制)에서 황후는 궁궐 내에서 내조(內朝)를 관장하
였다. 이념적으로는 천하의 모든 사람은 황제 1인 아래에 있듯이 모든 부
인(婦人)은 황후 한 사람 아래 놓여 있다고 여겨졌다. 실질적으로는 천자
가 육관(六官)을 세우듯이 황후도 육궁(六宮)을 세웠는데, 여기서 육궁은
황후를 제외한 비빈(妃嬪) 이하의 내관(內官)을 의미하는 것이었다.[96]

　또한 중국 후비제에서의 황태후의 위상을 살펴볼 필요가 있다. 당의 황
태자는 황제와 황후에게 '칭신'하므로, 황태자가 황제가 되고, 그의 어머니
인 황후가 황태후가 되었을 때 최고 권력자의 존재는 황제가 아니라 황태

---

92) 이현주, 신라 왕실여성의 칭호변천 연구』, 성균관대학교 박사학위논문, 2014, 91쪽.
93) 이현주, 앞의 논문, 250~251쪽.
94) 『後漢書』卷10 皇后紀 上.
95) 尾形 勇, 『中國 古代の「家」と國家』, 岩波書店, 1979, 117~135쪽.
96) 『通典』卷34, 職官16.

후가 되어야 한다. 그러나 실질적으로 황태후는 예제적 측면에서 황제의 일원적 지배질서체제에서 독립하여 존재하였다.[97]

즉 황태후의 존재는 황제의 지배체제 안에 포섭된 존재가 아니었던 것이다. 황태후는 실질적으로 새로운 황제의 지위가 미정이거나, 새 황제가 정상적인 기능을 수행할 수 없을 경우, 황제권을 합법적으로 대행할 수 있는 위치에 있었다. 그러나 이는 새 황제의 어머니로서가 아닌 황제의 적처(嫡妻)로서의 지위와 역할에 기인한 것이었다.[98]

이처럼 왕을 중심으로 한 일원적인 지배체제 하에 왕의 배우자로서 왕후의 지위는 공식적이었지만, 왕의 어머니로서 태후의 지위는 비공식적인 것이었다. 왕권이 강했을 때에는 공식적인 지위인 왕후의 위상이 높아지지만, 왕권이 약할 경우, 왕의 지배체제를 초월한 지위인 태후의 위상과 영향력이 실질적으로 강해졌을 것이다.

중대의 왕실여성은 왕실과 귀족의 접점에 위치한다. 또한 중대왕실이 대외적으로 동아시아 국제전을 마친 직후에 신라의 위상을 높일 필요성과 대내적으로 왕권을 강화하고 진골귀족을 견제하기 위한 체제 개편의 일환으로 왕후의 칭호와 지위가 수용되었다. 왕권이 강할 경우, 왕실여성과 접합 지점에 있는 진골귀족 세력의 통제와 활용이 가능하지만, 왕권이 약할 경우, 왕실여성의 친족, 즉 왕후와 태후와 연관된 정치세력에 대한 견제가 힘들었으리라는 점을 유추할 수 있다.

중대왕실이 왕권을 강화하기 위해서는 왕실여성과 접점에 있는 정치세력을 견제할 제도적 장치가 필요했다. 신문왕과 신목왕후의 유교식 혼인의례를 살펴보면, 혼인의례 절차 상 책봉의례가 있는 것을 알 수 있다. 신문

---

97) 金慶浩, 「漢代 皇太后權의 性格에 대한 再論」, 『卓村 申延澈教授 停年退任紀念 史學論叢』, 1995, 50쪽.
98) 김경호, 앞의 논문, 56~57쪽.

왕의 혼인의례에서는 부인(夫人)으로 책봉하였다. 그러나 이후 성덕왕 19
년(720)에서 이찬 순원의 딸을 왕비를 맞아들였다고 하고,[99] 경덕왕 2년
(743)에 서불한 김의충의 딸을 왕비로 맞아들였다는 기록이 있는데,[100] 이
는 왕실혼인 절차에서 부인이 아닌 왕비 책봉이 이루어졌음을 보여주는 사
례이다. 유교식 혼인의례에 내재되어 있는 남녀의 관념은 기본적으로 "남
선어녀(男先於女)"로,[101] 이는 하늘이 땅보다 우선이고, 임금이 신하보다
우선이라는 개념과 상통하는 것이었다.[102]

또한 신문왕의 혼인의례에서 신목왕후가 입궁하기 이전에 책봉되었음을
알 수 있는데, 이는 유교식 혼인의례 절차 중 하나이다. 왕실혼인에서 왕의
배필에 대한 책봉은 왕과 동체(同體)가 될 자격을 갖추는 의미였다. 즉 신
목왕후가 부인으로 책봉되었던 것은 신문왕의 배필이 될 자격을 갖추기 위
한 혼인 절차였다. 유교식 혼인의례는 왕후가 왕에게 종속되는 의미를 내
포한 것이었고, 이는 왕후를 비롯한 그의 친족 및 정치세력의 종속을 표상
한 의례였던 것이다.

중대왕실이 지향한 대왕—왕후 체계에서는 대왕을 중심으로 권력 체계
가 개편된다. 이는 왕실의 구성원인 왕실여성의 서열에도 영향을 미치는
데, 대왕의 배우자인 왕후가 왕실여성의 서열 상 가장 높은 위계를 갖게
되는 것이다. 중대왕권은 왕후의 지위를 대왕에게 종속시키고, 왕후의 위
상을 높였다. 이를 통해 왕실의 위상 강화 및 왕후와 접해있는 정치세력이
왕권을 위협하는 상황을 통제하고자 하였다.

또한 왕후의 지위와 권한이 제도화됨에 따라 제도 외적인 존재인 태후

---

99) 『三國史記』卷8 新羅本紀8 聖德王 19년.

100) 『三國史記』卷9 新羅本紀9 景德王 2년.

101) 『禮記』卷44, 昏義, "父親醮子而命之迎 男先於女也 子承命以迎".

102) 『禮記』卷11, 郊特生, "男子親迎 男先於女 剛柔之義也 天先乎地 君先乎臣 其義一也".

의 지위는 비공식화되는 효과를 초래하였다. 왕후는 유교식 혼인의례를 통해 왕의 책봉을 받는 존재로 왕에게 소속됨에 따라 획득된 지위를 갖게 되었다. 이는 왕권과 왕후권이 연동되는 결과를 가져왔다. 즉 왕권이 강해지면, 왕후의 위상과 권한 역시 강해지는 결과를 초래하였고,[103] 이는 상대적으로 태후의 지위와 권한의 약화를 가져왔으리라 여겨진다. 이처럼 중대에는 왕권의 정도에 따라 왕과 왕후, 왕과 태후, 왕후와 태후의 위상과 권한이 재편되었다. 중대왕실이 진골귀족을 견제하고 통제하기 위한 의례적 장치가 중대 왕후의 지위와 권한을 제도화하는 방향으로 이어졌던 것이다.

5. 맺음말

중대왕실이 진골출신으로 왕위에 올랐기 때문에 다른 진골 귀족에 의한 체제 도전의 위험이 지속되었다. 중대왕권이 당면한 선결과제는 다른 진골 귀족의 체제 도전을 해결하는 것이었다. 중대왕실은 유교적 의례를 통해 왕실과 진골귀족의 위상의 차이를 가시화하고, 왕권의 정당성을 확보하고자 하였다. 신문왕과 신목왕후의 유교식 혼인의례는 중대왕실이 왕권을 강화하기 위해 마련한 장치의 일환이었다.

왕후는 유교식 혼인의례를 통해 왕의 책봉을 받는 존재로 왕에게 소속됨에 따라 획득된 지위를 갖게 되었다. 중대왕실은 유교식 이념과 절차를

---

103) 이기백은 중대에 中侍를 역임한 귀족의 딸이 王妃로 책봉되는 사례가 많은 점을 주목하였다. 왕의 측근인 중시였기 때문에 왕의 외척이 될 수 있었다는 것이다. 이들이 점차 독자적인 사회세력으로서 왕권을 제약하는 요소로까지 발전한다고 보았다 (앞의 책, 167~168쪽). 중대에 왕실과 진골귀족 사이에 왕후를 매개로 한 인척관계가 형성되고, 외척이 점차 새로운 사회세력이 되는 과정은 중대의 정치사를 역동적으로 파악한 견해이다. 이처럼 왕후세력이 새로운 사회세력으로 부상하는 요소로, 왕권과 연동되는 왕후권의 제도화가 있었으리라고 생각한다.

통해 왕후의 지위를 공식화하였는데, 이는 진골귀족과의 차별을 부각시키는 수단이었다. 중대왕실은 '왕후' 칭호의 수용과 유교식 의례를 통해 왕후의 지위를 정립함으로써 왕권 강화를 도모하려고 하였던 것이다. 이는 동시에 왕후의 지위와 역할이 제도화되는 계기로 작용하였다. 중대 왕후의 지위는 유교식 의례를 통해 획득된 지위였던 것이다.

왕후의 지위가 유교적 의례로 인해 공식화되었고, 이는 왕권과 왕후권이 연동되는 결과를 가져왔다. 즉 왕권이 강해지면, 왕후의 위상과 권한 역시 강해지는 결과를 가져왔던 것이다. 또한 왕후의 지위와 권한이 제도화됨에 따라 제도 외적인 존재인 태후의 지위는 비공식화되는 효과를 초래하였다. 왕후의 위상 강화는 상대적으로 태후의 지위와 권한의 약화를 가져왔던 것이다.

요컨대 중대왕실이 진골귀족을 견제하고 통제하기 위한 의례적 장치가 중대 왕후의 지위와 권한을 제도화하는 방향으로 나아갔다. 중대에는 왕권을 강화하기 위한 수단으로 유교적 의례를 도입하였고, 이는 왕후의 위상을 공식화하고, 제도화하는 방향으로 이어졌다. 이처럼 중대에는 제도적으로는 왕권 강화의 연장선상에서 왕후의 위상이 결정되었고, 실질적으로는 왕권의 정도에 따라 왕과 왕후, 왕과 태후, 왕후와 태후의 위상과 권한이 재편되었다.

고려전기 영토관념과 변경(邊境)

/ 박재우 /

1. 머리말

영토란 국가의 지배력이 미치는 지역을 의미하고, 변경(邊境)은 국가의 경계가 되는 변두리 지역을 의미하므로 영토와 변경은 불가분의 관계가 있다. 이러한 고려의 영토와 변경에 대해 이해하기 위해서는 두 가지 측면에서 살펴보아야 한다.

먼저 영토관념 상의 영토와 변경의 문제이다. 여기서 말하는 영토관념은 현재 통치권이 직접적으로 행사되는 가와는 상관없이 역사적 영유권으로 인해 고려의 영토라고 생각했던 당대인들의 관념을 말한다. 고려는 기자(箕子)와 주몽(朱蒙)의 나라를 계승한 나라로 이해되면서 그들의 영토였던 요동(遼東), 해동(海東)의 지리적 공간을 고려의 영토로 인식하는 관념을 가지고 있었다. 이러한 영토관념은 고려의 역사적 영유권에서 나온 것으로서 고려만이 아니라 동아시아 국가들이 인정하는 것이었다.

　고려는 역사의 전개 속에서 영토가 확장 또는 축소되면서 변경이 계속 변해갔다는 특징을 가지고 있는데, 이러한 변화의 상당한 부분이 고려의 영토관념과 관련 속에서 이루어졌다. 그렇다고 해서 이러한 영토관념에 해당하는 요동, 해동의 지리적 공간을 고려의 통치력이 직접 행사되는 지역으로 생각했던 것은 아니며, 나아가 흔히 생각하는 대로 고려의 영토정책이 고구려 고토(故土) 수복을 목표로 지속적이고 의지적으로 추진된 것이라고 보기도 어렵지만,[1] 영토문제가 제기되지 않는 상황에서도 요동, 해동의 지리적 공간을 고려의 영토로 보는 영토관념은 고려시기 내내 계속 유지되었다.

　요동, 해동의 문제에 대한 기존의 연구는 대개 고려 천하관의 문제로 접근된 것들이었다. 고려의 지배층이 독자적인 천하관을 가지고 있었다는 점은 주지의 사실이다.[2] 당시 다원적 국제질서 속에서 고려의 지배층은 중국 중심의 천하관과 구별되는 고려 중심의 독자적인 천하관을 가지고 있었고, 이러한 천하관을 바탕으로 고려의 군주는 천자, 황제로 칭하며 요동, 해동으로 불리는 고려의 천하에서 최고 지배자로 인정받고 있었다. 이러한 천하에서 고려는 중심국으로서 주변인 탐라국(耽羅國), 우산국(于山國), 흥요국(興遼國), 철리국(鐵利國)을 비롯한 여진의 부족에 대한 영향력을 행사하였다.[3] 이러한 고려의 천하 범주는 송, 요, 금의 천하 범주와 일부 중첩적

---

[1] 김순자, 「고려의 북방경영과 영토정책」, 『한중관계사 연구의 성과와 과제』, 국사편찬위원회, 2003; 김순자, 「10~11세기 고려와 요의 영토정책」, 『북방사논총』 11, 2006.

[2] 노명호, 「동명왕편과 李奎報의 다원적 천하관」, 『진단학보』 83, 1997; 노명호, 「고려시대의 다원적 천하관과 海東天子」, 『한국사연구』 105, 1999; 노명호, 「해동천자의 천하와 藩」, 『고려국가와 집단의식』, 서울대출판문화원, 2009.

[3] 신용하, 「한국의 고유영토로서의 독도 영유에 대한 역사적 연구」, 『사회와 역사』 27, 1991; 진영일, 「고려전기 탐라국 연구」, 『탐라문화』 16, 1996; 김창현, 「고려의 탐라에 대한 정책과 탐라의 동향」, 『한국사학보』 5, 1998; 이효형, 「흥요국의 성립과 대고려 구원요청」, 『부대사학』 22, 1998; 노명호, 「10~12세기 탐라와 고려국가」, 『제주도연구』 28, 2005; 김일우, 『고려시대 탐라사 연구』, 신서원, 2007.

인 양상을 띠고 있었고[4] 고려의 천하 내부에서도 고려의 지배력은 다양한 층위를 가지고 있었다.[5]

여기서는 고려의 천하관을 영토관념의 측면에서 다시 살펴보고 고려의 영토 문제는 이러한 영토관념과 관련이 있었고 그것이 고려시대 영토 문제의 중요한 특징이었다는 점을 살펴보고자 한다.

둘째는 관념적인 영토의 범주와 달리 고려의 통치력이 직접 행사되는 실제 영토와 그 변두리 지역인 변경의 문제이다. 고려의 영토와 변경은 역사의 전개 속에서 계속 변화해 갔다. 남쪽으로는 후백제와의 쟁패로 영토가 확장 혹은 축소되다가 마침내 신라의 항복과 후백제의 패배로 영토와 변경이 확정되었다. 다만 섬과 관련해서 탐라국과 우산국은 당시에는 요동, 해동의 범주에 속했지만 이후 차츰 고려의 영토와 변경으로 바뀌어갔다.

반면에 북쪽으로는 영토와 변경이 확정되기까지 더 많은 시간이 걸렸다. 서북면으로는 주진성의 설치로 영토와 변경이 확대되어 가는 가운데 거란과 협상을 통해 압록강 하구에서 거란과 마주하는 고려의 변경이 획정되었다. 다만 거란이 압록강 동쪽을 점령하고 보주(保州)를 설치하여 양국 사이에 분쟁이 있었고 거란이 멸망할 무렵에 금의 양보를 받아 도로 찾아 의주(義州)를 설치함으로서 비로소 압록강을 변경으로 할 수 있었다.

동북면으로는 천리장성이 축조되고 관방(關防)이 설치되었으나 그 바깥으로 여진의 기미주가 설치되고 그곳이 고려의 변경으로 인식되었다. 이들 기미주에 대한 여진의 공격에 대응하여 여진정벌을 시작하였고 개척한 동북 9성은 고려의 영토로 이해되었다. 하지만 이후 9성을 반환하면서 기미

---

4) 박재우, 「고려 君主의 국제적 위상」, 『한국사학보』 20, 2005.

5) 노명호, 앞의 논문, 2005; 송용덕, 「고려전기 국경지역의 주진성편제」, 『한국사론』 51, 2005; 추명엽, 「고려시기 해동인식과 해동천하」, 『한국사연구』 129, 2005; 추명엽, 「고려전기 蕃 인식과 동서번의 형성」, 『역사와 현실』 43, 2005; 박경안, 「고려전기 다원적 국제관계와 국가 문화 귀속감」, 『동방학지』 129, 2005.

주도 없어지고 천리장성이 변경이 되었다.

　이러한 내용과 관련된 고려시대의 영토와 변경에 대해서는 상당한 연구
가 진행되었다. 이러한 연구에서 남방 지역의 영토 문제는 영토나 변경의
차원보다는 주로 후삼국의 대립과 전쟁이라는 관점에서 이루어졌고,6) 북
방 지역의 영토 문제는 영토의식과 관련된 연구나,7) 거란8) 또는 여진과9)

---

6) 대표적인 연구로는 다음의 것들이 있다. 문경현,『고려 태조의 후삼국통일 연구』, 형
　설출판사, 1987; 김갑동,『나말여초의 호족과 사회변동연구』, 고려대학교 민족문화연
　구소, 1990; 신호철,『후백제 견훤정권연구』, 일조각, 1993; 박한설, 「고려의 건국과
　호족」,『한국사』12, 국사편찬위원회, 1993; 류영철,『고려의 후삼국 통일과정 연구』,
　경인문화사, 2005; 김갑동,『고려의 후삼국통일과 후백제』, 서경문화사, 2010.

7) 윤무병, 「고려북계지리고(상, 하)」,『역사학보』4~5, 1953; 김상기, 「여진관계의 시말
　과 윤관의 北征」,『국사상의 제문제』4, 1959; 김구진, 「공험진과 선춘령비」,『백산학
　보』21, 1976; 이정신, 「강동 6주와 윤관의 9성을 통해 본 고려의 대외정책」,『고려시
　대의 정치변동과 대외정책』, 경인문화사, 2004.

8) 거란과 관련해서 영토 문제를 다룬 연구는 상당히 많다. 池內宏, 「遼の聖宗の女直征伐」,
　『滿鮮史硏究』, 中世 1, 吉川弘文館, 1933; 池內宏, 「契丹聖宗の高麗征伐」,『滿鮮史硏究』,
　中世 2, 座右寶刊行會, 1937; 김상기, 「단구와의 항쟁」,『국사상의 제문제』2, 1959; 박현
　서, 「북방민족과의 항쟁」,『한국사』4, 국사편찬위원회, 1984; 최규성, 「거란 및 여진과의
　전쟁」,『한국사』15, 국사편찬위원회, 1995; 김재만, 『거란고려관계사연구』, 국학자료원,
　1999; 김순자, 앞의 논문, 2006; 이미지, 「고려 성종대 地界 획정의 성립과 그 외교적 의
　미」,『한국중세연구』24, 2008; 허인욱, 「고려 성종대 거란의 1차 침입과 경계 설정」,
　『전북사학』33, 2008; 김순자, 「고려전기의 거란, 여진에 대한 인식」,『한국중세사연구』
　26, 2009; 허인욱, 「고려 덕종 정종대 거란과의 압록강 城橋 城堡 문제」,『역사학연구』
　38, 2010; 김우택, 「11세기 대거란 영역 분쟁과 고려의 대응책」,『한국사론』55, 2009.

9) 김광수, 「고려건국기의 패서호족과 대여진관계」,『사총』21~22, 1977; 김광수, 「고려
　전기 대여진 교섭과 북방개척문제」,『동양학』7, 1977; 최규성, 「고려초기 여진문제
　의 발생과 북방경영」,『백산학보』26, 1981; 나만수, 「고려전기 대여진정책과 윤관의
　北征」,『군사』7, 1983; 김상기,『신편 고려시대사』, 서울대출판부, 1985; 이은화, 「고
　려전기의 여진초유정책」,『백산학보』35, 1988; 김남규, 「고려전기의 여진관」,『가라
　문화』12, 1995; 김남규, 「고려전기 양계지방의 원주 내투 여진인에 대하여」,『경대사
　론』8, 1995; 김남규, 「고려 중엽의 대여진 정책」,『가라문화』13, 1996; 김남규, 「고
　려 예종대의 대여진 정책」,『경대사론』10, 1997; 추명엽, 「11세기말 12세기초 여진정
　벌문제와 정국동향」,『한국사론』45, 2001; 허인욱, 「고려중기 동북계에 대한 고찰」,
　『백산학보』59, 2001; 이효형, 「고려전기의 북방인식」,『지역과 역사』19, 2006; 김순
　자, 「고려전기의 거란 여진에 대한 인식」,『한국중세사연구』26, 2009.

관련해서 영토 문제를 다룬 연구, 그리고 국경 또는 변경의 문제를 직접 다룬 연구,[10] 지방제도나[11] 군사제도와[12] 관련해서 다룬 연구 등 다양한 연구가 이루어졌다.

여기서는 북방 지역과 남방 지역으로 구분하여 실제 영토와 변경의 양상을 살피되 북방 지역은 변경의 변천 과정을 고려하면서 구조적 특징을 살펴보고, 남방 지역은 후삼국 통일까지 있었던 변경의 양상과 통일 이후 해안을 중심으로 이루어진 영토와 변경의 양상을 살펴보고자 한다.

이처럼 이 글에서는 고려전기의 영토관념과 변경의 문제를 설명하면서 첫째, 영토관념과 영토의 문제를 다루고, 둘째, 실제 영토와 변경의 양상을 북방 지역과 남방 지역으로 구분하여 살펴보고자 한다.

---

10) 방동인, 「고려의 동북지방경역에 관한 연구」, 『영동문화』 1, 1980; 강성문, 「고려초기의 북계개척에 대한 연구」, 『백산학보』 27, 1983; 방동인, 「고려전기 북진정책의 추이」, 『영토문제연구』 2, 1985; 방동인, 『한국의 국경획정 연구』, 일조각, 1997; 신안식, 「고려전기의 북방정책과 성곽체제」, 『역사교육』 89, 2004; 신안식, 「고려전기 양계제와 邊境」, 『한국중세사연구』 18, 2005; 송용덕, 앞의 논문, 2005; 허인욱, 「高麗의 歷史繼承에 대한 契丹의 認識變化와 領土問題」, 『한국중세사연구』 24, 2008; 송용덕, 「고려후기 변경지역 변동과 압록강 연변의식의 형성」, 『역사학보』 201, 2009; 김순자, 「고려~조선초 한중간 영토에 대한 현대 중국학계의 시각」, 『역사와 현실』 76, 2010.

11) 변태섭, 「고려 양계의 지배조직」, 『고려정치제도사연구』, 일조각, 1971; 김남규, 『고려양계지방사연구』, 새문사, 1989; 최정환, 「고려 양계의 성립과정과 그 시기」, 『계명사학』 8, 1997; 최정환, 「고려시대 5도양계의 성립」, 『고려 정치제도와 녹봉제 연구』, 신서원, 2002; 윤경진, 「고려 태조~광종대 북방개척과 州鎭 설치」, 『규장각』 37, 2010; 윤경진, 「고려 성종~현종초 북방 개척과 州鎭 설치」, 『역사문화연구』 38, 2011; 윤경진, 「고려 현종말~문종초 북계 州鎭 설치와 長城 축조」, 『군사』 79, 2011.

12) 이기백, 「고려의 북진정책과 鎭城」, 『군사』 1, 1980; 이기백, 「고려 양계의 주진군」, 『고려병제사연구』, 일조각, 1968; 조인성, 「고려 양계 주진의 방수군과 주진군」, 『고려광종연구』, 일조각, 1983; 이정기, 「고려 태조대 북방개척과 진두파견」, 『군사』 79, 2011.

2. 영토관념과 영토

주지하듯이 고려인들은 중국과 구별되는 천하관을 가지고 있었다. 고려 후기의 자료이기는 하지만 이러한 천하관을 잘 보여주는 자료 가운데 하나가 이승휴의 『제왕운기(帝王韻紀)』 지리기(地理紀)(충렬왕 13, 1287)이다.

> [자료 1]
> 요동에 따로 한 건곤(乾坤)이 있으니 북두와 중조(中朝)가 구분되었네
> 큰 파도 넘실넘실 삼면을 둘러쌌고 북쪽에 육지가 선처럼 이어졌네
> 가운데 사방 천리 여기가 조선인데 강산의 형승은 하늘에 이름을 떨쳤네
> 밭 갈고 우물 파는 예의 있는 국가이니 화인(華人)이 이름하여 소중화라 지었네[13]

여기서 이승휴는 중조 곧 중국과 구별되는 요동의 천하(天下)를 상정하고 있다. 여기서 요동이 단순히 요하 동쪽의 좁은 지역을 말하는 것이 아님은 요동의 지리 공간적 범주와 그 변경을 삼면이 바다이고 북쪽은 육지로 연결된다고 설명하는 것에서 충분히 짐작할 수 있다. 이처럼 이승휴는 중조와 구분되는 천하인 북두(北斗) 즉, 요동은 독자적인 지리적 공간을 가지고 있는 것으로 인식하였다.

이러한 요동의 지리 공간적 범주는 이른바 해동천하로 불리는 공간이다.[14] 물론 고려가 이들 해동의 모든 지역에 대해 영향력을 행사할 수 있었던 것은 아니었다. 오히려 당시에는 몽골 침략 이후에 설치된 쌍성총관부와 동녕부로 인해 고려가 직접 통치했던 영토도 축소된 상황이었다.

고려전기를 놓고 보면 해동천하에 대한 고려의 영향력은 금의 건국으로

---

13) 『帝王韻紀』 권하, 地理紀.
14) 추명엽, 「고려전기 해동인식과 해동천하」, 2005.

상당히 위축되었다고 이해되고 있지만 금이 건국하기 이전에도 해동의 모든 지역적 범주에 영향력을 미치지 못했던 것은 마찬가지였다. 거란이 지배한 지역이나 고려와 연결되지 못한 여진족 등은 고려의 영향력 밖에 있었다. 사실 고려시기에는 전기와 후기를 막론하고 해동의 모든 지역에 대해 영향력을 행사한 적은 없었다.

이러한 점에서 이승휴가 상정하고 있는 중국과 다른 독자적인 요동의 천하라는 개념은 관념적 요소가 있는 것으로 생각하지 않을 수 없다. 사실 고려시기의 요동, 해동 관념은 뒤에서 말하겠지만 기자와 주몽이 통치한 지리적 공간이라는 점에서 기원하였고 또 중국과는 다른 독자적인 세계라는 천하관의 측면에서 인정된 공간이라는 성격을 가진 것이었기 때문에 처음부터 관념적 요소를 가지고 있었다. 이러한 이유로 인해 고려의 실제 영토의 양상과 상관없이 요동, 해동의 지리적 공간은 고려의 영토라는 관념이 존재할 수 있었던 것이다. 이글에서 영토관념이라는 표현을 사용한 것도 이 때문이었다.

요동, 해동의 지리적 공간을 이러한 방식으로 이해하는 자료는 여러 가지 형태로 확인된다. 요동은 고려 군주의 통치 영역으로 인식되고 있었는데 문종 26년 6월에 송 황제가 보낸 칙서(勅書)에서 "경(卿)은 대대로 요동을 위무하였으니 진실로 관대(冠帶)와 예의의 나라이다"15)라고 하여 고려 군주의 영향력이 미치는 지리적 공간이 요동이라는 관념을 읽을 수 있다. 또한 요동은 요좌(遼左)로 표기되면서 고려 군주의 거주처로 인식되기도 했는데, 문종 34년 7월에 송 황제가 보낸 칙서에 "경은 저 요좌에 거주하고 있으니 이는 해동이다"16)라는 기록에서 확인된다.

물론 고려 문종의 거주처는 고려이며 일차적인 통치 대상은 고려이다.

---

15) 『高麗史』 권9, 文宗 26년 6월 甲戌.
16) 『高麗史』 권9, 文宗 34년 추7월 癸亥.

하지만 이들 자료는 문종이 요좌 곧 해동에 거주하고 있고 그곳에서 요동
을 통치하고 있다는 식으로 서술하고 있다. 사실 문종의 통치력이 미치는
범위가 단순히 고려 국가에 제한되었던 것은 아니다. 알려진 대로 당시 고
려는 거란과의 전쟁에서 승리한 이후에 동아시아 사회에서 국가적 위상이
높아져 있었다. 그래서 북쪽으로 많은 여진의 부족이 고려에 귀부(歸附)하
여 조회를 하고 공물을 바쳤고 탐라국, 우산국, 철리국, 흥요국 등이 고려
의 영향력 안에 들어 왔다.[17] 그러므로 문종의 통치력은 단지 고려에만 미
쳤다고 보기는 어렵다. 그렇다고 해서 요하 동쪽의 모든 지리적 공간이 문
종의 영향력 안에 있었던 것은 아니다. 압록강 이서 지역은 거란의 영토로
서 그들의 지배력이 미치고 있었고, 압록강 북쪽에는 여진이 거주하고 있
었기 때문이다. 그럼에도 불구하고 문종의 통치 공간이 요동으로 표현되고
있어 주목되는 것이다.[18]

흥미로운 것은 이것이 고려가 아니라 송의 인식이라는 점이다. 송의 황
제가 칙서를 보내 고려의 군주가 송에 대해 사대의 충절을 지키고 있다고
말하는 상황에서 송은 고려 국왕이 단순히 고려가 아니라 요좌, 해동에 거
주하면서 요동을 다스리고 있다고 말하고 있는 것이다. 즉 고려의 군주는
송의 황제에게 사대하며 그 영향력 아래에 있는 동시에 중국과는 다른 천
하인 요동에 통치력과 영향력을 행사하는 존재로 인식되고 있는 것이다.[19]
요동, 해동은 송이 고려 군주의 통치 영역으로 인정하고 있는 지리 공간적
범주였던 것이다.

이러한 배경에서 해동은 고려의 별칭(別稱) 또는 이칭(異稱)처럼 사용되

---

17) 노명호, 앞의 논문, 1997; 노명호, 앞의 논문, 1999; 노명호, 앞의 논문, 2005.

18) 송이 문종의 통치 영역을 요동, 문종의 거주처를 요좌, 해동으로 기록한 내용에는 분
명 수사적인 측면이 있다. 그렇다고 해서 요하 이동의 지리적 공간과 관련되는 영토
관념이 내포되지 않았다고 생각되지는 않는다.

19) 박재우, 「고려 군주의 국제적 위상」, 『한국사학보』 20, 2005.

기도 하였다. 숙종 6년 6월에 송에서 『태평어람(太平御覽)』을 구해 온 오연총(吳延寵)이 국왕에게 보고하며 송에 있을 때에 관반(館伴)인 중서사인 사문관(謝文瓘)이 오연총에게 "국왕이 호문(好文)하여 근래에 해동에서 문물이 크게 일어난다고 들었는데 올린 표장(表章)이 매우 아름다워 조정이 자못 아름답게 여긴다"[20]고 말했다는 내용이 있는데, 여기서 고려 국왕의 호문의 영향력이 미친 공간은 당연히 『태평어람』을 구하러 보낸 고려지만 이것이 해동으로 표현되고 있는 것이다.

이처럼 고려가 해동으로 표현된 기록은 상당히 많다. "최충(崔冲)의 문도가 가장 성(盛)하여 동방의 학교가 일어남이 대개 최충에게서 시작되었으므로 당시에 해동공자(海東孔子)라고 불렀다"[21]는 기록에서 해동은 고려를 의미하는 것이며, 김황원(金黃元)은 "힘써 고문(古文)을 공부하여 해동제일이라 불렸다"[22]는 내용에서도 해동은 기본적으로 고려를 의미한다. 이장용(李藏用)은 원에 사신으로 가서 황제의 칭찬을 들었는데 이에 보는 자마다 "해동현인(海東賢人)"[23]이라 하였다는 기록에서 해동도 고려를 의미한다.

이들 기록에서 해동은 기본적으로 고려의 별칭으로 생각되는데, 해동이 고려의 별칭으로 사용된 것은 해동의 지리적 공간에서 고려가 중심 국가로 인식되었기 때문일 것이다. 그래서 해동과 고려는 통용해서 사용되기도 하였던 것이다.

그렇다고 해서 고려와 해동의 차이를 구별하지 못하는 것은 아니었다. 인종 6년 6월에 고려에 왔던 송의 사신 양응성(楊應誠)은 어록(語錄)을 올

---

20) 『高麗史節要』 권6, 숙종 6년 6월.

21) 『高麗史』 권95, 열전 8, 崔冲.

22) 『高麗史』 권97, 열전 10, 金黃元.

23) 『高麗史』 권102, 열전 15, 李藏用.

려 "가만히 생각건대 귀국은 해동에서 가장 크다고 일컬어지고 대대로 충순(忠順)이 두드러졌다"[24]고 하였는데, 해동을 고려가 위치한 공간적 범주로 이해하고 있음을 보여준다. 이는 명나라도 마찬가지여서 공민왕 19년 4월에 명의 황제가 도사(道士) 서사호(徐師昊)를 보내 산천에 제사하며 사용한 축문(祝文)에 "고려는 나라를 설치함에 해동에 정했으니 산세가 가득하고 수덕(水德)이 넓다"[25]고 하였는데, 고려가 위치한 공간을 해동으로 이해하고 있다.

고려 지배층도 해동을 단순히 고려의 이칭으로만 사용했던 것은 아니었다. 예를 들어 「문공유묘지명(文公裕墓誌銘)」(의종 13, 1159)의 표제를 보면 "해동고려국검교태자대보중대부지문하성사형부상서치사문공묘지(海東高麗國檢校太子大保中大夫知門下省事刑部尙書致仕文公墓誌)"로 되어 해동과 고려국을 함께 사용하고 있다.[26] 만약 해동 용어를 단지 고려와 등가적인 이칭으로만 인식했다면 이렇게 기록하기 어렵다. 그러므로 해동이 국가인 고려의 이칭으로 사용되는 경우라 해도 그것은 기본적으로 국가인 고려보다 넓은 지리 공간적 범주를 함의하고 있는 것으로 이해되어야 한다.

이처럼 해동의 중심은 고려고 고려의 군주는 해동의 지배자로 인식되었다. 고려의 군주가 해동천자(海東天子)나 황제(皇帝)로 불렸던 것도[27] 그가 해동의 지배자로 인식되었기 때문일 것이다. 즉 해동은 고려 군주의 영향력이 미치는 지리적 공간으로 이해되었던 것이다.

이와 같이 요동, 해동은 중국과 구별되는 지리적 범주로서 고려가 직접

24) 『高麗史』 권15, 仁宗 6년 6월 己巳.
25) 『高麗史』 권42, 공민왕 19년 4월 庚辰.
26) 「吳仁正墓誌銘」(의종 9, 1155)의 표제도 '海東高麗國翼陽府錄事吳ㅁㅁ墓誌'로 되어 여기서도 해동과 고려국을 함께 사용하고 있다.
27) 노명호, 앞의 논문, 1997; 노명호, 앞의 논문, 1999; 노명호, 「해동천자의 천하와 藩」, 『고려국가와 집단의식』, 서울대출판문화원, 2009.

통치하지 못하는 공간이 포함되어 있음에도 불구하고 고려 군주의 통치력
과 영향력이 미치는 공간으로 인식되고 있었다. 이때에 요동은 요하의 동
쪽을, 해동은 발해 또는 서해의 동쪽을 의미하는 공간으로 이해된다.

고려의 군주가 요동, 해동의 지배자라는 관념은 고려가 요동, 해동에 대
해 가지고 있는 역사적 영유권과 관련이 깊은 것이었다. 즉 고려의 군주는
기자의 후손이자, 주몽의 후손이므로 기자와 주몽이 통치한 지리적 공간인
요동, 해동의 지배자가 될 수 있다는 관념에서 나온 것으로 판단된다. 이러
한 평가는 태조대부터 이루어지고 있었다.

> [자료 2]
> 아, 너 권지고려국왕사 건(建)은 자질이 매우 용맹스럽고 지혜가 뛰어나며
> 변방에서 으뜸이 되어 장한 포부를 품고 일어섰다. 하늘이 산하를 주었고 국토
> 는 광활하다. 주몽(朱蒙)이 건국한 전통을 계승하여 그곳의 군장(君長)이 되었
> 으며 기자(箕子)가 번신(藩臣)으로 있던 자취를 본받아 교화를 펼치고 있다.[28]

후당(後唐)은 태조 16년 3월에 왕건을 책봉하면서 그가 주몽이 건국한
'그곳의' 군장이 되었고 기자의 자취를 본받아 교화를 펼치고 있다고 하고
있다. 이는 고려의 역사적 영유권이 기자와 주몽에 있음을 후당이 인정하
였음을 의미한다.

이처럼 고려 국왕을 임명하면서 기자와 주몽과 연결시켜 고려의 역사적
영유권을 인정한 것은 후당만이 아니었다. 이러한 이해는 송나라도 가지고
있었는데,『고려도경(高麗圖經)』에서 서긍은 "고려의 선조는 주 무왕이 조
선에 책봉한 기자(箕子) 서여(胥餘)이다 … 스스로 이름하여 고구려라고
하고, 인하여 고를 성씨로 하였다. … 고씨는 이미 끊어졌으나 … 장흥(長
興) 2년에 왕건이 권지국사가 되어 사신을 보내 공물을 바치고 드디어 작

---

28)『高麗史』권2, 태조 16년 춘3월 辛巳.

(爵)을 받아 나라를 차지하였다"고 하였고,29) 또한 "왕씨의 선조는 대개 고려의 대족(大族)이었다. 고씨의 정치가 쇠함에 당하여 국인(國人)이 건(建)이 어질다고 드디어 함께 세워 군장(君長)으로 삼았다"고 하였다.30) 또한 문종 26년 6월에 송 황제가 칙서를 보내 "기자가 계봉(啓封)함은 요좌에서 시작되었다"31)고 하여 기자의 분봉지를 요좌 곧 요동으로 인식하였다.

고려를 고구려와 같은 나라로 인식한 것은 이후 원나라도 마찬가지였다. 원종이 태자로서 강화를 위해 쿠빌라이를 만나러 가자 "고려는 만리의 나라로서 당 태종이 친정해도 복속시키지 못했는데 지금 그 세자가 스스로 와서 나에게 귀부했으니 이는 하늘의 뜻이다"32)라고 하였던 것에서 이같은 인식을 확인할 수 있으며, 심지어 공민왕 22년 7월에 명나라도 "너희는 기자의 나라이다 … 먼저 당 태종이 너희를 정벌했으나 얻지 못했는데 그는 정벌할 줄을 몰랐고 뒤에 고종이 모두 멸망시켰다"33)라고 하여 고려를 기자의 나라이자 고구려와 같은 나라로 인식하고 있음을 알 수 있다.

물론 고려는 자신을 기자의 나라와 고구려를 계승한 나라로 인식하고 있었다. 문종 9년 7월에 고려는 거란의 동경유수에게 치서(致書)하며 "이 나라는 기자의 나라를 계승하였다"34)고 하여 자신을 기자와 관련지어 이해하였고, 성종 12년 10월에 소손녕과 담판을 했던 서희는 "아국(我國)은 곧 옛날의 고구려이다. 그러므로 이름을 고려라 하고 도읍을 평양에 하였다"35)라고 하였다.

---

29) 『宣和奉使高麗圖經』 권1, 始封.
30) 『宣和奉使高麗圖經』 권2, 王氏.
31) 『高麗史』 권9, 문종 26년 6월 甲戌.
32) 『高麗史』 권25, 원종 원년 3월 丁亥.
33) 『高麗史』 권44, 공민왕 22년 7월 壬子.
34) 『高麗史』 권7, 문종 9년 추7월 丁巳朔.

이처럼 고려는 기자와 주몽의 나라를 계승한 나라로서 그들의 영토였던 요동, 해동의 지리적 공간은 고려의 영토로 이해되었다. 이러한 역사적 영유권으로 인해 주변의 국가들도 해동, 요동을 고려의 영향권이 미치는 영역으로 인식하였던 것이다.[36)

그런데 이러한 요동, 해동 등의 영토관념은 단순히 관념으로 끝나는 것은 아니라 영토문제와 관련해서 일정한 영향력을 발휘하였다. 다음 자료를 살펴보자.

[자료 3]
  손녕(遜寧)이 희(熙)에게 말하기를 "너희 나라는 신라 땅에서 일어났고 고구려의 땅은 우리의 소유인데 너희가 침식하였다. 또 우리와 더불어 땅이 연하여 있는데 바다를 건너 송을 섬기니 이 때문에 오늘날의 출병이 있는 것이다. 만약 땅을 나누어 바치고 조빙(朝聘)을 닦으면 무사할 것이다" 하니, 희가 말하기를 "아니다. 아국(我國)은 곧 옛날의 고구려이다. 그러므로 이름을 고려라 하고 도읍을 평양에 하였다. 만약 지계(地界)를 논한다면 상국(上國)의 동경(東京)도 모두 우리 지경에 있으니 어찌 침식했다고 말할 수 있겠는가? 또 압록강 내외 역시 우리의 지경 안이지만 지금 여진이 그 사이에 훔쳐 거하여 완활(頑黠)하고 변사(變詐)하여 길이 막힘이 바다를 건너는 것보다 심하니 조빙이 통하지 않은 것은 여진 때문이다. 만약 여진을 좇아내고 우리의 구지(舊地)를 돌려주어 성보(城堡)를 쌓고 도로를 통하게 한다면 감히 조빙을 닦지 않겠는가…"라고 하였다.[37)

이는 주지하듯이 서희 소손녕 회담의 내용이다. 주목할 것은 고려는 신

---

35) 『高麗史』 권94, 열전 7, 徐熙.
36) 고려가 기자와 주몽을 계승했다는 관념에 관심을 갖는 것은 고려가 실제로 그들을 계승했는가에 대한 사실 여부를 문제 삼는 것이 아니라 당시에 그렇게 믿는 관념이 존재했고 그러한 관념이 고려의 역사 전개에서 일정한 영향력을 발휘했다는 것을 문제 삼는 것이다.
37) 『高麗史』 권94, 열전 7, 徐熙.

라 땅에서 일어났고 고구려 땅은 거란의 소유인데 고려가 침식했으므로 땅을 나누어 바치라는 소손녕의 주장에 대해 서희가 고려는 옛 고구려이므로 지계를 따진다면 거란의 동경이나 압록강의 내외는 고려의 지경이라 주장하고 또 압록강 내외를 고려의 구지라고 표현하고 있다는 점이다. 다시 말해 비록 현재는 옛 고구려의 영토를 실질적으로 지배하고 있지 못하지만 그럼에도 불구하고 거란의 동경과 압록강의 내외를 포함하는 고구려가 지배했던 요동, 해동의 지리적 공간은 고려의 지경이자 구지라는 영토관념을 보여주고 있는 것이다.[38]

문제는 이러한 영토관념이 거란과의 영토 분쟁에서 고려측 입장을 대변하는 중요한 논거로 이용되고 있다는 점이다.[39] 주지하듯이 서희–소손녕의 회담으로 거란의 동경이나 압록강 이서는 거란이 차지했지만 압록강 이동은 고려가 거란의 양보를 받아 차지하여 강동 6주를 설치하였다. 이는 고려가 기자와 주몽의 나라를 계승하였고 그래서 그들의 영토는 고려의 구지라는 영토관념이 당시 동아시아 국제관계에서 일정한 외교적 영향력을 가질 수 있는 것이었음을 의미한다.

물론 이번 경우에 그러한 영향력은 고려의 군사력에 뒷받침을 받는 것

---

38) 신안식도 고려의 영토의식에는 고구려 역사계승의식이라는 대전제가 깔려 있다고 하였다(신안식, 앞의 논문, 2005).

39) 거란의 침략 당시에 고려 지배층은 서경 이북의 영토를 할양하려 했다는 점에서 고구려 계승의식이 확고하지 않았고 그래서 서희가 고구려의 후신이라 논박한 것은 서희 개인의 임기응변적인 답변이었다는 견해가 있지만(하현강, 「고려시대의 역사계승의식」, 『한국중세사연구』, 일조각, 1988), 서희가 중신으로 담판에 참여했고, 거란과 담판을 위해 몇 차례 사신을 왕래했다는 점, 그리고 고려라는 국호를 채택하고 있었다는 점에서 고구려 계승의식이 높았음을 예상할 수 있다는 견해가(박용운, 「국호 고구려 고려에 대한 일고찰」, 『고려의 고구려 계승에 대한 종합적 검토』, 일지사, 2006) 더욱 설득력이 있는 것으로 생각된다. 게다가 영토관념은 말 그대로 관념의 문제이므로 현실 속에서 그러한 관념을 얼마나 실제화 할 수 있느냐는 당시 지배층의 역량과 인식에 달려있는 것이었다. 그러므로 서경 이북을 할양하려 했다는 것이 그들에게 고구려 계승의식이 확고하지 않았다는 논거가 되지는 못한다고 생각된다.

이었다. 고려가 송나라와 관계를 끊고 거란에 조빙하도록 하는 것을 목적
으로 침략해 왔던 소손녕이 제한적인 범위 내에서만 고려와 전투를 벌이다
가[40] 안융진에서 중랑장 대도수(大道秀)와 낭장 유방(庾方)에게 패한 직후
에 서희 소손녕 회담이 열렸다는 사실은[41] 고려가 거란의 요구를 들어주
면서도 요동, 해동 관념에 근거해서 회담을 능동적으로 이끌어갈 수 있었
던 중요한 계기가 되었던 것으로 이해되기 때문이다.

   요동, 해동의 지리적 공간을 고려의 영토로 생각하는 관념이 실제 영토
문제에 영향을 미쳤음은 이후에도 마찬가지였다. 우선 보주(保州)와 관련
해서 이러한 점이 확인되는데, 문종 9년 7월에 도병마사의 건의로 보주를
돌려달라는 치서(致書)를 동경유수에게 보내면서 "당국(當國)은 기자(箕子)
의 나라를 계승하여 압강(鴨江)을 강(彊)으로 하고 있고 게다가 전태후황
제(前太后皇帝)가 옥책(玉冊)으로 은혜를 내리고 모토(茅土)를 주고 땅을
나누어 또한 그 강을 한계로 하였는데, 요즈음 상국이 우리 봉계(封界)로
들어와 교루(橋壘)를 설치하였다"[42]고 하였다.

   주목할 것은 고려가 "기자의 나라를 계승하여 압강을 강으로 하고 있다"
고 말하는 대목이다. 사실 고려의 영토관념은 요동, 해동의 지리적 공간을
대상으로 하였던 것만은 아니다. 현실적으로 획득을 목표로 했거나 획득이
가능했던 압록강을 영토의 경계로 생각하는 인식도 함께 존재하였다.[43]
이러한 인식은 왕건이 건국하기 전부터 존재했던 것으로서 "먼저 계(鷄)를

---

[40] 거란 소손녕의 침략이 고려를 속국으로 만들려는 의도에 있지 않았기 때문에 적극적
   인 공격을 하지 않았다는 점에 대해서는 안주섭, 『고려 거란 전쟁』, 경인문화사, 2003
   참고.

[41] 『高麗史節要』 권2, 성종 12년 윤10월.

[42] 『高麗史』 권7, 문종 9년 추9월 丁巳朔.

[43] 고려가 압록강을 국경으로 인식하고 그 이남을 고려의 영토로 확보하려고 했다는 주
   장은 김순자, 앞의 논문, 2006.

잡고 뒤에 압(鴨)을 칠 것이라고 한 것은 왕시중(王侍中)이 나라를 다스린 후에 먼저 계림(鷄林)을 얻고 뒤에 압록(鴨綠)을 거둔다는 뜻이다"44)라고 한 기록에서 확인된다. 그리고 최승로도 "마헐탄을 경계로 삼은 것은 태조의 뜻이고 압강변(鴨江邊)의 석성을 경계로 삼은 것은 대조(大朝)가 정한 것이다"45)라고 하고 있어 영토의 경계로 압록강이 중요하게 다루어졌음을 알 수 있다. 당시에 고려가 압록강에 대하여 직접 통치한 것은 아니었지만 이후 서희 소손녕 회담으로 압록강 이동 지역을 차지하면서 압록강을 영토의 경계로 생각하는 영토인식이 더욱 심화되었던 것으로 이해된다. 이러한 인식이 이후에도 계속되었음은 기자의 나라를 계승하여 압강을 강으로 하고 있다는 앞의 기록에서도 확인되고 있다.

그렇지만 고려의 영토의식이 압록강을 경계로 제한된 것은 아니었다. 압록강은 획득이 가능한 좀 더 현실적인 목표로서 영토의 경계로 인식되었던 것으로 생각되며 그러한 인식이 있었다고 해서 고려가 기자의 나라를 계승했다는 관념이 부정된 것은 아니었다. 고려의 영토의식은 요동, 해동을 영토로 생각하는 영토관념과 좀 더 현실적인 목표로서 압록강을 영토의 경계로 생각하는 영토인식이 중층적으로 존재했다고 할 수 있는데, 문종이 고려가 "기자의 나라를 계승하여 압강을 강으로 하고 있다"고 말했던 것에서 이를 확인할 수 있다. 고려가 생각하고 있는 영토관념은 압록강을 염두에 두면서도 그것을 넘어 요동, 해동의 지리적 공간을 포괄하는 것이었다.

이러한 인식은 보주(保州)와 관련된 다른 기록에서도 확인된다. 인종 4년 12월에 금에 보낸 표문에 "생각건대 구려(勾麗)는 본지(本地)가 저 요산(遼山)을 중심으로 하였고 평양(平壤)의 구허(舊墟)는 압록(鴨綠)으로 한계가 되었는데 여러 번 변천하여 우리 조종(祖宗)에 이르러 북국(北國)

---

44) 『高麗史』 권1, 태조.
45) 『高麗史節要』 권2, 성종 원년 6월.

이 겸병하고 삼한의 분야(分野)를 침략함을 당하여 비록 인호(隣好)를 맺었으나 고강(故疆)을 돌려받지는 못했습니다. … 신(臣)의 아비 선왕 때에 대요(大遼)의 변신(邊臣) 사을하(沙乙何)가 와서 황제의 칙지(勅旨)를 전하며 보주(保州)는 본래 고려 땅이니 고려가 수복하는 것이 옳다고 하였으므로 선왕이 이에 성지(城池)를 수리하고 민호(民戶)로 채웠습니다"[46]라고 하였다.

여기서 평양의 구허(舊墟)가 압록강을 한계로 했다는 것은 그곳의 보주를 고려의 고강(故疆)이라 주장하며 수복했던 것과 연결되는 내용이지만, 구려의 본지가 요산(遼山)을 중심으로 하였다는 것은 압록강을 넘어서는 옛 고구려 영토에 대한 언급으로서 요동, 해동을 고려의 영토로 생각하는 관념이 없어진 것은 아님을 보여준다.

이처럼 보주(保州)와 관련된 영토 문제는 현실적으로는 서희 소손녕 회담에서 고려의 영토로 획정된 압록강 동쪽의 영역에 대한 권리를 주장하는 방식으로 진행되면서도 동시에 기자나 고구려와 관련되는 요동, 해동을 고려의 영토로 생각하는 인식도 보주 반환을 주장하는 관념적 배경이 되었음을 알 수 있다.

이러한 양상은 여진을 정벌하고 9성을 설치하는 가운데서도 확인된다. 예종 3년 2월에 윤관(尹瓘)이 6개의 성을 새로 쌓고 기록한 영주청벽기(英州廳壁記)에 따르면 "본래 구고려(勾高麗)의 소유여서 고비(古碑)의 유적이 오히려 남아 있다. 무릇 구고려가 전에 잃은 것을 금상(今上)이 후에 얻었으니 어찌 천(天)이 아니겠는가"[47]라는 기록이 있는데, 여기서도 6성의 신설에 대하여 잃었던 고구려의 영토를 다시 얻은 것으로 이해하고 있음이 확인된다.

---

46) 『高麗史』 권15, 인종 4년 12월 癸酉.
47) 『高麗史』 권96, 열전 9, 尹瓘.

이러한 요동, 해동에 대한 인식은 이후 무신집권기는 물론 원의 간섭을
받은 고려후기와 그에서 벗어난 고려말기까지 계속 나타났다. 앞서 말했듯
이 몽골과 전쟁 이후에 고려는 동북면과 서북면을 상실하였고 이곳에 원나
라의 동녕부와 쌍성총관부가 설치되었다. 그러다가 충렬왕대에 서북면의
동녕부를 먼저 돌려받았고, 공민왕대에 동북면의 쌍성총관부를 수복하였
다. 그러므로 고려의 실제 영토와 변경은 여전히 압록강을 넘지 못했다.
하지만 이러한 시기에도 고려는 요동, 해동을 고려의 영토로 생각하는 관
념을 가지고 있었다.

이는 공민왕 19년 11월의 동녕부 정벌과 관련된 기록에서 확인된다. 고
려가 동녕부 정벌을 하면서 요심인(遼瀋人)에게 "요심(遼瀋)은 우리나라의
계(界)이며 민은 우리 백성이다"[48]라고 한 것이나, 금주(金州)와 복주(復州)
등에 붙인 방문에 "본국은 요(堯)와 같이 건국하였고 주 무왕은 기자를 조
선에 봉하고 그것을 주었으니 서쪽으로 요하에 이르렀다. 강역을 대대로 지
켜 왔는데 원조(元朝)가 통일하여 공주를 출가시키고 요심 지역을 탕목(湯
沐)으로 삼았으니 이로 인해 분성(分省)을 설치하였다. … 무릇 요하(遼河)
이동의 본국 강내(疆內)의 백성과 대소의 두목(頭目)들은 속히 스스로 와서
조회하고 함께 작록(爵祿)을 누리라"[49]고 하여 요하 이동의 지리적 공간에
대한 고려의 관념을 잘 보여준다.

물론 요심 지역을 고려의 영토로 인식했던 가까운 계기는 몽골과 전쟁
기간이나 이후에 이곳으로 끌려갔거나 이주하여 살고 있는 고려인과 고려
왕족이 심왕(瀋王)으로 책봉되어 통치하고 있었다는 것 때문이겠지만,[50]

48) 『高麗史』 권114, 열전 27, 池龍壽.
49) 위와 같음.
50) 김순자, 앞의 논문, 2003; 김순자, 「원명의 교체와 중국과의 관계 변화」, 『한국중세한
   중관계사』, 혜안, 2007.

요심은 우리나라의 경계라고 말하는 것이나 방문(榜文)에서 요하 이동을 본국 강내로 표현하고 있는 것은 그러한 차원을 넘어 고려는 원래 요하 동쪽의 기자의 영토를 물려받았고 그래서 요심은 고려의 국경이요 강내라는 것이다.

이러한 내용에 과장이 포함되어 있기는 하지만 요하 이동이 고려의 영토이고 그것은 기자의 영토를 물려받은 것이라는 고려인의 관념을 확인할 수 있다는 점에 대해서는 아무 문제가 없다.[51] 물론 당시 고려는 요심 지역을 실제 영토로 만들고자 하는 생각은 없었고, 그래서 동경을 정벌한 후에는 군량의 부족과 같은 현실적인 문제에 부딪히자 곧장 철수하였다. 당시 고려의 형편으로 요동을 고려의 영토로 하기는 역부족이었던 것이다.

이처럼 고려는 요동, 해동의 지리적 공간을 고려의 영토로 인식하는 영토관념을 가지고 있었다. 탐라국, 우산국, 철리국을 비롯한 여진의 부족에 대한 통치력을 발휘하는 때도 있었고 그렇지 않고 여진에 대한 영향력을 잃어버린 때도 있었으며, 심지어 고려후기에는 동북면과 서북면에 동녕부, 쌍성총관부가 설치되어 실제 영토가 축소된 경우도 있었지만 요동, 해동의 지리 공간적 범주를 고려의 영토로 인식하는 영토관념은 일관되게 가지고 있었다.

이러한 영토관념은 영토 문제가 발생했을 때에 중요한 논거로 활용되어 서희 소손녕 회담에서 압록강 이동의 영토에 대한 지배를 인정받기도 했다. 보주를 돌려받은 것이나 9성을 개척하는 과정, 그리고 동녕부 정벌의 정당성을 설명하는 데도 요동, 해동이 고려의 영토라는 관념은 그대로 표방되었다.

---

[51] 박용운도 遼藩 지역에서 고려 군사가 말했던 내용에 대해 해석하면서 고려초기부터 조선, 고구려 계승의식과 이들 국가의 영역을 고려의 강역으로 생각하는 영토의식이 고려 말까지 계속되었다는 것을 살필 수 있다고 하였다(박용운, 「고려시기 사람들의 고려의 고구려 계승의식」, 『북방사논총』 2, 2004; 『고려의 고구려계승에 대한 종합적 검토』, 일지사, 2006 재수록).

다만 고려가 요동, 해동 관념을 토대로 고구려 고토(故土) 수복을 지속적이고 의지적으로 적극 추진했다고 보는 것은 무리한 해석이라 생각된다.[52] 요동, 해동 관념은 기본적으로 기자와 주몽의 나라를 계승했다는 역사적 영유권에서 나온 관념이고 그래서 영토 문제가 생길 때마다 그것을 바라보는 고려의 영토관념으로 작용했다고 보는 것이 실상에 가까운 것으로 이해된다. 다시 말해 요동, 해동의 모든 지역을 고려가 직접 지배할 수 있는 것은 아니었기 때문에 이러한 지역에 대한 고려의 입장은 상당히 관념적이면서 동시에 국제관계에서 요동, 해동 관념을 표방할 기회가 생길 때마다 고려 자신의 역량을 고려하고 나아가 거란이나 여진, 원, 명의 군사력을 인식하며 현실적으로 활용하는 측면이 강했다고 하겠다.

3. 영토와 변경의 양상

1) 북방 지역과 변경

고려가 요동, 해동의 지리적 공간을 고려의 영토로 인식하였고 그것이 영토 문제가 생겨났을 때에 그것을 바라보는 기본적인 시각이 되었다고 해서 요동, 해동을 고려의 직접적인 지배가 미치는 실제적인 영토로 생각하고 있었던 것은 아니었다. 이는 주변 국가들도 마찬가지였다. 다시 말해 고려는 요동 관념에서 요하를 변경으로 인식하고 있으면서도 당연한 것이지만 현실적으로는 고려의 영향력이 직접적으로 미치는 영토의 외곽을 변경으로 생각하였다. 여기서는 고려의 통치력이 직접 행사되었던 실제 영토

---

[52] 김순자, 앞의 논문, 2003..

의 형태를 이해하기 위해 그 방법의 하나로서 영토의 외곽인 변경에 대해 고찰하되 먼저 북쪽 변경의 양상과 구조를 살펴보고자 한다.

이와 관련해서 생각할 것은 고려의 변경이 단순히 국경의 경계선으로 인식되지는 않았다는 점이다. 물론 천리장성이 만들어지면서 그것이 변경의 외곽으로 인식되는 경향이 있기는 했으나[53] 고려의 북쪽 변경은 기본적으로 넓은 지역을 포괄하였다.

고려는 남쪽 지역의 5도나 경기와 달리 북쪽 지역은 동계(東界)와 북계(北界)로 호칭하고 주진(州鎭)을 설치하여 군사적 성격의 지방관을 파견하였는데, 이는 동북면과 서북면을 군사적 성격을 지닌 변경으로 인식하였음을 의미한다.[54]

정종대에 최충(崔冲)이 상서좌복야 참지정사 판서북로병마사가 되었는데 왕이 최충에게 명하여 변경에 가서 성지(城池)를 개척하라고 하자 최충이 영원(寧遠) 평로(平虜) 등의 진(鎭) 및 제보(諸堡) 14개를 쌓았다고 하는데,[55] 여기서 최충은 '변경'에 가서 영원진, 평로진 등 14개의 성보를 쌓았다고 하므로 이들 서북면 지역은 모두 변경으로 이해되고 있음을 알 수 있다.[56] 문종 6년 3월에 제(制)를 내려 "동북로(東北路)의 여러 주진(州鎭)에서 수변(戍邊)하는 군졸은 해마다 계속 가물어 기근이 서로 이어지니 병마(兵馬) 감창사(監倉使)와 수령관(首領官)이 도(道)를 나누어 진휼하라"[57]고

---

53) 송용덕, 앞의 논문, 2005.

54) 고려는 북방 지역을 東界, 北界로 불렀던 것처럼 남방 지역을 南界로 표현하기도 하였다. 하지만 南界 용어는 東界나 北界와 달리 변경의 의미로 이해되지는 않았다.

55) 『高麗史』 권95, 열전 8, 崔冲.

56) '北界邊報再至 丹兵已屠寧德城 進圍安義龜三州 又有兵自麟龍兩州界來 攻鐵宣二州'(『高麗史』 권22, 고종 3년 8월 辛未)는 기록에서도 北界의 州鎭에서 발생한 사건에 대한 보고가 '邊報'로 기록되고 있는 데서 서북면이 변경으로 인식되고 있음을 확인할 수 있다.

57) 『高麗史』 권80, 식화지 3, 水旱疫癘賑貸之制, 문종 6년 3월.

하였다는 기록에서, 동북로의 주진이 변(邊)으로, 그곳을 지키는 것이 수(戍)로 인식되고 있음을 알 수 있다.

이처럼 동북면과 서북면은 그 자체로 고려의 입장에서는 변경으로 인식되었던 것이다. 이렇게 본다면 고려의 북쪽 변경의 가장 넓은 지리적 범주는 동북면과 서북면이라 할 수 있겠다. 더구나 이들 기록은 천리장성이 설치된 이후의 것이라는 점을 생각한다면 고려의 국경이 경계선으로 이루어졌다는 의미가 부각된 이후에도 여전히 양계는 변경으로 인식되고 있었음을 보여주는 것이어서 고려 변경 개념의 특징을 이해하는 데 도움을 준다.

사실 동북면과 서북면은 양계 제도가 정착되기 전부터 변경으로 인식되고 있었다. 골암성수(鶻巖城帥) 윤선(尹瑄)은 궁예 정권에 참여했다가 말년에 화(禍)를 피하여 북변(北邊)에 도망해 들어가 골암성에 머물며 흑수번(黑水蕃)을 불러 변군(邊郡)을 침해하였는데 태조 원년 8월에 왕건이 초유하자 와서 항복하므로 북변이 편안해졌다고 한다.[58] 윤선은 원래 궁예 정권에 참여한 인물이고 그의 근거지인 골암성은 북변에 있었던 것으로 이해되고 있는데, 이처럼 양계 제도가 성립하기 전에도 북방 지역이 변경으로 이해되고 있었고, 이후 북방으로 영토가 확장되고 이를 바탕으로 양계 제도가 형성되면서 그곳이 변경으로 인식되었던 것 같다.

이러한 북방 지역의 변경은 그 외곽에 관방(關防)이 설치되어 있었는데, 이러한 관방이 설치된 대표적인 경우가 천리장성이 설치된 지역의 성곽들이었다.

[자료 4]
(덕종) 2년에 평장사 유소(柳韶)에게 명하여 북경(北境)에 관방(關防)을 세워 설치하였다. 서해의 해변 옛 국내성(國內城)의 경계인 압록강이 바다로 들

---

58) 『高麗史節要』 권1, 태조 원년 8월.

어가는 곳에서 시작하여 동쪽으로 위원(威遠) 흥화(興化) 정주(靜州) 영해(寧海) 영덕(寧德) 영삭(寧朔) 운주(雲州) 안수(安水) 청새(淸塞) 평로(平虜) 영원(寧遠) 정융(定戎) 맹주(孟州) 삭주(朔州) 등 13개의 성을 지나 요덕(耀德) 정변(靜邊) 화주(和州) 등 3개의 성에 도달하여 동쪽으로 바다로 닿아 길이가 천여 리나 되었다.[59]

여기서 알 수 있듯이 천리장성에 세워진 관방은 북경(北境)에 설치된 것이었는데, 여기서 북경은 당시로는 고려 북쪽 변경에서 가장 외곽에 있는 지역을 의미하는 것으로 이해된다. 이러한 점에서 고려의 북쪽 변경은 항상 동북면과 서북면 전체를 가리키는 것은 아니었고, 그보다 훨씬 좁은 지역을 변경으로 인식하기도 했음을 알 수 있다. 천리장성의 축조와 관방의 설치로 그러한 변경에 대한 인식이 좀 더 분명하게 되었던 것이 아닌가 한다.

이와 함께 예종 12년 3월에는 천리장성에서 빠져 있던 의주에 새로 관방이 설치되었다. 당시 고려는 거란이 압록강 동쪽에 설치했던 포주(抱州)를 돌려받고 포주를 의주방어사(義州防禦使)로 고치고 압강(鴨江)을 계(界)로 삼고 관방을 설치하였다.[60] 고려로 편입된 의주는 고려 변경의 외곽 지역이었기 때문에 관방이 설치되었던 것이다.

이러한 고려의 변경 바깥에는 번(蕃)이 존재하였다. 문종 35년 8월에 서여진(西女眞) 만두(漫豆) 등이 내투(來投)하자 예빈성이 "구제(舊制)에 본국의 변민(邊民)으로 일찍이 번적(蕃賊)에게 잡혀갔다가 고향을 생각하여 스스로 돌아온 자는 … 흑수여진(黑水女眞) 같은 자는 모두 들어오는 것을 허락하지 않았으니 지금 만두도 역시 구제에 따라 돌려보내십시오"[61]라고

---

59) 『高麗史』 권82, 병지 2, 城堡.
60) 『高麗史』 권14, 예종 12년 3월 辛卯.
61) 『高麗史』 권9, 문종 35년 8월 己未.

하였는데, 이로써 '변'과 '번'이 공간적으로 구분되었음을 알 수 있다.[62] 즉 번은 변경 바깥 지역의 공간이었다. 그리고 문종 원년 2월에 도병마사가 "동번(東蕃)의 추창 아두간(阿兜幹)이 내부하여 오랫동안 은상을 입었으나 우리를 배반하고 거란에 투항했으니 죄가 매우 큽니다. 그 당의 수령 고지문(高之問) 등이 지금 번경(蕃境)에 있으니 몰래 군사를 보내 잡아 관(關)에 들어와 연유를 심문하고 율에 따라 죄를 주십시오"[63]라고 하였는데, 여기서는 번경이 관 바깥에 위치한 공간임을 알 수 있다. 특히 예종 9년 12월에 "선정전에 나가 북계(北界)의 사관(四關) 밖의 번장(蕃長)을 인견(引見)하였다"[64]는 내용을 보면, 고려의 변경인 북계와 그의 외곽에 위치한 4개의 관문, 그리고 관문 바깥에 있는 번의 공간적 차이를 명확하게 알 수 있다.[65]

그런데 고려의 변경은 천리장성과 관방이 설치된 지역적 범주에 제한되지 않았다. 실제로 고려의 변경은 천리장성 바깥으로 확대되었는데 이러한 상황은 여진의 귀부(歸附)와 관련이 있는 것이었다. 여진의 귀부는 거란과 전쟁이 끝난 현종 이후 늘어났는데 특히 문종대는 크게 늘어났다. 그래서 고려는 귀부하는 여진의 부족에 대해 기미주를 설치하는 방법을 사용하였다.

이와 관련해서 커다란 전환점은 문종 27년 6월에 있었다. 당시에 삼산(三山) 대란(大蘭) 지즐(支櫛) 등의 9개 촌락과 소을포촌번장(所乙浦村蕃

---

62) 邊과 蕃이 서로 다른 지리적 공간이라는 인식은 태조대부터 나타난다. 태조 원년 9월에 평양을 개척하면서 '諭群臣曰 平壤古都 荒廢雖久 基址尚存 而荊棘滋茂 蕃人遊獵 於其間 因而侵掠邊邑 爲害大矣.'(『高麗史』권1, 태조 원년 9월 丙申)라고 하여 평양이 황폐하므로 蕃人이 사냥하고 그래서 邊邑이 침략을 당한다는 것으로 邊邑은 고려의 영향력이 미치는 고을이고, 蕃人은 원래 그 바깥에 있는 존재이나 邊邑을 침탈하는 존재로 묘사하고 있는 데서 확인할 수 있다.

63) 『高麗史』권7, 문종 원년 2월 丁卯.

64) 『高麗史』권13, 예종 9년 12월 丁未

65) 關이 변경의 안과 밖을 구분하는 역할을 했다는 것에 대해서는 추명엽, 「고려전기 關 津 渡의 기능과 商稅」, 『국사관논총』104, 2004 참고.

長) 염한(鹽漢), 소지즐전리번장(小支櫛前里蕃長) 아반이(阿反伊), 대지즐
(大支櫛)과 나기나(羅其那) 오안(烏安) 무이주(撫夷州) 골아이번장(骨阿伊
蕃長) 소은두(所隱豆) 등 1,238호가 와서 부적(附籍)하기를 청했는데, 대지
즐에서 소지즐 요응포(裏應浦)의 해변 장성까지 700리나 되었고 제번(諸
蕃)이 연달아 귀순하여 관방을 막아 세우는 것은 불가능하니 주호(州號)를
정하고 주기(朱記)를 내려주자고 하여 허락을 받았다고 한다.[66]

주목할 것은 이 때 귀부한 여진의 부족이 제번으로 불리고 있다는 점이
다. 앞서 말한 대로 번은 고려의 변경 바깥을 둘러싸고 있는 지역을 의미한
다.[67] 이들 제번이 귀부하자 고려는 그들의 외곽에 관방을 설치하는 대신
주호와 주기를 내려 기미주로 삼았던 것이다.

그런데 기미주가 형성된 지리적 공간에 대해 고려는 그곳을 고려의 변
경으로 인식하였다. 이러한 점은 고려가 기미주 지역을 어지럽힌 여진을
정벌하고 9성을 설치하자 이를 돌려달라고 요구하는 여진의 사신의 발언
에서 분명히 확인된다.

예종 4년 6월에 여진의 요불(裏弗) 사현(史顯) 등이 고려에 와서 9성의
환부를 요구하면서 "갑신년에 궁한촌인(弓漢村人)으로 태사(太師)의 지휘
를 따르지 않는 자가 있어 병사를 동원하여 징계하였는데, 국조(國朝)는
우리가 범경(犯境)하였다고 출병하여 정벌했으나 다시 수호를 허락하였으
므로 우리는 믿고 조공을 끊지 않았습니다"[68] 라고 하였는데, 여기서 주목
할 것은 국조 곧 고려가 여진이 범경하였다고 출병하여 정벌했다는 내용
이다.

---

[66] 『高麗史』 권9, 문종 27년 6월 戊寅.

[67] 여진정벌의 실패로 기미주 지역을 상실한 이후에는 12세기 후반 이후에는 北蕃은 북
계, 東蕃은 동계를 의미하였다고 한다(추명엽, 「고려전기 蕃 인식과 동서번의 형성」,
2005).

[68] 『高麗史』 권13, 예종 4년 6월 庚子.

여진의 태사가 징계했다는 궁한촌은 고려가 9성을 쌓고 예종 4년 5월에 거란에게 표문을 올려 "여진의 궁한리(弓漢里)는 곧 우리의 구지(舊地)이고 그 거민도 역시 우리의 편맹(編民)인데 근래에 구변(寇邊)이 끊이지 않으므로 수복하고 성을 쌓았습니다"[69]라고 했다는 지역인데, 이처럼 고려는 이러한 지역을 변경으로 인식하고 있었고 그래서 이곳에 대한 여진의 공격을 구변으로 이해하여 여진 정벌을 단행했던 것이다. 이렇게 보면 고려는 천리장성을 넘어 기미주나 투하촌(投下村)이 설치된 지역 전체를 변경으로 인식하고 있었음을 알 수 있다.[70] 다만 이들 지역이 천리장성 바깥에 있었고 지리적 공간이 넓었기 때문에 관방을 설치할 생각을 하지 않았을 뿐이었다.

이러한 점에서 9성의 설치는 이들 지역에 대한 고려의 지배를 분명히 하기 위한 조치였다. 예를 들어 예종 2년 12월에 "윤관은 여진을 크게 격파하고 제장(諸將)을 보내 지계(地界)를 정하고 웅주(雄州) 영주(英州) 복주(福州) 길주(吉州)의 4개 주에 성을 쌓았다"[71]고 하거나, 또 3년 2월에 "윤관이 여진을 평정하고 새로 6개의 성을 쌓고 표를 받들어 칭하(稱賀)하고 공험진(公嶮鎭)에 비를 세워 계지(界至)로 삼았다"는[72] 내용에서 고려가 이곳을 변경으로 확정하고자 하였음을 알 수 있다.

물론 9성이 환부되고 고려의 민인이 다시 돌아오면서 기미주 지역에 대한 고려의 영향력은 사라지게 되었는데, 이는 고려의 변경의 범주도 천리장성으로 다시 축소되었음을 의미한다. 이렇게 되자 고려는 천리장성을 변경으로 하였고 그 바깥은 금나라의 변경이 되어 양국의 변경이 서로 마주

---

69) 『高麗史節要』 권7, 예종 4년 5월.
70) 송용덕, 2005, 앞의 논문, 136~142쪽.
71) 『高麗史』 권12, 예종 2년 12월 丙申.
72) 『高麗史』 권12, 예종 3년 2월 戊申.

하게 되었다. 예종 14년에 천리장성을 3척 증축하자 금나라의 변리(邊吏)
가 군사를 이끌고 중지시켰으나 따르지 않았다는[73] 기록에서 천리장성 밖
이 금나라의 변경이었음을 확인할 수 있다.

이처럼 고려 영토의 경계가 되는 북쪽 변경은 다층적인 양상을 띠고 있
었다. 넓게는 양계를 변경으로 인식하면서 좁게는 양계의 외곽인 천리장성
이 세워진 지역을 변경으로 생각하고 그곳에 관방을 세웠다. 또 기미주가
설치되자 그곳을 변경으로 보기도 하였고 그래서 그 지역에 9성을 설치하
여 변경으로 확정하려고 하기도 하였다.

2) 남방 지역과 변경

고려의 변경은 북방 지역에만 설정된 것이 아니라 남방 지역에도 설정
되어 있었다. 우선 후삼국 전쟁 기간에는 후백제와의 관계에서 고려의 영
향력이 미치는 영역의 외곽 지역이 고려의 변경으로 인식되었다. 이흔암
(伊昕巖)은 궁예 말년에 웅주(熊州)를 진무(鎭撫)하고 있었는데 왕건이 즉
위한 후에 마음대로 이탈하니 사졸도 많이 도망가 그곳이 다시 백제의 소
유가 되었다. 이에 수의형대령 염장(閻萇)이 "흔암(昕巖)은 진을 버리고 스
스로 와서 변강(邊疆)을 잃었으니 죄가 용서받기 어렵다"[74]고 하였는데,
여기서 후백제와 가까이 있던 웅주가 고려의 변강으로 인식되고 있음이 확
인된다. 이흔암이 웅주를 버린 것도 그곳에 후백제와 가까워 위험하다고
생각했기 때문이었을 것이다.

또 태조 10년 정월에 "친히 백제의 웅주를 쳐서 항복시켰다. 당시에 견
훤이 맹세를 어기고 자주 병사를 이끌고 침변(侵邊)하니 왕이 인내한 지

---

[73] 『高麗史』 권82, 병지 2, 城堡.
[74] 『高麗史節要』 권1, 태조 원년 6월.

오래되었다. 견훤이 더욱 악이 쌓여 자못 강탄(强吞)하고자 하므로 왕이 공격하였다"[75]고 하여 견훤의 공격이 고려의 영향력이 미치는 영역인 변(邊)에 대한 침범으로 이해되고 있다.

그리고 태조 15년에 연산매곡인(燕山昧谷人)인 공직(龔直)이 귀부하므로 태조가 "경(卿)은 더욱 심력을 다해 변경을 진무하고 아가(我家)의 번병(藩屏)이 되라"고 하자 공직(龔直)이 "백제의 일모산군(一牟山郡)은 경계가 폐읍(弊邑)에 접해 있어 신이 귀화했다고 항상 침략을 더하여 백성이 생업에 안정할 수 없습니다"라고 하며 공격하려 하자 허락하였는데,[76] 여기서 공직이 귀부하자 연산은 고려의 변경으로 이해되었고 곁에 있는 후백제 관할의 일모산군의 경계가 연산과 접해 있다고 하므로 후백제의 영향권과 붙어 있으면서 고려의 영향권 아래 있는 지역을 변경으로 인식하고 있음이 확인된다.

이처럼 통일 전에는 후백제의 관할과 붙어 있는 고려의 정치 군사적 영향력이 미치는 영역의 외곽의 경계가 고려의 변경으로 인식되었다. 물론 이러한 인식은 통일이 되면서 없어지게 되었다.

그렇다고 해서 남방 지역에서 변경의 개념이 없어진 것은 아니었다. 주로 해안을 둘러싼 지역이 변경으로 이해되었다. 우선 동해안을 대상으로 살펴보면 여진 해적의 침범과 관련해서 이러한 변경 인식을 확인할 수 있다.

[자료 5]
동남해도부서사 박경린(朴景麟)이 잘못 보고하여 여진의 병선 30척이 와서 범경(犯境)하였다고 하자 가발병마판관(加發兵馬判官) 양제보(楊齊寶) 등을 보내 막게 하였는데 경주까지 갔으나 오랑캐를 보지 못하고 돌아왔다.[77]

---

75) 『高麗史』권1, 태조 10년 춘정월 乙卯.
76) 『高麗史』권92, 열전 5, 龔直.
77) 『高麗史』권15, 인종 원년 6월 乙酉.

이는 인종 원년 6월에 있었던 사건으로 여기서 여진의 병선이 범경하여 가발병마판관 양제보 등이 경주까지 내려갔다고 하는 기록이 주목되는데, 여기서 경(境)은 해안으로 이해된다. 즉 고려는 여진에 대한 방어와 관련하여 동해의 해안을 변경으로 생각하는 관념을 가지고 있었던 것이다.

이러한 해안선을 변경으로 생각하였음은 동해나 남해나 모두 마찬가지였다. 문종이 즉위하고 병부낭중 김경(金瓊)을 보내 동해에서 남해까지 연변(沿邊)에 성보와 농장을 만들어 해적의 요충을 장악하게 하였는데,[78] 동해와 남해의 연변에 성보를 쌓았다는 것은 여진의 해적에 대한 방어와 관련하여 이곳 연변이 고려의 변경으로 인식되었음을 의미한다.

그런데 남방 지역의 변경은 단지 해안만이 아니라 섬을 포함하고 있었다. 원종 4년 4월에 대관서승 홍저(洪泞)와 첨사부녹사 곽왕부(郭王府) 등을 일본에 보내 해적을 금하기를 청하는 첩(牒)을 보내 "앞서 금년 2월일에 귀국의 배 1소(艘)가 까닭 없이 우리 경내의 웅신현계(熊神縣界) 물도(勿島)에 들어와 그 섬을 노략하고 정박한 아국(我國)의 공선(貢船)에 실린 제반 곡미(穀米) 120석, 주포(紬布) 43필을 가지고 갔다"[79]고 하였는데, 주목할 것은 일본 배가 노략했다고 하는 섬인 웅신현계 물도는 "우리 경내" 곧 고려의 변경 안에 있는 것으로 표현되고 있다는 점이다.[80] 다시 말해 고려 남방의 변경은 섬을 포함하고 있음을 알 수 있다.

남방의 변경에 섬이 포함되었던 것은 서남해 방면도 마찬가지였다. 서

---

78) 『高麗史』 권82, 병지 2, 城堡.

79) 『高麗史』 권25, 원종 4년 4월.

80) 熊神縣은 金州의 속현인데, 다음 자료에서 확인된다. 倭寇金州管內熊神縣勿島 掠諸州縣貢船.(『高麗史』 권25, 원종 4년 2월 癸酉) 界가 경계로 규정되는 관할지역의 의미를 갖는다는 것에 대해서는 윤경진, 「고려전기 界首官의 설정원리와 구성 변화」, 『진단학보』 96, 2003 참고.

궁이 고려에 사신으로 들어오는 과정을 살펴보면 서남해 방면의 변경에 대한 이해를 얻을 수 있다. 『고려도경(高麗圖經)』에 따르면 송의 명주를 떠나 정해현(定海縣)을 거쳐 창국현(昌國縣)의 심가문(沈家門)을 경유한 서궁 일행은 바다로 들어와 5일 만에 배의 동쪽으로 고려의 협계산(夾界山)을 볼 수 있었다고 한다.

[자료 6]
2일 계미에 아침 안개가 자욱하고 서남풍이 일어 오후 3시 무렵에 맑게 개였다. 정동 쪽으로 병풍 같은 산이 하나 보이는데 협계산이다. 화이(華夷)가 이로써 경계를 삼는다.[81]

주목할 것은 협계산이 화이가 경계로 삼는 곳이라는 기록이다. 그런데 협계산은 고려의 주민이 사는 곳은 아니었다. 주민이 있는 곳은 협계산 가까이 있는 오서(五嶼), 배도(排島)를 거쳐 백산(白山)을 지나 도달하는 흑산(黑山)이었다.[82] 흑산에는 고려의 주민이 살고 사신이 머물 수 있는 관사(館舍)도 있었다.[83]

고려의 주민이 살고 있지 않음에도 불구하고 협계산은 화이가 경계로 삼는 곳이었다. 다시 말해 고려의 변경은 단순히 육지의 해안선이 아니라 고려의 해안에 있는 섬을 포함하였다. 서궁이 이러한 기록을 남기고 있다는 것은 당시 고려는 물론 송나라도 고려의 섬을 고려의 변경에 포함시키

---

81) 『高麗圖經』 권35, 海道 2.
82) 『高麗圖經』 권35, 海道 2.
83) 흑산도에는 고려의 주민이 살고 있었기 때문에 이곳을 고려의 변경으로 인식하기도 하였다. 『續資治通鑑長編』에 따르면, '天聖 이전에는 사신이 登州를 경유하여 들어갔고 熙寧 이래로는 모두 明州를 경유하는데 登州路는 沙磧이 있어 갈 수 없다고 말한다. 明州로부터 돌아가는데 便風을 만나면 4일 밤낮이면 黑山에 도착하니 이미 國境을 마주 대한 것이다.'(『續資治通鑑長編』 권339, 원풍 6년 9월 庚戌) 라고 하여, 黑山島가 고려의 國境으로 인식되고 있음을 알 수 있다.

고 있었음을 의미한다. 『송사』 고려전에서도 "해도(海道)를 거쳐 고려에
봉사(奉使)하면 넓은 바다가 세차게 흐르고 주서(洲嶼)가 험난하게 가로막
고 있어 흑풍(黑風)을 만나면 배가 산꼭대기에 부딪혀 문득 파선하고 급수
문(急水門)으로 나가 군산도(群山島)에 도착하면 비로소 평달(平達)했다고
말하는데 수십 일이면 도착한다"[84]고 하여 송의 사신이 고려의 군산도에
다다르면 고려에 도착했다고 여겼다는 내용을 통해 섬을 고려의 변경으로
인식하고 있음을 알 수 있다.

　더구나 『송사(宋史)』 고려전에는 고려의 영토에 대한 언급이 있는데, "무
릇 삼경(三京) 사부(四府) 팔목(八牧)과 군(郡)은 백십팔, 현진(縣鎭)은 삼
백구십, 주도(洲島)는 삼천칠백이다."[85]라고 하여 주도 3,700개를 포함시키
고 있다. 즉 고려의 영토에는 육지만이 아니라 섬도 포함되었던 것이다.
『고려사(高麗史)』 지리지를 보면 고려에는 주현으로 설정된 섬도 있었고[86]
주현에 소속된 섬도 있었다.[87] 다시 말해 고려의 섬은 고려의 영토로 인식
되고 있었던 것이다. 그러므로 이러한 섬이 고려의 남방 지역의 변경으로
인식되는 것은 당연한 것이었다.

　남방지역의 섬이 고려의 변경으로 인식되고 있었다고 할 때에 검토해야
하는 것 중에 하나는 이곳에 있는 섬이면서 국(國)으로 존재하기도 했던

---

84) 『宋史』 권487, 열전 246, 外國 3, 高麗.
　『高麗圖經』과 달리 群山島에 다다른 것을 고려에 도착한 것으로 여긴 점이 차이가
　있는데, 이는 송의 사신이 群山島에서 고려의 接伴使를 만나게 때문인 것으로 이해된
　다. 서긍 일행도 群山島에 도착하여 고려의 同接伴 金富軾을 만났다고 한다.
85) 위와 같음.
86) 예를 들어 喬桐縣은 바다 가운데 있는 섬으로서 江華縣의 서북쪽, 塩州의 남쪽에 있
　었다. 게다가 松家島가 여기에 속해 있었다(『高麗史』 권56, 지리지 1, 江華縣, 喬桐
　縣).
87) 예를 들어 仁州에는 紫燕島 三木島 龍流島 등 3개의 섬이 속해 있었다(『高麗史』 권
　56, 지리지 1, 仁州).

탐라국, 우산국의 문제이다.

우선 탐라국은 태조 8년(925) 11월에 고려에 방물을 바쳤고,[88] 태조 21년 12월에는 태자 말노(末老)가 내조(來朝)하여 성주 및 왕자의 작(爵)을 받으면서[89] 고려와 관계를 맺었는데, 이로서 고려 중심의 요동, 해동의 범주에 속하게 되었다. 이어 현종 2년(1011) 9월에 탐라의 요청으로 주군(州郡)의 예에 따라 주기(朱記)를 내려주었는데,[90] 문종대에 기미주(羈縻州)에 편제된 여진족이 주기를 받았던 사실을 생각한다면 이때 탐라국도 기미주의 위상을 갖게 되면서 고려의 변경으로 인식된 것으로 생각된다. 이러한 점은 탐라국에 대한 송의 인식을 통해서도 확인되는데, 송의 증공(曾鞏)이 명주(明州)에 부임해 있을 때에 표류해 온 탐라인에 대해 '고려국계(高麗國界)에 있는 탁라국인(託羅國人)'[91]이라고 하여 탁라국은 고려의 경계에 있는 것으로 이해되고 있었다. 그러다가 숙종 10년(1105)에 탐라군(耽羅郡)으로 개편되면서 고려의 군현제에 편성되어 고려의 직접 지배를 받는 영토가 되었고 의종대에 지방관이 파견되면서 현령관이 되었다.[92] 이렇게 보면 탐라국은 현종 이후 고려의 변경으로 인식되기 시작했고, 숙종대에 고려의 군현이 된 것으로 이해된다.

우산국은 태조 13년(930) 8월에 방물을 바쳤고 사신으로 왔던 백길(白吉)을 정위(正位), 토두(土豆)를 정조(正朝)에 임명하면서 고려와 관계를 맺었는데,[93] 이로서 우산국 역시 요동, 해동의 범주에 속하게 되었다. 이러

---

88) 『高麗史』 권1, 태조 8년 11월 己丑.
89) 『高麗史』 권2, 태조 21년 동12월.
90) 『高麗史』 권4, 현종 2년 9월 乙酉.
91) 曾鞏 『元豊類藁』 권32, 箚子
92) 『高麗史』 권57, 지리지 2, 탐라현.
　　탐라의 영토 내지 변경으로서 위상에 대한 이상의 논의는 노명호, 앞의 논문, 2005을 위주로 정리한 것이다.

한 상황에서 고려는 현종대에 여진의 침략으로 피해를 입은 우산국에 대해 농기(農器)를 내려주거나 여진에게 잡혀갔다가 도망해온 민호(民戶)를 돌려보내거나 예주(禮州)에 소속시켜 편호(編戶)를 하였다.[94] 하지만 당시 우산국이 입은 피해가 너무 커서 더 이상 국(國)으로서 독자성을 가질 수 없는 상태가 되었는데 이는 이후 우산국의 명칭이 더 이상 나타나지 않는 것에서 짐작할 수 있다.

하지만 울릉도의 독자성이 완전히 없어진 것은 아니었는데 덕종 원년 11월에 우릉성주(羽陵城主)가 아들을 보내 토물(土物)을 바쳤다는 기록에서[95] 확인된다. 『고려사』「지리지」에 우산국은 울릉도로 표기되면서 울진현의 속도(屬島)로 기록되어 있지만 그럼에도 불구하고 일정한 독자성은 계속 인정되었던 것 같다. 이러한 사정은 고려후기까지 계속되어 충목왕 2년 3월에 동계(東界)의 우릉도인(芋陵島人)이 내조(來朝)하였다는 기록에서[96] 우릉도는 동계 소속으로 파악되면서도 그들이 '내조'하였다고 표현되고 있어 울릉도의 위상을 짐작할 수 있다. 이렇게 보면 우산국은 여진의 침략을 받아 더 이상 독자성을 내세우기 힘들었던 현종 이후 고려의 영토로 편입되었던 것 같고 그러면서도 일정한 독자성을 가지고 있었던 것으로 이해된다.

그런데 바다의 측면에서 보면 고려의 변경으로 인식된 섬을 포함한 바다는 멀리 있는 깊은 바다와는 다르게 인식되었던 것이 아닌가 한다.[97]

---

93) 『高麗史』 권1, 태조 13년 8월 丙午.
94) 『高麗史』 권4, 현종 9년 11월; 현종 10년 7월 己卯; 현종 13년 추7월 丙子.
95) 『高麗史』 권5, 덕종 원년 11월 丙子.
96) 『高麗史』 권37, 충목왕 2년 3월 戊申.
97) 물론 고려시기에 근대적 의미의 公海나 領海의 개념이 있었던 것은 아니지만 고려의 변경에 포함된 섬이 있는 바다는 領海의 성격이 있고, 그렇지 않고 그보다 더 멀리 있는 깊은 바다는 公海의 성격을 가진 것이 아닌가 한다.

『고려도경』에서 서긍 일행은 송의 창국현(昌國縣)의 봉경(封境)에 속해 있는 봉래산(蓬萊山)이 있는 섬을 지나서 깊은 바다로 들어왔고 암초가 있는 반양초(半洋焦)를 지나서는 아무 것도 없었기 때문에 하늘의 별과 나침판을 이용하여 항해하면서 백수양(白水洋), 황수양(黃水洋), 흑수양(黑水洋)을 거쳐 협계산으로 들어갔다고 한다.[98]

여기서 '양(洋)'으로 표현된 깊은 바다는 송나라나 고려의 영향력 밖에 있는 공간으로 이해된 것 같다.[99] 대개 이러한 '양'은 변경의 섬조차 보이지 않는 지점에서 시작된 것이 아닌가 하는데, 서긍도 멀리 까마득히 봉래산을 바라보이고 그곳을 지나면 다른 산이 없고 오직 파도가 출렁거리는 것만 볼 수 있을 뿐이라고 하였다.[100]

이러한 멀고 깊은 바다는 고려가 일반적으로 관할하는 공간이 아니었기에 정종(靖宗) 9년 6월에 전함을 이끌고 대양에 깊이 들어가 수적(水賊)을 사로잡고 죽인 연해분도판관 황보경(皇甫瓊)이 포상을 받았던 것으로 이해된다.[101]

반면에 변경의 구성인 섬 주변의 바다는 상대적으로 고려의 바다로 인식되어 관할된 것이 아닌가 한다. 선종 10년 7월에 안서도호부(安西都護府)의 관할 아래 있는 연평도(延平島)의 순검군(巡檢軍)이 해선 1소를 나포했는데 송나라와 왜의 해적으로 고려의 변비(邊鄙)를 침범하려 했던 자들이었다.[102] 여기서 송나라와 왜의 해적의 해선을 나포한 것이 '연평도의 순

---

98) 『高麗圖經』 권35, 海道 2.

99) 고려 문종대에 사신으로 왔던 송나라 관리 安燾 陳睦 등이 명주에 도착한 후에 '安燾 陳睦言 已離高麗國涉海 今月乙亥至明州定海縣(『續資治通鑑長編』 권292, 元豊 원년 9월 壬辰)이라 하였는데, 여기서 已離高麗國涉海의 표현에서 바다는 고려국을 떠난 다음에 건너게 되는 바다로서 깊은 바다로 이해된다.

100) 『高麗圖經』 권34, 海道 1.

101) 『高麗史』 권6, 정종 9년 6월.

검군'으로 되어 있어 이들 순검군은 연평도를 중심으로 인근 바다를 관할하는 군대가 아니었나 생각된다.[103]

『제왕운기』에 나타나는 '삼면이 바다'라는 고려의 남쪽 변경에 대한 인식은 고려후기에 일본 정벌과 진변만호부 설치 등과 같은 국방 문제가 생겨나면서 더욱 뚜렷하게 되었을 가능성이 있지만,[104] 고려전기에도 해적의 방어 문제 또는 외교 상업 활동을 위한 교통로의 측면에서 해안과 섬이 남방 지역의 변경으로 인식되고 있었다고 생각된다.

이처럼 고려의 남방 지역에서는 해안선을 변경으로 생각하면서 동시에 섬을 변경으로 인식하는 관념이 함께 존재하였다. 탐라국, 우산국도 차츰 고려의 영토로 편입되어 변경이 되었다. 그리고 섬이 있는 가까운 바다는 고려의 바다로 인식되어 관할되었던 반면에 먼 바다는 고려의 영향력 바깥에 있는 공간으로 인식하였다.

4. 맺음말

이 연구는 고려의 영토와 변경의 문제를 먼저 영토관념의 측면에서 살펴보고 이러한 영토관념이 영토문제에 영향을 주었음을 밝혔으며, 나아가

---

102) 『高麗史』 권10, 선종 10년 추7월 癸未.

103) 한우근, 「여말선초 순군연구」, 『진단학보』 22, 1961.

104) 송용덕, 앞의 논문, 2009.
고려 말에는 海道를 邊境으로 인식하고 그 내용도 매우 풍부해진 것 같은데, '西海道 觀察使趙云仡 將行上書曰 … 國界 自西海歷楊廣全羅至于慶尙 海道幾二千餘里 有水 中可居之洲 日大靑 小靑 喬桐 江華 珍島 絶影 南海 巨濟等 大島二十 小島不可勝數' (『高麗史節要』 권33, 우왕 14년 9월)를 보면 海道를 國界 곧 변경으로 이해하고 있는데 여기에 섬이 포함되고 있음을 알 수 있고 심지어 海道의 거리까지 나름대로 파악하고 있음을 확인할 수 있다.

실제 영토와 변경의 양상을 북방 지역과 남방 지역으로 구분하여 살펴보았다. 이를 정리하면 다음과 같다.

고려는 중국과 구별되는 천하관을 가지고 있었다. 이러한 고려의 천하는 요하 동쪽을 뜻하는 요동이라는 지리 공간적 범주로 표현되었다. 이른바 해동천하로 불리는 공간이다. 그렇다고 해서 요동, 해동의 모든 지리적 공간이 고려 군주의 영향력 안에 있었던 것은 아니었다. 이러한 점에서 요동, 해동 개념은 관념적 요소를 가진 것이었다. 이 글에서 영토관념이라는 표현을 사용한 것도 이 때문이었다.

요동, 해동은 고려 군주의 통치영역이자 거주처로 인식되었다. 물론 고려 군주는 고려를 통치했지만 그럼에도 불구하고 요동, 해동으로 표현되었다. 이러한 배경에서 해동은 고려의 별칭으로 사용되기도 했다. 최충을 해동공자, 김황원을 고문에서 해동제일, 이장용을 해동현인으로 표현하는 데서 알 수 있듯이 해동은 고려와 구분되지 않고 사용되었던 것이다. 하지만 둘 사이의 차이를 구별하지 못하는 것은 아니어서 해동은 고려가 위치한 넓은 공간적 범주로도 이해되었다.

고려의 군주가 요동, 해동의 지배자라는 관념은 고려가 요동, 해동에 대해 가지고 있는 역사적 영유권과 관련이 깊었다. 고려의 군주는 기자와 주몽의 나라를 이어받았고 그래서 기자와 주몽이 통치한 지리적 공간인 요동, 해동의 지배자라는 관념이었다. 이러한 역사적 영유권으로 인해 고려는 물론 후당이나 송, 거란, 원, 명 등의 주변의 국가들도 요동, 해동을 고려의 영향력이 미치는 공간으로 인식하였던 것이다.

이러한 영토관념은 단순히 관념으로 끝난 것이 아니라 영토문제가 발생했을 때에 일정한 영향력을 발휘하였다. 서희 소손녕 회담에서 압록강 동쪽의 영토에 대한 지배를 인정받기도 하였고, 보주를 돌려받거나 동북 9성을 개척하는 과정, 그리고 동녕부 정벌의 정당성을 설명하면서 요동, 해동이 고려의 영토라는 관념이 그대로 표방되었다.

물론 고려는 현실적으로 획득을 목표로 했던 압록강을 영토의 경계로 보는 영토인식도 가지고 있었지만 요동, 해동을 영토로 생각하는 영토관념도 여전히 존재하여 고려의 영토의식은 중층적으로 존재했던 것이다. 하지만 고려가 요동, 해동 관념을 토대로 고구려 고토 수복을 지속적이고 의지적으로 추진했다고 보는 것은 무리한 해석이다. 요동, 해동 관념은 기본적으로 기자와 주몽의 나라를 계승했다는 역사적 영유권에서 나온 관념이고 그래서 영토 문제가 생길 때마다 그것을 바라보는 고려의 영토관념으로 작용했다고 보는 것이 실상에 가까운 것이라 생각된다.

고려가 요동, 해동의 지리적 공간을 고려의 영토로 인식했다고 해서 이러한 지역을 고려의 직접적인 지배가 미치는 실질적인 영토로 생각하고 있었던 것은 아니었다. 이는 주변 국가들도 마찬가지였다. 다시 말해 고려는 요동 관념에서 요하를 변경으로 인식하고 있으면서도 당연한 것이지만 현실적으로는 고려의 영향력이 직접적으로 미치는 영토의 외곽을 변경으로 생각하였다. 이러한 고려 변경의 양상은 북방 지역의 변경과 남방 지역의 변경으로 구분해서 파악할 수 있다.

북방 지역의 변경과 관련해서 보면, 먼저 고려는 북계와 동계로 불리는 서북면과 동북면의 넓은 지역을 모두 변경으로 인식하고 있었다. 그리고 이러한 변경의 외곽에 천리장성의 축조와 함께 관방이 설치되었고 이들 관방이 있는 지역은 좁은 의미의 변경으로 이해되었다.

변경의 바깥 공간에는 번이 존재하여 변경과 번은 구분되었다. 하지만 고려의 변경이 천리장성과 관방이 설치된 지역 내부에 제한되지는 않았다. 실제로 고려의 변경은 천리장성 바깥으로 확대되었는데 이는 여진의 귀부와 관련이 있었다. 여진의 귀부는 현종 이후 늘어났고 문종대는 크게 늘어났는데, 고려는 이들 여진의 부족에 대해 기미주를 설치하였다. 귀부하는 여진의 부족인 제번(諸蕃)에 대해 그들의 외곽에 관방을 설치하는 대신 주호(州號)와 주기(朱記)를 내려 주었다. 이렇게 되면서 고려는 기미주가 설치된 지역을 고려의 변경으로 인식하였다.

이후 기미주 지역에 9성을 설치하고 이들 지역에 대한 직접 지배를 시도하며 그곳의 변경을 확정하려고 했다가 다시 돌려주면서 고려의 변경은 천리장성으로 한정되었고 그 바깥은 기본적으로 금나라의 변경이 되었다. 이처럼 고려의 북쪽 변경은 다층적인 양상을 띠고 있었다.

고려의 변경은 남쪽으로도 설정되었다. 후삼국 전쟁 기간에는 후백제와의 경계가 변경으로 인식되었는데 이러한 인식은 통일이 되면서 없어졌다. 그렇다고 해서 남방 지역에 변경이 없었던 것은 아니어서 해안이 변경으로 인식되었다. 여진의 해적이 침략하는 동해안이 변경으로 인식되었고, 그들의 침략을 막기 위해 성보를 쌓고 농장을 설치한 동해와 남해의 연변도 변경으로 이해되었다.

섬을 남방 지역의 변경으로 인식하기도 했다. 일본 해적의 침략을 받은 물도가 고려의 경내로 표현되고 있는 것이나 서긍 일행이 통과한 화이의 경계가 된다는 서남해의 협계산에 관한 기록에서 섬도 변경으로 인식되었음을 알 수 있다. 고려의 섬이 군현제의 일환으로 관할되고 있었다는 점에서 고려의 변경에 섬을 포함시킬 수 있다.

섬이면서 국(國)으로 존재하기도 했던 탐라국, 우산국도 차츰 고려의 영토로 편입되고 변경이 되었다. 이들은 태조대에 고려와 관계를 맺고 요동, 해동의 범주에 들어왔다. 탐라국은 현종대에 기미주가 되면서 고려의 변경이 되었고 이후 군현제에 편입되며 고려의 직접 지배를 받는 영토가 되었다. 우산국은 현종대에 여진의 침략을 받아 매우 약화되어 이후 울진현의 속도(屬島)가 되면서 고려의 영토가 되었고 그러면서도 일정한 독자성을 가지고 있었다.

바다의 측면에서 보면 섬이 있는 바다는 멀리 있는 깊은 바다와 구별되게 인식되었다. 섬도 보이지 않는 멀리 있는 깊은 바다는 고려나 송나라가 관할하지 않는 곳이지만, 섬을 포함하는 가까운 바다는 고려의 관할을 받았다.

『제왕운기』에 보이는 삼면이 바다라는 고려의 남쪽 변경에 대한 인식은 고려후기에 국방 문제와 관련해서 뚜렷하게 되었을 가능성이 있지만 고려전기에도 남방 지역의 변경에 대한 인식이 없었던 것은 아니었다. 고려전기에도 해적의 방어 문제 또는 외교 상업 활동을 위한 교통로의 측면에서 해안과 섬이 남방 지역의 변경으로 인식되고 있었던 것이다. 이처럼 고려전기에 북방과 남방의 변경은 다층적으로 구성되어 있었다는 특징을 가지고 있었다.

조선 전기의 고구려 초기 도성(都城) 위치 비정과 그 실상

/ 권순홍 /

1. 머리말

과거 우리가 한반도 바깥의 타자를 규정짓고 그와 구분되는 개별자로서의 우리 문화와 역사를 인식하게 된 것은 언제부터인가라는 질문은 새삼스럽기도 하지만 여전히 쟁점 주제이다. 조선 전기라는 시점은 이러한 논란의 중심에 있다. 공교롭게도 이 시기에 많은 관찬 역사지리서들이 편찬됨으로써,[1] 자국영토에 대한 역사·지리적 인식의 경향성을 포착할 수 있기 때문이다. 특히 주목되는 것은 중국과의 접경지인 북방에 대한 역사와 역사지리 인식이다. 중국을 타자로 인식하고 이른바 우리 민족의 자주성을

---

[1] 세종 14년(1432)에 편찬된 『신찬팔도지리지』, 문종 원년(1451)에 편찬된 『고려사』「지리지」, 단종 2년(1454)에 편찬된 『세종실록』「지리지」, 성종 8년(1477)에 편찬된 『팔도지리지』, 성종 12년(1481)에 편찬된『동국여지승람』등의 존재가 전한다. 이중에서 『고려사』「지리지」와 『세종실록』「지리지」, 『동국여지승람』, 『팔도지리지』의 일부가 현재까지 남아 있다.

발현하기 시작했다면 이 지역에 대한 인식에서 피아를 구분하는 형태로서 분명하게 드러날 것이기 때문이다.

　조선 전기의 북방에 대한 역사지리 인식은 고구려 초기 도성의 위치 비정 문제로 집약될 수 있다.[2] 고구려가 바로 해당 공간을 주요 무대로 활동했던 자국 역사이기 때문이다. 더욱이 이전 시기에는 자세히 언급되지 않던 고구려 초기 도성의 위치가 마침 조선 전기에 와서야 비로소『고려사(高麗史)』「지리지(地理志)」와『세종실록(世宗實錄)』「지리지(地理志)」,『동국여지승람(東國輿地勝覽)』등의 지리서를 통해 구체적으로 비정되기 시작했다는 점은 주목할 필요가 있다. 고구려의 첫 번째 도성인 졸본은 고려 이래로 전해지던 여러 설 가운데 지금의 평안남도 성천(成川)으로 확정되었고, 그간 위치를 몰랐던 두 번째 도성 국내성은 지금의 평안북도 의주(義州)로 비정되었다.

　근대 사학 이후 졸본은 중국 요령성 환인이고, 국내성은 중국 길림성 집안이라는 데에는 의심의 여지가 없다. 그럼에도 불구하고 조선 전기에 고구려의 초기 도성이 압록강 이남으로 비정된 이유에 대해 기왕의 연구에서는 두 가지 방향의 해석이 있었다. 하나는 조선 전기의 인식 속에 고구려의 역사를 한반도 안으로 끌어들이려는 의도나 목적이 개재한 것으로 보는 경향이다.[3] 명(明)이라는 강력한 왕조가 존재하는 한 고구려의 강역을 한반

---

[2] 당시 고조선에 대한 인식은 삼조선(단군, 기자, 위만)의 계승을 표방하는 와중에 심화되어 있었기 때문에(鄭求福,「朝鮮前記의 歷史敍述」,『韓國의 歷史認識 上』, 創作과 批評社, 1976, 220쪽), 북방에 대한 역사지리 인식을 확인하기 위해서는 고구려에 대한 인식을 검토하는 것이 보다 적절할 수 있다.

[3] 徐永大,「韓國 史書에 나타난 高句麗의 正體性」,『高句麗研究』18, 2004, 94쪽; 趙誠乙,「朝鮮初期 古朝鮮·三韓·三國의 首都와 疆域 認識」,『科技考古研究』11, 2005, 99쪽;『世宗實錄』「地理志」와『高麗史』「地理志」의 歷史地理 認識」,『朝鮮時代史學報』39, 2006, 107~108쪽; 허태용,「조선후기 '南北國論' 형성의 논리적 과정 검토」,『東方學志』152, 2010, 133~135쪽.

도내로 국한할 수밖에 없었다는 현실적 조건과[4] 선대 왕조들의 영토를 수
복, 영유하였다는 관념의 도출을 통해 건국의 역사적 정당성을 확보할 필
요가 있었다는 정치적 필요[5]에 따른 의도성의 개입이었다. 강역이 한반도
내로 국한됨에 따라 그 도성을 한반도 내로 비정하는 것은 필연이었다. 다
른 하나는 고려 이후 좁아진 영토와 영역관에 따라 압록강 이북 지역에 대
한 전반적인 관심이 약해진데서 비롯된 착각이라고 보는 경향이다.[6] 비록
고려 이래로 고구려사를 자국의 역사로서 적극적으로 인식하고는 있었지
만,[7] 정작 고구려의 역사공간에 대해서는 무지했던 역사인식과 지리인식
의 괴리였던 셈이다.

　그러나 위의 두 가지 해석 경향은 모두 결과론적인 추정일 뿐, 정작 왜
하필 졸본의 위치로 성천이 선택되었고, 국내성은 의주로 비정되었는가에
대해서는 고민하지 않았다. 이와 같은 비정이 조선 전기의 여러 사서 및
지리서에서 이견 없이 공유되었다는 점에 주목한다면, 이 시기의 역사지리
인식, 나아가 자국인식을 확인하기 위한 선행 작업으로서 이 문제를 검토
할 필요가 있다. 만약 전자의 해석처럼 어떤 의도가 개재한 것이라면 조선
전기의 인식 속에는 압록강 이남만을 우리의 역사공간으로 사유하는 경향
이 있었다는 이해가 가능하고, 후자의 해석처럼 무지로 인한 착각이었다면

---

[4] 趙誠乙, 앞의 글, 2006, 108쪽.

[5] 허태용, 앞의 글, 2010, 133쪽.

[6] 박인호, 『조선시기 역사가와 역사지리인식』, 이회, 2003, 130쪽·139쪽; 구난희, 「北
方故土의 意識의 推移에 관한 考察 Ⅰ」, 『高句麗渤海硏究』 42, 2012, 252쪽.

[7] 權近의 『東國史略』(1403), 權踶(1387~1445)의 『東國世年歌』, 申叔舟·盧思愼의 『三
國史節要』(1476), 徐居正의 『東國通鑑』(1485), 朴祥(1474~1530)의 『東國史略』, 柳希
齡(1480~1552)의 『標題音註東國史略』 등의 사서에서 고구려는 백제, 신라와 함께 우
리 역사로 취급되고 있다. 특히, 유희령의 『표제음주동국사략』에서는 서술 순서와 분
량에서 고구려 역사가 백제, 신라보다 중요시되고 있다. 이는 고구려의 정치적 선진
성과 군사적 강성함에 유의한 것이었다(韓永愚, 『朝鮮前期史學史硏究』, 서울大學校
出版部, 1981, 244~245쪽).

이 시기 북방에 대한 지리인식의 수준을 확인할 수 있기 때문이다.

따라서 이 글에서는 어떠한 이유로 조선 전기에 졸본을 성천으로, 국내
성을 의주로 인식하게 되었는지에 대해 추적하고 이러한 오류가 의도적인
것인지 아니면 무지에서 비롯된 착각이었는지를 가늠하고자 한다.

2. 졸본(卒本)의 위치 비정

고구려 최초의 도읍인 졸본의 위치에 관해 고려에서는 김부식과 일연이
각각 대요국(大遼國) 동경(東京)의 서쪽,[8] 요동의 경계[9]라고 어렴풋이 밝
혔을 뿐, 구체적으로 비정하지는 못했다. 그러나 조선 전기에 와서는 상황
이 달라졌다. 『고려사』「지리지」와 『세종실록』「지리지」, 『동국여지승람』
에서 아래와 같이 구체적인 위치비정이 등장하였다.

> 가) 성주는 본래 비류왕 송양의 옛 도읍이다.[10]
> 나) 성천도호부는 (중략) 본래 비류왕 송양의 옛 도읍이다.[11]
> 다) 성천도호부는 본래 비류왕 송양의 옛 도읍이다. 고구려 시조 동명왕이
> 북부여로부터 와서 졸본천에 도읍할 때, 송양이 그 나라를 바치고 투항
> 하여 마침내 다물도를 두고 송양을 다물후로 봉하였다.[12]

위에서 확인할 수 있듯이, 가)·나)·다)는 공히 성천을 비류왕(沸流王)

---

8) "所謂朱蒙所都紇升骨城卒本者 蓋漢玄菟郡之界 大遼國東京之西 漢志所謂玄菟屬縣高
句麗 是歟."(『三國史記』卷37, 雜志6, 地理4, 高句麗).

9) "高句麗 卽卒本扶餘也 … 卒本州在遼東界."(『三國遺事』卷1, 紀異2, 高句麗).

10) "成州 本沸流王松讓之故都."(『高麗史』卷58, 地理志3, 北界).

11) "成川都護府 … 本沸流王松讓之故都."(『世宗實錄』, 地理志, 平安道, 安州牧).

12) "成川都護府 本沸流王松讓故都 高句麗始祖東明王 自北扶餘來都卒本川 松讓以其國降
遂置多勿都 封松讓爲多勿侯."(『新增東國輿地勝覽』卷54, 平安道).

송양(松讓)의 옛 도읍이라고 기록하고 있다. 특히, 다)에는 뒤이어 비류왕 송양이 고구려 시조 동명왕에게 그 나라를 바치고 항복하였다는 기사를 배치하였다. 그리고 이어지는 군명에는 비류(沸流), 다물(多勿), 졸본부여(卒本夫餘), 송양(松讓) 등이 병기되었고, 산천과 고적의 부분에서 비류강을 졸본천으로 보면서 고구려의 건국설화와 봉상왕 때의 일화 등을 명기하고 있다.13) 즉, 다)는 성천을 비류왕 송양의 옛 도읍으로 보았던 가)·나)의 기록에서 한 걸음 더 나아가 고구려 최초의 도읍인 졸본으로 보았던 것이다. 『동국여지승람』이 인용한 『삼국사기』에는 비류국의 송양과 고구려의 주몽이 같은 지역을 놓고 경쟁하다가 결국 송양이 패함으로써 그 지역을 주몽이 차지하게 되는 일화를 전하므로,14) 송양의 옛 도읍은 곧 고구려 최초의 도읍인 졸본이 될 수 있었다. 이를 통해서 조선 전기에는 성천을 송양의 옛 도읍, 나아가서는 고구려 최초의 도읍인 졸본으로 인식했음을 확인할 수 있다.

　그러나 졸본을 성천으로 비정한 것이 조선 전기에 처음으로 이루어진 것은 아니었다. 『삼국유사』에서 일연은 혹자들이 졸본을 화주(和州[오늘날 함경남도 금야]) 혹은 성주(成州[오늘날 평안남도 성천])에 비정하는 것에 대해 잘못이라고 지적하였다.15) 이에 따라 이미 13세기 이전에 졸본을 성천으로 비정하는 경향이 일부 있었음을 알 수 있다. 그럼에도 불구하고 김부식이 졸본의 위치를 모른다고 고백하고 일연이 성천은 아니라고 부정했던 것은 성천설의 불합리성을 방증한 셈이지만, 위와 같이 조선 전기에 성천이 다시금 주목된 점을 감안하면 또 아주 근거 없는 낭설

13) 『新增東國輿地勝覽』卷54, 平安道, 成川都護府.
14) "始祖東明聖王 … 松讓日 我累世爲王 地小不足容兩主 君立都日淺 爲我附庸可乎 王忿其言 因與之鬪辯 亦相射以校藝 松讓不能抗."(『三國史記』卷13, 高句麗本紀1).
15) "或云 今和州 又成州等 皆誤矣."(『三國遺事』卷1, 紀異2, 高句麗).

은 아닐 수 있다.

성천은 평안남도의 동남부에 위치하며 평양과 원산을 잇는 교통로상의
요지로서,『동국여지승람』의 편찬에 참여했던 양성지는 이 지역을 관방상
상당히 중요한 곳으로 보기도 했다.[16] 흥미로운 점은 이런 성천에 오늘날
까지도 고구려 건도지(建都地)인 졸본과 관련된 여러 지명들이 전하고 있
다는 사실이다. 그중에서 가장 주목되는 것은 비류강(沸流江)과 흘골산성
(紇骨山城)이란 지명이다. 이 지명들은『동국여지승람』에서 성천지역의 산
천과 성곽을 설명하는 와중에 이미 등장하는데,[17] 대동강의 지류인 비류강
은 성천을 동에서 서로 가르며 지나고, 성천의 서쪽에는 비류강을 자연해
자로 삼은 흘골산성이 위치한다.

주지하듯이 비류강은 고구려의 건국설화에 등장하는 비류수와 이름이
같고,[18] 흘골산성은『위서(魏書)』에서 주몽의 건도지로 전하는 흘승골성
(紇升骨城)과 통한다.[19] 고구려 최초의 도읍인 졸본은 중국 요령성의 환
인(桓仁)이라는 사실이 분명한 가운데, 평안남도 성천에 비류강, 흘골산
성이라는 고구려 건국설화와 관련된 지명이 남게 된 이유는 무엇일까.
그 이유를 파악하기 위해서는 이 두 가지 지명의 연원을 추적할 필요가
있다.

먼저 흘골산성의 지명 유래이다. 흘골산성은 평안남도 성천군 성천읍과
삼덕리 사이의 흘골산에 있는 산성이다. 산성이 자리 잡은 흘골산은 일명

---

16) 『訥齊集』卷1, 備邊十策, 繕城堡定關防.

17) 『新增東國輿地勝覽』卷54, 平安道, 成川都護府. 단,『세종실록』「지리지」에는 '비류
강'이라는 지명이 전하지 않지만 '屹骨山'은 등장한다(『世宗實錄』, 地理志, 平安道, 安
州牧).

18) "始祖東明聖王 … 而未遑作宮室 但結廬於沸流水上居之 國號高句麗."(『三國史記』卷
13, 高句麗本紀1).

19) 『魏書』卷100, 列傳88, 高句麗.

무산십이봉(巫山十二峰)으로도 불리는데,[20] 최고봉인 천주봉과 몽선봉 능선으로부터 서북쪽으로 점차 낮아지면서 가운데 하나의 골짜기를 형성한다. 성벽은 그 능선을 따라 쌓았으며 성 아래에는 비류강이 동, 남, 서 세면을 에워싸고 돌아 자연해자를 형성한다.[21] 사실 흘골산성이란 지명은 두가지 유래의 가능성이 있을 수 있다. 하나는 산명으로서 흘골산이 먼저 있었고, 그 위에 산성이 세워지면서 산명에 따라 흘골산성이란 지명이 생겼을 가능성이고, 다른 하나는 이 산에 산성을 쌓고 그 이름을 기왕의 산명과는 관계없이 흘골산성이라고 새로 이름 붙였을 가능성이다. 전자일 경우에는 '흘골'의 의미가 중요할 수 있고, 후자일 경우에는 산성의 축성연대가 관건일 수 있다.

우선 '흘골'의 의미와 관련해서는 『위서』의 아래와 같은 기록에 주목하지 않을 수 없다.

> 주몽이 마침내 보술수에 이르러 세 사람을 만났다. 한 사람은 마의를 입었고 또 한 사람은 납의를 입었으며 다른 한 사람은 수조의를 입었는데, 주몽과 더불어 흘승골성에 이르러 마침내 거하였다.[22]

이에 따르면, 흘승골성은 주몽이 처음 고구려를 세웠던 최초의 도읍임을 알 수 있다. 이때 흘승골성의 '골'이 고구려말로 성(城)을 가리키는 '구루(溝漊)'[23]와 연결됨으로써, 흘승골성은 외형상 '성같은 산' 위의 산성을 의미할 수 있었다.[24] 따라서 산의 정상부가 깎아지른 듯한 암석이고, 그 위에 평

20) 『新增東國輿地勝覽』卷54, 平安道, 成川, 山川, 紇骨山.

21) 徐日範, 『北韓地域 高句麗山城 硏究』, 단국대 박사학위논문, 2000, 97쪽.

22) "朱蒙遂至普述水 遇見三人 其一著麻衣 一人著納衣 一人著水藻衣 與朱蒙至紇升骨城 遂居焉."(『魏書』卷100, 列傳88, 高句麗).

23) "溝漊者 句麗名城也."(『三國志』卷30, 高句麗).

평한 대지가 펼쳐진 중국 요령성 환인현의 오녀산성(五女山城)이 곧 흘승
골성임은 의심의 여지가 없다. 다만, 성천의 흘골산이 만약 '성같은 산'이라
는 외형을 갖추었다면, 동명이처(同名異處)로서 '흘골'이란 지명이 붙을 조
건은 갖춘 셈이다. 그러나 성천의 흘골산은 butte 지형25)이 아닐 뿐만 아니
라, 외형적으로도 '성같은 산'이 아니었다. 이로써 산명으로서 흘골산이 먼
저 있었을 가능성은 배제해도 좋다.

그렇다면 남은 가능성은 산성이 축성된 이후에 흘골산성이란 지명이 붙
었을 가능성이다. 이때의 관건은 흘골산성의 축성연대이다. 발굴보고에 따
르면 흘골산성의 축성법은 먼저 돌과 흙을 섞어 다시 그 바깥 면에 다듬은
성돌을 쌓는 방식으로,26) 고구려의 산성 축조형식이나 방법과 같은 방식이
었다. 이러한 축성법은 건국초가 아닌 주로 5세기 이후의 방식이었는데,27)
출토 유물들도 평양천도(427) 이후의 기와편들이 대부분이므로28) 흘골산
성의 축성연대는 5세기 중반 이후라는 추정이 가능하다.29) 그렇다면 고구

---

24) 권순홍, 「고구려 초기의 都城과 改都」, 『한국고대사연구』 78, 2015, 197~199쪽. 한편,
 '흘승골'을 '승흘골'의 오기로 보아 '솔골', '수릿골'의 음역으로 파악했던 견해(李丙燾,
 『韓國史(古代篇)』, 震檀學會, 1959, 228~229쪽)를 따른다면, 성천의 '흘골산'은 '흘승
 골'과는 관련 없는 지명일 수 있다. 그러나 '紇'자와 '骨'자를 공유할 뿐만 아니라, '沸
 流'와 '卒本'이라는 지명 또한 공유하므로 '흘골'은 '흘승골'에서 유래했을 가능성이 높
 다. 이에 따라 오히려 '흘승골'이 '솔골', '수릿골'의 음역이라는 기왕의 해석에 문제를
 제기할 수 있다.

25) 풍화와 침식으로 계곡과 하천이 생기면서 대지가 점점 좁아져 단단한 암석만 남게
 될 경우, 이를 mesa라고 한다. 여기에서 풍화와 침식이 더 진행되면, 마치 시루떡을
 엎어 놓은 것 같은 좁은 모양의 butte가 만들어진다(김현숙 외, 『환인·집안 지역 고
 구려 유적 지질조사 보고서』, 고구려연구재단, 2005, 40쪽). 흘승골성으로 비정되는
 오녀산성은 butte 지형의 전형으로서, '성같은 산'의 모습을 갖추고 있다.

26) 사회과학원 고고학연구소, 『고구려의 성곽』, 진인진, 2009, 100~102쪽.

27) 김기웅, 「고구려산성의 특성에 관한 연구」, 『고고민속론문집』 9, 과학백과사전종합출
 판사, 1984, 141~147쪽.

28) 손수호, 「흘골산성에 대하여」, 『조선고고연구』 78, 1991, 40쪽.

려 당시에 이 성의 이름을 건도지로서 흘골산성으로 불렀을 가능성은 배제
해도 좋다. 따라서 흘골산성이란 지명이 유래한 시점은 고구려가 멸망한
7세기에서 『삼국유사』가 편찬된 13세기 사이의 어느 시점이었을 것으로
추정할 수 있다. 그리고 이 추정은 졸본이 성천으로 비정된 시점에도 그대
로 적용될 수 있다.

다음은 비류강의 지명 유래이다. 고구려 건국설화에는 다음과 같이 비
류가 등장한다.

> 주몽이 (중략) 졸본천에 이르렀다. 그 토양이 비옥하고 산하가 험고하므로,
> 마침내 도읍하고자 하였으나, 미처 궁실을 지을 겨를이 없어 다만 비류수 가에
> 초막을 짓고 살았다.[30]

여기에 나타나는 비류수에 관해서는 그것이 압록강의 지류인 지금의
혼강(渾江) 혹은 부이강(富尒江)이라는데 의심의 여지가 없다. 20세기
초 이래의 현지답사를 통해 환인이 고구려 초기의 도읍이었음이 확실해
졌기 때문이다. 따라서 비류수의 어원을 천착하는 데에 소홀했던 측면
이 없지 않은데, 다만 비류(沸流)라는 표현이 물이 여울져 소리가 크게
나는 상황을 묘사한 것이란 해석이 있었다.[31] '비'자에는 '거센 물소리'
란 뜻이 있을 뿐만 아니라,[32] 실제로 혼강과 부이강의 합류지점에서는
물이 돌을 쳐서 큰 소리가 난다고 전해지므로,[33] '비류'라는 수식이 전

29) 徐日範, 앞의 글, 2000, 102~104쪽.
30) "朱蒙 … 至卒本川 觀其土壤肥美 山河險固 遂欲都焉 而未遑作宮室 但結廬於沸流水上 居之."(『三國史記』 卷13, 高句麗本紀1).
31) 조법종, 「고구려 초기도읍과 비류국성 연구」, 『白山學報』 77, 2007, 155쪽.
32) "觸穹石 激堆埼 沸乎暴怒 洶涌彭湃."(『文選』, 司馬相如, 上林賦).
33) 孫進起·王綿厚, 『東北歷史地理 1』, 黑龍江人民出版社, 1988, 262쪽.

혀 어색하지 않다.

한편, 주목할 것은 공교롭게도 성천을 흐르는 비류강이라는 지명도 그 어원에 꼭 들어맞는다는 점이다. 흘골산 밑에는 네 개의 굴이 있는데, 이 강이 흘골산 밑을 지날 때 물이 그 굴속을 뚫고 흘러 서쪽으로 비등하여 나가므로 비류강이라는 이름이 붙여졌다고 한다.[34] 강물이 감입곡류(嵌入 曲流)하는 와중에 흘골산 밑의 굴속으로 빨려 들어갔다가 반대편에서 흘골 산을 돌아 나오는 강물과 다시 합류하면서 용솟음하는 현상이 발생한다는 것이다. '비'자에는 '용솟음 한다'는 뜻도 있으므로,[35] 성천의 강 또한 '비류' 라는 수식이 적절하다.

바꾸어 말해서 성천의 비류강은 고구려 건국설화를 염두에 두지 않더라 도 충분히 비류강으로 불릴 만한 강이었다. 이는 졸본이라는 지명이 비류 강의 존재로 말미암아 성천에 비정되었을 가능성을 암시한다. 고구려 멸망 후 졸본의 위치가 잊혀 진 상황에서 사료 상에 등장하는 비류수와 같은 이 름의 강이 성천에 존재했다면 성천이 졸본에 비정될 이유는 충분한 셈이었 다. 따라서 다음과 같은 가설이 성립할 수 있다. 고구려가 멸망하고 졸본의 위치가 잊혀진 가운데, 성천을 흐르는 비류강이란 지명으로 말미암아 성천 이 졸본으로 비정되었고 이로 인해 성천의 서쪽에 있던 고구려 산성에는 흘골산성이란 이름이 붙을 수 있었다. 만약 이러한 가설이 타당하다면 졸 본을 성천에 비정한 것에 어떠한 의도가 개재했다고 보기 어렵고, 충분한 자료 조사와 현장 답사가 이루어질 수 없었던 상황에서 발생한 착각에 지 나지 않았다고 볼 수 있다.

---

34) 『新增東國輿地勝覽』 卷54, 平安道, 成川, 山川, 沸流江.

35) "鬻沸檻泉 維其深矣."(『詩經』, 大雅, 瞻卬).

〈지도 1〉 성천과 흘골산성

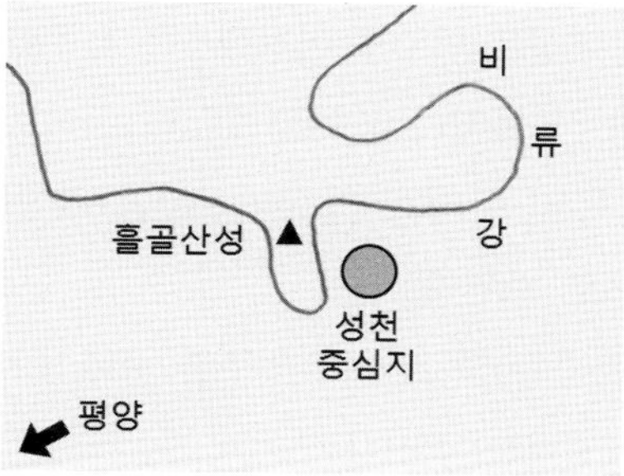

〈지도 2〉 흘골산성 평면도[36]

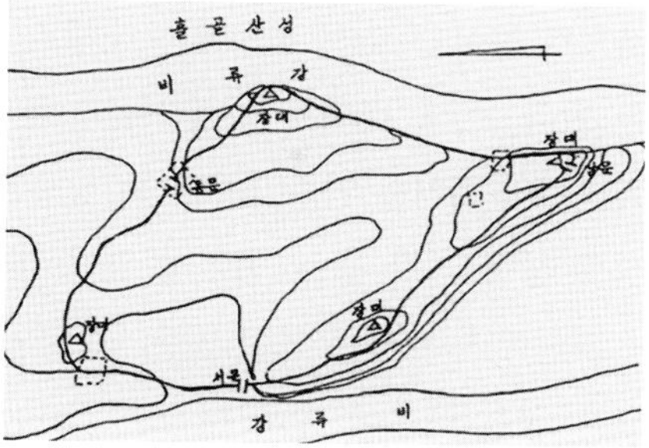

3. 국내성(國內城)의 위치 비정

고구려의 두 번째 도성인 국내성의 위치에 대해서는 졸본과 마찬가지로 김부식이 어느 곳인지 알 수 없다고 밝힌 점[37]에서 알 수 있듯이, 고구려가 멸망한 이후에 잊혀진 듯하다. 『세종실록』「지리지」와 『고려사』「지리지」에서 국내성의 위치에 대한 언급이 없는 것으로 보아 1450년대까지도 그 위치가 비정되지 않았던 것으로 보인다. 국내성의 위치를 처음으로 언급한 것은 1486년에 편찬된 『동국여지승람』이었다. 『동국여지승람』에서는 의주의 고적부분에서 『삼국사기』에 나타난 유리왕 22년 천도기사를 옮기면서 국내성을 의주로 비정하였다.[38] 이후 朴祥의 『동국사략(東國史略)』에서도 그 위치를 의주로 비정하였고,[39] 정약용의 『위례고(彊域考)』에 전하

---

36) 남일룡, 『조선사회과학학술집 206: 조선의 성곽 1』, 사회과학출판사, 2010, 246쪽.

37) "目錄云 鴨淥以北 已降城十一 其一國內城 從平壤至此十七驛 則此城亦在北朝境內 但不知其何所耳."(『三國史記』 卷37, 雜志6, 地理4, 高句麗).

38) 『新增東國輿地勝覽』 卷53, 平安道, 義州牧.

39) "移都國內 卽今義州."(『東國史略』 卷1, 三國).

는 권근(權近)의 『삼국사략(三國史略)』에서도 국내성을 의주로 비정했던 것으로 보아[40] 조선 전기에는 대체로 국내성을 의주로 비정했음을 유추할 수 있다. 이후 17세기 한백겸(韓百謙)의 『동국지리지(東國地理志)』에서도 국내성의 위치를 인쥐(의쥐)로 비정하는 등[41] 이러한 『동국여지승람』의 인식은 상당 기간 동안 이어져 왔던 것으로 보인다.

그런데 여기서 주목할 것은 『동국여지승람』의 찬자가 의주를 국내성으로 비정한 이유에 대해 다음과 같이 밝혔다는 점이다.

> 지금 정인지의 『고려 지리지』를 살피니, '인주에 장성의 터가 있는데 덕종조에 유소가 쌓은 것으로 주의 압록강 입해처에서 시작'된다고 한다. 또 『병지』를 살피니, '서해 바닷가에서 시작되는데 옛 국내성의 경계'라고 한다. 압록강 입해처가 곧 국내성이니 마땅히 옛 인주의 경내에 있다. 김부식이 『고구려지지』에서 말하길 '국내성은 어디에 있는지 알지 못하나 압록 이북의 한 현토군의 경계, 요의 동경 요양의 동쪽'이라 하니 누가 옳은지 자세하지 않다. 잠시 정인지의 설을 좇아 여기에 붙인다.[42]

이 기사에는 세 가지의 오류가 있다. 우선 첫째, 김부식이 국내성의 위치를 한 현토군의 경계, 요양의 동쪽이라고 말했다고 인용했지만, 이는 국내성이 아니라 졸본의 위치에 관한 언급이었다.[43] 둘째, 김부식은 『삼국사기』에서 졸본을 요양의 동쪽이 아니라 서쪽이라고 했다.[44] 셋째,

---

40) "三國史略云 國內城 今義州 河崙權近等撰."(『我邦疆域考』 卷7, 國內考).

41) "按國內城 … 高麗德宗時 去古未遠基古基遺俗猶必有存者 吾恐獜州爲是也."(『東國地理志』, 國內城).

42) "今按鄭麟趾高麗地理志 獜州有長城基 德宗朝 柳韶所築 起自州之鴨綠江入海處 又兵志 起自西海濱 古國內城界 鴨綠江入海處 則國內城 當在古獜州境內 金富軾高句麗地志 則云國內城 未知的在何處 當在鴨綠以北漢玄菟郡之界 遼東京遼陽之東 未詳孰是 姑從鄭說附此."(『新增東國輿地勝覽』 卷53, 平安道, 義州牧, 古跡).

43) "所謂朱蒙所都紇升骨城卒本者 蓋漢玄菟郡之界 大遼國東京之西."(『三國史記』 卷37, 雜志6, 地理4, 高句麗).

『동국여지승람』의 찬자는 국내성의 위치가 자세하지 않지만 일단『고려
사』의 찬자, 즉 정인지의 설을 좇았다고 밝혔다. 그러나『고려사』「지리
지」에서는 국내성을 의주로 비정한 바가 없다.[45] 다만,「병지」에서 북쪽
국경지역의 관방 설치와 관련하여 국내성에 대해 다음과 같은 언급이 있
을 뿐이다.

> 2년, 평장사 유소에게 명하여 북쪽 경계의 관방을 설치하였다. 서쪽으로
> 바닷가, 옛 '국내성의 경계'인 압록강 입해처에서 시작하여, 동쪽으로 위
> 원 · 홍화 · 정주 · 영해 · 영덕 · 영삭 · 운주 · 안수청새 · 평로 · 영원 · 정융 ·
> 맹주 · 삭주 등 13성을 지나고, 요덕 · 정변 · 화주 등 3성에 이르러, 동으로
> 바다에 닿아 길이가 천여 리이고 돌로 성을 쌓아 높이와 두께가 각각 25척
> 이다.[46]

위의 기사를 통해『고려사』의 찬자는 국내성을 압록강 이남으로 보려
는 의도가 있었다고 해석하기도 하지만,[47] 위에서 확인할 수 있듯이 압

---

44) 위와 같음.

45) 여기서 유의할 것은『고려사』「지리지」에서 분명히 드러났던 麟州와 義州의 구분이
『동국여지승람』에는 보이지 않는다는 점이다.『고려사』卷58의 北界條에는 '安北大
都護府 寧州' 산하 25개의 州가 차례로 설명되는데, 靈蹄縣이었던 麟州(평안북도 신
의주)와 龍灣縣이었던 義州(평안북도 의주)는 병렬적으로 명확히 구분된다. 그러나
高宗 8년(1221)에 麟州에서 叛逆者가 나와 舍仁縣으로 강칭되었고(『高麗史』卷58, 志
12, 地理3, 北界), 조선 태종 13년(1413)에는 州를 폐하고 義州牧에 내속시켰다(『世宗
實錄』, 地理志, 平安道, 義州牧). 이에 따라『동국여지승람』에서는 義州의 산하에 麟
山郡(麟州)이 위치했고, 인주의 연혁이 곧 의주의 그것에 포함될 수 있었다. 바꿔 말
하면『고려사』에서의 의주는 인주와 병렬적 관계였지만,『동국여지승람』에서의 의주
는 인주를 포함한 상위 행정구역이었던 셈이다. 단, 분명한 것은『고려사』「지리지」
의 인주와 의주의 연혁 어디에도 국내성에 관한 언급이 없다는 것이다.

46) "二年 命平章事柳韶 創置北境關防 起自西海濱古國內城界鴨綠江入海處 東跨威遠興
化靜州寧海寧德寧朔雲州安水淸塞平虜寧遠定戎孟州朔州等十三城 抵耀德靜邊和州
等三城 東傳于海 延袤千餘里 以石爲城 高厚各二十五尺."(『高麗史』卷82, 志36, 兵2,
城堡).

록강이 바다로 들어가는 곳, 즉 압록강의 입해처(入海處)는 국내성이 아
니라 분명히 국내성의 경계로 표현되었다. 이때 계(界)는 '경(境)' 혹은 '수
(垂)' 등과 통하는 말로,[48] '경계'라는 의미를 지니므로, 국내성의 경계는
국내성과는 확실하게 구분될 수밖에 없다.[49] 따라서 국내성을 압록강의
입해처와 등치시킬 수는 없다. 아마 『고려사』의 찬자도 이 점을 인지하
고 「지리지」에서 의주를 국내성으로 보지 않았던 것으로 보인다. 따라서
『고려사』에는 국내성을 한반도 내로 비정하려는 의도도 없었던 것으로
보아도 좋다.

다만, 『동국여지승람』의 찬자는 단순히 「병지」에서 압록강의 입해처
를 옛 국내성의 경계로 보았고, 「지리지」에서는 압록강의 입해처를 인주,
곧 의주로 보았으므로[50] 의주를 국내성으로 추정했던 셈이다. 다시 말해
서, 압록강 입해처가 국내성 경계이자 의주이므로 의주는 곧 국내성이라
는 지극히 도식적인 이해였다. 여기서 '국내성의 경계'를 '국내성'으로 잘
못 읽은 것이 단순한 착각인지 의도적인 것인지 확언할 순 없지만, 앞서
『동국여지승람』의 의주 부분 기사에서 『삼국사기』를 잘못 인용하는 등
몇 가지의 오류가 있음을 확인했으므로 이것은 찬자의 실수로 보아도 좋
을 것이다.

---

47) 박인호, 앞의 책, 2003, 130쪽; 趙誠乙, 앞의 글, 2006, 98쪽.

48) 『說文解字』에서는 "畍 境也"라고 하고, 『爾雅』에서는 "界 垂也"라고 하는데, 모두 '경
계' 내지 '지경'의 의미를 지닌다.

49) 『資治通鑑』에 주를 단 胡三省은 唐과 突厥의 전쟁기사 중에 등장하는 지명들을 설명
하면서, '界'를 다음과 같이 활용하였다. "渡伊麗河至碎葉界 又西行千里至碎葉城"(司
馬光 編 · 胡三省 註, 『資治通鑑』 卷200, 中華書局, 1976, 6295쪽) 이에 따르면, 碎葉
界, 즉 碎葉의 경계를 지나 천리를 가서야 碎葉城에 이르렀으므로, 碎葉界와 碎葉城
은 분명히 구분된 공간이었다. 이로써 國內城界 또한 國內城과는 물리적으로 떨어진
별개의 공간이었음을 추정할 수 있다.

50) "麟州 … 有古長成基 德宗朝 平章事柳韶所築 起自州 之鴨綠江入海處 至東界和州海
濱."(『高麗史』 卷58, 志12, 地理3, 北界).

그렇다면 남은 문제는 『고려사』 「병지」에서 압록강의 입해처를 옛 국내성의 경계라고 한 이유에 대한 것이다. 이것은 다음의 몇 가지 사료들을 통해 추적해갈 수 있다.

라) 영국공 이적이 칙을 받들어 고구려의 여러 성에 도독부와 주현을 두면서 목록에 이르길, '압록 이북에 이미 항복한 성이 11성인데, 그 하나가 국내성이다. 평양에서 여기까지 17역'이라고 하였다.[51]

마) 마자수는 일명 압록수이다. 그 근원이 백산에서 나와 국내성 남쪽을 지나고 또 서쪽에서 한 물줄기와 합하니 즉 염난수이다. 두 물줄기가 합류하여 서남쪽으로 안평성에 이르러 바다로 들어간다.[52]

바) 고구려는 요동의 동쪽 천리에 있다. (중략) 또 소수맥이 있는데, 구려가 나라를 세우고 대수에 의지해 산다. 서안평현 북쪽에 소수가 있어 남으로 흘러 바다로 들어간다. 구려의 별종이 소수에 의지해 나라를 세우니, 인하여 그를 이름 하길 소수맥이라 한다.[53]

위의 세 사료는 모두 조선 전기 이전에 편찬된 것들로서 조선 전기에 국내성의 위치 비정에 관한 인식 방향을 짐작할 수 있는 실마리를 담고 있다. 이를 통해 국내성의 위치 조건들을 몇 가지 파악할 수 있다. 우선 첫째,

---

[51] "英國公李勣奉勅以高句麗諸城 置都督府及州縣 目錄云 鴨淥以北 已降城十一 其一 國內城 從平壤至此十七驛."(『三國史記』 卷37, 雜志6, 地理4, 高句麗) 한편, 여기서 등장하는 평양과 국내성을 잇는 17驛 각각의 위치를 전하는 자료는 남아 있지 않다. 다만, 『세종실록』 「지리지」와 『경국대전』, 『대동여지도』 등을 통해 복원한 조선시대 역로도를 통해(趙炳魯, 『韓國驛制史』, 한국마사회 마사박물관, 2002, 353쪽), 대동강-청천강-독로강을 따라 형성된 자연교통로를 활용하여 평양-영변-희천-강계-만포-집안으로 이어지는 역참로를 고대사회로 소급시켜 추정할 수 있을 따름이다(조법종, 「高句麗의 郵驛制와 交通路」, 『한국고대사연구』 63, 2011, 53~56쪽).

[52] "馬訾水 一名鴨淥水 源出白山 經國內城南 又西與一水合 卽鹽難水也 二水合流 西南至 安平城入海."(『通典』 卷186, 邊防2, 高句麗).

[53] "高句麗在遼東之東千里 … 又有小水貊 句麗作國 依大水而居 西安平縣北有小水 南流 入海 句麗別種依小水作國 因名之爲小水貊."(『三國志』 卷30, 魏書30).

라)에서는 압록강 이북에 국내성이 있다고 전하고 마)에서는 국내성의 남
쪽으로 압록강이 흐른다고 전하므로, 국내성이 압록강의 북쪽에 있었던 것
은 분명해 보인다. 다음 둘째, 마)에 따르면 국내성의 서쪽에서 압록강은
염난수와 합하게 된다. 그리고 안평성[오늘날 중국 요령성 단동]에 이르러
바다로 들어가니, 다시 말해 국내성과 안평성 사이에 염난수와 압록강의
합류지점이 있는 셈이다. 셋째, 바)에 따르면 서안평현[오늘날 중국 요령성
단동]의 북쪽에서 남쪽으로 흘러 바다로 들어가는 강이 소수라고 한다. 서
안평현과 안평성은 공히 오늘날 단동의 옛 지명인데, 단동의 북쪽에 있으
면서 남으로 흘러 바다에 들어가는 강은 오늘날의 애하(靉河)뿐이다. 즉,
바)에서 말하는 소수는 애하를 말하는데,[54] 공교롭게도 이 강은 단동의 동
쪽에서 압록강과 합류한다. 바꿔 말해 애하는 위에서 언급한 염난수의 조
건도 충족한 셈이다.

사실 여기서 말하는 염난수는 오늘날의 혼강을 가리키는데, 아마 조선
전기까지는 염난수가 어느 강인지 몰랐을 가능성이 높다.[55] 그러한 가운
데 염난수의 조건도 충족하는 애하, 즉 소수에 고구려의 별종이 살고 있었
다는 사료 바)의 존재로 인해 다음과 같은 인식틀이 마련될 수 있다. 오늘
날의 애하를 염난수 혹은 소수로 파악하면서 이 강 근처에 고구려의 별종
인 소수맥이 집거하였고, 국내성의 위치를 애하의 동쪽이자 압록강의 북
쪽, 다시 말해 압록강과 애하의 합류지점으로부터 동북쪽 어디쯤으로 추정
하는 것이다.

---

54) 余昊奎, 「高句麗 初期의 梁貊과 小水貊」, 『한국고대사연구』 25, 2002, 100쪽.
55) 청대 『성경통지』 등의 책에서는 이 염난수를 동가강, 즉 혼강으로 비정하지만 그 이
전의 책에서는 염난수가 어느 강인지 언급한 예가 없다.

〈그림 3〉 의주와 단동 지역

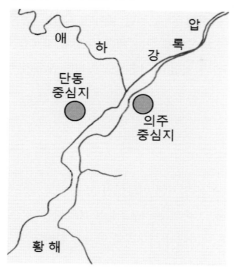

『고려사』「병지」에서 압록강 입해처를 옛 국내성의 경계라고 한 것도
이와 무관하지 않다. 압록강과 애하 합류지점의 대안(對岸)이 바로 의주이
기 때문이다. 국내성을 애하와 압록강의 합류지점으로부터 멀지 않은 동북
쪽의 어디쯤으로 인식하고 있었다면, 애하와 압록강이 국내성의 경계로서
인식되었을 것으로 추정할 수 있고, 이에 따라 그 경계에 맞닿아 있는 의주
를 국내성의 경계라고 파악하는 것도 가능하기 때문이다. 그리고 의주는
『동국여지승람』의 인식을 빌리자면 압록강 입해처로 볼 수 있었다. 다만,
분명한 사실은 이러한 인식 논리에서조차도 의주를 국내성으로 볼 여지는
없다는 점이다.

결국 정리하면, 조선 전기에는 이미 전해져 있던 사료 라)·마)·바)라는
매우 제한적인 사료들을 통해 국내성의 위치를 압록강과 애하의 합류지점
으로부터 동북쪽 멀지않은 지점 정도로 파악할 수밖에 없었고 압록강과 애

하를 곧 국내성의 경계로 인식하고 있었으므로, 『고려사』에서 의주 또한 국내성의 경계로 표현될 수 있었던 셈이다. 다만, 『동국여지승람』에서는 이러한 논리구조를 파악하지 못한 채 '국내성의 경계'를 아예 '국내성'으로 잘못 이해하는 실수가 있었고 이후에도 이러한 오류가 이어져 온 것이다.

4. 맺음말

이상을 통해서 조선 전기에 이루어진 고구려 초기 도성에 대한 위치 비정들을 검토하면서 그 속의 논리구조들을 해체하는 작업을 시도하였다. 확신할 수 있는 것은 여기에서 고구려의 역사를 한반도 안으로 끌어들이려고 하는 의도를 상정하기는 어렵다는 점이다.

기왕의 연구에서는 고구려의 초기 도성인 졸본과 국내성을 압록강 이남, 즉 한반도의 안쪽인 성천과 의주로 비정함으로써 고구려의 역사를 한반도 안으로 국한시키려고 했다고 해석하는 경향이 있었다. 그러나 성천이 졸본으로 비정된 이유는 성천에 흐르는 강이 고구려 건국설화의 비류수와 동일명이었다는 공교로움에서 말미암은 착각이었고, 의주가 국내성으로 비정된 이유는 염난수를 애하로 인식한 오류와 국내성의 경계를 국내성으로 잘못 읽은 오류의 합작이었다. 이런 착각과 오류들 속에 어떤 의도성을 감추기란 쉽지 않다.

한편, 실제 고구려 초기 도성이었던 중국의 환인과 집안은 조선 전기 이래 금(金)의 황성(皇城)으로 인식되었다. 조선 전기 지식인 가운데 『동국여지승람』의 편찬에도 참여했던 성현(成俔)은 집안 일대를 금의 '황성교(皇城郊)'로 인식하였고,[56] 조선 중기의 신충일(申忠一) 역시 누루하치의 거성인 건주(建州)를 다녀온 후 이듬해인 1596년에 작성한 『건주견문록(建州見

聞錄)』에서 집안의 국내성을 '황성'으로 기록하였다.57) 이후 조선 후기에
와서야 안정복, 이긍익, 정약용, 한진서 등의 여러 지식인들이 고구려 초기
도성에 대한 위치비정을 새로이 시도함으로써 고구려 초기 도성은 압록강
이북으로 비정될 수 있었다.

56) 『虛白堂集』 卷13, 望皇城郊.
57) 林基中 編, 『燕行錄全集 8』, 동국대출판부, 2001, 130~131쪽.

18세기 후반 이희경(李喜經)·박제가(朴齊家)의 북학사상 논리와 고학(古學)

/ 조성산 /

1. 머리말

18세기 후반 연암그룹의 북학사상 속에서 고학(古學)에 관한 문제의식은 그 동안 관련 연구 속에서 많은 주목을 받지 못했다.[1] 여기에서 고학은 중국 선진양한(先秦兩漢) 시대 이전의 문헌과 제도를 연구하고 분석하는 것을 말하는 것으로 명대(明代) 진한고문파(秦漢古文派), 청대(淸代) 고증학(考證學)을 포함해서 이것과 관련한 문제의식을 가진 학예경향을 포괄적으로 지칭한다. 명대 진한고문파는 선진양한 이전 시대의 고문(古文) 복원을 통하여, 청대 고증학은 선진양한 이전의 경학과 문헌을 분석함으로써 중화(中華)의 순수한 원형을 밝혀보고자 하였다.[2] 그러한 점에서 본 글에

---

[1] 연암그룹이라는 용어에 대한 상세한 설명은 오수경, 『연암그룹 연구』, 한빛, 2003, 18쪽 각주 3) 참조.

[2] 청대 고증학은 순수한 중화의 모습을 복원하고자 하는 목적과 깊이 관련되어 있었다.

서의 고학은 선진양한 이전의 중화문화가 가졌던 원형질을 분석하여 제시하는 학문체계를 의미한다고 하겠다.

조선후기사 속에서 고학 연구경향은 육경고학(六經古學)을 표방한 허목(許穆, 1595~1682)이나 윤휴(尹鑴, 1617~1680)와 같은 주로 근기남인 지식인들 사이에서 널리 퍼진 것으로 알려져 있다. 이러한 전통은 이후 이익(李瀷, 1681~1763), 정약용(丁若鏞, 1762~1836) 등으로 이어져 송학(宋學)을 넘어서 선진양한의 학풍을 적극 규명하려는 고학적 연구경향으로 발전하였다.3) 중국 고대의 문헌과 제도를 비판적으로 연구하고, 이를 현실에 적용하여 순수한 중화의 모습을 드러내고자 하는 경향은 고학이 가장 우선시했던 학문의 목적이었다.

하지만 북학사상 속에서 최소한 겉으로 보기에는 고학의 이러한 문제의식이 근기남인 학풍에 비해서 상대적으로 약하지 않았나 생각한다. 북학사상도 법고창신(法古創新)을 주장하였으며 옛 것을 모범 삼아 새로운 것을 만들어내고자 하였음은 의심의 여지가 없다.4) 또한 古에 대한 가치를 최우선으로 하였음도 부정할 수 없다. 그럼에도 연암그룹의 북학사상 속에서는 근기남인에게서 보이는 고학의 문제의식에 기초한 경학(經學), 경세학(經世學), 음운학(音韻學) 등과 같은 구체적인 고학적 학문경향이 표면적으로

이에 대해서는 벤저민 엘먼(양휘웅 譯), 『성리학에서 고증학으로』, 예문서원, 2004, 89~103쪽; Kai-wing Chow, *The Rise of Confucian Ritualism in Late Imperial China*(Stanford: Stanford University Press, 1994), pp.69~70, 184~186 참조.

3) 근기남인 학풍에 대해서는 다음 논문들을 참조할 수 있다. 정옥자, 「眉叟 許穆 研究: 그의 文學觀을 中心으로」, 『한국사론』 5, 1979; 한영우, 「許穆의 古學과 역사인식」, 『한국학보』 11~13, 1985; 김준석, 『조선후기 정치사상사 연구: 국가재조론의 대두와 전개』, 지식산업사, 2003, 23~223쪽; 정호훈, 『朝鮮後期 政治思想 硏究: 17세기 北人系 南人을 중심으로』, 혜안, 2004.

4) 강혜선, 「법고창신과 박지원의 연행시」, 『한국한시연구』 3, 1995; 김명호, 『박지원문학연구』, 성균관대학교 출판부, 2001, 24쪽; 이학당, 「李德懋의 法古創新 主張의 形成過程 小考」, 『동방한문학』 29, 2005.

는 활발하게 보이지 않았다.[5] 그들에게 선진양한 이전 시대의 제도와 문물은 적극적인 연구대상은 아니었던 것이며, 순수한 중화의 원형질을 찾기 위한 노력은 상대적으로 약했다.

본 글은 이러한 고학에 관한 문제의식이 연암그룹 북학사상 속에서 어떻게 나타났는지를 살펴보고자 한다. 이 부분에 대한 지적은 기존 연암그룹 북학사상 연구사에서 찾아보기 힘들다. 본 글은 그 동안 주목되지 않았던 북학사상과 고학과의 관련성 문제를 이희경(李喜經, 1745~1805 이후)과 박제가(朴齊家, 1750~1805)를 중심으로 검토해봄으로써 북학논의의 사유구조를 재조명하고자 한다. 이러한 시도는 연암그룹과 근기남인 학풍과의 비교라는 관점에서 중요한 의미를 지닌다. 근기남인 학풍에서 활발하였던 고학의 문제의식이 연암그룹의 사유 속에서는 어떻게 인지되었는가를 살펴보는 것은 고학을 놓고 벌어진 조선후기 사상사의 다양한 관점들과 차이들을 조망하는 데 유익할 것이라고 생각한다.

이희경과 박제가는 1790년(정조 14년)에 함께 연경(燕京)에 가기도 하였으며, 연암그룹 내에서 가장 적극적으로 청나라 문물제도 수용논의를 전개시켰던 인물이었다. 연암그룹 안에서 청나라의 문물제도, 특히 이용후생(利用厚生)과 관련한 문물제도를 적극 수용하자는 북학론은 사실 고르게 나타났던 것은 아니었다. 연암그룹 구성원들 안에서는 북학론의 적극성에 따라서 다소 간의 입장 차이가 존재했다.[6] 이것은 연암그룹 내에서 북학론에 대한 입장의 차이가 있었음을 시사해준다. 이러한 인식은 연암그룹의 구성원들을 지나치게 동질적인 집단으로 파악한 기존 연구들의 입장을 재

---

[5] 연암그룹에게서는 공안파의 영향이 많이 보인 것으로 연구되고 있다. 이에 대해서는 강명관, 『공안파와 조선후기 한문학』, 소명출판, 2007, 355~399쪽 참조.

[6] 이에 대해서는 박희병, 『범애와 평등』, 돌베개, 2013, 193~228쪽, 272~275쪽; 김대중, 「내부 외부에 대한 두 개의 시선」, 『한국사연구』 162, 2013 참조.

검토하고 연암그룹을 좀 더 입체적으로 파악하는 데 도움을 줄 수 있다.

이 문제와 관련하여 서얼가문 출신이었던 이희경, 박제가와 같은 신분적 배경을 가졌음에도 불구하고, 그들과는 다소 다른 길을 걸어갔던 유득공(柳得恭, 1748~1807), 이덕무(李德懋, 1741~1793)의 사상적 궤적을 고학의 문제의식과 관련하여 살펴보고자 한다. 이들 사이의 북학론의 차이점에 대한 지적은 있었지만,[7] 이를 본 글이 제시한 고학적 문제의식의 입장 차이에서 접근하고자 한 연구는 아직 부족하였다고 생각한다. 이에 본 글은 연암그룹 속에서 보이는 청나라 문물 수용론의 온도차가 연암그룹의 구성원들이 가졌던 중화의 원형질을 찾기 위한 학문방법으로서의 고학에 대한 입장의 차이로부터 연원하고 있었음을 조명하고자 한다.

2. 성인(聖人)과 고제도(古制度): 이희경의 북학사상 논리

이희경은 1782년(정조 6년) 10월, 1786년(정조 10년) 9월, 1790년(정조 14년) 5월, 1794년(정조 18년) 10월, 1799년(정조 23년) 7월 모두 20여 년간 중국에 다섯 차례 다녀온 인물로 중국에 대해서 상당히 호의적인 인식을 가지고 있었다. 이러한 호의적인 인식 하에 그는 조선이 청나라의 문물제도를 적극 받아들여야 한다는 논의를 전개하였다. 이러한 주장은 그가 남긴 『설수외사(雪岫外史)』에 자세히 기록되어 있다.[8]

---

7) 이에 관해서는 각주 5)번의 연구논문 참조.

8) 이희경에 대해서는 다음의 연구들이 있다. 오수경, 「綸菴 李喜經의 實學思想과 學問」, 『안동대학 논문집』 15-1, 1993; 방병선, 「楚亭 朴齊家·綸菴 李喜經의 도자인식」, 『미술사학연구』 237·238합집, 2003; 오수경, 「利用厚生學派의 成立과 李喜經의 雪岫外史」, 『대동한문학』 19, 2003; 김영진, 「日本 天理大學 天理圖書館 所藏 綸菴集」, 『고전과 해석』 3, 2007; 오수경, 앞의 책, 47~128쪽.

그는 청나라의 문물제도를 수용해야 한다는 논리로 중국의 모든 제도는 선왕이 만든 제도라는 논리를 끌어왔다. 다음 문장은 이를 잘 보여준다.

> 『서경(書經)』에 이르기를, "육부(六府)와 삼사(三事)가 진실로 다스려져서 만세가 영원히 의지함은 이는 그대의 공이다" 하였으니, 옛날 聖人이 처음으로 나와 사물을 열고 법칙을 세울 때에 그 금(金), 목(木), 수(水), 화(火), 토(土), 곡(穀)에 있어서 그 이치를 살피고 그 이로운 점을 다하여 천하를 다스리는 대업과 대본으로 삼았다. [……] 이 때문에 복희(伏羲), 헌원(軒轅), 신농(神農), 요(堯), 순(舜), 우(禹), 탕(湯), 문왕(文王), 무왕(武王)이 기용(器用)을 창조하여 친히 공장(工匠)의 일을 행하였고, 위로 궁실과 배, 수레로부터 경작, 그릇 굽기, 고기잡이에 이르기까지 그 어느 것 하나 사물의 이치를 궁구하고 제도를 만들어서 백성들을 가르쳐 천고에 전하지 않은 것이 없었다.[9]

그는 『설수외사』 서문에서 성인에 의해서 만들어진 이와 같은 중국의 제도, 즉 중국의 산천(山川), 요속(謠俗), 궁궐(宮闕), 성곽(城郭), 주거(舟車), 제택(第宅), 농상(農桑), 축목(畜牧), 공장(工匠), 기용(器用) 등 모든 것이 선왕이 남긴 제도에 맞았다고 회고하였다.[10] 그가 열거한 항목들의 상당 부분은 『주례』에서 다루어진 내용들이었다. 아마도 그가 언급한 선왕이 남긴 제도라는 것은 『주례』를 의미했다고 생각한다. 이는 그가 『주례』의 문제의식을 상당 부분 가지고 있었음을 보여주는 부분이 아닐 수 없다.

그는 세상의 훌륭한 제도들은 모두 상고시대 성현(聖賢) 때에 처음 만들어져 백성들에게 유용하게 쓰였으며, 심지어 어떤 것들은 비록 그것을 정확히 증명해낼 수 없더라도 성인(聖人)이 그것을 만들어냈을 것이라고 확신하였다.

---

9) 李喜經, 『雪岫外史 外二種』(李佑成 編, 아세아문화사, 1986), 63쪽.
10) 위의 책, 4~5쪽. "余自十數年來 屢入中原 凡山川謠俗宮闕城郭舟車第宅農桑畜牧工匠器用 無非先王之遺制也".

　　내가 중원(中原)에 들어가 연계(燕薊) 지역을 보니, 초가집이 매우 견고해서
한번 지붕을 이면 거의 수십 년을 견디는 것이 기와지붕 못지않았다. [……]
중국의 이러한 제도가 어느 시대에 시작되었는지 알 수 없으나 주나라 때부터
당나라 때까지는 이를 아는 사람은 없었다. 가난한 두보(杜甫)와 같은 자가
비바람을 만나 띠 이엉이 말아 날아가자 아이들이 노인을 속여 이엉을 안고
가버려 두보는 밤새도록 축축하게 있었던 것을 볼 수 있다. [……] 매번 훌륭
한 제도를 보면, 모두 상고(上古) 시대의 성현에서부터 창시되어 백성들이 이
롭게 사용하고 삶을 윤택하게 하도록 하였으니 주공(周公)이 천하에 정사를
베풀면서 어찌 빈(邠) 땅의 백성들로 하여금 오히려 또한 몸을 가리는 지붕을
허둥지둥 단지 새끼줄로만 묶게 하였겠는가! 나 또한 거처하는 바의 오두막집
을 습속에 따라 이엉으로 덮어서 아직 중국의 제도를 써보지 못하였다. 매번
비에 맞고 바람에 말려가 집안이 젖는 것이 시도 때도 없다. 심히 탄식할 만한
일이다.[11]

　　이희경은 중국에서 지붕 이는 방법에 대해서 설명하면서 비록 이것을
정확히 고증할 수는 없지만, 훌륭한 제도는 모두 상고시대 성현이 만들었
던 것이므로 현재 중국의 선진적인 지붕 이는 방법도 주공(周公)과 같은
성인이 제작했을 것이라고 추론하였다. 주공은 『주례』를 만든 인물로 알려
져 있으며, 그러한 점에서 이희경의 주공에 대한 언급은 『주례』를 의식한
것으로도 볼 수 있다.

　　또한 그는 성인의 제도는 후대에 점차적으로 발전된 것이 아니라, 성인
당대에 이미 완성된 것으로 보았다. 이어서 이희경은 옛 성인들의 작업이
얼마나 훌륭한가를 다음과 같이 말하였다.

　　이것으로 미루어보건대, 천하의 만사만물(萬事萬物)은 후세의 범상한 장인
들이 억지로 만들 수 있는 것이 아니다. 그러므로 상(商)나라 때의 정이(鼎彛)
라는 제기는 제도가 주나라 때보다 공교롭고, 한당(漢唐) 이후로 스스로 정치

---

11) 위의 책, 11~13쪽.

(精緻)하다고 하는 것이 모두 옛 것에 미치지 못한다. 이로써 방원(方圓)의 제도는 옛날일수록 더욱 훌륭하다는 것을 알 수 있다. 천하를 다스리는 도는 먼저 성인께서 사물의 이치를 열고 법도를 남긴 뜻을 살피면 거의 깨닫게 될 것이다.[12]

성인의 제도는 이미 당대에 완비된 것이므로 그것을 자의적으로 변용하거나 바꾸어서는 안 되었다. 이희경은 조선의 베틀 원리가 모두 중국과 다른 것을 안타까워하면서, 그 이유로 중국의 옛 제도를 임의적으로 바꾼 것을 들었다.[13] 그는 옛 성인의 제도를 그대로 존중해야 한다고 강하게 주장하였다.

기용(器用)이라는 것은 장차 그 하는 바를 이롭게 하여 신속히 공효(功效)를 얻고자 하기 위함이다. 이 때문에 성인이 백성들을 위해 만들어서 그 은택이 만세에 미치게 한 것을 어리석은 백성들로 하여금 일에 임하여 마음대로 그 쓰임을 맞지 않게 해서는 안 된다. 그러니 후세에 비록 혹 재주 있고 지혜로운 선비가 풍속에 따라 제도를 고치고 변화에 따라 마땅하게 한다고 하더라도 모두 삼황오제(三皇五帝)의 규범과 제도의 범위를 벗어나서는 안 된다.[14]

이뿐만 아니라, 수레를 논하는 부분에서도 수레는 성인이 하늘과 땅을 본받아 규격을 바로 잡음으로써 후세의 장인이 함부로 길이를 조절하지 못하게 하였음을 언급하였다.[15] 그는 호미에 대해서도 『설문해자(說文解字)』

---

[12] 위의 책, 65쪽.

[13] 위의 책, 80~81쪽. "織機懇非華制 余嘗歎 何世何人不學古 而妄出己意 創得無法之物也 適見倭書 有圖織機 大略相似 而但倭人甚精工 豈齷齪若是耶 仿之而未盡其法 則其得失可知也 如用華制 功用倍之 而怚智難變 終不知改 惜乎".

[14] 위의 책, 84쪽.

[15] 위의 책, 51~52쪽. "始自皇帝創造 及見周之考功記 聖人規天法地 以正制度 不可使後世凡工臆意改易 妄自長短 然則漢之諸葛武候 才學雖卓絕千古 其所乘四輪車 不過創加二輪 而其兩轍之間 不敢大之 不敢少之 一遵聖人之遺制 從可知矣".

를 인용하여 원래는 서서 김을 맬 때 사용하는 것이라고 하면서 요즘 쓰는
목이 작은 호미는 앉아서 사용해야 하는데 이것은 잘못된 것이며, 원래의
제도를 사용해야 한다고 하였다.[16] 그는 도량형 통일 부분에서도 성인의
역할을 강조하였다.[17] 이희경은 도성의 구획도 고대 성인의 시대에 이미
모두 바르게 되어서 완비되어 있었음을 지적하였다. 그는 우(禹) 임금은
도랑을 깊이 쳤고 문왕(文王)은 경계를 바로 잡고 정전을 구획하였으니, 이
때문에 천하의 지형이 바르게 되어 각종 제도가 바로 서게 되었다고 하였
다. 그리고 이에 기초하여 국도(國都)를 정하고 성곽을 쌓아 잘못된 것이
없었다고 하였다.[18]

　이희경이 제도를 만든 성인의 완벽함을 강조하기 위하여 중국의 가축들
을 예로 든 것은 그가 얼마나 중국 성인의 역할을 절대시하고 있었는가를
보여준다. 그는 중국의 가축들은 성인의 교화로 인하여 적절히 잘 길들여
졌다고 서술하였다. 옛날의 성인이 금수(禽獸) 가운데 말, 소, 양, 돼지 따
위를 택하여 백성들로 하여금 이들을 길러 이로움을 얻게 하였으며, 저절
로 교화에 젖어들게 하였다고 말하였다.[19] 그리고 이러한 교화는 지금까
지도 없어지지 않고 중국에 남아 있다고 하였다. 이와 같이 성인의 역할을
강조하는 과정에서 중국인에 대한 일종의 환상이 생겨났다. 이희경은 중
국 사람들은 오랜 기간 성인의 교화를 받아 성품이 모두 지극히 순수하고
아름답다고 하였으며, 앞서 언급하였듯이 사나운 짐승들도 잘 길들여져

---

16) 위의 책, 85쪽. "說文 從金且聲 徐鉉曰 立薅所用也 蓋農民鉏草 必立而用之可知也 今
　　曲頸小鉏 非坐而用之 不可 且根根鉏之 故勞苦夏畦 功亦甚鈔 造長鉏如制 禁其小鉏
　　無得更用 然後民力似歇矣".
17) 위의 책, 66쪽. "如欲犮回故俗 民皆守一無僞 必先察虞舜同律度量衡之意 則庶乎可也".
18) 위의 책, 68쪽. "大禹濬畎澮 文王定經界 劃井田 是以天下之地形正而百度皆貞 以之定
　　國都 築城郭 治道路 無不一出於正 而少無斜歪廻曲之弊".
19) 위의 책, 50~51쪽. "古昔聖人於禽獸之中 擇馬牛羊豬之屬 使民牧畜而爲利生之道 則其
　　所導順咸若之化 不煩策厲 自涵於陶鑄之中矣 [……] 余於此益信聖化之不言而收曁也".

있다고 하였다.[20]

　이처럼 이희경의 북학논의에는 성인의 제도라는 것이 매우 중요한 전제
조건으로 설정되어 있었다. 그는 중국의 제도는 성인이 제작한 것이므로
바꿀 수 없고 존중해야 한다고 하였다. 이는 위대한 성인이 남긴 흔적은
이적(夷狄)의 침입 등의 혼란스러운 과정에서도 변하지 않고 계속해서 이
어졌다는 논리로써 성인의 역할을 지극히 강조하는 것이었다. 그가 다섯
차례나 중국에 가고도 또 가고 싶어 하던 이유를 들 때에도, 첫 번째 이유
로 '선왕들이 물려준 풍속' 때문이라는 점을 지적하였다.[21] 이어 그는 만주
인들이 이 중국의 제도를 자의적으로 바꾸지 않아 지금까지 손상되지 않고
전승되고 있음을 다음과 같이 언급하였다.

　　만주인은 중국에 대하여 감히 줄이고 늘이고 덜고 더하지 않았으니, 마치
　나그네가 여관에 잠시 머무르면서 항상 말안장을 두고 닭의 울음소리를 들으
　면 행장을 꾸려 장차 출발하려고 하는 뜻과 같은 것이 있었다. 이 때문에 위로
　요(堯), 순(舜), 우(禹), 탕(湯), 주공(周公), 공자(孔子), 한(漢), 당(唐), 송(宋),
　명(明)의 예악(禮樂), 형정(刑政), 율도량형(律度量衡), 거마(車馬), 기용(器用),
　궁실(宮室), 성곽(城郭), 산천(山川), 요속(謠俗), 인물(人物), 문장(文章), 시조
　번화(市朝繁華), 서화(書畫), 금석(金石)으로부터 사농공상(士農工商)의 이용후
　생(利用厚生)의 도(道)에 이르기까지 백 세 동안 전수되어 지금에까지 오히려
　보존되어 있으니, 선왕의 법도를 찾고자 한다면 중국을 버려두고 그 누구와 함
　께 하겠는가![22]

　하지만 이러한 성인과 성인이 만든 고제도(古制度)에 대한 존중은 사실
'상상적'인 것이었다. 앞서 중국에서 지붕 이는 대목을 설명한 항목에서 어

---

20) 위의 책, 109쪽. "中國之人 久被聖人之遺化 性皆至精至工 至若六畜之頑 而亦能咸若
　　自不能跳踉而梗化".
21) 위의 책, 13쪽. "余曰 一則先王之遺風餘俗也".
22) 위의 책, 16~17쪽.

떠한 증거도 없이 옛 성인이 단순히 지붕 이는 것만으로 하지는 않았을 것이라는 서술은 이를 잘 말해준다. 그리고 현재 중국의 짐승들이 성인의 교화로 인해서 잘 길들여졌다는 것도 지나친 비약이며 추측이었다. 이러한 사실은 그가 언급한 성인의 제도라는 것이 사실은 '상상적'인 것이었음을 의미한다고 하겠다.

요컨대, 이희경은 성인의 제도를 지극히 존중하였다. 하지만 그가 존중한 성인의 제도에 대한 구체적인 내용들은 상당 부분 결여되어 있었으며, 이에 대한 치밀한 고증도 하지 않았다. 구체적인 내용을 채우는 것은 사실 현재 청나라에 남아있는 문물제도였다. 그는 현재 남아있는 문물과 제도를 비판적으로 분석하지 않은 채, 이를 성인의 제도로서 그대로 긍정하였다. 그가 만약 중화의 원형질을 철저히 규명하고자 하는 고학의 문제의식을 통해서 중국의 문물제도를 정밀하게 분석하고 관찰하였다면, 그 속에 담긴 중화와 이적의 요소들을 구분해내고자 하였을 것이다.

하지만 여기에서 주목해야 할 사실은 그가 단순히 고학의 문제의식 결여 때문에 청나라 문물수용에 적극적이었다고 볼 수는 없다는 것이다. 어쩌면 그는 성인의 제도가 갖는 절대성을 지나치게 신뢰하여 그것이 손상 없이 중국에 계승되었을 것이라고 확신하였는지 모른다. 성인의 제도는 절대적이므로 그 계승은 명약관화한 것이었다. 그러한 지나친 확신이 그로 하여금 청나라 문물제도를 적극 수용하자는 논의로 인도했을 수 있다. 즉, 옛 성인 제도에 대한 지나친 신뢰가 현재 청나라 문물제도의 적극적인 수용으로 나타났다고 볼 수 있는 것이다. 이는 본 글에서 정의한 고학의 문제의식과는 다른 맥락이지만, 이희경 나름대로는 옛 성인에 대한 절대적인 신뢰가 있었고 이것은 그가 생각했던 '고학'이었다고 할 수 있다. 청나라의 문물제도를 적극 수용하고 연구하는 것이 그가 생각했던 옛 성인의 도에 대한 학문, 즉 고학이었을 수 있다.

마지막으로 첨부할 것은 본 글이 언급한 성인의 제도가 반드시 이용후생의 물질적이고 기술적인 것만을 의미하지는 않는다는 사실이다. 물론 이희경에게서 이러한 점들이 상당한 비중으로 보이는 것은 사실이다. 하지만 그의 의식 속에서 과연 이용후생이 단순히 물질적, 기술적인 의미로만 쓰였다고 생각되지 않는다. 『서경』에서 보이듯이 이용후생은 정덕(正德)이라는 윤리체계와 긴밀한 관련성을 갖는 것인 만큼[23] 그들이 이용후생의 도구를 이야기할 때, 이것이 물질적, 기술적인 측면에 국한해서만 사용되었다고 보기는 어려운 것이다.[24] 이희경은 『설수외사』에서 이용후생의 문제뿐만 아니라 일반적인 예의의 문제도 다음과 같이 언급하였다.

> 옛날의 성왕들은 예의로써 천하를 다스리자 남녀가 길을 달리하게 되었다. [……] 지금 보건대, 중국의 남녀들은 여전히 예의를 스스로 지켜서, 여자가 먼저 오른쪽으로 가면 남자는 반드시 피하여 왼쪽으로 다니고, 남자가 먼저 왼쪽으로 가면 여자는 반드시 피하여 오른쪽으로 다녔다. 비록 좁은 길 사이라도 아직 일찍이 옷깃이 부딪치고 발이 서로 밟히는 것을 본 적이 없다. [……] 여기에서 先王들이 예의로 나라를 세웠던 유풍과 여속이 천 년 동안에도 오히려 남아 있는 것을 볼 수 있으니, 이것은 법으로 삼을 만하다.[25]

---

23) 『書經』 卷2, 虞書 一 「大禹謨」. "德惟善政 政在養民 水火金木土穀 惟修 正德利用厚生 惟和".

24) 『설수외사』에서 이희경은 성인이 천하를 다스릴 때에는 반드시 백성들의 생업을 우선적으로 마련해주었음을 언급하였다. 그런 후에 성인이 禮義로 인도하고 仁善으로 권면한다고 언급하였다. 이것은 이희경이 언급한 성인의 제도가 물질적, 기술적 측면을 상당 부분 가졌음에도 불구하고 그런 방향으로만 국한해서 인식될 수 없는 것임을 말해 준다. 이에 대한 이희경의 주장은 다음을 참조할 수 있다. 李喜經, 『雪岫外史外二種』, 94~96쪽. "聖人之治天下 必先制民産 故民不可無食 [……] 然後始乃導之以禮義 勸之以仁善 民能知所興起 [……] 周禮一書 周公運用天理 制爲法度 而其所列財賦 十居四五 大學明德修身 而爲民食 用於平天下之道 三致意焉 夫聖人之學 切近人情 而有濟於用如此矣 [……] 聖人窮至理於六府三事 萬世永賴 此爲可法 此爲可則也".

25) 위의 책, 33~35쪽.

위 인용문은 이희경의 북학사상이 물질적, 기술적인 측면에만 국한되는 것이 아니라, 예의의 문제에까지 폭넓게 다루어지는 것이었음을 보여준다고 하겠다. 앞서 살펴보았던 옛날 성인의 교화가 금수와 초목에까지 두루 미쳤다는 것도[26] 또한 중국 사람들은 오랜 기간 성인의 교화를 받아 성품이 모두 지극히 순수하고 아름답다는 지적도[27] 이러한 문제의식의 연장선 안에 있었다.

3. 『주례(周禮)』와 시의성(時宜性): 박제가의 북학사상 논리

박제가는 이희경과 함께 연암그룹 안에서 가장 적극적으로 북학의 논리를 펼친 인물이라고 할 수 있다. 그는 여러 곳에서 자신이 중국을 얼마나 사랑하였는지를 설명하였다. 그는 말을 끄는 미천한 사람이 되어서라도 중국에 가고 싶다고 하였으며, 중국을 사모하는 감정은 연암그룹 문인들 가운데 자신이 제일일 것이라고 하는 등 중국에 대한 애정을 솔직히 드러냈다.[28] 이것은 그의 북학에 대한 강한 목적의식 속에서 나왔던 것으로 보인다. 박제가는 다음과 같은 북학 인식의 기반을 가지고 있었다. 박제가 또한 이희경과 같이 성인의 모습을 작위(作爲)의 측면에서 다음

---

26) 위의 책, 47쪽. "在昔聖人之化 皆能若禽獸而被草木 則千載之下 猶想其遺風餘俗之不泯也".

27) 위의 책, 109쪽. "中國之人久被聖人之遺化 性皆至精至工".

28) 朴齊家, 『貞蕤閣文集』卷4, 「與徐觀軒」. "僕常時非不甚慕中原也 及見此書 乃復忽忽如狂 飯而忘匙 盥而忘洗";「與李羹堂」. "身爲屬國之布衣 名托上都之龍門 不朽之榮 比它尤當萬萬 雖然齊家庶幾天寮其衷 得隨歲貢 備馬前一小卒 使得縱觀山川人物之壯 宮室車船之制 與夫耕農百工技藝之倫 所以願學而願見者 一一筆之於書 面質之於先生之前 然後雖歸死田間 不恨也 先生以爲如何";「與潘秋广」. "若其慕中國之苦心 則諸君子亦各自以爲不及也".

과 같이 묘사하였다.

> 옛날의 성왕께서는 보석과 화폐 등을 만들어 가벼운 것으로써 무거운 것에
> 상대하도록 하였고 가치 없는 물건으로써 가치 있는 물건의 밑천을 삼도록 하
> 셨다. 다시 배와 수레를 만드셔서 그것으로써 험준한 곳을 통하게 하셨으면서
> 도 오히려 천리 만리 먼 곳에 이를 수 없는 경우가 있을까 염려하셨다. 그 널리
> 베풂이 이와 같았다.[29]

이는 이희경의 그것과 크게 다르지 않았다. 박제가에게서도 성인은 제
도 제작이라는 작위자의 의미로서 중요하였다. 특히 이와 관련하여 그에게
는 『주례』「동관(冬官)」편을 인식한 부분이 특징적으로 보였다. 주지하듯
이 『주례』에는 수레, 선박 등 도구와 기구를 다룬 「동관」편이 누락되어 있
었으며, 이것은 훗날 공인(工人)의 직무를 기록한 『고공기(考工記)』를 통
하여 보완되었다.[30] 그러한 점에서 엄격히 말하여 『주례』는 미완의 저작
이었고, 「동관」편을 채우기 위한 노력이 후대에 진행되었다.[31]

이점은 이용후생을 중시하는 이들에게는 중요한 것이었다. 왜냐하면
『주례』를 통하여 성인의 뜻에 의탁하여 이용후생의 도구를 제작할 수 있는
경학적 명분을 얻어낼 수 있기 때문이었다. 『주례』「동관고공기(冬官考工
記)」는 "백공(百工)의 일은 다 성인이 일으켰으며 쇠를 녹여서 칼을 만들고
흙을 굳혀서 그릇을 만들고 수레를 제작하여 육지를 다니게 하고 배를 만
들어 물로 다니게 한 일은 모두 성인이 일으킨 일"이라고[32]하였다. '상상

29) 朴齊家, 『北學議』, 內篇 「市井」.
30) 『周禮』「考工記」에 대해서는 다음 글들을 참조할 수 있다. 吉田光邦, 「周禮考工記の
一考察」, 『東方學報』 30, 1959; 張道一·磯田尙男 監修, 「考工記について」, 『愛知縣
立藝術大學紀要』 18, 1988.
31) 이에 대해서는 다음 글을 참조할 수 있다. 徐有榘, 『楓石全集』 金華知非集 卷4, 「朱載
堉律呂精義古尺辨」, "一自瞽人散逸 冬官亡缺 律度量衡 攷稽無方 後之儒者區區掇拾
於荒邱古墓之中 而想什一於千百者 斯其心亦苦矣".

된' 성인의 작위는 미완의 저작 『주례』를 통하여 정당화될 수 있었다. 또한 이를 통하여 이용후생을 위한 노력은 단순한 말단적인 기예가 아니라, 그 자체로 경학 연구에 버금 되는 지위를 획득하였다.[33]

이것은 이강회(李綱會, 1789~?)와 같은 정약용의 제자들이 『주례』 연구 의 한 방편으로 박제가의 『북학의(北學議)』에 관심 가졌던 이유이기도 하 였다.[34] 이강회는 『주관연의(周官演義)』라는 책을 저술하기 위하여 『주례』 를 연구하는 과정에서 누락되어 있었던 「동관」 편에 주목하였고, 이를 해결 하기 위하여 수레와 선박 연구에 집중하였다.[35] 그리고 다시 이 과정에서 『북학의』에 관심을 가졌다. 수레와 선박과 같은 이용후생의 연구가 경학의 한 부분으로 이해될 수 있었던 것이다. 이것은 이용후생이라는 금(今)의 문제의식이 『주례』라는 고(古)의 문제의식과 만나는 지점이었다.

한편, 비슷한 시기 중국에서도 『주례』 「고공기」에 대한 관심이 고조되 어 있었다.[36] 여기에는 명대 상업경제의 발달, 서학의 도래 등이 중요한 원인으로 작용하였다. 서광계(徐光啓, 1562~1633)는 『고공기해(考工記解)』

---

32) 『周禮』 卷11, 「冬官考工記」 上. "百工之事 皆聖人之作也 爍金以爲刃 凝土以爲器 作車 以行陸 作舟以行水 此皆聖人之所作也".

33) 다음은 이러한 면모를 보여준다. 方苞, 『考工記析疑』(上海: 上海古籍出版社, 1995) 卷 1, 「冬官」. "考工雖言治器粗迹 而每有盡性至命之文".

34) 이에 대해서는 조성산, 「李綱會의 經世思想: 茶山學 繼承의 한 局面」, 『대동문화연구』 57, 2007, 150~158쪽 참조.

35) 이강회는 『주례』 「동관」 편이 누락되어서 聖人이 만드신 원래의 제도에 방불할 수 있 는 방법이 없다고 한탄하기도 하였다(李綱會, 『柳菴叢書』, 「雲谷船說」. "惜乎冬官一 篇闕而不存 惟其綴合僅及車輿舟舶之制 無由得其彷彿也"). 그는 수레와 배의 연구에 전념하였다.

36) 이 문단의 서술에 대해서는 近藤光男, 「戴震の考工記圖について」, 『東方學』 11, 1995; 벤저민 엘먼(양휘웅 譯), 앞의 책, 365~367쪽; Benjamin A. Elman, "The Story of a Chapter: Changing Views of the "Artificer's Record"("Kaogong ji" 考工記) and the Zhouli", Benjamin A. Elman & Martin Kern (eds.), Statecraft and Classical Learning (Leiden·Boston: Brill, 2010) 참조.

를 저술하였고, 대진(戴震, 1724~1777)은 「고공기도(考工記圖)」를, 완원(阮元, 1764~1849)은 『고공기거제도해(考工記車制圖解)』를 각각 저술하였다. 특히 대진은 「고공기」에서 언급된 고대의 청동종(靑銅鐘)을 온전히 복원해내고자 하였으며, 완원은 고대의 수레를 완벽한 모습으로 만들고자 하였다.

청대 고증학자들의 「고공기」에 대한 관심은 이처럼 고대(古代)의 제도를 온전히 복원하고 확인하려는 노력 속에서 진행되었다.[37] 고대 문헌의 온전한 뜻을 밝힌다는 점이 강했다는 측면에서 청대 고증학의 『주례』「고공기」에 대한 관심은 이용후생의 측면을 강조하였던 조선의 『주례』「고공기」에 대한 관심과는 다소 거리가 있었다.[38] 청대 고증학자들은 '고(古)'를 온전히 복원한다는 문제의식에서 『주례』「고공기」에 관심을 가졌다. 그리고 『주례』의 위작 여부를 떠나 「고공기」를 고대 중국의 기술을 담은 한(漢)나라의 신뢰할 수 있는 작품으로 보았다.[39] 『북학의』의 서문에서 서명응(徐命膺, 1716~1787)은 다음과 같이 말했다.

지금 『주례』를 보면, 도로의 폭에는 법도가 있고, 가옥의 길이에는 정해진 단위가 있다. 수레의 바퀴통을 바퀴살의 세 배로 하면 진창에 빠지지 않고, 지붕을 이을 때 한결같이 가파르게 하면 물방울이 쉽게 빠진다고 하였고, 금과

---

[37] 여기에는 後人의 학문이 古人의 학문보다 우월하지 않다는 인식이 있었다(近藤光男, 앞의 논문, 10~11쪽).

[38] 이는 다음의 戴震과 紀昀(1724~1805)의 언급에서 엿볼 수 있다. 대진과 기윤은 기본적으로 고증학의 관심으로부터 「고공기」를 바라보고 있다(戴震, 『戴東原集』(臺北: 臺灣商務印書館, 1968) 卷10, 「考工記圖序」. "同學治古文詞 有苦考工記難讀者 余語以諸工之事 非精究少廣旁要 固不能推其制以盡文之奧曲; 紀昀, 『紀文達公遺集』 卷8, 「考工記圖序」. "戴君深明古人小學 故其考證制度字義 爲漢已降儒者所不能及 以是求之聖人遺經 發明獨多 詩三百句書二十八篇爾雅等 皆有撰著 自以爲恐成書太早 而獨於考工記 則日是亞於經也者 考證雖難 要得其詳則止矣").

[39] Benjamin A. Elman, 앞의 글, p.355.

주석의 조제 양이나 가죽의 팽팽하고 느슨한 것과 실을 물에 담가 부드럽게
하는 것과 옻칠하는 것에 이르기까지 상세하게 써서 모두 갖추어지지 않은 것
이 없었다. 이를 통하여 성인의 식견이 광대하고 정미하여 만유의 법을 포괄하
여 각각 그 극치에 이른 것을 볼 수 있으니 어찌 일찍이 자질구레하다고 여겨
서 그것을 없앤 적이 있었는가![40]

서명응 또한 성인은 실용적인 사물을 만들었다는 작위의 성인 개념을
설정하였다. 그리고 그는 이용후생 관념과 『주례』의 문제의식을 연결시켰
다.[41] 다음 인용문에서도 서명응은 『주례』의 문제의식 속에서 『북학의』를
파악하였다.

지금 성상께서는 한 부의 모범으로 삼을 서적을 편찬하여 국가의 법전을 집
대성하고자 하신다. 이러한 이유로 주공께서 『주례』를 지으신 예를 참고하여
먼저 육관(六官)과 여러 관아에 명령하시어 각각 그 직책의 일들을 기록하게
하시고, 그것을 정리하여 하나의 서적을 완성하도록 하셨다. 이 책(북학의)이
이때에 채택되지 않겠는가![42]

서명응은 정조가 국가의 법서(法書)를 집대성하고자 하며, 이는 『주례』
를 모델로 한 것이었다고 언급하였다. 그러할 때 박제가의 『북학의』도 그
안에 채택될 수 있지 않겠느냐고 말하였다. 이는 서명응에게 『주례』와 『북
학의』가 서로 연동되어 있음을 보여준다. 이러한 의식이 있었기에 박제가
또한 『주례』의 문제의식을 다음과 같이 『북학의』 곳곳에서 포착해 내고 있
었다.

---

40) 徐命膺, 『保晩齋集』 卷7, 「北學議序」.
41) 서명응 가문은 『주례』「고공기」에 많은 관심을 가졌다. 이에 대해서는 조창록, 「楓石
　　徐有榘와 『周禮』「考工記」」, 『동방한문학』 51, 2012 참조.
42) 徐命膺, 『保晩齋集』 卷7, 「北學議序」.

　일본의 궁실(宮室)은 구리기와, 나무기와의 등급은 있으나 그 한 칸의 넓고 좁음과 창호의 치수는 위로는 왜황(倭皇)과 관백(關白)에서부터 아래로는 소민(小民)에 이르기까지 차이가 없다. 가령 한 집에서 부족한 것이 있으면 사람들은 모두 그것을 시장에서 사온다. 만약 이사를 하면 담, 장지, 병풍, 평상, 탁자 같은 물건이 부절(符節)을 합한 듯 맞는다. 『주관(周官)』 한 부가 도리어 해도(海島) 가운데에 있을 줄은 생각하지도 못했다.43)

　박제가는 일본의 주택에서 '규격화'를 발견하였고, 이것이 『주례』의 제도가 일본에 구현된 증거로 제시하였다. 제도를 만들고 그것의 규범을 제정한 『주례』의 정신을 박제가는 정확히 인지하고 있었다. 박제가가 수레를 설명하는 대목에서도 "수레는 하늘을 본받아 만들어서 지상을 운행하는 도구이다"44)고 한 부분은 『주례』의 문구를 그대로 따온 것이었다.45) 또한 훌륭한 제왕은 귀천을 구별할 때에도 실용을 앞세우고, 그 다음에 격식을 차렸다는 자신의 주장을 정당화하기 위한 예로 『주례』를 들기도 하였다. 즉, 『주례』에도 전차와 사냥용 수레, 진창길용 수레, 육지를 다니는 수레와 같이 서로 다른 수레가 있었으나 물건을 싣는다는 점에서는 같았다는 것이다.46) 말을 다루고 기르는 방법에 관해서도 『주례』를 인용하였다.47)

　이렇듯이 『북학의』와 『주례』는 밀접한 관련성을 갖는 것으로 이해할 수 있다. 서명응의 『북학의』 서문에 소개되어 있는 박제가에 관한 일화 또한 박제가가 얼마나 『주례』를 평소에 의식하고 있었는가를 보여준다. 박제가

---

43) 朴齊家, 『北學議』, 內篇「宮室」.

44) 朴齊家, 『北學議』, 內篇「車」. "車出於天而行於地".

45) 『周禮』 卷11,「冬官考工記」輈人. "軫之方也 以象地也 蓋之圓也 以象天也".

46) 朴齊家, 『北學議』, 內篇「車」. "先王之辨貴賤也 亦皆先實用而後文具 漢書有朱輪半朱輪之等 而爲乘則同 周禮有戎車田車澤車陸車之殊 而載物則均".

47) 朴齊家, 『北學議』, 內篇「馬」. "若療其瘍 亦灌以藥 旣灌則刮其惡肉 以發其惡 以發其惡 然後外附以藥 內養其氣 而用菊秫以食之 此療畜瘍之法 周禮 獸醫註 周禮 凡馬特居四之一".

는 1778년(정조 2년)에 진주사(陳奏使)를 따라 연경에 들어가서는 중국의 성곽과 주택, 수레와 기물 따위를 상세히 관찰했고, 청나라에 남아있는 명나라 제도에 대해서 감탄하면서 "명나라의 제도는 또한 『주례』의 제도이다"[48]라고 하였다. 서명응이 전한 이 사실은 박제가가 평소에 『주례』를 얼마나 강하게 인식하였는가를 보여준다. 그에게 『주례』는 여타의 제도를 판단하는 데 있어서 중요한 기준이 아니었나 생각된다.

엄격히 말해서 명나라 제도는 『주례』의 제도와 상당한 시간적 간극이 있는 것으로 동일하다고 하기에는 무리가 있었다. 따라서 박제가가 고학에 의하여 당대 중국문화를 비판적으로 살펴보았다면, 후세의 변질된 요소들을 찾아내고 과거 『주례』의 제도가 갖는 원형을 조명하고자 했을지 모른다. 하지만 박제가는 곧장 명나라의 제도를 『주례』의 제도에 연결시켰다. 이것은 박제가의 북학사상 논리를 파악하는 데 중요하다.

박제가가 명나라의 이용후생 제도를 『주례』라고 할 수 있었던 것은, 나아가 현재의 청나라와 일본의 이용후생 제도를 그대로 성인의 제도라고 할 수 있었던 것은 「동관」편 결여라는 『주례』의 미완결성으로 인해서 그 만큼 『주례』를 유연하게 해석할 수 있었기 때문이었다. 「동관」편의 결여가 오히려 「동관」편을 자유로이 해석할 수 있는 여지를 마련한 것이다. 그러한 가운데 청나라의 이용후생 제도 또한 『주례』의 제도라는 측면에서 정당성을 얻을 수 있었다. 이러한 부분은 이희경이 강조해 마지않았던 '고제도와 성인의 역할'이 '상상적'인 것이었다는 사실과 같은 맥락 위에 서있다.

이희경과 박제가는 성인의 역할과 『주례』를 강조하였지만, 그 안의 실제 내용은 현재 청나라의 이용후생 도구와 제도들로 채워져 있었다. 물론 그렇다고 해서, 그들이 『주례』를 명목과 허울로만 여겼던 것은 아니었다. 오

---

48) 徐命膺, 『保晩齋集』 卷7, 「北學議序」. "朴齊家次修 奇士也 歲戊戌 隨陳奏使入燕 縱觀其城郭室廬車輿器用 歎曰 此皇明之制度也 皇明之制度 又周禮之制度也".

히려『주례』와 성인의 제도를 지나치게 신뢰하였기에 청나라의 문물제도
를 적극 수용할 수 있었다. 앞서 이희경의 경우에서 살펴보았듯이 고대 성
인 제도의 절대적인 신뢰 속에서 그 '계승성'을 적극 강조할 때, 현재 청나
라의 문물제도는 그대로 선왕이 제정한 중화의 문물제도가 될 수 있었다.

또한 이를 뒷받침하는 논리로 '시의성(時宜性)'을 들 수 있다. 일찍이 홍
대용(洪大容, 1731~1783)은 다음과 같은 문제의식을 피력한 바 있었다.

> 삼가 생각건대,『주역』에는 시의(時義)를 귀히 여겼고 공자는 주(周)나라를
> 따른다 하였으니 옛적과 지금은 마땅함이 다르기 때문에 삼왕(三王)이 예(禮)
> 가 같지 않았던 것입니다. 지금 세상에 있으면서 옛 도를 행하고자 하면 또한
> 어렵지 않겠습니까?[49]

홍대용은『주역』은 시의를 중요하게 여겼다고 하였으며, 지금 세상에서
옛 도를 행하고자 하면 또한 어렵지 않겠느냐고 하였다. 이것은 시의성을
중시하는 태도였다. 다음 언급도 이러한 점을 잘 보여준다.

> 주공(周公)의 제도는 주나라의 마땅함에 따른 것이고, 朱子의 예는 宋나라
> 의 풍속에 따른 것이다. 시의와 시속에 따라서 손익(損益)하니 정해진 법은 없
> 다. 이 때문에 행해도 매우 올바른 것이 없고 행하지 않더라도 그다지 그릇된
> 것이 없는 것이 열에 두세 가지이다. 지금 그 두세 가지의 가볍고 또 작은 것에
> 나아가 변역할 수 없는 대전(大典)으로 만들고서 악착스럽게 조금도 어김없이
> 하고자 하여 이것으로써 예를 삼고자 한다. 나는 그 얽매이고 구애된 것이 혹
> 임방(林放)의 비웃음을 면하지 못할까 두렵다.[50]

홍대용은 주공의 제도는 주나라의 편의에 따른 것이고, 주자의 예는 송

49) 洪大容,『湛軒書』內集 卷3,「與人書」.
50) 洪大容,『湛軒書』內集 卷3,「與人書」.

나라의 풍속에 따른 것이라고 하였다. 그러면서 행해도 무방하고 행하지
않더라도 무방한 것 두 세 가지를 변역할 수 없는 대전으로 만든 것은 잘못
된 것이라고 설명하였다. 공자가 주나라를 따르겠다는 시의의 뜻은 현실을
중시한다는 의미를 갖는다.

궁극적으로 이것은 지금 세상을, 즉 시의성을 인정한 위에서 경세론과
개혁론을 펼치고자 함을 말한 것이다. 이와 같은 홍대용의 언급은 같은 연
암그룹 내에서 시의성을 중시한 입장을 보여준다. 앞서 『주례』를 통하여
이용후생 논의가 갖는 경학적 근거가 제시되었다면, 또 한편으로 연암그룹
내의 시의성 강조는 현재에 맞는 이용후생 논의들을 적극 펼칠 수 있는 배
경이 되었다.

만약 옛 것 자체의 고증에만 충실하였다면 지나치게 고제도의 순수성만
을 강조한 나머지, 현재의 중국 제도를 강하게 부정하는 것으로 나아갔을
것이다. 즉, 순수하지 않은 중화문화가 한 가지라도 보인다면 현재의 중국
을 모두 오랑캐 문화라고 비판하였을 것이다. 변발(辮髮)을 했다는 이유로
중국인 모두를 오랑캐로 비하한 보수적인 지식인들도 중화의 순수성을 강
조하는 입장에 있었다고 할 수 있다.[51]

하지만 『주례』의 「동관」편 결여와 '시의성'의 강조는 당대 청나라의 문
물제도를 적극 긍정하는 데 중요한 논리를 제공하였다. 박제가의 다음과
같은 언급 또한 이러한 문제의식을 이해하는 데 많은 도움을 준다.

시대가 멀어지면 모각(模刻)도 전해지지 않는다. 외국에 태어난 사람은 품
정(品定)이 진실되지 못하니 도리어 믿을 만하고 가까이 하기에 쉬운 것은 현

---

[51] 다음의 자료를 예로 들 수 있다. 洪大容, 『湛軒書』卷3, 「又答直齋書」. "今上帝疾威
時運乖舛 使三代遺民 聖賢後裔 剃頭辮髮 同歸於滿獶 則當世志士悲歎之秋 而神州厄
運 十倍於金元矣 況是幾年服事之餘 宜其哀痛傷愍之不暇 而乃因其下井 反投之石焉
欲乘虛正位 隱然以中華自居 如執事之論者 非僕之所知也".

재 중국인의 서(書)만한 것이 없다. 고서(古書)의 법은 오히려 이로부터 구할 수 있다. 대저 탑본(搨本)의 진본과 가짜, 육서금석(六書金石)의 원류, 필묵의 변화와 움직임, 자연스러운 체세(體勢)를 알지 못하고서 얼빠진 모양으로 자신을 진인(晉人)이요 왕희지(王羲之) 부자라고 생각한다. 이것은 천하(天下)의 시(詩)를 모두 폐하고서 두보(杜甫)의 수십 편 자구(字句)만을 고집스럽게 지키고서 스스로 고루한 웅덩이에 빠져있는 자들과 가깝지 않겠는가!52)

이 글은 전서(篆書)를 통하여 고서체(古書體)를 획득하고자 하였던 허목과 상당 부분 대조되는 부분이다.53) 김창협(金昌協, 1651~1708) 또한 허목의 이러한 태도를 비판한 바 있었다.54) 박제가는 과거 글씨체를 배우기보다는 현재 중국사람 글씨를 믿을 만하다고 여겨서 그것을 배우는 것이 차라리 낫다고 하였다. 박제가는 지금의 모습에서 손익(損益)을 하면 과거의 모습을 자연히 알 수 있다고 하였다. 이희경 또한 비슷한 논리를 펼쳤다. 그는 지금의 연경을 통해 주나라의 호경(鎬京), 한나라의 장안과 낙양의 제도를 알 수 있다고 하였던 것이다.55) 박제가는 고대 성인의 제도는 백세 이후의 일이라도 추론하여 알 수 있다는 점을 근거로 들었다.56)

보통의 사유라면 하·은·주 삼대를 순수하게 보고 이후는 오랑캐에 의해서 변질된 것으로 보았을 것이다. 하지만 그는 그렇게 보지 않고, 오히려 아래의 시대를 높이 평가하고자 하였다. 그는 시문 및 글씨체 모두 현재의

---

52) 朴齊家, 『北學議』, 外篇 「北學辨」.

53) 許穆의 篆書에 대해서는 김동건, 「眉叟 許穆의 篆書研究」, 『미술사학연구』 210, 1996 참조.

54) 金昌協, 『農巖集』 卷34, 雜識 外篇. "老學菴筆記云 漢隸歲久風雨剝蝕 故其字無復鋒鋩 近者杜仲微 乃故用禿筆作隸 自謂得漢刻遺法 豈其然乎 余見近世許穆所謂古篆 正類此 不獨篆隸爲然 詩亦有之 古樂府鐃歌鼓吹之類 句字多斷續 往往不可屬讀 此乃有脫缺而 然耳 李攀龍輩不察 乃强作佶屈語 以爲古體 此正杜仲微之漢隸 許穆之古篆也".

55) 李喜經, 『雪岫外史 外二種』, 69쪽. "今以燕京可知其周之鎬京漢之長安洛陽之制也".

56) 위의 책, 68쪽. "聖人之制 百世可推而知之矣".

것을 배운 자가 가장 식견이 높다고 하였다. 이것은 옛 것 그 자체에만 집
착하는 속화된 고학에 대한 비판이었다.

> 우리나라의 시는 송(宋)·금(金)·원(元)·명(明)을 배운 자를 높게 여기고
> 당(唐)을 배운 자가 그 다음이고, 두보를 배운 자가 최하이다. 배운 바가 높을
> 수록 그 재주가 더욱 낮아지는 것은 왜인가? 두보를 배우는 자는 두보가 있음
> 을 알 뿐, 그 나머지는 보지도 않고서 먼저 업신여긴다. 그러므로 솜씨는 더욱
> 졸렬해진다. 당을 배우는 폐단도 같지만 조금 그것보다 나은 것은 두보 이외에
> 오히려 왕유(王維), 맹호연(孟浩然), 위응물(韋應物), 유종원(柳宗元) 등 수십
> 명의 성자(姓字)들을 가슴에 보존하고 있는 까닭에 나을 것을 기약하지 않아도
> 저절로 낫게 되는 것이다.[57]

여기에는 박제가의 속화된 고학에 대한 비판적인 입장이 담겨있었다.
옛 것만을 공부함으로써 오히려 식견이 더욱 좁아지는 결과가 초래된 당시
의 학문풍토에 대해서 박제가는 비판하였다. 고학을 특권화 하는 학문풍토
에 대한 반발로써 금(今)의 학문을 긍정하려는 박제가의 학문태도는 현재
의 중국을 긍정적으로 보고자 하는 인식으로 이어졌다.

그렇다고 해서 옛 것과의 연관성 없이 청나라 문화 그 자체를 칭송하는
것은 결코 아니었다. 이 부분은 박제가의 사유를 이해할 때 흔히 오해된
것이 아닌가 생각된다. 박제가가 현재 청나라의 문물제도를 긍정할 수 있
었던 것은 그것이 고대 성인이 만들어낸 중화문화에 근원하였기 때문이었
다. 그가 『북학의』 서문에서 "나는 중국의 오랜 풍속이 여전히 남아 옛사람
이 나를 속이지 않았음을 확인하고 감탄을 금치 못했다"[58]고 한 것이나,
1778년에 연경에 가서 중국의 성곽과 주택, 수레와 기물 등을 보고서 "아!
이것이 바로 명나라의 제도로구나! 명나라의 제도는 또 『주례』의 제도

57) 朴齊家, 『北學議』, 外篇「北學辨」.
58) 朴齊家, 『北學議』, 序. "歎其古俗之猶存而前人之不余欺也".

다"[59]라고 감탄했던 것은 그에게 청나라의 문물제도가 곧 성인이 만든 문물제도에 연원하고 있었던 것임을 보여준다.

또한 앞서 지적하였듯이 박제가는 옛날의 성왕이 보석, 화폐, 배, 수레를 만들어 백성들을 편하게 하였다고 지적하였다.[60] 이 언급은 청나라의 번화한 시장을 보고 조선의 사람들이 "오로지 말단의 이익만을 숭상한다"[61]는 말에 반박하면서 꺼낸 말이었다. 청나라의 시장(市場)에 있는 화려한 물건들에서 박제가는 '사치'를 생각하지 않고 오히려 고대 성인이 만들어낸 문물들을 기억해냈다. 이것은 박제가에게 청나라의 문물, 특히 이용후생과 관련한 문물들이 곧 성인이 만든 중화의 문물에 연원한 것이었음을 의미한다.

이러한 점은 이희경에게도 보였다. 예를 들어서 이희경은 연경의 제도는 성인의 제도에 근원한다고 생각하였으며,[62] 따라서 지금의 연경을 통해 주나라의 호경(鎬京), 한나라의 장안과 낙양의 제도를 알 수 있다고 하였다.[63] 그리고 혹자의 "지금 북경의 제도를 보면 상하의 구분이 분명하지 않다"는 부정적인 말에 대하여 "엄격히 정해진 분수가 있다"고 말하면서 연경의 도시구획을 긍정적으로 인식하였다.[64]

그런데 여기에는 중요한 전제가 있었다. 박제가에게 하 · 은 · 주 삼대의 이상적인 중화문화는 별다른 손상 없이 중국 역사 속에서 면면히 계승되어

---

59) 각주 48) 참조.

60) 각주 29) 참조.

61) 朴齊家, 『北學議』, 內篇 「市井」. "我人創見中國市肆之盛而日 專尙末利".

62) 李喜經, 『雪岫外史 外二種』, 68쪽. "大禹濬畎澮 文王定經界 劃井田 是以天下之地形正 而百度皆貞 以之定國都 築城郭 治道路 無不一出於正 而少無斜歪廻曲之弊".

63) 위의 책, 69쪽. "今以燕京可知其周之鎬京漢之長安洛陽之制也".

64) 위의 책, 70쪽. "或日 卽今燕都之制 上下之名分不明 [……] 且民不敢用鴛瓦黃瓦 定分 至嚴".

내려온 것이라는 가정이었다. 그는 중화의 결여성, 손상성보다는 현재 청나라에 계승된 중화문화를 최대한 보고자 하였다. 여기에서 성인의 제도가 갖는 절대성에 대한 깊은 신뢰를 엿볼 수 있다.

현재의 중국을 긍정하는 방법은 고학을 좁은 시각에서 연구하지 않는 것이며, 역으로 고학을 특권화 하여 고정적인 시각에서 연구하지 않았기에 현재의 중국, 즉 청나라를 유연하게 받아들일 수 있었다. 이희경과 박제가가 바라본 중화는 넓은 외연을 가졌으며, 하 · 은 · 주 시대의 이상적인 중화만을 의미하지 않았다. 따라서 그들에게 현실의 중국과 이상적인 중화의 구분은 엄격하지 않았다.[65] 그들에게 중국은 거의 모든 역대의 중국왕조를 의미했다. 중화의 순수성만을 추구할 경우, 박제가가 구상한 적극적인 북학의 명분은 동력을 잃어버리기 쉬웠다. 다음은 박제가가 청나라 풍속을 묻는 지인들에게 전해준 청나라의 풍경이다.

> 그대는 저 중국 비단을 보지 못했습니까? 꽃과 새와 용의 무늬가 번쩍번쩍 빛나서 마치 살아 있는 듯, 지척의 사이에서도 시시각각 형태를 달리합니다. 그것을 보는 자들은 비단 짜는 기술이 이에 이를 줄 생각하지 못하였을 것입니다. 우리나라에서 면포 짜놓은 것과 비교하면 어떻습니까? 물건 가운데 그렇지 않은 것이 없습니다. 그들의 말은 문자이고 그들의 가옥은 금벽(金碧)이며, 그들은 행차에는 수레를 이용하고 그들의 체취는 향기입니다. 그들의 도읍과 성곽, 음악은 번화하고 무지개다리와 푸른 나무사이를 요란하고 왁자지껄 다니는 모습은 흡사 그림과 같습니다. 그 부인들은 모두 예스러운 비녀를 꽂고 긴 옷을 입었는데 바라보면 매우 아름답습니다.[66]

박제가는 청나라 연경의 광경을 매우 화려하게 묘사하였다. 여기에서는

---

65) 이것은 박제가에게 '가치로서의 중국'과 '현실로서의 중국'이 등치된다는 의견과도 같은 의미를 갖는다. 이에 대해서는 김대중, 앞의 논문, 173쪽 참조.

66) 朴齊家, 『北學議』, 外篇 「北學辨」.

비판의 모습이 보이지 않는다. 중화의 개념을 고학의 문제의식으로부터 엄격히 분석하였다면 청나라 연경의 풍광에서 어김없이 이적의 흔적들을 발견해냈을 것이다. 박제가에게 청나라의 문화는 그가 상상했던 중화문화와 등가였다.[67] 이희경 또한 박제가와 같이 '중화의 순수성'을 규명하는 문제보다는 '중화의 계승성'에 더욱 초점을 두었다. 이희경은 삼대(三代)와 한(漢) · 당(唐) · 송(宋) · 명(明)을 차등 없이 중화로서 인정하였다.[68]

이희경은 삼대를 특권화 시키고 한정하여 중화문화로 말하지 않았다. 그는 후대 중화문명의 '계승' 측면에 더욱 주안점을 두었다. 이는 고(古)의 성인 제도가 갖는 절대성을 강조하여 금(今)의 제도를 존중하고 수용하고자 하는 논의였다. 처음부터 금(今)의 제도를 존중하고자 한 것이 아니라, 오히려 '상상적'이라고 할 만큼 고(古)의 제도를 절대적으로 신뢰하고자 하는 과정에서 이러한 인식이 생겨났던 것이다. 문제는 그러한 절대적인 신뢰로 인해서 고(古)에 대한 비판학문으로서의 고학적 문제의식이 발전하지 못하게 된 것이다.

요컨대, 『주례』의 「동관」편 결여는 이용후생 논의에 중요한 계기가 되었다. 이용후생에 대한 논의가 단순히 말단기예가 아닌 경학과 관련된 것이라는 점에서 그러하였다. 박제가의 『북학의』에서 『주례』의 문제의식이 발견되는 것은 이러한 이유에서이다. 이와 함께 연암그룹 내에서의 시의성 강조는 현재 중국의 문물제도에 관심을 갖고자 하는 입장을 더욱 강화시켜 주었다. 박제가의 북학론은 옛 중화의 순수성만을 강조하지 않고, 오히려 후대 중화의 계승에 더욱 초점을 두었다. 그러할 때 중국의 정통왕조들은

---

67) 이러한 입장으로 인해서 그는 중국의 문물에 집착한다는 의미의 唐癖, 唐學, 唐漢, 唐魁라는 비판에 직면해야 했다(李德懋, 『刊本雅正遺稿』 卷7, 「與朴在先書」. "世俗所云 唐癖唐學唐漢唐魁之目 擧集於兄身 此是公案 兄亦自知矣").

68) 각주 22) 참조.

모두 중화로서 존중받을 수 있었고, 청나라도 예외가 아니었다. 이것은 박제가·이희경 북학론의 논리적 기반이었다. 그들은 현재의 것을 통하여 옛 것을 추출할 수 있다고 생각한 점에서 옛 것을 통하여 현재의 것을 비판하려는 학문경향과는 차이를 보였다. 하지만 이것은 사실 '고(古)'에 대한 절대적인 신뢰가 금(今)에 대한 적극적 긍정'으로 이어진 것이었다.

4. 고학(古學)과 북학론(北學論)의 상호 관련성

본 글은 앞에서 고학을 중화의 원형적이고 본질적인 모습을 집요하게 파헤치려는 노력으로 정의하였다. 가령, 예를 들어서 명대 진한고문파는 선진양한의 문체를 이상적으로 보고, 이를 현실에 구현하고자 하였고, 청대 고증학은 중화의 원형질을 밝혀보고자 하였다. 육경고학을 표방한 허목 또한 중화문화를 현실에 구현하고자 한 측면에서 볼 때, 중화의 본질에 좀 더 접근하고자 하는 시도였다. 이들 고학적 문제의식은 주자학 비판에도 활용되어, 주자학조차 순수하지 않은 사상으로 인식하기도 하였다. 예컨대, 정약용은 주자학에 잠재되어 있던 불교적인 요소들에 대해서 비판하였던 것이다.[69] 이러한 고학 연구의 시도들은 현실의 문화를 비판하고 부정하는 방향으로 일부 흘러가기도 하였다.

북학사상이 현재의 중국에 남아있는 중화문물을 인정하고 이를 수용하기 위해서는 그 안에 지나친 비판논의, 예를 들면 고학적인 요소들이 많았

---

69) 丁若鏞, 『與猶堂全書』第二集 經集 第六卷, 孟子要義 盡心第七 盡其心者知其性章. "程子日心也性也天也 一理也 自理而言謂之天 自禀受而言謂之性 自存諸人而言謂之心 鏞案後世之學 都把天地萬物無形者有形者靈明者頑蠢者 竝歸之於一理 無復大小主客 所謂始於一理 中散爲萬殊 末復合於一理也 此與趙州萬法歸一之說 毫髮不差 蓋有宋諸 先生 初年多溺於禪學 及其回來之後 猶於性理之說 不無因循'.

다면 어려웠을 것이다. 그럴 경우, 청나라 문화수용에 있어서 많은 제약이 따를 것임이 자명하기 때문이었다. 이희경과 박제가는 성인의 제도와 『주례』 등을 표방하였지만, 이것은 사실 구체적인 내용이 부재한 '상상적'인 것에 가까웠다. 하지만 그 상상성이야말로 성인의 제도가 갖는 '절대성'을 의미할 수 있었고, 이러한 이유로 고(古)를 치밀하게 분석하는 고학에 대한 문제의식은 갖기 어려웠다. 곧 고(古)는 비판과 분석의 대상이라기보다는 처음부터 그 자리에 '상상적으로' 자리하고 있었던 것이다. 그리고 그것은 금(今)을 통해서 추론하여 알 수 있는 것이었다.

성인 제도에 대한 상상에 가까울 정도의 신뢰는 성인 제도에 대한 의심이나 규명의지를 무디게 하였다. 그들은 성인 제도의 절대성을 주장하면서 구체적인 고학 연구보다는 현재 청나라의 문물제도를 이적인 청나라와 관계없이 그대로 중화문명으로서 긍정하는 데에로 나아갔다. 고대 성인이 제정한 제도와 문물은 절대적인 것이므로 역사상 손상되지 않고 현재 청나라에 그대로 전승되어 남아있을 것이라는 낙관적인 전망이 그 사유의 저변에 있었다.

만약 그들이 옛날 중화문명의 구체적인 실체 찾기에 집착하였다면 하·은·주 시대 중화의 제도를 최대한 복원하려고 노력함으로서 현재 중국의 잘못된 습속들을 바로잡고, 가장 순수한 형태의 중화제도를 찾고자 노력했을 것이다. 고학은 현실을 끊임없이 부정함으로써 결국 더 이상 부정할 수 없는 중화의 원형질을 찾아내는 데 분명히 유용한 학문적 입장이었다. 하지만 성인의 제도가 별다른 손상 없이 면면히 중국에 계승되었다는 낙관적인 인식은 그들로 하여금 이러한 구체적인 고학의 문제의식에서 멀어지게 하였다. 이희경, 박제가의 내면을 더욱 자세히 알기 위하여 다음 고학과 북학론의 관계성을 잘 보여주는 두 가지 사례를 살펴보고자 한다.

첫째, 중국어, 즉 한어(漢語) 사용 문제를 둘러싼 논의이다. 한어는 문어

(文語)를 의미하는 한문(漢文=고문(古文))과 달리 중국에서 사용하는 구어
(口語)를 의미하였다. 당시 조선은 글은 한문을, 말은 조선어를 사용하는
이중 언어 환경에 놓여있었다. 박제가는 조선에서 중국의 구어를 사용할
것을 적극 권장하였다.[70] 그런데 중국어를 배우고자 했을 때 현재 중국의
한자음은 고음(古音)이 아니라는 비판에 대해서, 그는 자세히 규명하려고
하지 않았다.

조선후기 지식인들, 특히 소론계 지식인들을 중심으로 현재 중국의 한자
음은 원(元)나라 등 이적에 의해서 많은 부분 변질 왜곡되어 과거 하·은·
주 시대의 고음(古音)이 아니라고 생각하였다. 그들은 어음(語音)은 도(道)
의 표현이라고 생각했으므로 한자음이 고음이 아닐 경우 성인의 가르침을
온전히 전달하는 데 많은 어려움이 따르며, 중화의 본 모습을 복원하는 일
도 어려울 것이라고 하였다.[71]

그러한 과정에서 소론과 남인 지식인들 가운데 일부는 동음(東音), 즉
조선의 한자음이 오히려 하·은·주 시대의 고음(古音)을 가지고 있다고
인식하였다.[72] 이것은 음성의 조선 중화주의라고 할 수 있을 정도로, 일부
조선의 지식인들은 이에 대하여 상당한 자부심을 가졌다. 왜냐하면 이럴
경우 조선의 한자음은 진정한 중화의 도를 담지하는 것이 되며, 나아가 이
를 통하여 조선은 명청교체 이후 유일무이한 중화로서 내외에 인정받을 수
있기 때문이었다.

연암그룹의 일원이었던 유득공도 이와 흡사한 주장을 펼쳤다. 유득공은
"동음(東音)에는 입성(入聲)과 합구성(合口聲)이 있어 화음(華音)보다 더 낫

---

70) 朴齊家, 『北學議』 內篇 「漢語」.

71) 조성산, 「조선후기 소론계의 東音 인식과 訓民正音 연구」, 『韓國史學報』 36, 2009,
99~105쪽.

72) 위의 논문, 90~99쪽.

다"[73]고 평하였고, 동국 사람들이 배운 한자음은 한나라 이상의 상세(上世)의 것이며 중국은 오랑캐의 혼란을 겪으면서 원래의 한자음을 잃어버렸다고 생각하였다. 그러면서 조선 한자음에 고음이 있다고 하였다. 아마도 이러한 인식이 가능하였던 것은 고음(古音)을 치밀하게 탐구하였기 때문이 아닌가 생각한다.[74] 하지만 이에 대해서 박제가는 다른 관점의 의견을 제시하였다.

> 혹자는 말하기를, "중국의 말은 글자와 동일한 까닭에 말이 변하면 글자의 음도 또한 변한다. 우리나라는 말은 말대로 쓰고, 글은 글대로 쓴다. 그러므로 처음 배웠던 음을 전할 수 있었다. 중국은 침운(侵韻)이 진운(眞韻)과 섞여 있지만 우리나라의 경우 입성(入聲)에 종성(終聲)이 있다. 그 득실취사(得失取捨)를 그 누가 정할 수 있겠는가!" 나는 대답하였다. "내가 그렇다고 이른 것은 반드시 이와 같이 한 연후에야 중국과 더불어 같을 수 있다는 것이며 중국과 같지 않다면 음이 비록 옛것이라고 하더라도 소용이 없는 것이니 단지 글자와 말을 하나로 하면 족할 따름이다. 대저 고음의 변화 같은 것은 한 명의 운학자(韻學者)에게 맡겨 고증하게 하면 된다."[75]

이처럼 박제가에게는 조선이 중화의 고음을 가지고 있다는 사실보다는 중국과의 소통 활성화를 통하여 문물제도 측면에서 중국과 대등해지고자

---

73) 柳得恭, 『古芸堂筆記』(李佑成 編, 『雪岫外史 外二種』, 아세아문화사, 1986) 卷6, 「東音勝華音」, 205쪽. "音韻之棼亂中國尙如此 何況我東乎 然而東人有入聲 又有合口聲 反勝於中國矣".

74) 柳得恭, 『古芸堂筆記』(李佑成 編, 『雪岫外史 外二種』, 아세아문화사, 1986) 卷4, 「東方有古音」, 372~373쪽. "字音有東正而華譌者 今東人所讀之音 何從而起乎 厥初非東人去學于華 則華人來敎于東也 學之敎之 要當在漢以上世也 東人僻處山海間 旣得其字 與其音 沿而守之 至于今不失 華則六朝五季以來 蓄漢相雜 字音安得無變耶 此有可以 證明者 公羊傳 公曷爲遠而觀魚 登來之也 注齊人名求得爲得來 作登來者 其言大而急 由口授也 又笑子東郭郵塗桓公曰 日者臣視二君之在臺上也 口開而不闔 是言莒也 今以 東音讀登得則相近 以華音讀之不相近 以東音讀莒則口開 以華音讀之口不開 可知東方 尙有古音 華則漸變而漸失 恨不能擧而質之於好古如顧寧人者".

75) 朴齊家, 『北學議』, 內篇 「漢語」.

하는 것이 더욱 중요한 과제였다. 물론 그렇다고 해서 그가 음운에 대한
문제의식이 전혀 없었던 것은 아니었다. 그는 『북학의』「한어(漢語)」의 마
지막 부분에서 "오호라! 지금은 중국어를 오랑캐가 지껄이는 조잡한 언어
로 여기지 않는 자가 거의 없다"[76]고 한탄하면서 현재 중국어를 긍정하려
는 입장을 살짝 내비쳤다.

이러한 입장을 직접적으로 잘 보여준 경우는 이희경이었다. 이희경은
당대 청나라 음성을 오히려 이상적인 것이라고 보았다.

> 또한 그 말이 오음(五音)이 분명하여 억양이 바뀌고 높고 낮음이 있을 때에
> 저절로 조리(條理)가 있다. 또한 양음(兩音)과 쌍성(雙聲)은 단지 말에 쓰일 뿐
> 만 아니라 음악과 함께 하면 마치 위 아래의 입술이 맞는 것처럼 화합하지 않는
> 것이 없다. 이것이 그 천지의 바른 소리는 저절로 그 소리가 있다는 것이다.[77]

이희경에게서도 동음이 중국음보다 우월적인 위치를 갖는 고음이라는
인식은 결여되어 있었다. 그는 당대 중국어가 갖는 이적성보다는 그것이
고유하게 가지고 있는, 엄격한 의미에서 보면 증명되지 않은 '중화성'에 초
점을 두고자 했다.

한편, 그는 중국어에 입성이 없다는 것을 이적의 영향 때문으로 인식하
지 않았다.[78] 그는 중국어에는 입성의 글자가 있기는 하나 애당초 ㄱ, ㄹ,
ㅂ, ㅅ의 음이 없어서 평성, 상성, 거성이 잘 구분되지 않으니 이상하다고
하였다. 그러면서 호랑이를 의미하는 '범' 발음을 중국인이 '버', '번'으로 발
음한 사례를 들었다.[79] 이와 같은 사례는 조선의 한자음이 입성음을 갖춘

---

76) 朴齊家, 『北學議』, 內篇「漢語」. "嗚呼 今之人其不反以漢語爲侏離鴃舌者 幾希矣".
77) 李喜經, 『雪岫外史 外二種』, 41쪽.
78) 위의 책, 46쪽. "我國入聲 爲ㄱ, ㄹ, ㅂ, ㅅ之音 以明四聲之分 而中國則雖有入聲之文 初無ㄱ, ㄹ, ㅂ, ㅅ之音 與平上去之音 難以辨別 此可異也".

것을 조선 중화주의의 증거로 인식한 이들과는 비교되는 것이었다.[80) 이
희경은 조선의 한자음이 가졌던 중화성에 대하여 거의 자각하지 못하였던
것이다.

둘째, 고동서화(古董書畵)에 대한 인식에서도 이러한 점을 엿볼 수 있다.
박제가의 『북학의』에는 「고동서화」라는 제목의 글이 실려 있다. 그것을
통하여 골동품과 서화에 대한 그의 관점을 엿볼 수 있다. 그는 이 글에서
고동서화가 백성들의 생업과 관련 없으므로 불필요하다고 보는 사람들의
주장을 반박하면서 자신의 논리를 폈다. 그는 고동서화가 민생과 직접적인
관련은 없지만, 이를 통하여 내면의 지혜를 살찌우고 하늘로부터 받은 천
기(天機)를 마음껏 발휘할 수 있다는 점에서 존중받아야 한다고 말하였
다.[81) 그러면서 그는 천하에서 보배로 간주하는 물건이 우리나라 땅으로
들어오면 모두 천대를 받는다고 하면서 조선의 안목 없음을 한탄하였다.[82)

박제가에게는 유득공, 이덕무, 성대중(成大中, 1732~1809)에게서 보이는
고동서화의 고증학적 문제의식이나 이를 통하여 중화의 원형을 발견하고
자 하는 시도 등은 보이지 않았다. 박제가는 고동서화가 갖는 심미적인 가
치에만 주목하는 모습을 보였다.[83) 이것은 중국의 중화문명을 분석의 대

79) 위의 책, 46~47쪽. "中國人嘗指虎而問於我國人曰 此獸 貴邦俗名云何 我國人大呼曰
범 其人開口效之曰버 我國之掉頭曰 非也 又呼曰 범 彼人又效之曰번 以至於벙베之音
而終不呼爲범 尤可異也".

80) 이에 대해서는 조성산, 앞의 논문, 90~99쪽 참조.

81) 朴齊家, 『北學議』, 內篇「古董書畵」. "或云 富則富矣 而無益於生民 盡焚之 有何虧闕
其言似確而實未然 夫靑山白雲 未必皆喫着 而人愛之也 若以其無關於生民 而冥頑不知
好之 則其人果何如哉 故鳥獸蟲魚之名物尊罍彛爵之形制 山川四時書畵之意 易以之而
取象 詩以之而托興 豈不無所然而然哉 蓋不如是 不足以資其心智動盡天機也".

82) 朴齊家, 『北學議』, 內篇「古董書畵」. "故凡天下可寶之物 入吾地則皆賤 三代之器 名賢
之眞蹟 莫得以售其價 至於筆墨香茶書冊之屬 價常半減於中國".

83) 박제가의 古董書畵 인식이 갖는 심미적 가치에 대해서는 이우성, 「實學派의 書畵古
董論」, 『韓國의 歷史象』, 창작과비평사, 1982 참조.

상으로 삼지 않고, 그대로 비판 없이 수용하고자 했던 그의 평소태도를 보여준다. 그는 「고동서화」 말미에 "나는 이 일을 통해서 중국이 문명의 숲이라는 사실을 알게 되었다"[84]고 말하였다.

유득공은 홍양호(洪良浩, 1724~1802)에게 고비(古碑)의 탁본을 빌려서 연구하였고, 고비에 대한 글을 많이 남겼다.[85] 그는 고비를 단순히 서법의 전범이나 완상의 대상이 아닌 역사 연구의 보조 자료로서 탐구하였다.[86] 이덕무 또한 흥법사비(興法寺碑)와 신라·고려의 석각(石刻) 등에 대하여 정리한 글들을 남겼다.[87] 이는 그가 가졌던 고문헌 관심의 연장선상에서 이해할 수 있지 않을까 생각한다. 성대중은 일본의 고비(古碑)인 다호비(多胡碑)에 대한 기록을 남겼다.[88] 다호비는 이후 김정희(金正喜, 1786~1856), 조병구(趙秉龜, 1801~1845)를 통하여 엽지선(葉志詵, 1779~1862), 옹방강(翁方綱, 1733~1818) 등에게 전해졌고 조선, 청나라, 일본 지식인들의 문화적 교류와 고증학 연구에 중요한 매개 역할을 하였다.[89] 이들의 고비에 대한 관심은 주로 역사연구 및 고증학에 대한 관심에서 이루어졌으며, 나아가 중화문명의 원형을 찾고자 하는 과정에서 진행되었다.[90]

---

84) 朴齊家, 『北學議』, 內篇 「古董書畵」. "吾於是知中國之爲文明之藪也".

85) 洪良浩가 소장한 고비의 탁본을 柳得恭가 보고 「羅麗古碑」라는 글을 남겼다(柳得恭, 『古芸堂筆記』(李佑成 編, 『雪岫外史 外二種』, 216쪽). 유득공의 고비 연구에 대해서는 박철상, 「조선 金石學史에서 柳得恭의 위상」, 『大東漢文學』 27, 2007, 57~68쪽 참조.

86) 박철상, 위의 논문, 57쪽.

87) 李德懋, 『靑莊館全書』 卷55, 盎葉記 2 「興法寺碑後」; 李德懋, 『靑莊館全書』 卷69, 寒竹堂涉筆 下 「羅麗石刻」; 『靑莊館全書』 卷68, 寒竹堂涉筆 上 「新羅名僧碑」.

88) 成大中, 『靑城集』 卷8, 「書多胡碑」. "多胡碑 余得之日本 其稱和銅 迺其元明天皇年號 其四年則唐睿宗景雲二年辛亥 而距今一千一百九十年也 碑之淪於野土 不知其幾年 而平鱗者始得之 鱗雅善金石圖章 獲此以爲珍 好事者亦盛爲稱之 余之入日本 鱗以此見遺 欲廣其傳".

89) 박현규, 「淸朝 학자의 日本 多胡碑 입수 과정과 분석」, 『日本語文學』 33, 2006, 70쪽.

유득공은 고비, 고음을 고증학적 연구방법론을 통하여 역사적으로 분석하였다.[91] 곧 그에게 중화는 무비판적 수용의 대상이 아닌 분석의 대상이었다. 그에게서 박제가와 이희경처럼 현재의 중국 문화를 적극 수용하자는 논의를 발견하기 어려운 것은 이러한 이유 때문이 아닌가 생각된다. 그는 조심스러울 수밖에 없었다. 박제가는 자신의 벗 유득공이 과거의 일을 상세히 알아서 『이십일도시주(二十一都詩註)』와 『발해고(渤海考)』를 저술하였다고 하였다.[92]

이덕무 또한 고문헌학에 관심이 많았고,[93] 중원(中原)이라고 어찌 모두 훌륭하겠는가라고 할 수 있었던 것이다.[94] 유득공과 이덕무는 상대적으로 청나라 문물 수용에 있어 신중한 입장을 보였다. 이러한 사유의 배경에는 중화의 순수한 원형질을 찾고자 하는 문제의식으로서의 고학이 있었다.

결론적으로 고학은 중화와 이적을 좀 더 학술적으로 역사적으로 엄격히 가르게 하는 기준을 제공할 수 있었고, 따라서 고학은 중화주의의 문제를 좀 더 순수 지향의 논의로 인도하였다. 그러한 점에서 고학에 입각했던 이들은 당대 청나라의 문물제도를 적극적으로 수용하고자 하는 북학론에 대해서 다소 신중한 입장을 갖지 않을 수 없었다. 고학과 관련한 문제의식은 당대 청나라의 문물제도를 적극 수용하고자 했던 연암그룹 내에서도 청나

---

90) 조성산, 「18세기 후반~19세기 전반 조선의 碑學 유행과 그 의미」, 『정신문화연구』 33-2, 2010, 151~154쪽 참조.

91) 그의 『古芸堂筆記』에는 고증학적 연구방법론이 많은 부분 보인다. 이에 대해서는 김윤조, 『유득공』, 민속원, 2013, 32~82쪽 참조.

92) 朴齊家, 『渤海考』, 序. "吾友柳君惠風博學工詩嫺於掌故 旣撰卄一都詩註 以詳域內之觀 又推之爲渤海考一卷 人物郡縣世次沿革組縷纖悉錯綜可喜".

93) 이덕무는 자국문헌의 정리에 많은 관심을 가졌다. 이에 대해서는 김영진, 「조선후기 실학파의 총서 편찬과 그 의미」, 이혜순 등 엮음, 『한국 한문학 연구의 새 지평』, 소명출판, 2005, 949~981쪽 참조.

94) 李德懋, 『靑莊館全書』 卷12, 『雅亭遺稿』 4, 「奉贈朴憨寮李莊菴建永之燕」. "朝鮮亦自好 中原豈盡善".

라 문물제도 수용의 적극성 정도에 적지 않은 영향을 끼쳤던 것이다. 이희경과 박제가는 고(古)의 절대성은 인정하였지만, 오히려 그 고(古)의 절대성이 고(古)에 대한 구체적이고 비판적인 분석에는 나아가게 하지 못하는 장애 역할을 하였다. 고(古)는 그 절대성으로 인해서 현실에 가감 없이 계승되고 있었다고 그들은 믿었기 때문이다. 그러한 점에서 그들의 고(古) 인식은 상상적이었다. 이는 현실에서 적극적인 청나라 문물수용 논의로 나타나고 있었다.

5. 맺음말

본 글은 연암그룹 내에서 가장 적극적으로 북학론을 전개하였던 박제가, 이희경을 통하여 북학논의와 고학인식의 상관성 문제를 검토하고자 하였다. 청나라로부터 중화문물을 수용하고자 하는 북학논의가 활성화되기 위해서는 중화의 원형질을 찾고자 하는 순수 지향의 고학의 문제의식은 억제되거나 회피되어야 했다. 본 글에서 정의하였듯이 고학의 문제의식은 고(古)를 분석의 대상으로 삼아 순수한 중화의 원형을 찾고자 하는 경향이 강하였으며, 이러한 사유가 강할 경우 청나라 문물제도를 수용해야 하는 북학의 주장은 위축될 수밖에 없었다. 북학의 주장이 성립되기 위해서는 중화의 순수성을 찾기보다는 중화의 계승성이 강조되어야 했다. 그렇다면 이희경, 박제가에게 고학의 문제의식은 어떻게 해소되고 정리되었는가. 그들도 여느 유자(儒者)들처럼 고학에 대한 문제의식을 회피할 수는 없었다. 그것은 그들의 논리 속에서 은연중에 해소되어야 했다.

이희경은 성인 제도의 절대성을 강조하였다. 기예는 점차적으로 발전하는 것이 아니라, 이미 성인의 시대에 완성되어 있었다. 오히려 후대에 자의적인 변용이 문제를 가져왔다. 심지어 그는 중국의 가축들도 성인의 가르침으로 인하여 온순하다고 하였다. 이렇게 성인의 제도가 갖는 절대성을 강조하는 과정에서 그 절대성은 '상상적'인 것이 되어갔다. 왜냐하면 그 성인의 제도는 사실 실체가 없는 것이며, 성인의 제도를 채우는 것은 현재 청나라의 문물과 제도였기 때문이다. 그 과정에서 그들은 성인의 제도는 가감 없이 후대에 계승되었을 것이라는 낙관적인 인식을 가졌다. 청나라 문물제도에 대한 긍정은 이를 통하여 마련되었다. 옛 성인 제도의 절대적인 신뢰가 청나라의 문물제도를 긍정하는 실제적인 바탕이 된 것이다.

이점은 박제가에게서도 보였다. 박제가는 『주례』의 문제의식을 강조하였다. 특히 이용후생의 도구와 제도와 관련해서 『주례』 「동관」편은 중요하였다. 이용후생의 도구와 제도가 실려 있을 것으로 추측되는 『주례』 「동관」편은 처음부터 누락되어 있어서 한 대(漢代) 이후 많은 지식인들은 「동관」편을 찾기 위하여 노력하였다. 결국 「동관」편을 한대에 지어진 「고공기」로 대신하였다. 『주례』의 「동관」편 결여는 후대 학자들로 하여금 다양한 상상력을 낳았다. 박제가의 『북학의』도 이 『주례』의 문제의식과 깊은 관련성을 가졌다. 박제가는 『주례』의 문제의식 속에서 『북학의』를 저술하였고, 현재 중국의 문물제도로써 이를 만회하려고 하였다.

특히 연암그룹 속에서 보이는 시의성의 강조는 『주례』의 문제의식과 짝하면서 더욱 현재 중국의 문물제도를 긍정적으로 바라보는 데 중요한 역할을 하였다. 과거 하·은·주 시대를 특권화 시키지 않고 각 시대의 시의성을 강조하면서, 중화의 본질적인 계승을 중시하였던 박제가의 사유는 그의 북학론의 중요한 사상적 기반이었다. 여기에는 성인의 제도는 절대적인 것이므로 손상 없이 중국 역사에 면면히 이어져 내려왔을 것이라는 암묵적인 가정이 있었다. 앞서 이희경의 경우처럼 옛 성인 제도의 절대성이 오히려 현재 청나라 제도를 존중하게 하는 사상적 기반이 되었다. 다시 말해서 고

(古)의 지나친 중시가 금(今)을 무한히 긍정하게 하는 역설적인 동력이 되었던 것이다.

그들의 고학에 관한 문제의식과 북학론의 상관성을 보여주는 것으로 본 글은 중국어, 즉 한어 사용 문제와 고동서화 인식 문제를 구체적인 예로 들었다. 박제가와 이희경은 중국어 사용 문제를 직접적으로 거론하였는데, 여기에서 중국음의 이적성을 드러내고 조선의 한자음, 즉 동음이 곧 고음이라는 방식의 고학적 문제의식은 보이지 않았다. 오히려 그들은 중국어의 고래로 이어져 온 중화성을 인정하고자 하였다. 또한 고동서화 부분에서도 박제가는 이를 주로 심미적인 차원에서 접근하였는 데 비해서 유득공, 이덕무, 성대중 등은 고비가 함의하고 있는 구체적인 역사학·고증학 등의 문제에 관심을 기울였다. 이것은 박제가와 이희경이 북학론을 적극 주장한 학문적 배경을 잘 보여준다. 그들은 고학과 관련한 구체적인 문제의식을 억제함으로써 북학론을 좀 더 적극적으로 주장하고자 하였다. 여기에는 사실 옛 성인 제도의 절대성과 그 계승의 측면을 강조함으로써 현재 청나라의 중화성을 인정하고자 하는 북학사상의 사유구조가 자리하고 있었다.

제2부
담론·정치 읽기

1920년 대한민국임시정부 대통령불신임운동의 주체와 성격

/ 이혜린 /

1. 머리말

이 글의 목적은 1920년 대한민국 임시정부(이하 임시정부)에서 일어난 대통령불신임운동의 주체와 성격을 밝히는 데 있다. 1919년 9월 출범한 '통합' 임시정부는 국무원 중 노동국총판 안창호(安昌浩)만이 취임한 상태로 정국운영에 어려움을 겪고 있었다. 그해 11월 3일 국무총리 이동휘(李東輝), 재무총장 이시영(李始榮), 내무총장 이동녕(李東寧), 법무총장 신규식(申圭植)이 정식으로 취임함으로써 임시정부는 비로소 국무회의를 통한 운영이 가능해졌다.[1] 그러나 임시정부의 운영은 순탄하지 않았다. 얼마 지나지 않아 임시정부를 개혁해야 한다는 목소리가 나온 것이다. 그것은 대통령 이승만(李承晚)의 진퇴(進退)에 관한 것으로 한쪽에서는 대통령불신임

---

[1] 「總理及三總長就任」, 『독립신문』, 1919년 11월 4일.

을 주장하였고, 다른 한쪽에서는 현상유지를 호소하였다.

대통령불신임운동의 주체와 성격에 관한 기존연구는 다음과 같다. 먼저 대통령불신임운동은 소장파 차장들이 정무체계를 바로잡고자 시행한 것이었다고 보는 연구가 있다.[2] 이 연구에 따르면 차장들은 이승만과 이동휘의 '독단적 행위'에 불만을 가지고 있었다. 이승만은 임시정부와 상의 없이 독단적으로 교령을 반포하였고, 이동휘는 국무회의 결의를 무시하고 한형권(韓馨權)을 모스크바로 특파하는 등 공산당과 연락하며 단독적인 계획을 세우고 있었다. 따라서 차장들은 정무체계를 바로잡기 위해 대통령불신임안을 제출하였고 동시에 이동휘 배척운동도 벌였다는 것이다.

그러나 이승만이 교령을 반포하기 전인 1920년 2월, 재무차장 윤현진(尹顯振)은 안창호에게 이승만 축출을 건의했다.[3] 또한 윤현진은 한형권을 모스크바로 보낼 비용을 비밀리에 마련하기도 했다.[4] 이러한 사실로 볼 때, 차장들이 대통령불신임안을 제출한 것은 정무 체계를 바로잡기 위한 것이 아니었다고 생각된다.

둘째, 이동휘와 그에게 동조한 각부 차장들이 이승만을 임시정부에서 축출하려 했다고 보는 연구가 있다.[5] 이 연구에 따르면 이동휘와 각 부 차장들은 임시정부 개혁방안으로써 임정활동의 '걸림돌'인 이승만을 축출하려고 했다. 위임통치청원문제, 구미위원부의 재정독점문제, 내부불화문제 등으로 생긴 이승만에 대한 비판여론과 그동안의 불만이 집단적 행동으로 옮

---

2) 이연복, 「初期의 大韓民國臨時政府: 大韓民國臨時政府의 成長過程(下)」, 『경희사학』 제2집, 경희사학회, 1970, 93~94쪽.

3) 도산안창호선생전집편찬위원회 편, 『도산안창호전집 제4권 일기』, 1920년 2월 5일, 도산안창호선생기념사업회, 2000, 109~110쪽(이하 『안창호일기』로 약칭함).

4) 「구술자료 정진석 소장본」, 『遲耘 金錣洙』, 한국정신문화연구원 현대사연구소(편), 1999, 207쪽.

5) 반병률, 『성재 이동휘 일대기』, 범우사, 1998, 224~262쪽.

겨진 것이 대통령불신임운동이었다.

그러나 차장들이 이동휘에게 동조했다고 보는 견해에 의문이 생긴다. 대통령불신임안 제출을 결의한 사람은 비서장 김립(金立)을 비롯한 5명의 각 부 차장들이었다.[6] 이 중 김립은 이동휘가 이끄는 한인사회당의 단원이었으나 나머지 5명은 한인사회당의 당원도, 사회주의자도 아니었다.[7] 사회주의자가 아니었던 5명의 차장들에 대해 이동휘의 동조자였다고 설명하는 것은 그들이 대통령불신임을 주장한 이유를 설명하기에 부족하다.

셋째, '독립운동의 2세대'인 각 부 차장들이 임시정부의 개혁을 위해 대통령불신임운동을 전개했다고 보는 연구가 있다.[8] 각 부 차장들은 '독립운동 1세대'로 구성된 국무원의 내분을 해소하는 것이 시국수습의 첩경이라고 보고, 내분의 원인인 이승만 및 기호파를 정부에서 퇴출시키려 했다. 대통령불신임운동은 구세대의 내분에 대한 신진세대의 불만이 표출되어 일어났다는 것이다.

각 부 차장들은 경력·학력·나이 등과 같은 사항에서 '독립운동 2세대'로 불릴만한 공통점이 있었다.[9] 하지만 경력·학력·나이 등의 사항은 차장들의 정치적 성향을 충분히 설명해주지 못한다. 대통령불신임안 제출은 이승만이라는 인물을 임시정부에서 배제하는 정치적 행위였기 때문에 그들의 정치적 성향이 드러나는 방식으로 설명되어야 할 것이다. 따라서 본 논문은 1920년 초부터 8월까지 대통령 이승만을 임시정부에서 축출하려 했던 대통령불신임운동의 주체를 밝히고 그것이 어떤 성격을 가졌는지 살

---

6) 『안창호일기』, 1920년 5월 15일.

7) 『안창호일기』, 1920년 5월 16일; 도산안창호선생전집편찬위원회 편, 『도산안창호전집 제10권 동우회Ⅱ·흥사단 단우이력서』, 도산안창호선생기념사업회, 2000, 584쪽; 「구술자료 정진석 소장본」, 『遲耘 金錣洙』, 207~208쪽.

8) 윤대원, 『상해시기 대한민국임시정부 연구』, 서울대학교출판부, 2006, 103쪽~114쪽.

9) 윤대원, 위의 책, 85쪽.

펴보고자 한다.

2. 임시정부 개혁논의의 등장

1) '윤현진 그룹'의 임시정부개혁안

1920년 2월 5일 임시정부의 재무차장인 윤현진은 안창호를 찾아와 임시정부를 개혁하자고 했다. 개혁의 방법은 대통령 이승만을 축출한 후 이동휘를 대통령으로 안창호를 국무총리로 추대하는 것이었다. 이동휘와 안창호를 대통령과 국무총리로 추대한 후에는 정부를 청년내각으로 바꾸는 것이 윤현진이 제안한 임시정부개혁안의 핵심이었다.[10] 이후에도 윤현진은 여러 차례 안창호를 찾아와 개혁의 필요성을 주장하였다.[11]

그러나 안창호는 윤현진이 제안한 임시정부개혁안에 반대하며 현상 유지의 태도를 고수했다. 그는 총장들이 단결하여 국무총리를 보좌하고, 김립·정인과(鄭仁果)·윤현진 세 사람이 결심하여 청년 차장들의 중견력을 만드는 것이 임시정부개혁의 '유일한 방법'이라고 주장했다.[12] 이러한 안창호의 논리에서 2가지 사실을 발견할 수 있다. 하나는 안창호가 임시정부 각원을 총장급 인사와 차장급 인사로 나누어 파악하고 있었다는 것이고, 다른 하나는 차장급 인사의 실질적 리더로 김립·정인과·윤현진을 꼽았다는 것이다.

총장급 인사는 안창호가 미국에서 상해로 올 때 구상한 정부통일안, 이

---

10) 『안창호일기』, 1920년 2월 5일.
11) 『안창호일기』, 1920년 2월 22일; 1920년 3월 12일; 1920년 4월 21일.
12) 『안창호일기』, 1920년 3월 12일.

른바 '삼두정치론'의 '삼두'인 이승만·이동휘·안창호로 대표되는 세 정치세력으로 구성되어 있었다.13) 이승만의 통신원 안현경(安玄卿)에 의하면 당시 임시정부 내부에는 "이동휘의 함경도파", "안창호의 평안도파", "이동녕·이시영의 경기도파"가 있으며 이 셋이 주권을 다투고 있었다. 그리고 상해에 부임하지 않았던 이승만은 그의 통신원을 통해 이동녕·이시영과 교섭하며 임시정부 내에서 주권을 행사하고 있었다.14)

한편 안창호에 의하면 차장급 인사 역시 세 정치세력으로 구성되어 있었다. 김립·정인과·윤현진은 말하자면 차장급 인사의 '삼두'였다. 그중 김립과 정인과는 각각 이동휘 계열과 안창호 계열의 사람이었다. 김립은 이동휘가 이끄는 한인사회당의 주요간부로서 임시정부에 참여하고 있었고,15) 정인과는 안창호가 창립한 흥사단의 단우(團友)였기 때문이다.16) 윤현진은 김립·정인과와 구분되는 독자적 계열의 인물이었다. 즉, 차장급 인사를 구성하는 세 정치세력은 한인사회당과 흥사단 그리고 윤현진이 속한 정치세력(이하 '윤현진 그룹')이었던 것이다.

그렇다면 '윤현진 그룹'은 어떤 정치세력이었는가? 먼저 안창호와 정인과의 대화 속에서 '윤현진 그룹'에 대해 짐작할 수 있다. 1920년 5월 차장들은 연맹하여 대통령불신임안을 제출하고 통과되지 않으면 총사직할 것을 계획하였다. 이 때 안창호는 정인과에게 "윤현진·이규홍(李圭洪)이 사직하면 남형우(南亨祐) 역시 따를지니 경상도일대와 관계가 단절될 것"이라고 하였다.17) 안창호의 구분법에 따르면 '윤현진 그룹'은 윤현진·이규

13) 윤대원, 앞의 책, 113쪽.
14) 「안현경→이승만 제10호(1919. 12. 3.)」, 『이승만 동문 서한집』(하), 연세대학교 출판부, 2009, 6~13쪽.
15) 임경석, 『한국 사회주의의 기원』, 역사비평사, 2004, 176쪽.
16) 도산안창호선생전집편찬위원회 편, 『도산안창호전집 제10권 동우회Ⅱ·흥사단 단우 이력서』, 584쪽.

홍 · 남형우 등으로 구성되며 지역적으로는 경상도와 관련이 있었다.[18]

　김철수(金錣洙)의 회고에서도 '윤현진 그룹'에 관한 정보를 얻을 수 있다. 김철수는 김립 · 윤현진 · 이규홍 · 김철(金澈) 네 사람을 임시정부의 '4인조'였다고 회상하였다. 이 네 사람은 비밀리에 협의하여 한형권을 모스크바로 보낼 비용을 마련하였는데, 김철수에 의하면 윤현진 · 이규홍 · 김철 세 사람은 공산주의자가 아님에도 '김립의 이론이 옳다'고 하면서 2천원의 여비를 한형권에게 지급하였다.[19] 윤현진 · 이규홍 · 김철 세 사람은 사회주의자가 아니었으나 한인사회당의 정책에 대해 같은 정치적 선택을 한 것이다.

　일본 경찰 기록에서도 '윤현진 그룹' 구성원에 관한 실마리를 얻을 수 있다. 1921년 2월 남형우 · 윤현진 · 이규홍 · 김철은 '이승만, 안창호 등이 자기의 심복인 김규식을 발탁 · 중용'하였다는 이유를 들어 사직할 뜻을 밝혔다.[20] '김규식 중용'이라는 하나의 사안을 두고 네 사람은 공동행동을 했던 것이다. 이러한 이유 때문인지 일본 경찰은 다른 기록, 바로 임시정부 간부들을 당파별로 조사한 기록에서 남형우 · 윤현진 · 이규홍 · 김철을 같은 당파로 파악하였다.[21]

---

17) 『안창호일기』, 1920년 5월 16일.

18) 남형우는 경상북도 고령, 이규홍은 경상남도 양산 출신이다. 윤현진은 부산에서 태어났고 본적이 양산이었다(『해외의 독립운동사료 ⅩⅧ: 일본편 (5) 대한민국임시정부 관련 요시찰인명부』, 국가보훈처, 2005, 34쪽, 120쪽; 「尹顯振氏의 逝去」, 『독립신문』, 1921년 10월 5일).

19) 「구술자료 정진석 소장본」, 『遲耘 金錣洙』, 207~208쪽.

20) 朝鮮總督府 警務局長, 「高警 제3943호 在上海不逞鮮人의 內訌에 관한 건(1921. 2. 8)」, 『不逞團關係雜件: 朝鮮人의 部－上海假政府(3)』, 국사편찬위원회 한국사데이터베이스(http://db.history.go.kr/), 3쪽(이하 국사편찬위원회 한국사데이터베이스(http://db.history.go.kr/)를 생략함).

21) 朝鮮總督府 警務局長, 「高警 제13028호 僭稱上海假政府 幹部의 黨派別(1921. 5. 10)」, 『不逞團關係雜件 朝鮮人의 部 上海假政府』(3), 3쪽; 북경에 있던 남형우는 1920년 9월 6일 상해로 와 교통총장에 취임하였다(「장붕→이승만 제3호(1920. 9. 8)」, 『이승만 동문 서한집』(하), 251쪽).

이상을 종합하면 '윤현진 그룹'의 구성원 중에는 남형우·윤현진·이규홍·김철 등이 포함되어 있음을 알 수 있다. 그 중 남형우는 신대한동맹단(新大韓同盟團)의 단주였으므로,[22] 윤현진·이규홍·김철은 남형우가 이끄는 신대한동맹단의 단원으로 추측된다.[23]

신대한동맹단이 어떤 단체였는지는『신대한(新大韓)』의 기사를 통해 파악할 수 있다.『신대한』은『독립신문』과 함께 상해 한인언론계를 대표하는 신문이었고 주필은 신채호였다. 그런데 현순은 이 두 신문이 각기 다른 정치세력을 대변한다고 보았다. 그는『독립신문』을 안창호의 견지가 드러난 안창호의 기관지로 보았다.『신대한』에 대해서는 영남인사인 최완과 남형우가 창립하였으며 "영남과 관북이 합력하여 안창호의 세력을 좌절시키고자"『독립신문』을 논박하고 박용만을 후원한다고 보았다.[24] 계봉우(桂奉

---

[22] 신대한동맹단은 1919년에 창설된 단체로 단주는 남형우, 부단주는 신채호(申采浩)였고 단원은 약 40명이었다. 일본 경찰은 신대한동맹단을 북경의 박용만(朴容萬)과 연계된 과격단체라고 파악하였고, 지역적으로는 강원도·경상도·전라도에 기반을 두고 있다고 보았다(朝鮮總督府 警務總長,「高警 제32234호 上海 不逞鮮人이 組織한 各種 團體(1920. 11. 24)」,『不逞團關係雜件 鮮人의 部 在上海地方』(3), 1~2쪽).

[23] 김철은 1920년 11월에 작성된 일본 경찰 기록에서 김규식이 이끄는 신한청년당의 당원이라는 기록이 있다(朝鮮總督府 警務總長,「高警 제32234호 上海 不逞鮮人이 組織한 各種 團體(1920. 11. 24)」,『不逞團關係雜件 鮮人의 部 在上海地方』(3), 4쪽). 그러나 이 무렵 김철의 활동이 신한청년당을 대표한다고 볼 수 없을 것 같다. 안현경이 이승만에게 보낸 편지에 의하면 1920년 4월경 신한청년당 당원의 다수가 흥사단에 가입하여 안창호를 지지했고 일부는 박용만, 일부는 이동휘를 지지하고 있었기 때문이다(「안현경→이승만 제22호(1920. 4. 23)」,『이승만 동문 서한집』(하), 66~67쪽). 김철 역시 1920년 4월을 전후하여 박용만과 연계되어 있던 신대한동맹단에 가입했을 것으로 추측된다. 김립·윤현진·이규홍·김철이 한형권를 모스크바로 파견하는데 동의하고 자금을 지원했다는 김철수의 회고(「구술자료 정진석 소장본」,『遲耘 金錣洙』, 207~208쪽.)와 김철을 남형우의 당파로 분류한 일본 경찰의 기록이 이를 증명해 준다. 특히 일본 경찰은 김규식의 당파를 따로 설정하여 그가 신한청년당의 수뇌라고 설명하였는데, 김철에 대해서는 김규식의 당파가 아닌 남형우의 당파로 분류하였다. 이는 김철이 1920~1921년 무렵 신한청년당보다 신대한동맹단의 정체성을 띠고 있었음을 반증한다(朝鮮總督府 警務局長,「高警 제13028호 僭稱上海假政府 幹部의 黨派別(1921. 5. 10)」,『不逞團關係雜件 朝鮮人의 部 上海假政府』(3), 3~4쪽).

禹)는『신대한』과『독립신문』에 대해 '이 두 신문은 얼른 보면 임시정부의 기관지인 듯하나 실제로는 그렇지 않다'고 하면서『독립신문』은 안창호를 두령으로 한 흥사단의 기관지,『신대한』은 남형우를 수위로 한 영남인사의 기관지라고 하였다.25)『독립신문』과『신대한』에 대한 현순과 계봉우의 평가를 통해 두 신문이 독립운동의 방법에 관해 서로 다른 견해를 보이고 있었다는 것을 알 수 있다. 그리고 그것은 각각 안창호 세력과 남형우·신채호가 이끄는 신대한동맹단의 정치적 견해였다.26) 이런 이유로 일본 경찰역시『신대한』을 신대한동맹단의 기관지라고 파악하고 있었다.27)

1919년 10월 28일에 발간된『신대한』은 창간호에서 독립운동의 방법으로 군사행동이 중요하다는 것을 강조했다. 신문의 창간목적으로 "강고한

---

24) 「현순→이승만(1920. 1. 17)」,『이승만 동문 서한집』(하), 377~378쪽.

25) 계봉우 저, 김필영 역,『꿈속의 꿈』, 강남대학교 출판부, 2009, 167~168쪽.

26) 기존연구는 신대한동맹단이 신채호가 반임시정부세력을 규합하여 만든 단체였으며 (최기영, 「일제 강점기 신채호의 언론활동」,『한국사학사학보』3, 한국사학사학회, 2001, 214쪽), 그 기관지인『신대한』은 반임시정부세력의 기관지였다고 보고 있다(이현희, 「대한민국임시정부와 신채호의 위치」,『한국민족운동사연구』10, 한국민족운동사학회, 1994, 243~244쪽; 최기영, 앞의 논문, 2001, 212~219쪽; 김주현, 「신채호의『신대한』발행과 독립운동」,『한국독립운동사연구』36, 독립기념관 한국독립운동사연구소, 2010, 88~93쪽). 근거로는『신대한』의 주필이 신채호였다는 점, 논설이 '임시정부 기관지'인『독립신문』을 비판하였다는 점,『독립신문』과의 알력으로『신대한』이 폐지되었다는 점 등이 제시되고 있다. 그러나 이러한 기존 견해는 재고의 여지가 있어 보인다. 계봉우에 따르면『신대한』은 남형우로 대표되는 '영남인사의 기관지'였으나, 표면적으로 임시정부의 기관지를 자임하고 있었기 때문이다. 또한『신대한』이『독립신문』을 비판한 점은 '『신대한』이 반임시정부 세력의 기관지였다'는 주장의 근거가 될 수 없을 것 같다.『독립신문』이 임시정부의 기관지가 아닌 안창호 세력의 기관지였다는 연구가 있기 때문이다(이한울, 「상해판『독립신문』과 안창호」,『역사와 현실』76, 한국역사연구회, 2010). 이 연구에 근거하여『독립신문』을 안창호의 세력의 기관지로 본다면,『신대한』이 비판하는 지점은 임시정부를 향한 것이 아니라 안창호세력을 향한 것이 된다.

27) 朝鮮總督府 警務總長, 「高警 제32234호 上海 不逞鮮人이 組織한 各種 團體(1920. 11. 24)」,『不逞團關係雜件 鮮人의 部 在上海地方』(3), 1~2쪽.

민족주의를 가져 일본과 싸우자는 정신"을 가지고 "적에 대한 파괴가 독립을 건설하는 길"임을 명확히 하는 것, "파괴 건설을 차서(次序)로 전도(顚倒)하여 국민의 심리를 약하게 하는 대소 단체"를 비판하는 것을 내세웠던 것이다.[28]

그런데 이러한 주장은 『독립신문』의 논지를 정면으로 비판하는 것이었다. 1919년 10월 무렵 '안창호 내각'은 워싱턴에서 열릴 국제연맹회의를 앞두고 '우선' 외교에 집중해야 한다는 입장이었다.[29] 『독립신문』 역시 '안창호 내각'의 견해를 반영하여 '외교 우선'의 논리로 독자들을 설득하고자 했는데, 이를 잘 보여 주는 것이 1919년 10월 11일에 발행된 「외교와 군사」라는 사설이었다. 『독립신문』은 이 사설에서 군사에 대한 국민의 태도를 보면 양자 병행이 이상적이나, '평화회의가 끝날 때 까지는 외교설이 주'가 되어야 한다고 주장했다.[30] 『신대한』이 「창간사」를 통해 비판하고자 했던 것은 『독립신문』의 '우선 외교론'이었다.

그렇다고 『신대한』이 독립운동의 방법으로 외교를 부정하고 군사행동만 강조한 것은 아니었다. 『신대한』 창간호에서는 국제연맹에 대한 기대감을 드러내며 '국제연맹이 성립될 것'과 '국제연맹의 당국자들이 민족자결주의를 실행'하길 간절히 희망한다고 했다.[31] 외교에 대해서는 『신대한』 제2호에서 더욱 자세히 다루고 있다. 『신대한』은 "평화회의니 국제연맹이니 하는 시기"가 외교를 개시할 좋은 시기라고 인정하면서도 외교는 독립운동의

---

28) 「新大韓創刊辭」, 『신대한』, 1919년 10월 28일.

29) 이한울, 앞의 논문, 341~343쪽; 1919년 9월 '통합' 임시정부는 수립되었으나 대통령 이승만, 국무총리 이동휘를 비롯한 각 부 총장들이 취임하지 않고 있었다. 따라서 국무총리 및 총장들이 정식 취임한 1919년 11월 이전까지 임시정부는 노동국총판인 안창호가 국무총리대리를 행하는 과도체제에 있었다(윤대원, 앞의 책, 88쪽).

30) 「外交와 軍事」, 『독립신문』, 1919년 10월 11일.

31) 「國際聯盟에 對한 感想」, 『신대한』, 1919년 10월 28일.

일부분이며 전 부분이 아니라고 주장했다. 또한 외교를 실행할 때에는 세계의 동정에 호소하지 말고 아국(我國)의 위치와 민족의 역사가 동양평화를 보장할 수 있다는 "독립의 이유"를 설명해야 한다고 강조했다.[32]

『신대한』은 군사행동과 외교에 대해 경중이 없는 독립운동의 방법이라고 보았다. 하지만 세계의 여론과 동정을 구하여 독립을 이루려는 것, 즉 외교독립론에 대해서는 철저히 비판했다. 이러한 『신대한』의 견해는 남형우의 의견이 반영된 것이었다.[33] 1919년 12월 7일 상해에서는 민단과 청년단의 주최로 시국연설회가 열렸다. 이 때 남형우는 '나의 본 독립운동'이라는 주제로 독립운동의 과거, 현재, 미래에 대한 연설을 하였다. 그는 먼저 1910~1919년까지의 독립운동은 세계대전, 평화회의, 국제연맹과 같은 외부에서 주어진 기회로 말미암은 것이 아니며 자발적으로 행해졌다고 강조하였다. 그리고 이 시기의 독립운동방식은 만세시위, 의열운동, 외교, 군사행동이었으나, '현재' 중요한 독립운동의 방법은 외교와 군사행동이라고 하였다. 남형우는 외교적으로 왕래할 사신(使臣)도 없고, 군대와 무기가 풍부하지 않은 '현 상태'에서 중요한 것은 독립에 대한 '성의(誠意)'임을 강조했다. 그는 세계의 대세가 민족자결로 향한다고 전망하고 있었지만, 스스로 성의를 보인 후에야 비로소 "남의 원조"를 청해야 한다고 하였다.[34] 독립운동의 방법으로써 군사와 외교 모두 중요하다고 생각했으나,

---

32) 「外交問題에 對하야」, 『신대한』, 1919년 11월 3일.

33) 김주현은 1919년 11월 3일 발행된 『신대한』 제2호의 「外交問題에 對하야」 사설을 쓴 필자가 본인의 본의가 아님을 밝히고 있다고 하면서 이 사설은 신채호와 관계가 없다고 하였다. 그는 신채호가 이 글을 쓴 이유를 외교문제가 여러 사람들 사이에서 회자되기 때문에 어쩔 수 없이 썼거나 신문사 내의 누군가의 지시가 있었기 때문이라고 하였다. 그리고 누군가의 지시가 있었다면 그 사람은 일본의 첩보자인 방효상일 것이라고 추측하였다(김주현, 앞의 논문, 75~76쪽). 그러나 남형우의 연설을 통해 이 사설은 남형우의 견해가 반영된 것임을 알 수 있다.

34) 「나의 본 獨立運動」, 『독립신문』, 1919년 12월 27일.

"남의 원조" 즉 세계의 여론과 동정을 구하는 외교독립론에 대해서는 비판적이었던 것이다.

1919년 11월 이동휘가 국무총리로 취임하자 임시정부의 독립운동노선이 변하였다. 임시정부의 공식입장은 1920년을 '독립전쟁의 원년'으로 선포한다는 것이었다. 그동안 대립하고 있던 외교독립론과 독립전쟁론을 절충한 결과였다.[35] 이에『독립신문』은 독립전쟁에 대한 의지를 보이며 이전과 상반된 주장을 펼쳤다.[36]

『신대한』의 논조도 변하였다. 1920년 1월 20일「여론(輿論)을 제조(製造)할 일」이라는 사설에서 여론 전반에 대한 비판과 함께 "일대(一大) 공공의 여론"이 필요하다고 주장했다.[37]『신대한』이 1920년 초 공공의 여론, 공중의 표준을 부르짖은 것은 임시정부의 변화와 무관한 것이 아니었다. 『신대한』은 향후 언론들이 "공공의 여론"을 따라야 하며 특정 인물이나 단체의 기관지가 되지 말아야한다고 주장했는데, 이때 공공의 여론이란 독립전쟁방침으로 전환한 임시정부의 공식입장을 의미하는 것이었다.

한편『신대한』은 1920년 1월 23일 사설에서 임시정부 구성원의 변화를 요구하였다. 이 사설에서는 역사에 근거하여 사상계에 새 기운이 있었던 지점을 총 4개로 나누었다. 제1기는 정조시대의 실학사상이며, 제2기는 갑

---

[35] 윤대원, 앞의 책, 141쪽.

[36] 이한울, 앞의 논문, 346쪽.

[37] 사설의 대략적인 내용은 다음과 같다. 먼저 '조선은 일본의 식민지배 하에 있어 여론이라고 할 것이 없으나, 서간도·연해주·미주·상해 등지는 비교적 언론의 자유가 있다'고 하였다. 그러나 조선인의 여론은 각 구역마다 달라서 지리멸렬함을 면치 못하고 있는데, 그 원인은 각 지역의 유력자에 의해 여론이 좌우되기 때문이었다. 따라서 시급한 것은 "여론의 제조"라고 보았다. 각지의 신문이나 유속(流俗)에 따르지 않는 독립적 논조, 즉 "공중의 표준"을 만들어야 한다는 것이었다. 공중의 표준이 세워지면 의견이 완진·급진으로 나뉠 수는 있으나 몇몇 개인과 지방에 따라 달라지면 안 된다는 것이 사설의 핵심내용이었다(「輿論을 製造할 일」,『신대한』, 1920년 1월 20일).

신정변시기, 제3기는 독립협회 설립시기, 제4기는 을사늑약 이후의 부국강
병을 위한 사회교육운동의 시기였다. 그리고 '현재'를 3·1운동이라는 새로
운 시기를 맞이한 '제5기'로 설정하였다. 그런데 『신대한』은 '현재' 임시정
부의 중심인물들은 제3~4기의 인물이 대부분이라고 지적하였다. 또한 진
화하려면 사회의 변동이 있어야 되고, 사회가 변동하려면 구(舊) 인물이 가
고 신(新) 인물이 와야 하며, 연령의 노소에 따라 신구 인물이 나뉘는 것은
아니나 신 인물은 청년에 많다고 주장하였다.[38] 즉, 새 시기가 도래한 만
큼 구 인물로 구성된 현 임시정부를 개혁하고 청년들이 임시정부의 주축을
이뤄야 한다는 것이었다.

　윤현진이 제안한 임시정부개혁안은 『신대한』의 사설과 같은 맥락 속에
있는 것이었다.[39] 윤현진과 이규홍은 현 정부에는 희망이 없고 내각을 변
개하는 것 외에는 다른 방책이 없다고 하면서 "늙은이들의 갈 사람은 가고
차라리 청년정부"를 조직하자고 하였다.[40] 즉 '윤현진 그룹'은 임시정부의
구성원을 재정비하는 임시정부개혁안을 제시한 것이다. 그것은 舊 인물인
이승만과 그의 독립운동 방법인 외교독립론을 임시정부에서 배제하는 것
이었다.

---

38) 「新舊人物의 代謝」, 『신대한』, 1920년 1월 23일.

39) 『안창호일기』에 따르면 윤현진은 안창호와 1920년 1월 17일과 19일 두 차례에 걸쳐
'신대한정폐안'을 의논하였다. 기존 연구는 윤현진의 발언과 일본 경찰 기록을 근거
로 임시정부에 의해 『신대한』이 폐간되었다고 보고 있다(최기영, 앞의 논문, 218쪽;
김주현, 앞의 논문, 91쪽). 그러나 『신대한』이 폐지된 것은 신대한동맹단이 안창호
세력과 제휴하기 위한 정치적 선택이었을 가능성이 있다. 『신대한』 폐지 이후 윤현
진은 안창호에게 신대한동맹단의 단주인 남형우를 임시정부의 총장으로 삼자고 했으
며(『안창호일기』, 1920년 3월 10일.) 남형우는 제7회 임시의정원의회에서 교통총장
으로 임명되었다(「臨時議政院記事」, 『독립신문』, 1920년 3월 25일). 이와 관련된 내
용은 추후의 연구과제로 삼겠다.

40) 『안창호일기』, 1920년 4월 21일.

2) 이동휘 내각의 정부운영과 시국수습책

1919년 11월 3일 이동휘가 국무총리로 취임하였다.[41] 이동휘와 김립을 비롯한 한인사회당 주요 당원들은 임시정부에 참여하면서 임시정부의 정책을 전환시키려 하였다. 한인사회당은 국제연맹과 미국의 동정을 기대하는 정세관에 대해 비판적이었기 때문에 국제연맹·미국과 결별하고 소비에트 러시아와 제휴하려 했다.[42]

1919년 11월 여운형(呂運亨)은 일본과 교섭하기 위해 최근우(崔謹愚)·장덕수(張德秀)·신상완(申尙玩)과 함께 동경으로 갔다. 이에 대해 이동휘는 여운형이 일본에 매수되었다고 비판했다.[43] 그런데 이동휘는 여운형의 행동을 비판하면서 "여운형 같은 외교가나 자치운동이나 위임통치운동하는 외교가를 원치 않는다"라고 하여 이승만을 함께 비판했다.[44]

임시정부의 국무총리로 취임한 이동휘는 독립운동 방법에 대한 이승만의 생각을 확인하고자 했다. 그는 이승만에게 독립이 국제연맹으로 가능할지, 아니면 "최후 철혈주의"로 가능할지 물으며 자신은 "최후 1인이 다 죽기까지 견집한 마음으로 나가야" 독립이 이루어질 것이라고 생각한다 했다.[45] 이동휘의 질문에 대해 이승만은 국제연맹으로는 독립이 불가능하다고 전망하면서도 미국인의 배일열(排日熱)이 점점 높아진다며 '미일전쟁'에 대한 기대를 보였다. 따라서 "위험한 일"을 행하는 것은 독립에 무익하니 3·1운동과 같은 시위운동을 계속 진행하여 각국의 동정을 얻자고 하였

---

41) 「總理及三總長就任」, 『독립신문』, 1919년 11월 4일.

42) 임경석, 앞의 책, 178쪽.

43) 이한울, 앞의 논문, 348쪽.

44) 「안현경→이승만(1919. 12. 3)」, 『이승만 동문 서한집』(하), 9쪽.

45) 「이동휘→이승만(1919. 11. 29)」, 『이승만 동문 서한집』(하), 149쪽.

다.[46] 이승만은 독립전쟁에 부정적인 태도를 가지고 외교독립론의 입장을 고수했던 것이다.

독립운동방법에 관한 이동휘와 이승만의 생각은 타협이 불가능했다. 1920년 2월 이동휘는 안창호에게 임시정부를 개혁할 것을 제안했다. 본인이 책임을 지고 시국을 번복하겠으니 안창호더러 은밀히 동지를 결집하라고 하였다.[47] 이동휘는 안창호 세력과의 연대를 통해 이승만을 임시정부에서 축출하고자 했던 것이다.

그러나 안창호는 융화책을 강구해야 한다며 거절하였다. 그는 임시정부의 '현 상태'를 유지하는 것이 정부개혁의 방법이라고 하며, 5명의 국무원(國務員)이 맹약을 맺어 결속을 다지자고 제안했다. 안창호의 계획은 국무원 5인이 합동하여 '제1급 중견'이 되고, 청년차장을 합동하여 '제2급 중견'이 되게 하며, 각계 각파의 유력인사를 '제3급 중견'으로 세워 "국민 전부를 망라"한 활동을 하는 것이었다.[48]

이동휘는 일단 안창호의 제안을 받아들였다. 1920년 4월 24일 국무원(國務員)들은 국무총리 이동휘가 각 부 총장을 초대하는 방식으로 모여 임시정부의 결속을 위한 맹약을 확립하기로 했다. '비밀주의'를 없애고 정부 결속력을 강화하며 정부직원과 각계 유명 인사를 망라한 '혁명적 최대중심기관'을 건설하는 4개의 항을 합의하였다.[49] 그러나 이들의 약속은 얼마 지나지 않아 깨지게 되었다. 그것은 안창호의 정부개혁안이 가진 한계, 대통령 이승만이 결속 대상에서 제외되었기 때문이었다.

약속의 결렬은 미주 한인사회의 재정권을 둘러싸고 일어났다. 이승만은

---

[46] 「이승만→이동휘(1920. 1. 28)」, 『이승만 동문 서한집』(상), 101~102쪽.

[47] 『안창호일기』, 1920년 2월 26일.

[48] 『안창호일기』, 1920년 4월 21일.

[49] 윤대원, 앞의 책, 106쪽.

한성정부 집정관 총재의 직권으로 구미위원부를 설립하였다. 그는 미주와 하와이의 교민들로부터 안정적인 자금을 확보하고 구미 열강에 대한 외교 및 선전활동을 전개하려 했다.[50] 그러나 임시정부는 구미위원부를 "대통령을 보좌하여 외교업무만 담당"하는 것으로 규정하고 그 역할을 축소하였다.[51] 임시정부가 세운 계획은 '대한민국원년 독립공채(大韓民國元年 獨立公債)'를 재원(財源)으로 삼아 재정을 임시정부로 일원화 하는 것이었다.[52] 이를 위해 1920년 1월 20일 교령 제3호로 임시공채관리국관제(臨時公債管理局官制)를 공포하였다. 「대한민국원년 독립공채발행조례」에 따라 재무총장 직속 하에 공채관리국을 두고 공채 발매 및 상환에 관한 업무를 관장할 수 있게 되었다.[53] 1920년 4월 7일에는 재무부령 제1호로 임시주외재무관서제(臨時駐外財務官署制)를 공포하였다. 외국의 재정사무를 관리하기 위해 임시주외재부관서를 설치하고 재무관 1인, 부재무관 1인 등 직원을 두는 것이었다.[54]

그런데 이승만은 임시정부의 재정정책에 협조하지 않았다. 그는 1920년 4월 10일 교령 제4호를 공포하여 "재무총장의 공전(公電)"을 근거로 미주지역의 재정사무가 구미위원부에 위임되었다고 알렸다.[55] 임시정부에서 보낸 전보는 재무관 선발을 위탁한다는 것이었는데,[56] 이승만은 재정사무를 위임했다고 보았던 것이다. 재무관 선발을 위탁하는 것과 재정사무를 위임

[50] 고정휴, 『이승만과 한국독립운동』, 연세대학교 출판부, 2004, 104~106쪽.
[51] 이동휘, 「국무원 제(ㄱ) 258호: 국무회의 경과에 관한 보고(1920.12.20)」, 『대한민국임시정부자료집』(8).
[52] 윤대원, 「대한민국임시정부 전반기(1919~1932)의 재정제도와 운영」, 『대한민국임시정부 수립80주년 기념논문집』(상), 국가보훈처, 1999, 251쪽.
[53] 「大韓民國臨時政府公報 第10號」, 『대한민국임시정부자료집』(1).
[54] 「大韓民國臨時政府公報 第15號」, 『대한민국임시정부자료집』(1).
[55] 「임정 재정사무의 구미위원부 위탁」, 『대한민국임시정부자료집』(17).
[56] 「中央總會공고」, 『신한민보』, 1920년 4월 16일.

하는 것은 전혀 다른 이야기였다. 재무관이 관리하는 재정은 임시정부에 귀속되는 것이지만, 구미위원부가 재정사무를 위임받았다면 그 재정은 구미위원부에 귀속되기 때문이다.

이승만이 발표한 교령 때문에 임시정부의 재정정책은 차질을 빚게 되었다. 국무원들은 이승만의 정책을 두고 서로 다른 태도를 보였다. 이시영은 임시주외재무관서제에 따라 임시정부에 재정을 보내주기만 하면 된다고 하면서 이승만과의 조율을 시도하였다.57) 그러나 이동휘는 구미위원부에서 "돈 일 푼 오지 않는다"는 불평을 하며 미주로 재무관을 파송하자고 주장하였다.58)

국무원들은 결속을 약속했으나 이승만의 행동에 대해 '이승만 옹호'와 '이승만 비판'으로 의견이 나뉘게 되었다. 안창호가 제안하고 이동휘를 비롯한 국무원들이 받아들인 국무원 융화책은 실패하였다. 이동휘는 "미주의 일이 착오되는 것을 탄식"하며 더 이상 이승만·이동녕·이시영·신규식과 함께 일할 뜻이 없다고 하였다. 또 자신은 기회를 보아 서간도로 가겠다고 하면서 국무총리직에서 사퇴할 의사를 밝혔다.59) 이동녕과 신규식도 총장직을 사퇴하겠다고 하였다.60) 5명의 국무원이 행한 '맹약'은 이동휘, 이동녕, 신규식이 잇따라 사퇴 의사를 표명하면서 무효화 되고 말았다.

---

57) 「안현경→이승만 통신 제22호(1920. 4. 23)」, 『이승만 동문 서한집』(하), 69쪽.

58) 「안현경→이승만 통신 제23호(1920. 5. 6)」, 『이승만 동문 서한집』(하), 71~72쪽; 이승만은 구미위원부의 사업과 사무에 대한 아무런 보고도 하지 않은 채 무응답으로 대응하였다(정인과, 「外務部公函 第14號(1920. 5. 3)」, 『대한민국임시정부자료집』(16)).

59) 『안창호일기』, 1920년 5월 6일.

60) 『안창호일기』, 1920년 5월 10일.

3. 대통령불신임문제의 공론화와 불신임안 제출

1) 차장회의를 통한 대통령불신임문제의 공론화

1920년 5월 13일 윤현진은 '몇몇 동지'와 함께 사퇴를 각오하고 대통령불신임을 단행키로 했다. 그들은 차장회의에서 대통령불신임안을 통과시키려는 계획을 세웠다.[61] 5월 14일, 국무원 비서장 및 각부 차장들은 차장회의를 열어 국무회의에 대통령불신임안을 제출하고 안건이 통과되지 않을 시에는 총사직하기로 결정하였다.[62] 차장들은 이승만의 위임통치청원문제, 구미위원부 문제로 인한 외교·재정의 불일치 문제, 이승만이 독단적으로 교령을 반포한 문제, 국무원들의 융합하지 못하는 상태 등을 대통령불신임의 이유로 들었다.[63]

그런데 이들은 임시정부 각 부서의 차장임과 동시에 특정단체의 일원이었다. 김립(국무원 비서장)은 한인사회당, 윤현진(재무차장)·이규홍(내무차장)·김철(교통차장)은 신대한동맹단, 정인과(외무차장)는 흥사단에 속해 있었다. 김희선(군무차장)은 일본 육군사관학교를 졸업하고, 대한제국시대에 사관학교 교관이었던 경력으로 군무차장이 되었다.[64] 김희선은 어떤 단체에도 속하지 않았으며, 단독적인 행보를 하던 사람이었다.[65] 임시

[61] 『안창호일기』, 1920년 5월 13일.

[62] 『안창호일기』, 1920년 5월 15일.

[63] 이 내용은 차장들이 대통령 불신임안을 제출하는 이유에 대한 안창호의 생각[所料]이며, 차장들은 이에 대해 별다른 이의를 제기하지 않았다(『안창호일기』, 1920년 5월 15일).

[64] 山崎馨一(上海總領事), 「秘受 03798호 重要한 不逞鮮人의 略歷 送付의 件(1920. 7. 2)」, 『不逞團關係雜件鮮人의 部 在上海地方』(3), 12~13쪽.

[65] 안창호는 "김희선은 단독행동"을 할 것이라고 예상하였다(『안창호일기』, 1920년 5월 16일).

정부 차장들 중에는 이승만 세력이 없었다.

한인사회당과 신대한동맹단은 이승만의 독립운동 방법에 대해 비판적이었고, 1920년 초에는 '내각 변동'을 골자로 하는 임시정부개혁을 구상하고 있었으므로 대통령불신임 결정에 이질감이 없었다. 그러나 흥사단 단원이었던 정인과가 대통령불신임안 제출에 참여한 것은 '의외'였다. 흥사단을 이끄는 안창호가 이승만을 축출하는 임시정부개혁에 반대하며 현상유지의 태도를 고수했기 때문이었다. 정인과가 대통령불신임안 제출에 참여하겠다고 한 것은 정인과 개인의 결정이었을 것이다. 그는 "총장들의 각오가 원만하지 못하여 앞길이 험난하다"며 결속하지 못하는 국무원들의 모습에 실망하고 있었고,[66] 이승만의 독단적인 모습에 불만을 갖고 있었다.[67]

윤현진과 그의 동지들이 차장회의에서 대통령불신임안을 통과시키려 한 것은 차장들 중에 이승만 세력이 없었던 것과 흥사단이었던 정인과가 이승만에게 불만을 갖고 있음을 포착했기 때문이었다. 그렇다면 윤현진이 말한 그의 동지는 누구였을까. 대통령불신임안 제출 및 총사직을 결의한 1920년 5월 14일 차장회의 이후의 상황을 살펴보자.

이동휘는 차장회의의 결과에 지지를 표명했다. 그는 이승만과 함께 할 수 없다면서 '차장들도 이와 같은 사상을 가진 것을 만족하게 동정(同情)한다', '차장들은 설혹 그 뜻이 변하더라도 자신은 절대로 변치 않겠노라'고 하며 차장회의 결과에 힘을 실어주었다.[68] 안창호는 차장들의 대통령불신임안 제출 결정에 대해 반대하였다. 1920년 5월 15일 안창호는 차장회의가

---

[66] 『안창호일기』, 1920년 5월 10일.
[67] 1920년 5월 11일 이승만은 '현순을 워싱턴외교위원으로 정하고 도미여비 500원을 보낸다'는 내용의 전보를 보냈다. 정인과는 이 일이 국무총리나 외무부와 아무런 협의도 없이 결정되었다고 하면서 "매사에 이렇게 하니 어찌 일하리오"라고 개탄하였다(『안창호일기』, 1920년 5월 11일).
[68] 『안창호일기』, 1920년 5월 14일.

열리는 김철의 집을 방문하여 차장들을 설득하였다.[69] 안창호의 설득으로 정인과와 김희선은 대통령불신임안 제출에 참여하지 않기로 하였다. 특히 정인과는 자신의 결정을 철회한 뒤 차장들의 사직서가 제출되지 않도록 힘 쓰겠다고 하였다. 반면에 김립·윤현진·이규홍·김철은 처음의 뜻을 굽히지 않았다.[70]

윤현진이 말한 동지는 김립·이규홍·김철이었다. 한인사회당과 신대한동맹단의 구성원이었던 그들은 대통령불신임안을 통과시키기 위한 전략으로 차장들의 공동행동을 계획했던 것이다.[71] 이는 두 가지 효과를 얻을 수 있는 전략이었다. 첫 번째는 임시정부의 실무를 담당하는 차장들이 총사직으로 연맹하면 정부가 마비되므로, 대통령불신임안이 반드시 통과될 것이라고 예상할 수 있었다. 두 번째는 대통령불신임안 제출을 정치적 '음모'로 보는 비난에서 벗어날 수 있었다. 차장회의는 임시정부의 차장급인사인 국무원 비서장 및 각부 차장이 참석하는 회의이다.[72] 일반적으로 차장회의는 특정 정치세력을 대변한다고 보기 어려운 것이었다. 따라서 차장회의에서 대통령불신임안 제출이 결정되어 통과되면 이승만 축출 후에 올 정치적

---

69) 『안창호일기』, 1920년 5월 15일.

70) 『안창호일기』, 1920년 5월 16일.

71) 윤현진은 일본 유학시절 1916년 창당된 신아동맹당에 가입했었다. 신아동맹당에는 백남규와 같이 주시경의 조선어강습원을 졸업하고 일본으로 유학 온 학생들이 가입하기도 했다. 그런데, 조선어강습원은 배달말글몬음의 부속기관이었으며, 1916년 배달말글몬음의 회장은 남형우였다. 한편, 1920년 서울에서는 김철수·장덕수 등에 의해 사회혁명당이 결성되었는데, 주요당원들은 1910년대 신아동맹당 출신이었다. 사회혁명당은 1921년 '상해파 고려공산당' 국내지부로 전환하였다(최선웅, 「1910년대 재일유학생단체 신아동맹당의 반일운동과 근대적 구상」, 『역사와 현실』 60, 한국역사연구회, 2006, 379~382쪽).

72) 국무원(國務院)의 직원으로는 국무총리 이하 비서장·비서·참사가 있었고, 각 부에는 총장 이하 차장·참사·서기가 있었다. 특별기관이 설치되어 있는 부에는 국장(局長)이 있기도 하였다(「국무원문서 사무보고(1921. 1.)」, 『대한민국임시정부자료집』(8)).

부담을 덜 수 있었다.

그러나 이러한 전략은 순탄하게 진행되지 않았다. 안창호가 강경한 태도로 반대했기 때문이었다. 안창호는 대통령불신임문제가 불거지면 일본은 이것을 기회로 삼아 "내(內)로 동포에게, 외(外)로 세계"에 악선전을 할 것이며, 정부는 반임시정부 세력의 공격을 받을 것이라고 주장하였다. 또한 그는 내각을 새로 조각하는 것은 세월을 '소비'하는 일이라며 반대하였다. 안창호는 '통합' 임시정부가 성립되는 동안 독립운동에 큰 진전 없었다고 하면서, 대통령불신임문제가 생기면 독립은 더욱 지연될 것이라고 하였다. 마지막으로 이승만은 결코 대통령불신임안을 인정하지 않을 것이라고 하며 반대하였다. 대통령불신임안이 통과되더라도 이승만은 국내외에 자신을 대통령이라고 선전할 것이며, 이렇게 되면 정부는 둘로 분열되는 것이라고 주장했다. 특히 안창호는 임시정부가 분열되면 외국의 동정을 절대 얻지 못할 것이라고 강조하였다.[73]

안창호는 대통령불신임을 주장할 수 없는 상황이었다. 비밀조직이었던 흥사단의 존재가 임시정부 내에 알려진 것이다.[74] 그는 '흥사단을 조직하여 내외에 선전하고 장래 대통령이 되기를 준비한다'는 의심을 받고 있었다.[75] 이러한 상황 속에서 대통령불신임에 찬성하는 것은 정치적 모험이었다. 그러나 무엇보다 안창호는 이승만 축출로 인한 외교적 손실을 걱정하였다. 그는 임시정부가 분열되면 일본이 세계를 향해 악선전을 할 것이며 외국의 동정을 얻는데 불리하다고 생각했다.

윤현진과 이동휘는 안창호를 설득하여 대통령불신임안 제출을 추진시키려 하였다. 윤현진은 차장들이 대통령불신임안을 제출하려고 한 것은 안창

---

73) 『안창호일기』, 1920년 5월 15일.
74) 『안창호일기』, 1920년 4월 23일.
75) 『안창호일기』, 1920년 5월 14일.

호를 믿었기 때문이라고 하며 그 믿음을 져버리지 말라고 하였다.[76) 이동
휘는 "이승만 한 사람을 축출하는데 무슨 염려가 있느냐"며 안창호에게 대
통령불신임안에 찬성할 것을 촉구했다.[77) 그러나 안창호는 임시정부가 분
열될 것이라며 대통령불신임안은 불가하다는 태도로 일관하였다.

1920년 5월 16일 대통령불신임안을 주요 안건으로 하는 4번째 차장회의
가 열렸다. 이 회의에서는 대통령불신임안 제출에 대한 것과 차기 대통령
으로 누구를 선임할 것인가에 대해 의논하였다. 의논 중 차장들 간의 의견
충돌이 생겨 결국 대통령불신임안 제출과 총사직 결의는 유보하기로 결정
하였다. 대신 차장들은 보다 '온건한' 방법으로 대통령을 압박하기로 하였
다. 1920년 5월 17일 차장들은 연맹하여 임시정무협의회의(臨時政務協議
會議)에 하나의 안건을 냈다. 그것은 임시정부는 '워싱턴의 구미위원부를
해산할 것, 주미외교위원부를 설치할 것, 주미재무관을 따로 둘 것, 대통령
은 국무원을 경유하지 않는 교령을 남발하지 말 것'이라는 총 4가지 요구를
이승만에게 전보하라는 것이었다.[78) 이는 구미위원부를 통해 이승만이 가
지고 있던 구미외교와 재정에 관한 권한을 정지시키고 임시정부로 귀속시
키는 조치였다. 차장들의 안건은 이승만이 가진 권한만 정지하는 '대통령
권한정지요구안'이었다.

안창호는 '대통령권한정지요구안'에 대해서도 부정적이었다. 이 안건을
통과시켜 이승만에게 전하면 상해와 워싱턴의 분열을 야기하게 되므로 신
중할 것을 당부했다. 그는 국무회의에서 이 안건을 일방적으로 통과시키면
임시정부가 결렬될 가능성이 있으니, 워싱턴에 있는 대통령과 외교담당자
들에게 양해를 구하고 그들이 응하면 그때 협의하자고 하였다.[79) 안창호

---

76) 『안창호일기』, 1920년 5월 16일.
77) 『안창호일기』, 1920년 5월 17일.
78) 『안창호일기』, 1920년 5월 17일.

는 협의의 가능성을 이야기 했으나, 정부의 결렬과 그로 인한 외교적 손실을 우려하며 사실상 반대를 한 것이었다. 결국 1920년 5월 17일 정무협회에 제출된 차장단의 '대통령권한정지요구안'은 바로 결정되지 못하고 보류하기로 하였다.

'대통령권한정지안'에 대해 찬반으로 나뉘어 지난한 토의가 계속되었다. 그러던 중 1920년 5월 28일 국무회의에서는 '대통령권한정지요구안'보다 더 급박한 사안을 의논해야 했다. 바로 미국의원단의 동양시찰에 관한 것이었다. 미국의 상·하의원과 그 가족들은 1920년 7월 미국을 출발해 당시 미국의 식민지였던 필리핀을 거쳐 홍콩과 광둥성을 경유, 상해에 들릴 예정이었다.[80] 이승만은 상해에 미국의원단이 도착하면 초대할 준비를 하라고 하면서, 의원단 도착 전에 상해로 오겠다고 하였다.[81] 차장들이 제출한 '대통령권한정지요구안' 안창호와 이시영·이동녕·신규식의 반대 때문에 통과되기 어려웠다.[82] 더욱이 미국의원단의 동양시찰이 알려진 상황에서 임시정부의 외교 사업을 지체하며 '대통령권한정지요구안'을 의논할 수 없었다. 김립은 국무회의에 출석하여 차장들이 '대통령권한정지요구안'을 양

---

79) 『안창호일기』, 1920년 5월 17일.

80) 나가타 아키후미 저, 박환무 역, 『일본의 조선통치와 국제관계』, 일조각, 2008, 314쪽.

81) 『안창호일기』, 1920년 5월 28일.

82) 이동녕, 이시영, 신규식은 차장들이 '대통령권한정지요구안'을 제출하기 이전에 대통령불신임안 제출 및 총사직을 결의했다는 사실을 알지 못했다. 『안창호일기』 5월 16일자에 적힌 윤현진의 "우리의 결의한 내막을 제각원에게 말한다 하니 우리는 선생을 믿고 저간 제반비밀을 진고한 것을…(이하 생략)"라는 말을 통해, 이동휘·안창호 외의 총장 및 각원들은 차장들의 대통령불신임안 제출 및 총사직 결의를 모르고 있었음을 알 수 있다(『안창호일기』, 1920년 5월 16일). 한편 이동녕, 이시영, 신규식은 '대통령권한정지요구안'이 차장들과 이동휘가 비밀스럽게 의논한 것이라고 생각하였고, '기가막혀서 자기들 마음대로 하라'는 태도로 이 안건을 처리했다(「안현경→이승만 제25호(1920. 5. 25)」, 『이승만 동문 서한집』(하), 76쪽). 또한 그들은 안창호에게 임시정부를 탈퇴할 의사를 밝혔다(『안창호일기』, 1920년 5월 20일; 5월 24일).

보하기로 결정했다고 보고하였다.[83] 차장들 내부에서는 의사 충돌이 있었
으나,[84] 결국 '대통령권한정지요구안'은 철회되었다.

2) 대통령불신임안의 제출

차장들은 대통령불신임문제를 공론화 하는 과정을 거치면서 의사충돌이
생겨 서로에게 불평을 하고 있었다. 이에 안창호는 차장들의 융합을 종용
하고 미국의원단 방문을 준비하는데 힘써달라고 당부하였다.[85] 대부분은
안창호의 의견에 동의하여 미국의원단 방문을 준비하기로 하였으나 일부
는 대통령불신임운동의 해결이 있은 후에야 출석할 수 있겠다며 협조하지
않았다.[86]

윤현진과 이규홍은 미국의원단에 관한 준비와 임시정부개혁은 병행하여
도 무방하다는 생각이었다.[87] 이규홍은 시국 문제가 해결되기 전에는 "대
미의원 주비위원회"에 출석하지 않겠다고 하였고, 윤현진은 임시정부를 경
영하는 것이 어려우니 사직을 각오하고 내각을 변동하겠다고 하였다. 내각
변동에 관해서는 두 가지 안을 제안했는데, 제1안은 이승만 대통령을 축출,
'이동휘 대통령 · 안창호 국무총리안'이었고 제2안은 이승만 대통령을 축출,
'안창호 대통령 · 이동휘 부통령 · 이동녕 국무총리안'이었다.[88]

1920년 6월 7일에 열린 국무회의에 김립 · 윤현진 · 이규홍 · 김철은 대통
령불신임안으로 연맹하여 사직서를 제출하였다.[89] 대통령불신임안의 구체

83) 『안창호일기』, 1920년 5월 31일.
84) 『안창호일기』, 1920년 6월 2일.
85) 『안창호일기』, 1920년 6월 1일; 6월 2일.
86) 『안창호일기』, 1920년 6월 4일.
87) 『안창호일기』, 1920년 6월 7일.
88) 『안창호일기』, 1920년 6월 5일.

적 내용은 이승만은 위임통치를 주장한 자로 대통령의 자격이 없으며 정부
도 알지 못하는 교령을 반포했으니 임시의정원을 소집하고 대통령을 탄핵
하자는 것이었다.[90]

그런데 1920년 6월 7일 제출된 대통령불신임안에 대해서는 이동휘뿐만
아니라 신규식·이동녕·이시영도 반대하지 않았다. 윤현진·이규홍은 안
창호에게 '제 총장들도 우리들과 같이 정부를 개혁할 뜻이 있으니 선생은
찬성하든 반대하든 조용히 있으라'며 대통령불신임안 통과에 자신하였
다.[91] 이즈음 신규식·이동녕·이시영은 안창호에게 "대통령이나 총리를
다 없이 하고" 일하는 것이 어떠하냐며, 대통령 이승만과 국무총리 이동휘
를 축출한 임시정부를 구상하고 있음을 내비쳤다.[92]

그런데 대통령불신임안 통과에 자신하던 김립·윤현진·이규홍·김철
은 사직서를 제출한지 사흘만인 1920년 6월 10일 국무회의에서 아무런 조
건 없이 자신들의 의견을 철회하였다.[93] 그 첫 번째 이유는 안창호가 대통
령불신임안에 반대하는 표시로 미국의원단 방문 준비를 멈추었기 때문이
었다. 임시정부는 미국의원단 방문에 맞추어 상해 거류민단의 환영회와 국
내의 시위운동 및 환영행사를 계획하고, 필리핀에 임시정부 요원을 보내
선전활동을 하려 하였다. 안창호는 이것을 준비하는 '주비위원회'의 회장을
맡고 있었다.[94] 김립은 안창호에게 속히 미국의원단에 대한 '주비위원회'
를 열라고 재촉하였으나 안창호는 이를 거절하였다.[95] 김립·윤현진·이

89) 『안창호일기』, 1920년 6월 7일.
90) 「안현경→이승만 제27호(1920. 6. 18)」, 『이승만 동문 서한집』(하), 79쪽; 「김병조→
    이승만(1920. 8. 7)」, 『이승만 동문 서한집』(중), 14쪽.
91) 『안창호일기』, 1920년 6월 7일.
92) 『안창호일기』, 1920년 5월 30일.
93) 『안창호일기』, 1920년 6월 10일.
94) 나가타 아키후미 저, 박환무 역, 앞의 책, 312쪽.

규홍·김철은 외교독립론에는 반대했으나, 미국의원단 방문이라는 외교의 '기회'가 왔을 때 손을 놓고 그 기회를 놓칠 수는 없었을 것이다.

사직서 철회의 두 번째 이유는 철혈단의 '정부파괴운동' 때문이었다. 철혈단은 나창헌(羅昌憲)이 주요 간부로 활약했던 단체로 1920년 6월 초에 조직되었다. 임시정부에 불평을 가진 '청년불평당' 약 58명이 결속하여 임시정부의 '전복'을 목표로 삼았다.[96] 철혈단은 "독립운동으로 지방열과 사당(私黨)을 조장하고 세력을 다투며 왜구를 물리치기보다 동족을 멸시하는 자"가 있다면서 이러한 "악마"를 소멸하기 위해서는 "개인, 단체, 정부요원을 불문하고 가차 없이 소탕해야한다"고 주장하였다.[97]

임시정부 내무부에서는 강위선(姜偉善)을 강도죄로 체포하여 구금한 적이 있었다. 이 사건을 부당하게 여긴 철혈단 단원 약 40명은 경무국을 습격, 내무차장 이규홍 등을 구타하고 도주하였다. 그들은 '항상 유곽에 발을 들여놓고 하룻밤에 수백 금을 쓰는 불량한 자의 금전을 요구하는 것이 어째서 강도에 해당하느냐며, 이것이 만약 강도라면 '임시정부도 조선에서 인민을 총살하고 권총으로 금전을 강요하는 강도'라고 하였다.[98]

당시의 임시정부 각원들은 임시정부를 파괴하려는 행위를 '내란'으로 인식하고 있었다. 이러한 인식을 보여주는 사건이 '임시의정원의원 유경환(柳瓊煥) 검거사건'이다. 유경환은 1920년 3월 6일 내무부령 제4호 임시의정원의원 임시선거방법이 위헌이라고 하면서 '임시정부를 신임할 수 없으

---

95) 『안창호일기』, 1920년 6월 9일.

96) 반병률, 「해외에서의 大同團 조직과 활동」, 『한국근현대사연구』 28, 한국근현대사학회, 2004, 72쪽.

97) 朝鮮總督府 警務總長, 「高警 제19698호 上海假政府와 鐵血團에 관한 件(1920. 6. 29)」, 『不逞團關係雜件 鮮人의 部 在上海地方』(3), 3~4쪽.

98) 朝鮮總督府 警務局長, 「高警 제18198호 上海假政府의 內訌에 관한 건(1920. 6. 23)」, 『不逞團關係雜件 朝鮮人의 部 上海假政府』(2), 2~3쪽.

니 임시정부를 전복하고 민의를 존중하는 새 임시정부를 세우자'는 유인물을 배포하였다.[99] 이에 정부는 헌법 제32조「내란외환의 범죄나 혹 현행범」이라는 조항에 의거하여 '정부를 파괴하려 함은 내란범이요, 인쇄물을 배포하는 것은 현행범이라'며 유경환을 체포하였다. 1920년 3월 9일 제7회 임시의정원의회에서는 내란죄가 성립되는지에 대해 정부와 의정원의원 간에 질의응답이 있었다. 의정원의원 오윤환은 '국가를 전복하는 것이 내란범이며 정부를 전복함은 내란범이 아니라'고 유경환을 변호하였다. 이 말에 정부위원으로 참여한 윤현진은 '정부는 국가의 통치기관으로 정부를 파괴하는 것은 곧 국가를 전복하는 내란죄에 해당'한다면서 '내각은 변할지언정 임시정부는 변할 수 없다'라고 답하였다.[100] 철혈단이 임시정부를 습격하고 정부 각원에게 직접적인 폭력을 행사하는 '내란' 상황에서 김립·윤현진·이규홍·김철은 사직서를 철회할 수밖에 없었던 것이다.

한편 이승만은 임시정부에 전보하여 이희경(李喜儆)을 모스크바에 특파하기로 했으니 위임장를 수여하라고 하였다.[101] 이승만은 이념적으로는 소비에트 러시아에 반대하는 입장을 보였지만 자금획득과 외교 지원 등 필요에 따라서는 일시적으로 연대할 수 있다고 생각했다.[102] 국무원들은 이승만에게 이희경을 파견했는지 묻고, 상해에서 이미 대표를 파송했다고 전했다.[103] 임시정부에서 파송한 사람은 한형권이었다. 그러나 이 사실은 이승만에게 알려지지 않았다. 이승만은 러시아에 밀사로 누구를 파송하였는지 묻고 구미 외교에 관한 일을 '몰래' 행하지 말라고 하였다. 안창호는 이

---

99) 「조선민족운동연감(1920. 3. 8)」, 『대한민국임시정부자료집 별책』(2).

100) 「臨時議政院記事」, 『독립신문』, 1920년 3월 13일.

101) 『안창호일기』, 1920년 5월 31일.

102) 정병준, 『우남 이승만 연구』, 역사비평사, 2005, 111쪽.

103) 『안창호일기』, 1920년 5월 31일.

승만에게 사실대로 말하고 이승만과 임시정부의 외교를 일치하자고 하였으나 이동휘는 이에 강하게 반발했다.[104]

1920년 6월 18일 국무총리 이동휘는 대통령을 불신임하는 이유로 국무회의에 사직서를 제출하였다.[105] 그는 이승만이 위임통치를 주장했다는 것, 미주의 재정권을 쥐고 임시정부는 돌아보지 않는다는 것, 미주와 하와이에 임시정부가 알지 못하는 교령을 반포했다는 것을 불신임의 이유로 들었다.[106] 임시정부 각원들은 이동휘의 사직을 반대하며 사직서를 봉환했으나,[107] 이동휘는 6월 23일 '휴양'을 목적으로 위해위(威海衛)로 갔다.[108] 그러나 이동휘가 위해위로 간 것은 '휴양' 때문이 아니라 대통령을 축출하지 않으면 국무총리직을 사직하겠다는 표현이었다. 김립은 국무회의에 참석하여 이동휘의 위해위행은 대통령불신임안을 해결하라는 것이며, 국무총리는 사실상 임시정부를 사면했다고 하였다.[109]

1920년 7월 9일 국무회의에서는 이규홍을 위해위로 파송하여 이동휘를 데려오도록 결정하였다.[110] 이승만이 상해로 오기 위해 하와이 호놀룰루에 있다는 소식이 전해지면서,[111] 이동휘를 상해로 돌아오게 하여 임시정부의 정상화를 도모해야 했기 때문이었다. 김립·윤현진·이규홍·김철은 이승만이 상해에 오는 것을 기회로 삼아 이승만을 축출하기로 계획하였다.

---

104) 『안창호일기』, 1920년 6월 16일.

105) 『안창호일기』, 1920년 6월 18일.

106) 「안현경→이승만 제27호(1920. 6. 18)」, 『이승만 동문 서한집』(하), 82~83쪽.

107) 「안현경→이승만 제28호(1920. 6. 24)」, 『이승만 동문 서한집』(하), 84쪽.

108) 위해위(웨이하이웨이 威海衛)는 중국 산둥성 동부에 있는 도시이다;『안창호일기』, 1920년 6월 23일.

109) 『안창호일기』, 1920년 6월 24일.

110) 『안창호일기』, 1920년 7월 9일.

111) 『안창호일기』, 1920년 7월 5일.

이들은 이승만의 허물을 찾아내어 그를 '공박'하려고 하였다.[112]

1920년 2월 미주의 송종익이란 사람으로부터 안창호에게 미화 10,000원이 온 일이 있었다.[113] 당시 안창호는 그 중 얼마를 임시정부를 위해 쓰자는 윤현진과 김립에게 '이 돈은 아령에 도전농작(稻田農作)을 하기 위해 받은 돈이니 정부에 줄 수 없다'고 하였다.[114] 그런데 1920년 7월 무렵 프랑스조계 공무국에 낼 세금이 없자 안창호는 이시영과 의논하여 이 돈을 쓰기로 하였다.[115] 처음에 이시영은 중국의 은량으로 변환하면 약 4,000원의 손해를 본다며 안창호의 의견에 반대하였다.[116] 그러나 윤현진이 이시영을 설득하였고, 결국 돈을 빌리기로 결정하였다.[117] 김립·윤현진·이규홍·김철은 내외에 임시정부의 재정이 애국금 혹은 기타 기부금으로 충당되었다는 것을 알리고, 이승만이 발급한 공채는 재정에 도움이 되지 않았다며 공채에 대한 실패를 폭로하려 했던 것이다.[118] 이들의 움직임을 간파한 이승만의 통신원 장붕(張鵬)은 이승만에게 "돈 몇 만 원 정도 있으면 오셔도 무방하나" 지금은 시기가 적절하지 않다고 보고했다.[119] 이승만은 하와이에서 상해의 정황을 주시하며 상해로 오는 일정을 미루었다.

이승만이 상해로 오지 않는다는 것을 확신한 김립은 1920년 7월 17일 위해위에 있는 이동휘에게 보내는 편지에 임시정부에서 이승만을 축출하는 것은 어려운 일이라고 적었다. 그러면서 안창호는 진정으로 이승만을

112) 「장붕→이승만(1920. 7. 16)」, 『이승만 동문 서한집』(하), 227쪽.
113) 『안창호일기』, 1920년 2월 24일.
114) 『안창호일기』, 1920년 2월 24일; 2월 27일; 2월 28일.
115) 『안창호일기』, 1920년 7월 5일.
116) 『안창호일기』, 1920년 6월 28일.
117) 『안창호일기』, 1920년 7월 6일.
118) 「장붕→이승만(1920. 7. 23)」, 『이승만 동문 서한집』(하), 230쪽.
119) 「장붕→이승만(1920. 7. 30)」, 『이승만 동문 서한집』(하), 223쪽.

옹호한다며 임시정부를 떠나자고 하였다.[120] 그런데 임시정부와의 결별을
주장했던 김립은 1920년 7월 19일에 보낸 편지에서 상황이 바뀌었다며 이
동휘에게 국무총리에서 사직하지 말아야한다고 하였다. 김만겸의 소개로
러시아인에게 거액의 차관을 할 수 있게 되었는데 국무총리의 직함을 가지
는 것이 차관을 얻는 데 유리하다는 것이었다. 그러면서 "차관만 되면 이승
만·안창호 상관할 것 없이 하여볼 수 있다"고 하였다.[121]

　이러한 내용이 담긴 김립의 편지는 국무원비서 오인석(吳仁錫)에게 발
각되었다.[122] 편지에는 모스크바정부에 대한 차관운동, 이동휘의 임시정부
탈퇴문제, 안창호를 비판하는 내용이 담겨 있어서 '안창호 세력'을 자극할
소지가 있었다.[123] 김립의 편지가 발각되자 윤현진과 이규홍은 김립과 거
리를 두었다. 김립의 편지에는 김립·윤현진·이규홍·김철이 함께 안창
호의 '광복군 안'을 비판하며 사직을 결심했다는 내용이 있었다.[124] 윤현진
은 이광수에게 자기가 '애매하게 관련'되었다며 김립에게 따지겠다고 하였
고, 이규홍은 김립에게 편지가 발각된 것을 왜 윤현진과 자신에게 알리지
않았느냐며 나무랐다.[125] 신대한동맹단은 김립의 편지가 발각되자 한인사
회당과 선을 긋고자 했던 것이다.

　안창호는 김립·윤현진·이규홍·이광수를 초대하여 김립의 편지에 관
해 은밀히 의논하고, 김립에게 사과를 받는 것으로 사건을 마무리 지었

120) 「김병조→이승만(1920. 8. 7) 附: 김립→이동휘(1920. 7. 17)」, 『이승만 동문 서한집』
　　(중), 17쪽.
121) 「김병조→이승만(1920. 8. 7) 附: 김립→이동휘(1920. 7. 19)」, 『이승만 동문 서한집』
　　(중), 19~20쪽.
122) 『안창호일기』, 1920년 7월 17일.
123) 반병률, 『성재 이동휘 일대기』, 261쪽.
124) 「김병조→이승만(1920. 8. 7) 附: 김립→이동휘(1920. 7. 17)」, 『이승만 동문 서한집』
　　(중), 17~18쪽.
125) 『안창호일기』, 1920년 7월 21일.

다.126) 그리고 김립에게 이동휘의 귀환을 촉구하며 1920년 7월 27일 미국 의원단을 만나기 위해 홍콩으로 떠났다.127) 대통령불신임안으로 사실상 사직하고 위해위로 떠났던 이동휘가 1920년 8월 11일 상해로 돌아왔다.128) 이동휘의 귀환은 모스크바자금을 확보하기 위한 한인사회당의 정치적 계산에 따른 것이었다. 그러나 이동휘의 상해 귀환한 이후 김립·윤현진·이규홍·김철, 즉 한인사회당과 신대한동맹단이 연맹하여 실시한 대통령불신임운동은 더 이상 진행되지 않았다.129)

4. 맺음말

이 글에서는 1920년 초부터 8월까지 일어난 임시정부 대통령불신임운동의 주체와 성격을 밝히고자 하였다. 대통령불신임운동의 주체는 임시정부의 차장직에 있었던 신대한동맹단과 한인사회당의 구성원들이었다. 그들은 왜 이승만을 축출하려 했는가. 이에 대한 대답이 대통령불신임운동의 성격이라 할 수 있을 것이다.

---

126) 『안창호일기』, 1920년 7월 23일.
127) 『안창호일기』, 1920년 7월 26일; 7월 27일.
128) 「장붕→이승만(1920. 8. 12)」, 『이승만 동문 서한집』(하), 241쪽.
129) 이동휘의 귀환에 대해 장붕은 "장래의 정국은 어떻게 변할는지 알 수 없으나 얼마 동안 별 파동이 없이 삼각내각(三角內閣)이 계속 진행하겠지요"라고 평하였다(「장붕→이승만(1920. 8. 12)」, 『이승만 동문 서한집』(하), 241쪽). 이동휘는 귀환 이후에도 이승만에 대해 "철두철미"하게 반대한다는 입장을 표명하였다(「장붕→이승만(1920. 8. 21)」, 『이승만 동문 서한집』(하), 244쪽). 그러나 더 이상 이승만을 임시정부에서 축출하려는 시도는 하지 않았던 것 같다. 이동녕은 이승만이 상해에 오면 "환영하며 감정이 융화될 듯 하고 반대하려는 자의 계획도 무력할 듯하다"고 보았고, 장붕은 이승만에게 이러한 임시정부의 상황을 전하였다(「장붕→이승만(1920. 9. 21)」, 『이승만 동문 서한집』(하), 257쪽).

먼저 신대한동맹단은 기관지 『신대한』을 통해 임시정부의 '舊 인물'이 가고 '新 인물'이 와야 하며, 연령의 노소에 따라 신구 인물이 나뉘는 것은 아니나 신 인물은 청년에 많다고 주장하였다. 임시정부의 재무차장이자 신대한동맹단의 단원이었던 윤현진도 안창호에게 이승만을 축출하고 이동휘를 대통령으로, 안창호를 국무총리로 삼아야 한다고 제안했다. 이렇게 임시정부의 수장을 바꾼 다음 임시정부를 '청년정부'로 전환하자는 것이 그가 제안한 개혁안의 골자였다. 신대한동맹단은 외교독립론에 비판적이었다. 『신대한』 창간호에서 독립운동의 방법으로써 군사행동의 중요성을 강조하고, 『독립신문』의 '우선외교' 입장을 비판하였다. 그러나 『신대한』은 세계의 동정에 호소하는 외교독립론에 비판적이었을 뿐, 독립운동의 방법으로 외교를 부정한 것은 아니었다. 군사행동과 외교를 경중이 없는 독립운동의 방법이라 보았던 것이다. 따라서 임시정부가 1920년을 '독립전쟁의 원년'으로 선포하는 등 독립운동 방법의 변화를 가져오자 신대한동맹단은 '구 인물'인 이승만을 축출해야 한다고 여겼던 것이다. 즉, 신대한동맹단은 임시정부의 구성원을 재정비하는 임시정부개혁안을 제안하였고, 개혁의 방법으로 이승만과 그의 독립운동방법인 외교독립론을 배제하려 하였다.

한편 한인사회당은 이동휘가 국무총리로 취임한 후, 임시정부의 정책을 변화시키고자 하였다. 외교적으로는 국제연맹과 결별하고 코민테른에 합류하는 정책을 취했고, 1920년을 '독립전쟁의 원년'으로 선포하고 독립전쟁을 위한 정책들을 마련해갔다. 한인사회당의 노선은 이승만의 외교독립론과 제휴할 수 없는 것이었다. 따라서 이동휘는 이승만의 외교독립론을 임시정부에서 배제하기 위하여 안창호 세력과 연대하여 임시정부를 번복하고자 하였다. 즉, 대통령불신임운동은 신대한동맹단과 한인사회당의 구성원들이 외교독립론을 임시정부에서 배제하려 한 일련의 움직임이었다고 볼 수 있다.

그러나 안창호는 임시정부의 현상유지를 주장하며 이승만 축출에 반대하였다. 안창호는 국무원들이 '제1급 중견'이 되고, 차장들이 '제2급 중견'이 되며, 각계 각파 유력인사가 '제3급 중견'이 되어 임시정부를 '혁명당 최고 중심기관'으로 개혁하자고 하였다. 이동휘는 이를 수용하여 국무원들의 '맹약'을 성사시켰으나, 이승만의 정책에 대한 국무원들의 의견 분열로 이 '맹약'은 실패하고 말았다.

이에 한인사회당의 김립(국무원 비서장)과 신대한동맹단의 윤현진(재무차장)·이규홍(내무차장)·김철(교통차장)은 임시정부의 차장들과 연대하여 대통령불신임을 공론화할 계획을 세웠다. 차장들 중에 이승만 세력이 없다는 것과 차장들 내부에서 이승만에 대한 불만이 있다는 점을 간파했기 때문이었다. 그들은 차장회의를 열어 대통령불신임안을 국무회의에 제출하고 통과되지 않으면 총사직하기로 결의했다.

차장회의의 결의는 두 가지 효과를 얻을 수 있었다. 첫째는 임시정부의 실무를 담당하는 차장들이 총사직하면 임시정부의 업무가 마비되므로, 대통령불신임안이 반드시 통과될 것이라고 예상할 수 있었다. 둘째는 차장회의는 일반적으로 특정 정치세력을 대변한다고 보기 어렵기 때문에 이승만 축출 후 받을 정치적 부담을 덜 수 있었다.

그러나 차장들의 결의는 안창호의 강한 반대와 설득에 부딪혔다. 이에 차장들은 한 발 물러나 이승만을 축출하지 않되 이승만이 가진 외교와 재정적 권한을 정지하는 '대통령권한정지요구안'을 정무협회에 제출하였다. 하지만 이마저도 통과되지 못하였다.

그 후 김립·윤현진·이규홍·김철 네 사람만이 연맹하여 국무회의에 대통령불신임안을 제출하였다. 대통령불신임안 공론화과정을 통해 국무원들도 임시정부 개혁의 필요성이 느끼고 있었으므로 안건은 통과될 가능성이 농후했다. 그러나 안창호의 강력한 반대와 철혈단의 '정부파괴운동'을 겪으며 안건은 철회되었다.

이 무렵 이승만과 임시정부는 모스크바 외교원 문제로 갈등하였다. 이동휘는 사직서를 제출하고 위해위로 떠났다. 이동휘가 떠난 사이 김립·윤현진·이규홍·김철은 이승만의 허물을 찾아 다시금 이승만을 축출하려 계획하였다. 그러나 이 역시 잘 진행되지 않았고, 안창호의 이승만 옹호 입장을 확인한 김립은 이동휘에게 임시정부와 결별하자고 편지하였다. 그런데 모스크바정부에 대한 차관운동, 이동휘의 임시정부 탈퇴문제, 안창호에 대한 비판 등이 적혀있는 김립의 비밀편지가 발각되는 일이 일어났다. 김립의 편지가 발각되자 안창호와 제휴하려 했던 신대한동맹단 측은 한인사회당과 거리를 두었다. 이후 모스크바자금을 확보하려는 한인사회당의 정치적 계산에 의해 이동휘는 임시정부로 돌아왔으나, 1920년 초부터 전개되었던 대통령불신임운동은 더 이상 진행되지 않았다.

1958년 5·2총선 연구

부정 선거를 중심으로

/ 김진흠 /

1. 머리말

1956년 5·15정부통령선거에서 야당의 선전은 이승만 정권의 위기의식을 고조시켰다. 대통령 후보 조봉암(曺奉岩)의 부상과 장면(張勉)의 부통령 당선은 이승만 대통령에게 있어 충격적인 결과였다. 이로 인해 이후의 선거에서 정권 유지를 위한 더 강력한 부정 선거를 자행하게 되었다. 전쟁 이후에 있었던 1954년 5·20총선에서도 관권 선거가 자행되었지만, 그 정도의 심각성은 1950년대 말에 비할 수 없다.

일반적으로 1958년 5월 2일에 있었던 제4대 국회의원 선거(5·2총선)는 1960년 3·15부정선거와 함께 대표적인 부정 선거로 평가된다. 동시에 여촌야도(與村野都)의 구도 속에서 자유당과 민주당의 보수 양당제가 형성된 것에 의미를 두기도 한다. 선거법의 개정이 이루어져 기탁금 제도로 혼란스러운 선거를 방지하고, 공영 선거를 표방한 점 역시 민주주의 발전의 한 단계로 평가되고 있다. 그러나 전 지역에 걸쳐 나타난 선거 부정행위는 선거라는 제도의 역할에 대한 의구심마저 느끼게 될 정도로 심각한 것이었다. 이 점을 철저하게 고려하지 않은 채 1958년 총선의 성격을 여촌야도 현상의 시작 혹은 연속으로 판단하기에는 무리가 있다. 특히 '여촌(與村)' 현상이 그렇다. 선거 결과의 분석만으로 선거의 성격을 파악하기는 어렵다. 이 글에서는 1958년 총선의 부정행위를 중심으로 보면서 선거 결과보다는 선거의 전반적인 진행 과정을 통해 성격을 규명하고자 한다.

1958년 총선만을 주제로 다룬 연구는 없다. 제1공화국 시기 전체를 다루면서 1958년 총선의 의미와 정치적 지형을 분석한 서중석의 연구가 있고,[1] 제1공화국 총선을 전체적으로 비교 분석한 오유석의 논문과[2] 자유당 연구를 통해서 그 시기 선거를 다룬 손봉숙의 글이 있다.[3] 우리나라의 선거 실태에 대해 비교 분석한 선구적인 연구 성과로서 윤천주의 글은 중요하다.[4] 윤천주는 설문조사 등 실증적인 방법을 통해 대도시에서 농촌지역으로 갈

---

[1] 서중석, 『이승만과 제1공화국: 해방에서 4월혁명까지』, 역사비평사, 2007.

[2] 오유석, 『한국 사회균열과 정치사회구조형성 연구: 제1공화국 총선거를 중심으로』, 이화여자대학교 사회학과 박사학위논문, 1996; 오유석, 「제1공화국 시민사회변화와 정치사회 구조: 선거정치를 중심으로」, 『한국과 국제정치』 27, 경남대 극동문제연구소, 1997.12; 오유석, 「한국 사회 균열과 정치사회 구조: 1950년대 전남지역 선거정치를 중심으로」, 『성공회대학논총』 제15호, 성공회대학교 출판부, 2000.

[3] 손봉숙, 「韓國 自由黨의 政黨政治 研究」, 『한국정치학회보』 19, 한국정치학회, 1985; 손봉숙, 「自由黨의 政黨政治」, 『國史館論叢』 제27집, 국사편찬위원회, 1991; 손봉숙, 「第1共和國과 自由黨」, 『現代韓國政治論』, 법문사, 1992 (개정판).

[4] 윤천주, 「韓國人의 政治行態: 權力行使를 不均衡하게 하는 要因을 中心으로」, 『亞細亞研究』, 고려대학교 아세아문제연구소, 1960.6; 윤천주, 「邑民의 投票行態: 邑의 建設은 民主政治 向上을 意味한다」, 『亞細亞研究』, 고려대학교 아세아문제연구소, 1961; 윤천주, 『우리나라의 選擧實態』, 서울대학교 출판부, 1981; 윤천주, 『投票參與와 政治發展』, 서울대학교출판부, 1986.

수록 여당후보의 당선률이 높아지는 현상, 즉 여촌야도 현상을 분석해냈다. 야도(野都) 현상의 이유로는 시와 읍의 유권자가 투표에서 자기결정력을 발휘하기 때문으로 보았다. 반면에 농촌에서 여당이 압도적인 승리를 거두는 여촌 현상은 농촌 유권자의 민도(民度)가 낮은 것을 지적하는 동시에 관권에 의한 탄압, 즉 준봉투표(遵奉投票)가 이루어졌기 때문으로 분석했다. 윤천주의 연구는 선거 운동 과정에서의 관권 개입을 전제로 하면서 준봉투표의 개념을 확립했고, 선거 득표 결과 분석을 통해 선거의 성격을 도출하고 있다. 하지만 투개표 과정에서 행해졌던 광범위한 선거 부정은 중요하게 다루지 않고 있다. 이 외에 정치학 연구자들이 선거법과 선거 결과에 대한 분석 등을 위주로 쓴 글들이 있다.[5]

1958년 총선에 집중한 연구가 없는 현상은 1958년 총선을 1960년 3·15 부정선거와의 연속선상에서 가볍게 여기거나, 혹은 파멸로 치달아가던 자유당의 부정행위가 새삼스러운 일로 받아들여지지 못했기 때문일 수 있다. 그러나 이승만 정권 붕괴의 한 단계로서 1958년 총선은 그 자체로 의미를 가지고 있다.

글의 구성은 2장에서는 선거 준비의 전개 양상을 볼 것이다. 지방선거의 장악, 국민반의 재편성, 협상선거법의 제정 등 일련의 과정을 통해 자유당이 선거의 기반을 확보해 가는 모습을 확인하고자 한다. 1958년 총선에서 면장·이장·반장들이 농촌 지역을 장악하고 부정선거에 앞장섰던 것은 국민반의 강화와 함께 1956년 지방선거에서 자유당이 절대 다수를 장악했기 때문에 가능한 것이었다.

---

5) 안병만, 「自由黨政權研究: 大統領 및 國會議員選擧를 중심으로」, 『國史館論叢』 제27집, 국사편찬위원회, 1991; 유재일, 『韓國 政黨體制의 形成과 變化, 1951~61』, 고려대학교 정치외교학과 박사학위논문, 1996; 황수익, 「제1공화국의 선거제도와 선거」, 『韓國政治研究』 5, 서울대학교 한국정치연구소, 1996.8; 김도협, 「국회의원 선거제도의 변천에 관한 고찰」 I, 『土地公法研究』 44집, 2009.5.

3장에서는 선거에서의 부정행위 사례를 이전의 선거와 비교함으로써 선거 부정이 제한적으로 발생했던 이전의 선거와 어떻게 다른지를 보여주고, 이승만 정권이 선거를 어떤 방법으로 제어하고 통제해 왔는지를 파악하고자 한다. 경찰과 지방단체장 등 공무원들의 불법 선거 행위는 물론이고, 통·반장과 같은 최말단에서부터 광범위하게 행해지는 부정 선거 행위를 조사할 것이다. 부정행위에 대해서는 입후보 등록과정과 선거 운동과정, 투표과정, 개표과정에서의 부정행위로 나누어서 살펴 볼 것이다. 1958년 총선은 전체 233개 선거구에서 선거무효 및 당선무효 소송이 105건이나 있었는데, 중앙선거관리위원회에서 발간한 『역대선거소송판결문집(歷代選擧訴訟判決文集)』[6]은 당시의 다양한 선거 부정행위를 상세하게 보여주는 자료이다.

마지막으로 4장에서는 선거 결과의 분석과 이어지는 재선거를 살펴볼 것이다. 선거 결과에서는 극심한 선거 부정 속에서도 호헌선을 확보한 민주당의 활약을 어떻게 해석해야할지 주목할 필요가 있다. 선거의 결과는 분명한 여촌야도로 나타났는데, 농촌과 도시의 경제적 현실, 언론과 교육의 확대, 기득권에 대한 반감, 앞에서 살펴본 전방위적인 선거 부정 등을 종합해서 '여촌' 현상은 농촌 유권자들의 투표 성향이 반영된 것이 아니라 관권의 장악 정도가 표현된 것임을 입증하고자 한다. 이어진 재선거 역시 부정 선거로 일관되었는데, 더 이상 물러날 곳이 없는 이승만 정권의 당시 상황을 대변하는 점에서 중요하고, 1960년의 3·15부정선거와 연속선상에 있다는 점에서 재선거는 의미가 있다.

---

6) 中央選擧管理委員會, 『歷代選擧訴訟判決文集』, 1997.

2. 1958년 5·2총선의 배경과 준비 과정

1) 지방의 장악과 선거법 개정

1954년 총선이 이승만의 영구 집권 개헌을 위한 선거였다면, 1958년 총선은 부통령의 대통령 승계권 박탈, 같은 정당의 정부통령이 당선되는 동일티켓제 등의 개헌을 목표로 한 선거였다. 1956년 정부통령선거에서 민주당의 장면이 부통령에 당선된 것은 이승만 정권으로서는 매우 못마땅한 것이었다. 고령인 이승만의 유고 시에는 정권을 야당에게 넘겨야 한다는 위기감이 팽배해 있었다. 때문에 자유당은 1958년 총선을 통해 원내 3분의 2 의석을 확보해서 2년 뒤의 정부통령 선거에 대비하는 동시에 또다시 헌법 개정을 단행하려는 정략으로 임했다.[7]

개헌을 논의하게 된 원인은 1956년 정부통령선거에서 민주당의 장면이 부통령에 당선되었기 때문이었다. 또한 진보당 후보 조봉암의 선전과 신익희(申翼熙)에 대한 광범위한 추모표 역시 이승만에게 충분한 위협이 되었다. 충격을 받은 이승만 정권은 1956년 정부통령선거 직후 내무부장관과 경찰지휘관을 교체하고, 차기 민의원총선거와 정부통령선거에 대비하고자 했다.[8] 이들은 1956년 8월에 있었던 지방선거에서 이승만의 기대에 부응하는 활약을 했다.

지방선거는 부정선거로 일관되었는데, 그 결과 8월 8일에 있었던 시 · 읍 · 면장과 시 · 읍 · 면의회 의원선거에서는 시장선거에서 무소속이 4명, 자유당이 2명 당선되었고, 읍장선거에서 무소속이 20명, 자유당이 8명, 민주당과 국민회가 각각 1명이 당선되었다. 면장선거는 자유당이 당선자 총

7) 서병조, 『主權者의 證言: 韓國代議政治史』, 母音出版社, 1963, 251쪽.
8) 서병조, 위의 책, 216~217쪽.

수의 51.8%인 282명, 무소속이 243명, 민주당이 9명, 국민회가 6명, 농민회 3명 등이었다. 자유당은 보궐선거에서의 당선자와 기득권의 부활로 인한 유임자를 포함하면 의석의 90%를 독점하게 되었다.

시의회의원선거에서는 의원정수 416명 중 무소속이 177명, 자유당 157명, 민주당이 54명, 국민회가 17명 등인 반면, 읍의회 의원선거는 정원 990명 중 자유당이 당선자 총수의 51.5%에 달하는 510명이고, 무소속이 391명, 민주당은 57명에 불과했다. 면의회 의원선거 결과는 정부 여당이 독식했다. 당선자 15,548명 중 자유당이 당선자 총수의 69.9%에 달하는 10,823명이었고, 무소속이 4,284명, 민주당은 겨우 231명에 그쳤다. 민주당 당선자 수는 당선자 총수의 1.5%에도 미치지 못했다. 선명한 여촌야도 현상을 나타낸다.[9]

8월 13일의 서울특별시·도의회의원선거는 의원정수 437명 중 자유당이 57%에 해당하는 249명이 당선되었고, 민주당이 98명, 무소속이 83명, 국민회 6명, 농민회 1명이었다. 이 가운데 서울특별시는 의원정수 47명 중 85%에 달하는 40명이 민주당인데 반해 자유당은 단 1명이 당선되었다. 경기도에서도 민주당 22명, 자유당 14명으로 야당이 앞섰다. 대구시에서는 전체 9명 중 6명이 민주당이었고, 광주시 역시 의원정수 5명 중 민주당이 4명, 인천시도 의원정수 6명 중 민주당이 4명이었다. 대도시 지역에서는 부산을 제외하고는 민주당이 우세하게 나타났다.[10]

선거결과는 철저하게 여촌야도의 형태로 나타났는데, 결과적으로 자유당은 이 선거에서 압승을 거두었다. 그럼에도 도시에서의 야당 강세는 자유당에게 불안한 요인이었다. 지방선거일수록, 선거구가 작을수록 정당보

---

[9] 中央選擧管理委員會, 『大韓民國選擧史』(1968年 增補版), 598~613쪽. 시의회의원선거에서 민주당 당선자 수가 자유당보다 많았던 곳은 경기도가 유일했다(자유당 8명, 민주당 9명).

[10] 위의 책, 614~617쪽.

다는 인물을 중심으로 하는 선거의 양상이 되기 쉽다. 그럼에도 불구하고 자유당이 지방선거를 압도적으로 장악할 수 있었던 이유는 논리적으로 설명되기 어렵다. 한 연구자는 하급의회로 갈수록 관권개입 등으로 인해 자유당이 압도적인 다수를 점할 수 있었다고 이야기하면서, 지방자치발전을 위한 선결과제는 무엇보다 중앙정치의 민주화에 있다고 지적했다.[11]

지방자치단체장들은 선거 부정행위의 근저에서 유권자들과 가장 밀착되어 활동을 해왔다. 특히 읍 · 면의원 및 읍 · 면장은 중앙 지배 권력의 농촌 현지 대리인으로서 각급 선거에서 농민들을 정치적으로 동원하는 '끄나풀'의 역할을 수행했다. 네 차례의 지방자치법 개정이 의미하는 바를 상기하면 확실하다.[12] 자유당은 어떠한 수단을 통해서라도 지방 행정 조직을 장악해야만 했다. 이는 다음 총선과 대선을 위한 첫 번째 선거 운동이었고, 1956년 정부통령선거에서 느낀 위기감의 표현이었다.

지방자치단체장과 더불어 통반장들도 자유당을 위한 선거 부정행위를 주도했다. 이미 1954년 총선에서도 마을의 '반' 조직은 농민들을 겁주고 위협하는데 광범위하게 이용되었다.[13] 반장들은 보통 9가구를 담당하면서 누가 자유당 후보자를 지지하는지 파악할 책임을 지고 있었다. 이로 인해 농민들은 스스로가 끊임없이 감시 하에 있다고 믿게 되었고, 투표 집계 후에는 그들이 누구에게 투표했는지를 쉽게 알 수 있다는 공갈 협박을 당했다. 후보자들의

---

11) 손봉숙, 앞의 글, 1985, 42쪽.

12) 최봉대, 「농지개혁 이후 농촌사회의 정치적 지배집단의 형성: 1950년대 경기도 용인군 관내 면의원 및 면장 충원실태 분석을 중심으로」, 『1950년대 남북한의 선택과 굴절』, 역사비평사, 1998, 231쪽.

13) '국민반'의 기원과 성격 · 역할 변화에 대한 자세한 내용은 김학재, 「국가권력의 모세혈관과 1950년대의 대중동원」, 『죽엄으로써 나라를 지키자: 1950년대, 반공 · 동원 · 감시의 시대』, 선인, 2007; 김학재, 『정부수립 후 국가감시체계의 형성과정: 1948~1953, 정보기관과 국민반, 국민보도연맹의 운영사례』, 서울대학교 언론정보학과 석사학위논문, 2004를 참조.

합동유세에서는 마을 사람들이 공식 후보에게만 박수를 치도록 지시를 받았다. 사람들은 합동유세 이후에도 귀가가 금지되었고, 자유당 후원 모임이 즉석에서 열려 상대 후보를 비난하기 위한 자리가 마련되었다.[14]

부정 선거 진행에는 통반장들의 역할이 컸다. 이들은 공무원이 아니기 때문에 선거법에 직접적으로 저촉되지 않았고, 의회의 조종을 받을 수도 있었다. 사람들을 동원하는데 앞장서고, 향응을 제공받아 분배하는 것도 통반장들의 역할이었다. '선거 삐라'를 집집마다 돌리는 것 역시 통반장들이 담당했다. 선거위원회는 이러한 사실을 알고 있었지만 단지 '유감'이라는 표현 이외에 다른 조치를 취하지 않았다.[15] 1956년 정부통령선거 때에도 자유당에서는 통반장의 입당공작을 추진하였고, 자유당 기간단체의 하나인 국민회 서울시본부에서는 회장 이기붕(李起鵬) 명의로 각 동회의 통장과 반장을 국민회 특별위원으로 등록케 하여 지도원과 실천위원이 되도록 해달라는 문서를 각 구청장에게 발송했다. 자유당의 선거 운동은 항상 관권과 밀착되어 있었다.[16]

1958년 총선을 앞둔 시점에도 국민반의 조직 강화가 있었다. 장경근(張暻根) 내무부장관은 1957년 3월 25일 취임 이후 처음으로 소집된 전국 각 시도지방장관회의에서 국민반의 재편성과 강화를 강조하였다. 그리고 관에서 국민반을 철저히 지도하라고 지시했다.[17] 뿐만 아니라 국민반 강화라는 명목으로 공무원 성분조사와 대학생 동향조사를 지시했는데, 이것 역

---

14) "Field Trip to Kangwon Do, May 17~20", NARA, RG84, Korea, Seoul Embassy, Classified General Records, 1953~55, Entry Seoul, Korea, 1950~55, Box 13, 350: ROK National Assembly Elections, 1954(국사편찬위원회 소장자료 수집번호 02010101의 18~19쪽). (1954.6.8)

15) 『조선일보』, 1954년 5월 12일, 조간 2면.

16) 서중석, 『조봉암과 1950년대』 상, 역사비평사, 1999, 142~143쪽.

17) 『조선일보』, 1957년 3월 26일, 석간 3면.

시 다음 선거를 목적으로 한 국민 감시의 일환이었다.[18] 비판과 우려에도 불구하고 국민반을 "악이용시 즉시 폐지"할 것이라는 조건으로 국민반 강화에 박차를 가했다. 장경근은 4월 15일 전국경찰국장회의에서 국민반 중심으로 정보망을 재정비할 것을 지시하고, 선거 당선 가능자에 대한 순위 및 예상 득표수 보고, 대학생 동향 사찰, 공무원의 사상배경, 정당관계 등을 철저히 조사할 것을 지시했다.[19]

정부의 적극적인 지지 아래 국민반은 제도적으로 강화되어 운영되었다. 결국 1958년 총선에서는 전국 각지에서 국민반 조직을 통해 통반장을 동원하여 자유당 후보자의 기호를 주입시키고 선전물을 집집마다 배부하는 행위가 노골적으로 행해졌다.[20] 그 외에도 통반장은 선거 운동 과정에서 다양한 부정행위에 앞장섰다.

이와 같은 부정행위가 일찍부터 나타나고 있었기 때문에 민주당은 자유로운 선거 분위기가 형성된다면, 공명선거만 이루어진다면 승리할 수 있다는 생각을 가졌다. 그러므로 민주당으로서는 선거에 앞서 부정 선거를 방지하기 위한 선거법의 개정이 반드시 필요했다. 선거법 개정 문제는 이후의 선거에서도 계속해서 제기되는데, 그 이유는 집권 여당이 늘 선거법을 악용해 왔기 때문이다. 그러나 더 중요한 것은 정당하고 공정한 선거법의 제정과 함께 이 법을 제대로 적용하고 실현하는 것이었다.[21] 선거에서 부

---

18) 『동아일보』, 1957년 4월 28일, 1면.

19) 『동아일보』, 1957년 4월 16일, 3면.

20) 『경향신문』, 1958년 5월 2일(김학재, 앞의 글, 2007, 335쪽에서 재인용).

21) 협상선거법에 대한 논쟁이 진행 중일 때, 이미 '법의 제정보다 중요한 것은 법 운영에 있는 것'임을 지적하는 의견이 있었다. 이러한 시각은 선거법의 공정한 집행과 적용에 대해 진작부터 의심을 가지고 있었기 때문에 나타난 것이다(김준연, 「民主政治와 公明選擧」, 『自由世界』, 自由世界社, 1958년 4월호, 14쪽). 조병옥 역시 '공명선거는 법조문에 의지해서 그 효과를 거둘 수 있는 것이 아니고 그 법 운영의 여하에 달려 있는 것'이라고 말했다(「紙上인터뷰: 政治縱橫談」, 『思想界』, 思想界社, 1958년 2월호, 254쪽).

정이 발생했을 때 이를 어떻게 처리할 것인지에 대한 심각한 고민이 선거법에 반영되어야 했다. 결과적으로 선거법 협상 과정에서 이에 대한 적절한 조항이나 처리가 만들어지지 않았고, 이 때문에 야당은 많은 의석을 잃었으며, 선거 이후의 선거 소송에서도 대부분 패할 수밖에 없었다.

선거법의 개정은 1957년 4월경부터 논의되기 시작했다. 민주당에서도 5월 22일자로 국회의원 선거법 개정안을 제출했고, 이에 자유당에서는 7월 말부터 야당과의 협상을 추진했다.[22] 야당 역시 협상을 환영했다. 자유당은 당무회의 결정에 따라 1957년 9월 12일 선거법안 협상을 야당 측에 공식적으로 제의했다. 양측은 5명씩의 대표를 선출하여 18일에 간단한 회합을 가진 후 20일부터 본격적인 협상에 들어갔다. 야당 대표는 민주당 측에서 조재천(曺在千), 유진산(柳珍山), 김의택(金義澤), 정우회(政友會) 측에서 김홍식(金洪植), 황남팔(黃南八)이 선출되었다.[23] 이날에는 협상의 대상으로 할 의제 26개 항목을 채택하였다. 항목 중 주요한 것은 선거권자 연령, 선거구와 그 정원, 투표소와 참관인, 개표소와 참관인, 선거위원회 구성과 자격, 공무원의 입후보관계, 기부금 문제, 기탁금, 선거범 처벌, 입후보자 난립 방지책, 선거인명부 작성, 선거 운동 기간, 선거운동원 제한, 선전시설, 방송신문 등에 의한 운동 제한, 합동연설·개인연설 및 연설장소, 개표소와 투표소 출입관계, 투표소와 개표소의 질서 유지 등 이었다.[24]

여야의 의견차이로 난항을 겪던 선거법 협상은 11월 9일 합의에 도달했다. 약 두 달 사이에 무려 80여차의 협상을 거듭한 결과 협상 법안이 완성되었다. 그러나 최종 의안을 얻어 국회 본회의에 제출하려던 때에 '언론 자유 제한 조항'이 문제가 되어 다시 좌초 위기에 빠졌다. 자유당은 선거법

22) 『조선일보』, 1957년 7월 28일, 석간 1면.
23) 『조선일보』, 1957년 9월 17일, 조간 1면.
24) 『조선일보』, 1957년 9월 21일, 조간 1면.

개정에 있어서 처음부터 특별히 주장했던 원칙의 하나가 신문·잡지 등 출판물의 보도를 법적으로 제한하는 것이었다. 언론 조항은 악의적으로 이용될 수 있는 것이었는데, 민주당은 일부 야당 의원들의 적극적인 저항에도 불구하고 언론 조항을 용인하고 선거법을 그대로 통과시키는데 협조했다.

여야 협상에 의해 만들어진 전문 14장 180조 부칙 6조로 된 방대한 민의원의원선거법(民議院議員選擧法)은 제대로 지켜지기만 한다면 공정한 선거를 시행하기 위한 초석이 될 수 있었다. 야당 측이 추천하는 선거위원이 참가하고 참관인의 권한이 확대되었다는 점에서 진일보한 선거법이었다. 그러나 당리당략에 의해 만들어진 일부 조항들이 문제였다. 자유당이 주장한 기탁금제는 그 금액이 너무 커서 군소정당 후보의 출마를 억제하려는 의도에서 만들어 졌고, 허위보도 처벌 등의 언론 규제 조항은 야당의 선거운동을 적극적으로 탄압하는 것이었다. 이슈가 되었던 선거공영제는 선거운동 자체를 위축시키는 경향도 있었지만, 가장 큰 문제점은 선거공영제를 위한 법이 야당에게만 적용된다는 것이었다. 다음 장에서 살펴보겠지만 자유당은 선거법을 완전히 무시한 채 선거 부정을 저질렀다. 또한 여당은 언제나 선거자금이 막강했고, 다양한 루트를 통해 장소와 시간에 구애받지 않고 선거 운동을 할 수 있었다.

민주당으로서는 1954년 총선에서의 참패를 머릿속에 떠올렸을 수 있다. 신문에서도 조병옥의 입장은 협상선거법을 가지고 선거에 나서면 최소한 지금의 46석을 하회하지는 않을 것이라는 확신을 가졌던 것으로 평가했었다. 조병옥은 선거법 개정 전에는 선거법만 개정된다면 야당이 과반수를 무난하게 확보할 수 있다고 확신했고, 그동안의 불순했던 선거간섭을 방지하기 위해서 선거법은 반드시 개정되어야 한다고 강조했다.[25] 그리고 지

25)「우리들의 鬪爭宣言」, 『新太陽』, 新太陽社, 1957년 5월호, 41~44쪽.

난 대선에서 입지를 확보한 진보당 등 군소정당의 의회진출을 막아야 했기 때문에 언론 규제 조항과 기탁금 제도에 대해 찬성하는 악수를 두면서까지 선거법을 통과시켰던 것이다. 보수야당으로서의 한계라고 볼 수 있다.

협상선거법은 야당의 선거를 제약하는 새로운 장치가 될 것이라는 걱정거리를 불러일으키기도 했는데, 경찰 측에서도 이전의 선거법보다 현 선거법 아래에서 활동이 용이할 것이라고 의견을 나타냈다.[26] 그렇기 때문에 대법원의 역할과 책임이 더욱 강조되었다.[27] 또한 협상선거법에는 커다란 결함이자 맹점이 있었다. 선거법을 위반한 사실이 인정되더라도 선거의 결과를 뒤엎을만한 부정행위가 있는 경우가 아니면 선거무효 또는 당선무효가 될 수 없었다. 다르게 표현하면 선거 결과에 영향을 미치지 않는 선에서는 부정행위가 용인된 것이다. 이 조항은 이후의 선거 소송에서 큰 영향을 미친다.

2) 여야의 선거 준비

1954년 총선에서 공천권 문제로 혼란을 겪은 자유당은 후보자 공천에 더 힘을 기울였다. 이기붕과 주류파의 권력을 어느 정도 안정시킨 자유당은 1958년 총선에 출마할 후보자 공천에 들어갔다. 공천방법은 당고위층이 지명제로 하자는 주장을 내세워 결국 지명제로 낙찰되었다. 어느 때의 선거보다도 강화 정비된 이기붕 중심의 주류파 세력이 공천후보자 지명을 주도했다. 자유당 총재인 이승만이 이기붕에게 후보자 지명을 전담케 하였다는 것은 이기붕 세력의 강화를 보여주는 것이기도 했다.[28]

---

26) 이희영 편, 『국무회의록』, 시대공론사, 2006, 41쪽, 1958년 1월 31일.

27) 『동아일보』, 1958년 1월 28일, 1면.

28) 자유당 과두체제의 형성에 대해서는 오제연, 『1956~1960년 자유당 과두체제 형성과 운영』, 서울대학교 국사학과 석사학위논문, 2003을 참조.

민주당은 협상선거법의 통과를 계기로 '배신한 민주당'이라는 낙인이 찍혀 있었고, 당내 신구파간의 논쟁이 더욱 확대되어 선거 전략 수립에 고심하고 있었다. 언론관계조항을 포함한 협상선거법안의 통과에 적극 찬성한 민주당은 우선 이 오명을 씻기 위해서 전력을 기울이지 않으면 안 될 처지에 있었다. 민주당은 1957년 말부터 각 핵심 당부의 공천자 추천대회를 진행했었다.

진보당에서도 1957년 9월 25일 선거대책위원회에서 민의원의원 입후보 공천요강을 결정했다. 진보당은 이미 당부 결성 과정에서부터 정부의 탄압을 받고 있었기 때문에 제대로 선거를 준비하기 힘든 상황이었다. 진보당 도당 결성대회는 정부 측의 악질적인 테러와 함께 이에 대한 야당과 언론인들의 침묵과 동조를 겪어야 했다.

진보당 위원장인 조봉암은 연이어 간첩 사건에 연루되었는데, 극우언론도 이에 가담했다. 1958년 1월 12일에는 진보당 관련자들에 대한 일제 검거가 시작되었다. 바로 진보당 사건인데, 검거 전날 조인구(趙寅九) 검사는 진보당의 평화통일론을 북괴 남침구호로 단정했다. 2월 25일에는 오재경(吳在璟) 공보실장이 진보당 등록 취소를 발표했다.29) 진보당 사건을 계기로 한 혁신계 지도자들의 대거 검거는 결국 총선에서 군소정당이 몰락하는 실질적인 원인이 되었다.30)

협상선거법이 통과된 이후 여야는 본격적인 선거전에 돌입했다. 선거 입후보자 등록기간은 4월 1일부터 10일까지였다. 전체 233개의 선거구에 총 입후보자 수는 841명으로 평균 3.2대 1의 경쟁률을 보였고, 자유당과

---

29) 서중석, 앞의 책, 2007, 180~188쪽.
30) 손봉숙, 앞의 글, 1992, 162쪽. 손봉숙은 개정된 협상선거법에 의한 입후보 기탁금제 실시가 입후보의 난립을 방지한 것은 사실이나, 군소정당이 몰락한 보다 근본적인 이유는 진보당 사건을 계기로 한 혁신계 지도자들의 대거 검거로 보았다.

민주당을 포함한 14개 정당 단체가 참가하였으나, 10인 이내의 후보자를 낸 정당·사회단체가 10개였다. 그 중 한명밖에 후보자를 갖지 못한 정당 단체도 5개로서 정당·사회단체의 난립 현상은 이전에 비해 다소 감소되는 경향을 보이고 있다.

〈표 1〉 정당 단체별 입후보 상황

	입후보자수	비율(%)		입후보자수	비율(%)
무소속	357	42.4	국민당	2	0.2
자유당	236	28.1	농민회	2	0.2
민주당	199	23.7	대한반공청년회	1	0.1
통일당	13	1.5	대한농민회	1	0.1
국민회	11	1.3	민주자유연맹	1	0.1
노농당	7	0.8	대한상이용사회	1	0.1
민주혁신당	6	0.7	대한반공단	1	0.1
독립노농당	3	0.4	합계	841	100

민주당은 '썩은 정치 갈아보자'라는 구호를 결정하고 선거 운동에 나섰다. 3월 22일 정당 사상 최초로 공천자대회를 개최하고, ①경찰의 정치적 중립, ②특권층의 경제 독점 배격, ③인정과세 폐지·토지수득세 금납제, ④교육자치제의 확립, ⑤국군의 정병화와 사병의 처우개선 등 5개항을 정견으로 내걸었다. 다음날인 23일 계속된 공천자대회에서는 ①내각책임제의 개헌, ②사법권 독립의 실질적 보장을 위한 개헌 등을 단행하겠다는 공약을 밝혔다.

반면 자유당은 2월 17일 일찌감치 당면정책으로써 ①국토통일, ②경제부흥, ③민주창달, ④서정쇄신 등 4개의 강령과 이에 따르는 15개 방침, 64항목을 공표하였다. 그러나 정작 문제이자 최대의 관심사였던 개헌에 대한 태도는 당면정책에 포함되어 있지 않았다. 현실적인 개선책들은 단념한 것이라는 인상을 남겼다.[31] 3월 25일 열린 공천자대회에서 역시 정당정치의 확립과 국민 지지 획득, 정계 안정 등의 추상적인 발언만 있었다.[32] 구호에 있어서도 뚜렷한 인상을 주지 못했다. 1956년 대선에서 민주당의 '못살겠다 갈아보자'라는 구호에 눌려 고전했던 자유당은 '일하는 여당 욕하는 야당'이라는 구호로 민주당에 대항했다.[33]

개헌에 대한 입장과 더불어 뚜렷한 정책을 제시하라는 여론의 압박에 의해 4월 25일 자유당은 3개의 정책을 내건 선거공약 3장을 발표했다.[34] 그러나 공약 3장은 열세를 만회하기 위해 다급하게 마련한 것이었다. 자유당은 공약을 결정 후 급히 이승만에게 재가를 받았으며, 공약 발표일 아침 9시에서야 공약의 구체적인 실천방법에 대한 설명 자료를 만들었다.[35]

〈자유당의 선거공약 3장〉

제1장. 선거후 1년 이내에 농민과 어민의 일체의 고리채를 일소 정리한다.
실행방법: 선거후 3개월 이내에 실태를 조사한 후 9개월 이내에 농업은행
　　　　　대부로 전환한다. 그 후 다시 고리채가 발생하지 않도록 필요한
　　　　　자금을 농은(農銀)으로 하여금 방출케 한다.

제2장. 공무원의 처우를 개선함으로써 일체의 민폐를 근절한다.
실행방법: 교육공무원 · 군의 장교와 사병을 포함한 입법 · 행정 · 사법의 일
　　　　　체의 공무원을 대상으로 하고, 선거 후 3개월 이내에 실시할 것이
　　　　　며, 개선의 최저선을 현 급여액의 배액 인상에 둔다.

---

31) 『동아일보』, 1958년 2월 19일, 1면; 3월 25일, 1면.
32) 『동아일보』, 1958년 3월 26일, 1면.
33) 『동아일보』, 1958년 4월 7일, 3면.
34) 『동아일보』, 1958년 4월 26일, 1면.
35) 『국무회의록』, 100쪽, 1958년 4월 24일.

제3장. 소칭 인정과세(認定課稅)제를 전폐한다.
실행방법: 선거 후 1년 이내에 실행할 것이며 필요에 따라 현행 세(稅)제도
　　　　를 개혁할 것은 물론이고 세무공무원의 기강확립을 위하여는 특
　　　　별법을 제정한다.

　농민과 어민의 고리채 총액은 농업은행 발표에 의하면 730억 환이나 되
는데, 이를 1년 이내에 정리하는 것은 불가능했다. 공무원 급료의 배액 인
상 역시 약 320억 환이 필요한데, 1958년 예산안 제출 시에는 언급조차 않
다가 선거 직전에 급히 제시한 공약이었다. 인정과세의 폐지는 세 수급에
혼란을 가져오는 위험한 것이었다.[36] 더구나 인정과세는 집권당과 위성재
벌에게는 둘도 없는 혜택을 주는 도구였다. 특권층과 권력가, 부유층의 탈
세를 합법적으로 만들었고, 반면에 약자를 울리는 도구가 되기도 했는데,
이러한 혜택을 자유당이 과연 버릴 수 있을지도 의문이었다.[37] 자유당의
선거공약은 대부분 야당 측에서 공격의 대상으로 삼고 있던 문제들로 야당
의 비난을 물리치려는 의도가 있었다.[38] 즉 민주당의 정책에 밀려 미봉책
으로 내놓은 선심공약이었다. 자유당 정권 시기의 정책은 여당이건 야당이
건 대부분이 실현될 수 없는 것이었다. 자유당과 민주당은 공약에서 대개
는 똑같이 국민을 위한다는 미사여구 나열 경쟁의 정책이나 막연한 정책을
주로 제시했다. 그 가운데는 자신들의 성향과 모순되는 것도 적지 않았다.

---

36) 『경향신문』, 1958년 4월 28일, 석간 1면. 선거 이후 주한 미국대사관과 경제조정관실
　　(OEC)에서도 공무원의 봉급을 배액까지 인상하는 것은 경제적으로 위험을 초래할 수
　　있으므로 반대했다(『국무회의록』, 124쪽, 1958년 6월 3일). 그러나 이승만은 무리해서
　　라도 추진하려는 모습을 보이는데, 이후 많은 수의 공무원의 감원이 추진되었고(『국
　　무회의록』, 155쪽, 1958년 7월 15일), 국방비가 삭감되었다(『국무회의록』, 207~209쪽,
　　1958년 9월 25, 26일).

37) 태윤기, 「公約三章은 實現될 것인가: 눈깔사탕을 주면서 어리광 부리는 老獪한 術策」,
　　『自由世界』, 自由世界社, 1958년 6월호, 66~67쪽.

38) 『동아일보』, 1958년 3월 24일, 1면.

특히 노동자와 농민에 대한 정책이 그랬다.[39]

총선 직전에는 영구 집권을 위한 개헌의 목적이 공식적으로 발표되었다. 이기붕은 1958년 4월 24일과 25일 4대 국회 임기 중에 개헌을 성공시키겠다고 역설했다. 그 개헌의 내용은 대통령과 동일정당 소속이 아닌 부통령이 대통령 유고시 대통령 계승권을 가진다는 것은 우리 헌법의 큰 모순이므로 대통령이 부통령을 지명하든지 대통령 · 부통령을 동일티켓으로 선출하도록 할 것 같다는 것이었다. 즉 개헌의 직접적인 목적은 현 부통령의 계승권 삭제였다.[40]

헌법 개정 문제에 대해 조병옥은 "대통령이 부통령 계승권 삭제에 머리를 쓰지 말고 자기 자신의 건강에 조심만 하면 아무런 문제도 없을 것이 아닌가"라고 반문했다.[41] 실제로 개헌 논란의 초점은 이승만의 건강 상태와 장면의 부통령 당선이라는 '변수'라고 할 수 있었다.

3. 선거에서의 부정행위

해방 이후 몇 번의 선거를 겪으면서 유권자들의 정치의식은 성장했다. 1954년 총선 당시 주한 미국대사관의 보고서를 보면 유권자들의 선거 의식이 이전보다 성숙해졌다고 평가했다. 각 지방 유권자들은 후보자들의 합동 유세에 매우 큰 관심을 보였고, 비판적인 안목을 가졌었다. 사람들은 후보자들의 거짓 공약에 대해서 이야기를 나누면서 선거를 파악했고, 후보자들

---

39) 서중석, 「민주당 · 민주당정부의 정치이념」, 『한국정치의 지배이데올로기와 대항이데올로기』, 역사비평사, 1994, 70~71쪽.

40) 『경향신문』, 1958년 4월 26일, 석간 1면.

41) 「李大統領의 改憲希望表示」, 『思想界』, 思想界社, 1958년 8월호, 233쪽.

은 과거에 그랬던 것처럼 미사여구나 거짓 공약을 통해 유권자들을 속이는 것이 매우 어려워 졌다고 토로했다. 일부 유권자들은 누구를 국회로 보내든 별다를 것이 없다는 냉소적 의견을 보이기도 했다. 그럼에도 유권자들의 의식은 향상되었고, 거듭된 선거의 경험으로 인해 성장하고 있다는 것이 미대사관의 평가였다.[42] 1956년 7월에 부임한 주한 미국대사 다울링(Walter C. Dowling)은 한국의 정치적 상황에 대해 계속해서 긍정적인 입장을 보였다. 이러한 견해는 1958년 말의 2·4파동을 기점으로 정치적 위기 상황에 대한 우려로 바뀐다. 그러나 그 위기도 민주주의의 실패가 아닌 성장 과정으로 평가했다.[43] 이를 전적으로 신뢰해서는 안 되지만 그간의 선거 결과나 여론의 흐름 등을 고려하면 한국의 민주주의는 성장 과정에 있었다고 할 수 있다.

유권자들의 정치의식은 성장한 반면에 자유당 정부의 기만행위는 점점 심해졌다. 해방 이후의 선거에서는 다양한 부정행위가 존재했다. 다만 그 정도의 심각성에는 차이가 나타난다. 1948년과 1950년의 1·2대 총선에서는 이승만 정권의 정적들을 제거하는 목적에서 특정 인사들에 대한 입후보 등록 방해와 선거 운동 탄압 등의 방법이 행해졌다. 1954년의 3대 총선 역시 입후보 등록과 선거 운동에 있어 부정행위가 만연하였음은 분명하지만, 투개표 과정에서는 이후의 선거처럼 직접적이고 노골적인 부정행위가 감행되지는 않았다. 특히 부정 개표에 관한 소송이나 보도는 거의 보이지 않

42) "Observations of the Conduct of the May 1954 ROK National Assembly Elections in the Vicinity of Kwangju, Cholla Namdo by a Local Employee of the Embassy", NARA, RG84, Korea, Seoul Embassy, Classified General Records, 1953~55, Entry Seoul, Korea, 1950~55, Box 13, 350:ROK Elections, 1954~55(국사편찬위원회 소장자료 수집 번호 0112439의 85쪽). (1954.6.9)

43) "Memorandum from the Ambassador to Korea(Dowling) to the Assistant Secretary of State for Far Eastern Affairs(Robertson)", FRUS, 1958~1960 V.18, pp.534~535. (1959.1.23)

는 데 이후의 선거와 다른 요인 중 한가지라 볼 수 있다.

1956년 대선은 선거의 진행이나 투표 과정은 예상보다 공정하게 진행되었던 것으로 보인다. 선거 운동 과정에서 경찰과 폭력배들이 야당의 선거운동을 방해하는 경우가 있었지만, 이는 당연히 있을 법한 것으로 치부되었고 논란의 중심에 서지 못했다. 물론 진보당과 민주당이 조직과 선거자금에서 자유당에 비해 완전한 열세에 있었기 때문에 제대로 된 선거 운동을 할 수 없는 상황이기도 했다. 하지만 개표 과정에서는 심각한 부정이 있었다. 개표에 부정이 있었다는 것은 그 선거의 결과가 자유당의 의도와는 반대로 나타날 가능성이 있었기 때문일 것이다.

1956년 대선에 대해 이승만은 부통령 선거에서만 자유당이 실패했다고 말했다. 실패의 이유에 대해서는 조직이 충분치 못하거나 할 일을 제때에 못하는 등의 약점이 있었고, 충분한 선거 후원이 없었기 때문이라고 밝혔다. 그리고 해결방안으로는 더욱 조직을 잘 해서 전국적인 선전을 펼치고, 경향의 모든 자유당원과 국회의 자유당원들이 분투노력해서 일신단결로 기성조직을 더 견고하게 만들 것을 주문했다.[44]

이승만의 요구는 같은 해 8월에 있었던 지방선거부터 당장 적용되었다. 1956년 지방선거는 유례없는 선거 부정이 자행되었다. 이 때문에 한 신문의 사설에서는 지방선거의 경과가 장차 있을 여러 가지 선거에 응용될 것을 우려하기도 했다.[45] 그 우려는 어김없이 1958년 총선에서 그대로 나타났고, 이후의 재선거와 1960년 3 · 15부정선거까지 그 파국이 이어졌다. 자유당의 선거 전술이 급변하게 된 계기는 무엇일까. 선거가 변질되는 시점이나 선거의 결과 등을 분석했을 때 1956년 정부통령선거가 기점이 된

44) 公報處, 『大統領李承晚博士談話集』 제3집, 1959, 19~20쪽.
45) 『한국일보』, 1956년 8월 10일(서중석, 「미군정 · 이승만정권 4월혁명기의 지방자치제」, 『역사비평』 13, 1991년 여름호, 51쪽에서 재인용).

다.[46] 그런 점에서 1956년 정부통령선거는 이후에 이어지는 선거들을 파행으로 이끈 도화선이었다고 할 수 있다.

1958년 5·2총선에서는 도지사·군수·면장·이장·학교장·교사 등 여당이 동원할 수 있는 공직자들이 모두 동원되었다. 동시에 전국 각처에서 폭력배들이 여당과 보조를 맞추어 관권과 폭력이 노골적으로 결탁했다. 이근직(李根直) 내무부장관은 선거 당일 국무회의에서 "사람으로서 할 수 있는 일은 다하였"다고 말했다.[47] 경찰을 통솔하는 내무부장관의 발언이었다. 오재경 공보실장은 당선된 자유당 공천자들이 관권의 후원을 받고 돈을 지급받았기 때문에 당에 충성을 해야 할 의무가 있으며, 정부는 그들에게 협조를 요구할 충분한 이유가 있다는 발언을 했다.[48] 관권의 선거 개입을 스스로 인정한 대목이다.

경찰의 선거 간섭이 자유당 정부의 지시에 의한 것이 아니라 경찰들 스스로의 과잉충성으로 인한 것이라는 주장도 있지만 이는 잘못된 것이다. 일부 지역에 한정해서 부정 선거가 있었던 것이 아니라 전국 모든 지역에서 부정 선거가 있었던 것이 이를 증명한다. 만약 전국적으로 경찰의 과잉충성이 있었다면 그렇게 된 이유 역시 분명할 것이다. 총선 이후에 참의원 선거를 실시하라는 이승만의 지시에 대해서 김현철(金顯哲) 재무부장관은 선거를 한다면 "십중팔구는 야당이 유리하며 과반수를 확보하려면 경찰이 손을 써야할 것이다"고 말하고 있다.[49] 관권의 선거 개입은 이승만을 비롯

---

[46] 1956년 정부통령선거와 1958년 총선에서부터는 '선거간섭'의 초점이 투개표로 이동된 것을 지적하면서, 이 시기를 선거간섭 수법의 일대 전환점으로 보는 견해가 있다. 헌법학자인 이종극은 불법이 만연한 1958년 총선을 우리 사회의 선거간섭 발달사상(發達史上)의 제2기로 보았다. 그리고 이어지는 재선거를 선거간섭의 제3기로 규정했다(이종극, 「選擧不正과 選擧法의 缺陷: 選擧法은 不正選擧를 막아내야 한다」, 『새벽』, 1960년 3월호, 77쪽).

[47] 『국무회의록』, 101쪽, 1958년 5월 2일.

[48] 『국무회의록』, 104쪽, 1958년 5월 6일.

한 자유당 정부의 최고위층에서 지시된 것이었다.

선거에서 부정행위가 난무하다보니 선거 소송도 이전의 선거보다 훨씬 많았다.[50] 선거 무효 및 당선 무효 소송이 105건이었고, 대법원에서 당선자가 다른 사람으로 바뀐 당선 무효가 3개 선거구, 선거 무효 판결로 재선거한 곳이 8개 선거구였다. 선거 소송 수가 105건이라는 것은 전체 선거구가 233개임을 생각했을 때 엄청난 수라고 하지 않을 수 없다. 선거 사범은 총 건수가 1,065건에 이르렀다. 그러나 선거 소송은 대부분 기각되었다. 당선 무효나 선거 무효가 결정되는 사례는 야당 후보자가 입후보조차 못했을 경우, 혹은 재검표를 통해 야당 후보자의 승리가 확실했을 때에 한정되었다.

1) 입후보 등록과정에서의 부정행위

입후보 등록을 방해하는 것은 이전 선거에도 존재했었다. 그러나 이에도 차이가 있는데 이전에는 이승만의 정적을 중심으로 입후보 등록을 집요하게 막아왔던 반면, 5·2총선에서는 등록 방해가 무차별적·전국적으로 행해지고 있다. 입후보 등록 방해는 피선거권마저 박탈했다는데서 문제가 컸다. 때문에 입후보 등록 방해를 근거로 한 선거 소송의 판결은 이례적으로 선거 무효로 귀결되고 있다. 대법원은 입후보자의 등록서류가 일단 공고되면 취소할 수 없다는 원칙을 확인하고, 미비된 서류의 보완 기간을 선거 전일까지로 해야 한다고 판시함으로써 등록방해를 인정했다. 야당 후보의 미등록으로 인한 무투표 당선은 공분을 샀는데, 이에 대한 재선거 실시 주장이 선거 전부터 이미 드러나고 있었다.[51]

---

49) 『국무회의록』, 159~160쪽, 1958년 7월 24일.

50) 국회의원 선거에 관한 소송은 제1대 총선에는 없었고, 제2대에 39건, 제3대에 31건이 있었다.

입후보 등록 부정행위의 실제 사례를 살펴보면, 강원도 인제군에서 민주당 공천 후보로 출마한 김대중은 유효추천인 미달이라는 이유로 입후보를 할 수 없었다. 입후보를 위해서는 100명 이상 200명 이하의 추천장을 첨부해야 했다. 김대중은 자유당 공천자의 입후보 등록 이틀 뒤에 등록서류를 제출하면서 추천인 중복여부 조사를 요청하였음에도 불구하고, 등록마감 전날에 추천인 130명 중 43명만이 유효하고 나머지 87명은 자유당 입후보자 추천인과 중복된다는 통보를 받았다. 그래서 다음날인 10일 오전 11시에 추가로 87명의 추천인 날인을 얻어 선거위원회에 제출하여 입후보 등록을 인정받았으나, 오후 10시경 추천인의 승낙 없이 조작하였다는 이유를 붙여 몰래 등록취소를 결의했다. 이에 대한 부당성을 지적하여 시정을 요구한 결과, 선거위원회는 다시 입후보 등록이 유효하다고 결정 내렸지만, 기호 추첨 과정에서 수십 명의 무장경찰관이 동원되어 김대중을 강제로 연행해갔다. 결국 선거에 출마하지 못했는데, 추천을 받는 과정에서는 승낙을 받은 추천인들 대부분이 인장을 거주지 통반장에게 빼앗겨 밤을 세워가며 인장을 만들기도 했다.[52] 경북 영덕에서 출마한 민주당의 김영수(金永修)도 김대중과 비슷한 방법으로 인해 입후보 등록을 할 수 없었다. 선거위원회는 무효 추천인을 검토할 충분한 시간이 있었음에도 불구하고 이를 입후보 등록 기간이 끝난 뒤에 알려 야당 후보의 등록을 막은 것이다.[53]

경남 양산에서는 야당 후보의 등록을 거부해 자유당 지영진(池榮璡) 후보가 무투표로 당선되었다. 이로 인해 선거 소송이 제기되었는데, 그 내용을 보면 야당 후보자는 입후보 등록 마감 전날 198명의 추천장을 첨부한 등록신청 서류를 제출하여 접수하였다. 그러나 다음날 자유당 후보자의 추

---

51) 『동아일보』, 1958년 4월 14일, 1면.
52) 『歷代選擧訴訟判決文集』, 188~192쪽.
53) 위의 책, 203쪽.

천인과 중복된 자가 97명 등이라는 이유로 등록 실격처분을 당했다. 이 과정에서 야당후보자의 이중추천인 97명은 사후에 조작된 것으로 밝혀졌다. 즉 등록신청서류 접수 뒤 야당 후보자를 추천한 97명을 찾아가 자유당 후보자의 추천자로 조작한 것이다.[54] 자유당 정부가 주도한 선거 등록 방해는 철저히 계획적으로 진행되었다. 이미 자유당은 선거법 협상 과정에서 매 투표구에서 50명 이상의 추천인이 있어야 입후보할 수 있도록 하자는 주장을 하기도 했다. 선거구의 여러 투표구 중 한 개 투표구에서라도 추천인이 부족하면 등록을 못하게 하려는 것이었다. 야당 후보자에 대한 추천인 조작을 좀 더 용이하게 진행하기 위한 술책이었다.[55]

전남 화순군 선거구에서는 모든 유형의 선거 부정이 나타난다. 이곳에서는 참관인 등록을 방해하는 사건도 있었다. 야당 측 운동원들이 참관인 신고서류를 제출하기 위해 면사무소에 갔으나 전 직원이 부재하고 급사만이 있었으며, 이후에도 직원들이 서류 접수를 거부하여 서류 제출이 불가능하였다. 참관인 신고에 대한 방해는 화순군의 여러 투표구에서 공통적으로 나타났다. 화순군수는 내무부와 도지사의 지시를 거역하면서까지 투표구를 증설하였는데, 1개 투표구의 유권자를 300~400명 정도로 만들어 유권자들에게 위협감을 조장하였고, 참관인 수를 늘린 후 참관인 선출을 곤란하게 만들었다. 또한 참관인 신고기간 중 군 전체가 거의 동시에 면사무소 직원이 사무실을 비우고 있었다. 때문에 야당은 투개표 참관이 불가능한 곳이 많았는데, 이는 당연히 자유당의 부정 선거로 이어졌다. 그 결과 한 구역에서는 자유당 후보자의 득표가 3,552표였고 야당 후보의 표는 단 9표가 나왔다.[56]

불법적인 방해에 의해 입후보 등록을 하지 못하다가 선거위원회의 조정

---

54) 위의 책, 352~355쪽.
55) 엄상섭, 「國民班 騷動·選擧法 騷動」, 『思想界』, 思想界社, 1957년 8월호. 93~94쪽.
56) 『歷代選擧訴訟判決文集』, 362~373쪽.

에 의해 선거 일주일 전쯤에야 입후보 등록이 가능했던 경우도 많았다. 이러한 경우에는 선거 운동 기간이 다른 후보에 비해 보름씩이나 적어 득표 활동에 큰 차질을 빚을 수 있었다. 이 문제에 대한 선거 소송의 결과는 모두 기각 처리 되었다. 단 일주일이라도 선거 운동을 할 수 있었는데 낙선되었다면 이는 후보자의 역량 문제라는 것이 법원의 판결이었다. 경남 창원과 경북 칠곡에서는 입후보 등록신청을 하러 갔으나 선거위원 전부가 부재 중이라 등록을 할 수 없었고, 선거 직전에서야 등록 신청이 수리되어 선거에 참여할 수 있었다. 그러나 이들은 선거 운동을 할 수 있는 시간이 없었기 때문에 모두 낙선되었고, 자유당 후보자가 당선되었다.[57] 극적으로 선거에 나설 수 있었으나 입후보 등록 방해 이외에도 다양한 선거 방해가 중첩되어 실행되어진 것에서 낙선의 또 다른 원인을 찾을 수 있을 것이다.

2) 선거 운동 과정에서의 부정행위

1958년 총선에서는 도시와 지방, 후보자와 유권자를 막론하고 선거 운동에서 부정행위가 존재했다. 기본적으로 향응을 제공하는 매표행위는 거의 모든 선거구에서 있었다. 그 구체적인 형태에는 돈을 제공하는 것, 술과 음식을 제공하는 것 등이 가장 빈번하고 보편적으로 나타난다. 그리고 종친회나 부인회 등에 거금을 기부하여 지지자를 포섭하는 경우도 있고, 취직 알선이나 특혜를 조건으로 매표행위를 하는 경우도 빈번하게 나타났다. 이러한 금권(金權) 선거 운동과 함께 경찰에 의한 관권 선거도 행해졌다.

선거 운동 과정에서의 부정행위는 서울도 예외 없이 존재했다. 대한부인회, 노조 관계 단체, 군경원호회, 이발업자조합, 미용사조합, 복덕방조합,

---

57) 위의 책, 108쪽, 117쪽.

여자청년단, 시장조합, 업종별 상인친목회, 교회, 지역별 친목회 등등의 급조한 단체와 기존의 단체들을 통해 부정 선거 운동을 진행했다. 자유당 선거운동원들은 따로 발급받은 야간통행증을 소지하면서 통행금지 시간 중 호별방문을 자유롭게 할 수 있었다. 서울에서 이러한 불법이 있었던 것을 고려하면 시골에서의 상황을 대략이나마 짐작할 수 있다.[58]

전남 강진에서 출마한 김향수(金向洙)는 1표당 1만 환을 지불한다는 소문을 유포하고, "이번 선거에 김향수가 당선되면 정치범으로 수감 중인 장기수를 석방케 할 것이니 부역혐의자들을 규합하여 지원해 달라"는 사전운동을 벌였다. 또한 경찰들에게 선전 방법을 교사하여 각 부락에 향응을 제공해 매표 행위를 벌이기도 했다. 김향수는 처음에 무소속으로 출마하였다가 입후보 등록 마감일인 4월 10일에 자유당에 입당했다.[59] 부산시에서는 선거구 내 한 구역이 태극도라는 사교도가 총 유권자수의 대부분을 점하고 있었는데, 경찰은 태극도 간부들을 위협하여 사교도에 대한 폐교 조치를 보류한다는 조건으로 매표를 했다.[60]

전남 화순에서는 군청산림계원이 면장 말만 잘 들으면 산림령 위반사건이 발생한다고 해도 문제없다고 하면서 자유당 선거 운동을 벌였다. 교직원 몇 명은 이장의 집에 부락민을 모아 놓고 상부의 지시라서 부득이하다고 하면서 자유당 후보에 대한 선거 강연을 했었다. 선거 전날에는 야간을 이용하여 군선거구 일원에 일제히 반상회를 개최하고 교직원 등의 공무원 입회하에 구장, 반장 등을 통해 "금번 선거법은 공개 투표하도록 되어 있으니 투표 시에는 반드시 공개하여야 하고, 기표 시에는 자유당 공천인 1번 구흥남(具興南) 밑에 기표하여 내용을 선거위원에게 보이고 투표하라, 만

---

58) 엄상섭, 「自由黨의 生態」, 『自由世界』, 自由世界社, 1958년 6월호, 48쪽.
59) 『歷代選擧訴訟判決文集』, 233~235쪽.
60) 위의 책, 309쪽.

약 그렇지 않으면 당국의 주목대상으로 개인은 물론 동·리가 전부 불리하니 유의하라"는 등의 협박을 했다. 경찰도 같은 방식으로 부락민들에게 지시를 내렸다. 선거 운동 과정에서 금품을 제공하는 것은 다반사였고, 특히 부인회 등의 단체를 공략하였다. 이장과 반장은 금품과 향응을 제공하는 공급원으로써 활약하였고, 면장은 이·반장에게 사례금을 지급했다. 선거위원장과 자유당 간부 운동원이 각 반장 50여 명을 집합시켜두고 자유당 후보에게 투표하라는 선거 운동을 벌였고, 매호당 최소한도로 3명씩만 책임지라는 구체적인 지시까지 했다. 교원들도 선거에 동원되었는데, 교육감의 지시로 각 국민학교에서 모의투표를 시행하여 야당의 표가 압도적으로 나오자 탄압을 더욱 강화하기도 했다.[61] 전북 전주에서는 국민반이나 우국노인회, 기타 부녀단체의 회합이 잦아졌고, 이러한 모임에 주민들이 반강제적으로 동원되고 있었던 것이 발각되었다. 그 의도는 당연히 선거 운동을 위한 것이었다.[62]

군인들도 선거 운동에 동원되었다. 그 방식은 1954년 총선 때 잘 드러났는데, 당시 군인의 선거 운동을 엄금하는 성명이 반복해서 언론에 발표되었다. 시달 내용은 '①군용 차량 및 기타 군 관계 승용차를 민간에 대여 또는 편승 이용케 하는 것을 일체 엄금한다, ②정치인 또는 그 관계인과 면담 집회 등 일체의 접촉을 금한다, ③사설단체 혹은 민간인으로부터 기증되는 찬조금품 접수를 금한다, ④정치인 및 그 관계자들에 대한 평을 일체 엄금한다' 등 이었다.[63] 그동안 군인의 선거 개입이 어떤 방식으로 있었는지를 추측할 수 있다.

선거 운동은 개정된 선거법의 선거공영제 명목 하에 극히 제한적이었다.

---

61) 위의 책, 362~373쪽.
62) 장병칠, 「官權과 結託한 暴力地帶」, 『自由世界』, 自由世界社, 1958년 6월호, 123쪽.
63) 『조선일보』, 1954년 5월 4일, 조간 2면.

그럼에도 불구하고 자유당의 선거 운동은 일방적으로 강화되었고, 야당의 선거 운동만 제한되었다. 자유당은 선거일자가 공고되기도 전에 당 공천자들에게 80만 환씩의 선거자금을 공급했다.[64] 선거 운동이 절정이던 4월에는 통화량이 전월보다 73억 환이나 증가했는데, 통화량의 급증 원인은 총선거에 앞서 산업은행과 시중은행을 통해 자유당 측의 어용기업체에 74억 환에 달하는 자금이 일시에 융자되었다는 데 원인이 있었다. 융자를 받은 기업체는 융자액의 20% 내외를 자유당에 헌납해야 했는데, 약 15억 환이 자유당의 선거 자금으로 유입되었다.[65] 자유당은 엄청난 물질적 지원을 배경으로 선거전에 임할 수 있었다. 대략적으로 계산했을 때 하나의 선거구마다 3천만 환의 통화량이 한 달 사이에 증가한 것인데, 기탁금 50만 환이 후보자들에게 상당한 부담이었던 것을 고려하면 자유당 정치자금의 규모가 엄청나다는 것을 알 수 있다.[66]

3) 투표 과정에서의 부정행위

투표과정과 개표과정의 부정행위는 이전의 선거에서도 의심이 제기된 적이 있지만, 실질적으로 밝혀진 것은 없었다. 반면에 1958년 총선에서는 투표 과정에서 다양하고 노골적인 부정행위가 있었다. 투표 과정에서의 부정행위는 여러 가지가 있었다. 먼저 야당 측 참관인의 위치를 투표소가 보이지 않는 곳에 배정해 공정한 선거 관리가 이루어지지 못하도록 했다. 그

---

[64] 『동아일보』, 1958년 3월 31일, 1면.

[65] 서병조, 앞의 책, 256~257쪽; 『조선일보』, 1958년 5월 16일, 조간 1면.

[66] 자유당 중앙위원회 부의장이었던 한희석(韓熙錫)에 따르면, 약 4억 환의 불법 선거자금이 지방에 투입되었다고 한다. 1960년 3·15부정선거에서는 약 30억 환이 선거자금으로 이용되었다고 증언했다(학민사 편집실 편,『혁명재판: 4월혁명 자료집』, 학민사, 1985, 74~76쪽..

리고 유권자들을 대상으로 한 투표 과정에서의 부정행위는 투표함에 투표 지를 넣기 전에 여당 측 참관인에게 기표를 보이게 하는 공개투표, 다른 사람이 대신 투표 하는 대리투표, 미리 준비한 가짜 투표용지를 여러 장 투함하는 위조투표, 대리투표나 위조투표 용지를 여러 장 한꺼번에 투함하 는 무더기표 등으로 다양하게 나타났다. 무더기표는 개표 시에 소위 다리 미표가 쏟아져 나오는 경우로, 빳빳한 투표지가 접히지도 않은 채 무더기 로 쏟아져 나왔다.

경북 영일에서는 투표소 참관인석의 위치가 투표용지 교부장소와 투표 상황을 볼 수 없는 곳에 설치되어 마찰이 발생했다. 기표소의 위치도 문제 였는데 기표소를 타인이 엿볼 수 있도록 설치했다. 투표시간도 지켜지지 않았다. 야당 참관인이 입장하기도 전인 투표당일 오전 5시 42분에 이미 봉함한 투표함이 만들어져 있기도 했다. 이에 대해 투표된 투표함의 검사 를 요구하자 이를 거부하며 경찰관이 참관인을 쫓아내도록 했다. 선거위원 회도 제대로 갖추어지지 않았다. 행정기관의 공무원이 아닌 자유당 공천후 보자의 운동원들이 선거사무종사원의 완장을 차고 투표에 간섭했다. 의창 면에서는 중앙에 위치한 투표함 1개를 자유당 공천후보자 지정함으로 하 고 그에게 투표하는 유권자는 그 함에 투표하라고 선거일 전에 각 동민에 게 암시하였고, 동장과 반장은 부락민을 인솔하여 각 동별·국민반 순으로 투표하게 했다. 선거인 번호표를 전부 배부하지 않은 상태에서 유령표·기 권표를 만들었고, 번호표를 받지 못해도 불평을 하지 못할 인사를 지능적 으로 파악해 이러한 자들의 번호표를 동장 및 반장을 통해 수집해서 부녀 자로 하여금 대리투표하게 했다.[67] 충남 연기군에서도 유사한 방법으로 투표가 행해졌다.[68]

---

67) 『歷代選擧訴訟判決文集』, 100~102쪽.

68) 위의 책, 95~96쪽.

대구시에서는 선거인명부를 기초로 유권자를 조사한 결과 부재, 전출, 입대, 사망 등으로 인한 유령유권자 3,456명이 발견되었고, 이것의 대부분이 대리투표 방식으로 자유당 후보인 이우줄(李雨茁)에게 투표되었다. 동장, 서기 등을 이용하여 배부하지 않은 번호표도 이우줄에게 대리 투표하도록 했다.[69] 가까운 경북 선산군에서도 같은 일이 있었다.[70] 김영삼(金泳三)이 민주당 후보로 출마한 부산에서는 사교도에 대한 폐교조치를 보류하는 대신 교도들의 투표를 모두 대리투표 시킨다는 합의를 하여 자유당 후보자에게 투표하도록 했다.[71] 이와 함께 군인들의 대리투표 의혹이 제기되기도 했다.[72]

자유당 당선자가 위조투표지 약 만장을 투입했다는 소송도 있었다. 경남 울산의 한 선거구에서 당선인의 득표수 중 정규 투표용지가 아닌 위조표 207장이 섞여 있음을 확인했고, 이로써 모든 선거구에서 같은 방법으로 불법이 자행되었음을 예상할 수 있다는 주장이었다. 실제로 투표함 검증을 한 결과 위조표가 무려 6,754표나 들어있음을 발견할 수 있었다. 이 외에도 자유당 선거운동원이 투표용지를 사람들에게 수장씩 교부해 무더기 투표하도록 지시한 것이 밝혀졌다.[73] 경북 월성에서는 자유당 이협우(李協雨)의 선거운동원과 경찰관이 각 투표구 선거위원장의 사인까지 날인한 위조투표용지를 동조자 등에게 10여 장씩 교부하여 투표하도록 지시했다. 무더

69) 위의 책, 161~163쪽. 선거인명부에는 성명, 주소, 성별, 생년월일밖에 없어서 유권자 본인임을 확인하기가 어려웠다. 때문에 대리투표가 성행했다. 이를 막기 위해 선거인 명부에 사진을 넣자는 의견이 있었으나, 반영되지 못했다(「민의원의원 선거법안 및 참의원의원 선거법안 제1독회」, 『국회정기회의속기록』, 제3대 국회 제26회 69차 국회본회의, 1957.12.31, 87쪽).

70) 『歷代選擧訴訟判決文集』, 175쪽.

71) 위의 책, 309쪽.

72) 마한, 『韓國政治의 總批判』, 韓國政治硏究院, 1959, 330쪽.

73) 『歷代選擧訴訟判決文集』, 257~266쪽.

기표를 투입하는 것을 목격하고 이를 항의하자 자유당 참관인이 항의자를 때려 졸도시키고 무더기표와 대리투표를 계속해서 감행했다.[74]

선거 사범이 구체적으로 밝혀졌음에도 불구하고 선거 소송이 기각된 경우도 있었다. 전남 여천군에서는 경찰관이 자유당 후보를 위해 돈으로 매표한 사건이 17건, 면 직원·이장 등의 매표, 선거방해, 대리투표 등 12건의 선거 사범이 발각되었으며, 자유당 선거운동원이 금품으로 매표한 사건이 30건, 연설 금지에 관한 규정 위반이 102건에 달했다. 대리투표로 발견된 것은 6건, 무더기표는 1,000매가 투입되었다.[75]

4) 개표 과정에서의 부정행위

개표 과정에서의 부정행위는 선거의 당락에 가장 직접적으로 영향을 미친다는 점에서 매우 중요하다. 국회의원 선거의 개표과정에서 관권에 의해 전국적으로 부정행위가 자행된 것은 이전과는 다른 모습이었다. 이는 선거가 끝난 후 국회에서 선거 부정을 규탄하는 자리에서도 드러난다. 유옥우(劉沃祐) 의원은 공무원이나 관계기관에서 야당을 탄압하고 선거간섭을 하는 것 정도는 이미 각오를 했으나, 자유당은 최후의 선을 넘고 말았다고 지적했다. 국민들의 표를 임의로 무효표로 만든 사실이나, 표를 바꿔치기 하는 것에 대해 끝까지 싸울 것이라는 의지를 보였다.[76]

1958년 총선의 개표 과정에서는 다양한 방법의 부정행위가 나타났다. 개표 도중 전기를 끄고 부정 개표하는 올빼미 개표, 여당표 다발 중간에

---

74) 위의 책, 333~335쪽.

75) 위의 책, 343~347쪽.

76) 「5·2총선거 부정사실에 대한 국회특별조사위원회 구성에 관한 건 및 사법권에 관한 국정감사권의 한계에 관한 결의안」, 『국회정기회의속기록』, 제4대국회 제29회 10차 국회본회의, 1958년 6월 24일, 13쪽.

야당표나 무효표를 끼워 넣는 샌드위치표, 야당 참관인에게 수면제가 들어 간 닭죽을 먹게 해서 잠든 사이에 부정 개표하는 닭죽 개표, 개표종사자가 야당표에 피아노 치듯 인주를 묻혀 무효표로 만드는 피아노 개표, 정전 소동 후 괴한 침입이 이어지고 표 뭉치가 순식간에 사라지는 도표 등 신조어까지 만들어졌다.

강원도 춘성군에서 민주당으로 출마한 권의준(權儀俊)에 따르면 개표 완료 직후 민주당 추천 선거위원이 분명히 투표함을 봉인하였는데, 자유당 당선자 득표 용지 5포가 봉인이 뜯어져 있었다. 남은 투표용지 수도 1만 2,086매이어야 하는데 8,426매 뿐이었고, 5월 11일에는 승인 없이 남은 투표용지 중 1,189매를 소각했다. 그러나 이 정도의 부정행위는 예사였고, 선거 소송에서 증거 부족 혹은 선거 종료 후의 상황이라는 이유로 기각되었다.[77]

경남 창원에서는 야당 후보 설관수의 유효표를 자유당의 득표로 환표하였으며, 몰래 설관수의 유효표에 손가락으로 인주를 묻혀 무효표로 조작했다. 이에 이의를 제기하고자 사후 환표를 방지하려는 목적으로 투표함의 부정 지출, 또는 투표함 보관 창고의 출입 여부를 감시했었으나 5월 5일 새벽 마산경찰서의 정사복경찰관 30여명이 감시중인 인원을 무조건 빨갱이라고 욕하며 구타한 후 전원을 버스에 강제로 승차시켜 연행했다. 연행된 자들은 오전 7시에 석방되어 창고를 조사해본 결과 투표함의 투표지를 바꾼 흔적을 확인했다.[78] 선거 종료 후의 재검표를 막기 위해 투표지를 누락시키는 일은 경북 월성군에서도 있었다. 이 지역에서는 위조투표지로 무더기표를 투입하다가 적발되어 투표가 중단되는 사고가 있었다.[79]

대구시 병선거구에서는 야당 후보자 임문석(林文碩)의 유효표를 자유당

---

77) 『歷代選擧訴訟判決文集』, 91~92쪽.

78) 위의 책, 109쪽.

79) 위의 책, 320~322쪽.

이우줄의 유효표에 혼입하는 방법과 인주로 임문석의 유효표를 훼손하여 무효로 조작하는 방법, 고의로 야간에 개표를 진행하고 정전을 시켜 부정행위를 저지르는 방법, 정체불명의 청년들이 소란을 피워 이우줄의 유효표로 위조한 표와 임문석의 유효표를 바꿔치기하는 방법 등의 불법이 있었다.[80] 이에 대한 선거 소송이 이루어져 투표함을 검증해 본 결과 임문석의 무효표 2,733표 중 1,500여 표가 되살아났고, 또 이우줄 쪽에 혼입된 표 1,500여 매를 되찾아내어 임문석의 당선이 확정되었다.[81] 대구시 기선거구의 민주당 후보 최희송(崔熙松)은 자유당 후보 이순희(李淳熙)에게 불과 218표차로 낙선되었는데, 최희송은 당선 무효소송을 제기, 투표함 검증을 실시해보니 이순희의 백매 다발 속에서 최희송의 표가 쏟아져 나와 낙선자인 최희송이 당선자인 이순희를 2,400표차로 누르고 역전했다. 이순희는 당선무효가 되었고 최희송이 당선되었다.[82]

비슷한 사례가 인접한 대구시 갑선거구에서도 있었다. 무소속으로 출마한 신도환(辛道煥)은 대리투표, 무효투표지 투입 등의 불법을 저질렀다. 특히 다수의 무효표가 속출했는데, 손에 인주를 묻혀 민주당 후보자의 표를 오손시키는 방법이 사용되었다. 투표자 수가 3만 3,798명인데 무효표가 무려 5,800여 표나 발생했다. 또한 개표 도중 미리 조작하여 준비해 둔 신도환에 대한 기표용지를 끼워 넣고, 신도환의 유효표 한 묶음을 90매 또는 70매로 묶어 100매로 계산하는 방법 등을 사용했다.[83] 경남 김해군과 전남

---

80) 위의 책, 152~153쪽.

81) 『경향신문』, 1963년 3월 15일, 3면.

82) 『경향신문』, 1963년 3월 15일, 3면; 『歷代選擧訴訟判決文集』, 147~149쪽.

83) 위의 책, 292~300쪽. 신도환은 무소속으로 출마하여 당선되었으나, 다음해인 1959년 7월 20일 자유당에 입당했다. 신도환은 그의 자서전에서 가장 큰 득표 요인으로 자신의 효자평(孝子評)을 꼽았다. 선거 운동에 있어서는 입후보를 해놓고 보니 신도환을 아는 사람이 없어 날이 새자마자 변두리에서부터 호별 방문을 했다고 한다. 시간이 부족해 낮에는 빵을 사먹으며, 같은 집을 네 번이나 찾을 정도로 호별 방문에 전력을

여천군에서도 같은 방식의 부정행위가 진행되었다.[84]

야당 측 선거 참관인의 출입 자체를 허용하지 않은 곳도 많았다. 부산시 서구갑 선거구의 개표소인 부산시 서구청 주변도로에는 무장한 헌병과 경찰관 70~80명이 대기했고, 동 구청 내에도 약 50명의 경찰관이 지키면서 선거 참관인의 출입을 제지했다. 선거 참관인이 없는 사이 환표와 무효표 조작이 만행했다.[85] 33개의 투표함 가운데 16개의 함에서 민주당 김영삼 후보가 7대 3의 비율로 앞서 나갔는데, 나머지 투표함에서는 김영삼의 득표가 투표함 1개당 7표, 3표, 2표밖에 나오지 않았다. 그 결과 자유당 후보가 당선되었다. 김영삼은 후에 1958년 총선을 자유당의 금권과 폭력이 판을 친 '추악한 선거'로 회고했다.[86]

경찰관으로 하여금 야당 후보자의 참관인을 구타하여 쫓아내고, 개표 도중에는 경찰관이 민주당 추천위원이 먹을 닭죽에 수면제를 넣어 개표에 참가하지 못하게 하는 등의 혼란이 있었던 전남 보성에서는 유권자 총수가 4만 2,649명인 9개 읍면의 개표를 민주당 측 참관 없이 자유당 선거위원들과 공무원들이 전담했다. 이후 조사결과 무효표 약 8천 매가 발견되었고, 참관인 없이 개표를 한 것이 문제가 되어 선거무효 판결을 받았다[87]. 경북 선산군에서는 개표장 주위를 사복 경찰관 40여 명이 포위하고, 개표장으로부터 15미터 거리에 있는 개표장 정문 밖에는 무장경찰관 수십 명을 배치

다했었다는 것이다(신도환, 『천하를 준다해도』, 史草, 1991, 138~144쪽). 그러나 민의원의원선거법 제7장 76조 1항에는 '누구든지 선거 운동을 하기 위하여 호별로 방문할 수 없다'라고 명시되어 있다. 자유당원들은 법 위에 군림하고 있었고, 그들이 선거법에 대해 얼마나 무지하고 무관했는지를 단적으로 보여준다.

[84] 『歷代選擧訴訟判決文集』, 315~316, 343~347쪽.

[85] 위의 책, 307~309쪽.

[86] 김영삼, 『김영삼회고록: 민주주의를 위한 나의 투쟁』, 백산서당, 2000, 131쪽.

[87] 『歷代選擧訴訟判決文集』, 327~329쪽.

해 위협적인 분위기를 조성했다. 그러고 나서는 자유당 후보자가 얻은 표 속에 야당 후보자의 득표 투표지를 혼입하여 계산하는 방법으로 부정행위를 저질렀다. 개표 중에 여분의 투표 용지를 준비하여 무더기표를 혼입하는 방식도 병행했다.[88]

재검표 과정을 통해 부정행위가 이루어진 경우도 있었다. 전북 이리시에서는 16개 투표구의 개표를 완료한 결과 민주당 후보자의 득표가 자유당 후보자보다 352표 많은 것으로 나오자, 자유당에서 무효표 선별관계에 대해 이의를 제기하고 강제적으로 재검표를 실시했다. 재검표 과정에서는 민주당 추천 선거위원의 입회가 거부되었고, 중앙선거위원회의 재개표 중지명령서가 전달되었으나 이의 수령조차 거부하고 재검표가 강행되었다. 재검표 결과 민주당 후보의 유효표 992표가 무효표로 판정되어, 자유당 공천자가 당선되었다.[89]

이와 같이 선거 전반에 걸쳐서 다양하고 기상천외한 방법의 부정행위가 자행되었고, 그것이 언론 보도나 혹은 실질적인 경험에 의해 널리 알려졌음에도 불구하고, 이승만 정권은 여전히 국민을 기만했고, 반성할 줄 몰랐다. 이승만은 선거 직후인 5월 26일 담화에서 "조용히 질서있게 선거가 행해진 것을 대단히 고맙게 생각"하고, 우리가 "민주정부의 표준이 될 만큼 되었"다고 자축했다.[90] 그들은 부정 선거 외에는 방법이 없는 상황에 몰려

---

88) 위의 책, 176쪽.
89) 위의 책, 214~219쪽.
90) 公報處,『大統領李承晚博士談話集』3집, 1959, 62쪽. 주한 미국대사관에서도 5·2총선이 과거에 비해서 상당히 진전되었다고 평가했다. 주한 미국대사인 다울링(Walter C. Dowling)은 장면과의 회담에서 일부 부정 선거가 있었지만 이전의 어떤 선거보다도 공정했다고 말했다. 이에 대해 장면은 100건이 넘는 선거 소송을 들면서 5·2총선은 최악의 선거였다고 반박했다. 그러나 다울링은 일부 지역에서만 부정 선거가 결과에 영향을 미쳤고, 과거에는 거의 없었던 선거 소송이 제기된 것 자체가 정치 의식의 성장을 반증한다고 보았다("Memorandum for the Record", FRUS, 1958~1960 V18, pp.465~466. (1958.6.27)). 다울링의 의견은 선거 결과에 치중한 분석으로 볼 수 있다. 선거에서 부정 행위가 존재했음은 인정하지만 민주당의 선전을 고려하면 선거가

있었다. 선거 부정행위는 이후의 재선거에서 더욱 강화되어 나타난다.

4. 1958년 5·2총선의 선거 결과와 재선거

1) 선거 결과와 여촌(與村) 현상 분석

1958년 5·2총선의 투표자는 유권자 총수의 90.6%에 해당하는 892만 3,905명으로 시도별로는 강원도가 93%, 제주도가 94.9%로 가장 투표율이 높았고, 서울특별시가 80.1%로 가장 낮았다. 유효투표는 투표자 총수의 96.1%에 해당하는 857만 6,757표였다.

〈표 2〉 각 정당 지역별 당선자 수

	서울	경기	강원	충북	충남	전북	전남	경북	경남	제주	계	비율
자유당	1	14	15	8	15	10	18	24	20	1	126	54.1
민주당	14	8	2	4	6	11	10	8	15	1	79	33.9
무소속	1	3	3	1	1	3	3	6	5	1	27	11.6
통일당							1				1	0.4
계	16	25	20	13	22	24	32	38	40	3	233	100

선거 결과 자유당은 총 360만여 표로 126석(공천자 121명, 비공천자 5명)을 차지했고, 민주당은 293만여 표로 79석을 차지했다. 무소속은 27석밖에 안되었다. 자유당은 개헌선에 못 미친 반면, 민주당은 호헌선을 확보했다. 전체 득표차도 67만여 표밖에 안되었다. 자유당으로서는 개헌선을

진전되었다고 평가한 것이다. 언론의 보도와 국회에서의 파열음, 여론의 동향뿐 아니라 주한 미국대사관 자체적으로도 선거 분위기 조사를 했기 때문에 선거 부정을 파악하지 못한다는 것은 불가능했다.

252 횡단적 사유와 역사인식

확보하기는커녕 전보다 강력한 야당 출현에 직면한 것이다. 49명의 입후보자를 내세웠던 군소정당이 단 1명의 당선자 밖에 배출해 내지 못했으며, 357명의 입후보자를 낸 무소속이 겨우 27명이 당선된 것도 이 선거의 특징 중 하나이다. 선거 결과만을 놓고 본다면 주요 정당의 입후보자에 투표가 집중되는 현상은 선거가 단순한 인물 본위 선정에서 정당 선정으로 발전하여 가고 있으며 군소정당의 존재 가치가 적어졌다는 것을 보여주었다.[91] 이로써 양당정치가 가능하게 되었다고 볼 수 있지만, 진보세력이 배제된 상태에서의 보수양당제라는 한계가 있었다.[92]

이 선거에서는 소선거구 다수득표제의 폐단이 다시 한 번 나타났다고 지적된다. 선거 결과 득표율이 43.1%인 자유당이 의석수에 있어서는 54.1%를 차지한 반면 득표율이 34.2%인 민주당은 의석수에 있어서 33.9%, 무소속은 21.5%의 득표율을 보였지만 의석수에서는 11.6%만 차지할 수 있었다. 도시 지역에서는 민주당이 큰 표 차이로 여당 후보자를 이겼지만, 농촌 지역에서 자유당이 근소하게 민주당 후보자를 이기는 경우가 많았기 때문으로 볼 수 있다. 농촌 지역에서 2천 표 이내의 차이로 자유당에 석패한 민주당 입후보자가 27명이나 된다는 것이 이를 입증한다.[93]

민주당에 대한 지지는 국민들의 반자유당 정서가 선거에 투영된 것이지 민주당의 정책이나 공약에 매력을 느낀 것은 아니었다. 앞서 살펴 본 것처럼 민주당의 정책은 자유당과 선명한 차이를 가지지 못했고, 그 실현 가능성 역시 적었다. 그래서 민주당은 이승만 정권의 제왕적인 독재와 영구 집권을 향한 몸부림, 선거에서의 부정행위, 관료들의 부정부패 등을 폭로하

---

91) 신상초, 「5·2 總選擧의 結論: 民主政治의 着實한 成長」, 『思想界』, 思想界社, 1958년 6월호, 389쪽.

92) 서중석, 앞의 책, 2007, 190~191쪽.

93) 신상초, 위의 글, 390쪽.

는 전술을 펼쳐 민심을 얻고자 했다. 이는 상당한 효과가 있었는데, 이승만 정권은 거듭해서 민주당의 선전을 경계했고, 그 선전의 직접적 통로가 되는 언론을 통제하기 위해 악법을 만들었던 것이다.

5 · 2총선의 결과는 역시 여촌야도 현상으로 나타났는데, 서울의 경우 16개 선거구에서 민주당이 14석을 차지했고, 자유당은 한 명만 당선되었다. 부산에서도 10개 선거구 중 민주당이 7석을 얻고, 자유당은 3명이 당선되었다. 대구의 경우 6개 선거구에서 두 명의 자유당 당선자가 당선무효가 된 결과 민주당이 5석, 자유당이 1석을 차지했고, 광주는 3개 지구에서 민주당 2석, 자유당 1석이었으며, 인천의 3개 지구 모두와 전주의 2개 지구 모두를 야당이 차지했다. 청주, 춘천, 원주, 목포 등 시 이상 급의 지역에서는 모두 야당이 선전했다. 자유당은 126석을 차지하였지만 서울시 이외의 26개 시 지역에서 13석밖에 얻지 못했다. 반면에 민주당은 79석 중 43석을 도시지역에서 당선시켰다.

〈표 3〉 도시와 읍 · 군 별 당선자 수

	선거구 수	자유당	민주당	기타
서울특별시	16	1	14	1
26개 시	46	12(당선무효 2 포함)	29(판결 당선을 포함하면 31)	5
읍 있는 73개 군	73	41(2)	20	10
읍 없는 군	98	69(4)	16	12
합계	233	120(6)	79	28

* 괄호 안 숫자는 비공천 당선자 수.
* 출전: 윤천주, 앞의 책, 1986, 37쪽.

자유당은 '읍 없는 군', 즉 농촌 지역에서 73석을 얻었고, 반면에 민주당은 16석 밖에 확보하지 못했다. 자유당이 농촌 지역의 70% 이상을 장악했다. '읍 있는 군' 지역에서도 자유당이 많은 의석을 차지하기는 하지만 완전한 농촌 지역(읍 없는 군)에 비하면 적었다. 도시에서는 반대로 민주당이 자유당을 압도하고 있다.[94]

여촌야도 현상은 '읍 있는 군' 지역을 분석해보면 더 확실하게 나타난다. '읍 있는 군' 지역에서 면 단위를 제외한 읍 지역, 즉 2만 이상, 5만 이하의 인구를 가진 읍 지역만을 대상으로 했을 경우에는 민주당이 근소하게 자유당에 앞서 있다. 전국 80개 읍에서 자유당 공천자가 승리한 곳은 31개 읍인 반면, 민주당 공천자는 33개 읍에서 승리를 거두었다.[95] 그러므로 '읍 있는 군' 지역에서 자유당이 민주당에 비해 두 배의 의석을 차지할 수 있었던 것은 읍 외곽 지역의 '면' 지역에서 압승했기 때문에 가능한 것이라는 결론이 나온다. 정당보다는 인물 위주의 투표가 되기 쉬운 농촌 지역에서 자유당이 이처럼 압도적이고 획일화된 투표결과를 얻어낼 수 있었던 것은 관권에 의한 부정 선거 이외에는 설명되기 힘들다.

도시에서 야당이 선전하는 현상은 어떻게 해석해야 할까. '야도' 현상의 원인은 주로 이승만 정권의 실정, 교육의 확대, 급속한 기형적 도시화 등에서 찾을 수 있다. 사사오입개헌 사건을 비롯한 이승만 정권의 부패와 무능이 점점 부각되었고, 관료, 경찰, 군, 자유당 간부, 재벌 등 특권층의 사치는 서민들의 생활과 대조되었다. 교육은 급속히 확대되어 문맹률이 1945년 78%에서 1956년에는 10%로 급감했다. 교육을 받으면 성공 출세할 수 있다는 분위기가 팽배했는데, 그렇지 못한 현실은 이승만 정권에 대한 불만으

---

94) 읍을 기준으로 구분한 도시와 농촌의 선거 경향 분석은 머리말에서 언급한 윤천주의 연구 결과이다. 윤천주는 5만 이상의 인구를 가진 도시와 2만 이상 5만 이하의 인구를 가진 읍 지역, 2만 이하의 인구를 가진 면 지역의 선거 결과 분석을 통해 여촌야도 현상을 명백하게 규명했다.

95) 윤천주, 앞의 책, 1981, 38쪽. 자유당이 승리한 31개 읍 중에는 무투표로 당선된 5개 읍이 포함되어 있다.

로 표출될 수 있었다.[96]

경제적 문제 역시 유권자들의 정치의식에 직접적으로 영향을 미쳤다. 휴전 이후 인구가 급증했고, 수많은 월남민이나 제대군인, 그리고 적자영농으로 인한 탈농인구 등이 모두 도시지역으로 몰려들었지만 그들은 대부분 제대로 된 일자리를 찾을 수 없는 실정이었다. 대부분이 완전실업이나 잠재실업의 상태에 놓였다. 연구에 따르면 1958년 초 약 420만 명의 실업자와 반실업자가 있었고, 1960년에는 완전실업자 250만 명, 농촌의 잠재실업자 200만 명이 존재해 실업자는 총 노동인구의 45%에 달할 정도로 심각했다.[97] 또한 1950년대 후반 서울지역 평균 가계 수지는 언제나 적자를 면치 못했는데, 이례적으로 물가가 하락한 1958년을 제외하고는 연간 가구당 지출이 항상 수입을 초과하고 있었다.[98]

경제적 불안과 불만에 의한 반자유당 정서는 농촌에서도 그대로 나타날 수밖에 없었다. 농촌의 경제사정을 고려했을 때 농민들이 자유당 정부를 전폭적으로 지지한다는 것은 있을 수 없는 일이었다. 조병옥은 경제정책에 있어 첫 번째로 한국경제의 재건은 농촌 경제의 재건으로부터 출발해야 되며 중농정책을 실시해야 한다고 주장했다.[99] 1959년 정부에서 추진한 3개년 경제개발계획 시안에서도 농업의 중요성에 대해 "한국 생산력의 거점은 제1차 산업에 있다는 결론 하에 농업 발전에 제1차적인 중점"을 둔다고 했다.[100] 농촌 경제 상황은 우선적으로 고려되었고, 다르

---

96) 서중석, 앞의 책, 1999, 159~162쪽.

97) 데이비드 콩드, 장종익 역, 『남한 그 불행한 역사(1953~1966)』, 좋은책, 1988, 55쪽; 中川信夫, 『韓國の經濟構造と産業發展』, アジア經濟研究所, 1964, 18쪽 (김대환, 「1950년대 韓國經濟의 연구: 工業을 중심으로」, 『1950年代의 認識』, 한길사, 1981, 251쪽에서 재인용).

98) 이대근, 『解放後: 1950年代의 經濟: 工業化의 史的背景 研究』, 삼성경제연구소, 2002, 448~451쪽.

99) 「紙上인터뷰: 政治縱橫談」, 『思想界』, 思想界社, 1958년 2월호, 237쪽.

게 표현하면 당장 조처가 필요할 정도로 악화되어 있었다. 이 시기 농민의 1인당 소득은 비농업부문 1인당 소득의 절반에도 미치지 못했다. 농민의 생활수준은 도시민에 비해 매우 낮았다.[101] 또한 농촌에는 농민층 분화가 일어나 몰락한 농가가 과잉인구로써 광범위하게 존재하게 되었다.[102] 경제적 위기에 몰려있던 농민들과 빈민들은 현 정권을 지지할 이유가 없었다.

물론 농촌은 도시에 비해 정치수준이 낮다는 평가가 존재한다. 정치적 수준이 낮기 때문에 여당과 야당의 분별 능력 부족, 집권정당의 공죄에 대한 비판력 부족, 관권에 대해 맹종하는 경향 등이 있을 수 있다. 그리고 자유당 정부의 엄청난 선거 자금은 전국의 농촌 깊숙한 곳까지 투입되었는데, 이러한 금권 역시 선거의 향방을 가르는 중요한 요인이 될 수 있다. 그러나 농촌의 선거에 결정적으로 영향을 미쳤던 것은 관권의 간섭에 의한 부정 선거였다. 농촌에서 관권은 여러 가지 방법으로 농민들을 감시하고 조종했는데, 예를 들면 산림령 위반이나 징집회피, 무허가 돼지 도살이라는 명목으로 유권자들을 위협한다든지, 밀주(密酒) 단속이라고 하면서 집을 수색하는 등 유권자들에게 공포분위기를 조성했다.[103] 국민반·자치단 체장·경찰·청년단 등을 통한 통제 감시와 투개표 과정에서의 직접적인 선거 부정은 '여촌' 현상을 만드는 결정적인 원인이었다. 각계에서 지적하듯이 농촌은 과거에 비해 분명히 이른바 민도(民度)의 발달 과정에 있었다.[104] 자유로운 선거만 보장된다면 농촌에서도 '옳은 사람'이 당선될 것이

100) 이현진, 『미국의 대한경제원조정책 1948~1960』, 혜안, 2009, 262~263쪽.
101) 한도현, 「1950년대 후반 농촌사회와 농촌의 피폐화」, 『한국현대사의 재인식』 4, 오름, 1998, 74쪽.
102) 장상환, 「현행 토지문제의 성격과 해결방향」, 『한국농업·농민문제연구』 I, 연구사, 1988, 147~148쪽.
103) 정준, 「農村과 選擧」, 『自由世界』, 自由世界社, 1958년 4월호, 121쪽. 선거

라는 여론이 팽배해져 있었다. 문제는 관권과 금권의 개입이었다.

2) 부정 선거에 대한 소송과 재선거

선거와 동시에 선거 부정으로 인한 문제가 쏟아졌다. 전국 각지에서 선거운동원·선거참관인을 경찰·폭력배가 구타하는 사건 사고가 발생했고, 개표 중단 사고, 재선거 주장, 투표함 분실 사고 등의 혼란이 끊이지 않았다. 또한 각종 선거보복이 야당 당선지구에서 행해졌다. 이에 대해서 이례적으로 자유당 내부에서도 비판의 목소리가 나왔다.[105]

국민들은 선거에서의 부정행위 자체에 대한 불만뿐만 아니라 자유당 측의 선거사범 처리에 대해서도 불만이 극에 달했다. 특히 대구에서는 시민들의 데모가 연일 이어졌다. 시민들은 법원과 시청 앞에 운집해 '잘못된 표를 밝히러 왔다'고 하면서 농성을 했다. 경찰에서는 이 데모 사건에 대해 대구 시내 전원 준 비상경계를 선포하고 치안확보에 나섰는데, 사태의 원인 파악과 해결보다는 '배후조종자 색출'을 위한 수사를 명령했다.[106] 부정 선거에 대한 여론 악화와 선거 사범 문제가 신문 지상을 뒤덮고 있었으나 이에 대한 언급이나 분석은 없었다. 그러나 자유당과 정부 내부에서는 현 상황에 대해 우려를 나타내고 있었다. 경찰이 선거를 한다는 시기는 이미

---

104) 한 연구자는 해방공간에서의 유례없는 정치적 폭발과 농민정치의 경험이 농민들로 하여금 구질서에 대항하는 정치화된 농민, 즉 근대적 진보성을 지닌 농민으로 성장하는 계기가 되었다고 평가한다. 이들은 군정과 전쟁을 거치면서 다시 전통적 보수를 회귀하는 모습을 보이기도 하지만, 농민들의 근대적 진보성을 평가절하 해서는 안 된다고 보았다(오유석, 앞의 글, 1997, 112~113쪽; 오유석, 앞의 글, 2000, 318~319쪽).

105) 박운대, 「5·2選擧後의 報復波動: 前世紀的인 錯覺이다」, 『自由世界』, 自由世界社, 1958년 6월호, 128~133쪽; 『경향신문』, 1958년 5월 27일, 석간 1면.

106) 『조선일보』, 1958년 5월 11일, 석간 3면.

지났다고 스스로 지적하고 있으며, 혁신적인 정책을 세우지 않으면 2년 후
의 대선에서 절대로 승리할 수 없을 것이라고 거듭 강조했다.[107]

대법원에서는 5명의 대법관으로 구성된 특별부를 편성해 선거 소송을
전담하게 했다.[108] 이 선거에서는 투표함이 보존되어 있었기 때문에 지난
3대 총선에서 모두 기각되었던 현장검증신청이 모두 채택되었다. 대법원
은 '사법부만은 살아있다'는 표본을 전국민에게 보여주기 위해 그 처리에
박차를 가하고 있다는 평가를 받았다.[109] 대법원의 현장 검증이 결정되자
경북 영주에서는 투표함 보관 창고를 괴한이 습격하는 사건이 발생했다.
경찰이 포함된 약 100명의 괴한이 투표함 보관 창고를 침입해 환표를 한
것이다.[110] 전북 이리에서도 낙선된 야당 후보자의 투표함 보전신청에 의
해 투표함 차압을 집행하던 판사를 방해하는 사건이 있었다. 이로 인해
자유당 선거위원이 구속됐다.[111] 경남 사천과 울산에서도 환표 사건이 있
었다.

선거 소송은 모두 105건이었는데, 전국 233개 선거구 중 78개 선거구에
서 제기되었다. 원고는 민주당 소속이 64건, 자유당 소속이 15건, 무소속이
23건이었고, 선거무효 소송이 38건, 당선무효 소송이 44건, 선거 및 당선
무효 소송이 23건이었다. 지역별로는 서울 2건, 경기 3건, 충남 5건, 강원

---

107) 『국무회의록』, 103쪽, 1958년 5월 6일; 고정훈 외, 한희석 篇, 『名人獄中記』, 희망출
    판사, 1966, 246쪽; "Memorandum of Conversation", *FRUS*, 1958~1960 V.18, p.532.
    (1959.1.19).

108) 특별부는 고재호, 김갑수, 김세완, 배정현, 백한성 대법관으로 구성되었다. 백한성은
    1953년 9월부터 1955년 4월까지 내무부장관을 지내면서 1954년 5 · 20총선을 지휘했
    다. 김갑수는 조봉암 사건 3심 판결의 주심을 보았고, 정부와도 특별한 관계를 유지
    하고 있었다(서중석, 앞의 책, 1999, 214~215쪽 참조).

109) 『조선일보』, 1958년 5월 27일, 조간 2면.

110) 『조선일보』, 1958년 5월 30일, 조간 2면.

111) 『조선일보』, 1958년 6월 5일, 조간 2면.

6건, 전북 7건, 전남 13건, 경북 21건, 경남 20건, 제주 1건으로 경상도에서 가장 많았고 전라도 지역에서도 많이 나타났다.[112]

대법원에서는 6월 21일 경북 영일 을구에 대해 선거무효 판결을 내렸다. 사상 처음으로 선거무효 판결이 내려졌다. 1959년 말까지 이어진 선거 소송의 결과는 총 5건의 선거무효와 3건의 당선무효, 3건의 선거일부무효로 판결이 났다. 선거무효 판결은 입후보자의 등록을 무효로 처리한 경우였고, 당선무효는 재검표 결과 최다득표자가 바뀌었을 경우였다. 선거 소송에서는 선거무효 청구소송을 제기했더라면 이길 수 있었던 소송을 당선무효 청구를 했기 때문에 졌다든가, 당선무효를 주장했어야 할 사건에서 선거무효를 청구했기 때문에 기각당한 경우도 있었다. 그리고 부정행위 또는 위법사실의 증거가 불충분하다는 이유로 원고패소의 판결을 내린 사례가 허다했다. 더구나 선거법 상 선거법을 위반한 사실이 설령 있었다 할지라도 선거의 결과, 곧 당선을 좌우할 만한 중대한 위법이 있는 경우가 아니면 선거무효 또는 당선무효의 판결을 하지 못하게 되어 있었다. 이 조항은 부분적인 선거 부정은 용인한다고 할 수 있을 만큼 위험하고 중요한 사항이었다.[113] 선거관계인과 기타 공무원의 부정행위는 선거사범은 될 수 있지만, 선거무효나 당선무효의 원인이 될 수 없다는 것도 문제였다. 또한 선거 운동 과정에서의 부정행위 등도 선거 소송 판결에서 충분히 고려되지 않았다.[114]

---

[112] 『조선일보』, 1958년 6월 4일, 석간 3면.

[113] 선거법 제147조 '선거 등 무효의 판결'에 관한 조항은 '대법원은 前 2조(선거 소송과 당선 소송)의 소송에 있어서 선거에 관한 규정에 위반한 사실이 있을 때라도 선거의 결과에 이동이 미쳤다고 인정하는 때에 한하여 선거의 전부나 일부의 무효 또는 당선의 무효를 판결한다'고 정하고 있다.

[114] 이종극, 「煙幕에 싸인 大法院: 5·2選擧 訴訟의 總決算」, 『思想界』, 思想界社, 1959년 11월호, 181~183쪽.

선거구 수와 투표구 수가 많아졌고, 이를 감시할 선거위원의 수는 제한
되어 있기 때문에 모든 선거 부정을 포착하고 지적해 낼 수는 없었다. 당락
에 영향이 있어야 선거무효·당선무효 판결이 가능한 점, 다시 말해 선거
의 결과에 변동이 없는 한도 내의 부정은 소송에 영향을 미치지 못하는 것
은 선거법에 있어 아주 큰 맹점이었다.

혼표와 무효표, 위조표 조작 등 부정개표 사실이 드러난 울산 을구의 재
검표가 한창이던 6월 29일, 이승만은 AP통신과의 서면 인터뷰에서 선거법
위반에 대해 언급했다.[115]

> "자유당이나 민주당이나 선거결과에 대해 불평해왔으며 양측이 다 여러 가
> 지 종목의 선거법 위반사건을 제소하였다. 이와 같은 일은 민주주의에 있어서
> 는 극히 정상적인 것이며 비록 선거가 수백 년 동안 실시되어왔다 하더라도
> 있을 수 있는 일이다. 내가 알고 있는 한도 내에서는 이번 선거가 근본적으로
> 정직하고 공정한 것이었으며, 이에 반대되는 모든 비난은 책임있는 관계당국
> 에 의하여 조사되고 있는 중이다. 매번 한국에 선거가 있은 후에 동일한 불평
> 비난이 제기되고 있으나 불편부당한 공정한 유엔 옵서버들은 매번 선거결과
> 를 공정하고 민주주의적이라고 평가하여 왔다는 사실도 또한 지적되어야 할
> 것이다."

선거 결과에 변동이 없는 한도 내에서의 부정행위는 문제가 없다는 선
거법 조항과 비슷하게, 이승만은 다소간의 선거 부정행위를 '극히 정상적
인 것'으로 보았다. 선거 부정의 절대 다수가 정부 여당에 의한 것인데
이를 민주주의의 발전 과정에서 나타나는 병폐 정도로 치부하고 대수롭
지 않게 넘어가려 하고 있다. 선거와 민주주의에 대한 이승만의 인식을
엿볼 수 있는 부분이다. 이승만은 선거에서의 부정행위를 모를 수 없었
고, 방관 혹은 조장하는 입장에 있었다.[116] 그리고 이후의 내무부와 치안

---

115) 『조선일보』, 1958년 6월 30일, 석간 1면.

국의 인사 이동 조치는 앞으로 있을 선거에서 부정행위를 더욱 강화하려
는 의도였다.

10월 2일에는 대구 시장 선거가 있었는데, 민주당 후보가 9만 8천여 표
로 당선되고, 자유당 후보는 1만 5천여 표만을 얻었다. 이 선거는 공정하게
진행되었는데, 그 이유는 대구가 1956년 대선에도 개표 중단 사건을 겪었
고, 1958년 총선에서는 당선 무효 판결을 받은 곳이기 때문에 세간의 주목
을 받았으며, 선거위원회 역시 부정이 없도록 만반의 준비를 갖추었기 때
문이었다. 선거 결과를 전해들은 이승만은 "선거는 싸움인데 경쟁심이 없
는 사람은 누워 있어야 한다. 반정부당의 부통령이 나오게까지 두었으나
권력으로라도 못된 놈들을 서울서 몰아내야 한다. 정부가 이대로 가만있으
면 멀지 않아 대통령을 내놓아야 할 것"이라고 흥분했다.[117]

김병로는 이승만에 대해 옛날 군주와도 달리 법에 대한 관념이 결여
된 사람이라고 지적하기도 했는데,[118] 민심의 반자유당 정서가 선명하게
드러나 궁지에 처하자 이승만은 더 노골적으로 법과 절차를 무시하는 모
습을 보였다. 그리고 언론과 야당에 대한 이러한 인식들은 결국 2·4파
동으로 이어졌다. 12월 24일 이승만 정권은 언론 탄압 조항 등이 포함된
국가보안법 개정안과 시·읍·면장을 임명제로 하는 지방자치법 개정안

---

[116] 국민반 운영 강화, 진보당 사건 판결과 사법부에 대한 이승만의 견해, 부정 선거에
대한 대응, 국무위원들의 지속적인 선거 보고 상황 등을 고려해 보면 이승만은 전반
적인 선거 과정을 파악하고 지휘했다. 또한 오제연 등의 연구에 따르면 자유당은
정치적 힘을 키워나갔지만 이승만의 권위 자체는 침해하지 못하는 한계를 가지고
있었음이 드러난다. 이승만은 중요한 사안에 대해서 직접 관리하는 모습을 보였는
데, 환율 및 원조 관련 문제도 직접 관장했다고 한다(송인상, 『부흥과 성장』, 21세기
북스, 1994, 149~150쪽 (박태균, 「한국전쟁 이후 이승만 정부의 경제부흥 전략」, 『이
승만과 제1공화국』, 논형, 2007, 235쪽에서 재인용)).

[117] 『국무회의록』, 213쪽, 1958년 10월 7일.

[118] 동아일보사 편, 『秘話 第1共和國』 3, 弘字出版社, 1975, 146쪽 (서중석, 『조봉암과
1950년대』 하, 역사비평사, 1999, 690쪽에서 재인용).

을 날치기로 통과시켰다. 모두가 다음 선거를 대비하기 위한 사전 작업이었다.

대선을 앞둔 1960년 1월 23일에 있었던 경북 영일 을구의 두 번째 재선거에서는 선거 운동 과정에서의 부정행위가 언론에 공개되었다. 영일 을구 재선거의 민주당 공천후보자인 현석호(玄錫虎)는 선거분위기가 경찰 및 일반공무원의 불법적인 선거 관여로 저해되고 있음을 지적하고, 시정을 촉구하는 서한을 최인규 내무부장관에게 전달하는 동시에 이를 공개했다. 10일 아침 조재천 민주당 선전부장에 의하여 발표된 동서한의 주요 내용은 다음과 같다.[119)

1. 동리(洞里)마다 2, 3명의 경찰관이 파견되어 야당의 선거 운동을 방해하고 여당의 득표공작에 주력하고 있으며 유권자의 일거일동을 감규(監規) 위협하여 공포분위기로 몰아넣고 있다.
2. 모든 공무원들이 각 동리를 파상적으로 순방하면서 여당후보자의 선거 운동을 한다.
3. 자유당 후보자는 전 선거구에 걸쳐 호별방문은 물론 주식접대를 공개적으로 하고 있음에도 불구하고 경찰은 이를 취체하지 않고 있다.
4. 영일 을구 출신 또는 연고 있는 자로써 타지에서 공무원직에 있는 자들을 소환하여 여당출마자의 운동을 공공연히 전개하고 있다.

자유당의 선거 공작은 적나라하게 언론을 통해 보도되었다. 그러나 이승만 정권은 재선거 시기부터 언론을 통한 부정 선거 보도조차 무시하는 경향을 보였다. 이승만은 그동안 국무회의에서 여러 차례 외신 보도에 신경을 쓰고 관심을 기울이는 모습을 보였으나, 1960년 3·15선거가 다가오자 이것조차 고려사항이 되지 못했다. 이에는 1958년 말 2·4파동 이후 틀어진 미국과의 관계도 영향을 미쳤다. 막대한 선거 자금이 불법적으로 만

---

119) 『동아일보』, 1960년 1월 11일, 1면.

들어져 전국적으로 뿌려졌지만 이미 민심을 되돌릴 수는 없었다. 이승만 정권은 궁지에 몰려 있었고, 부정 선거 이외에는 전혀 방법이 없는 상황이었다.

5. 맺음말

선거에서의 부정행위는 이승만 정권의 모든 선거에서 나타난다. 그러나 그 방법과 강압의 정도에서는 분명한 차이가 있다. 첫 번째 국회의원 선거였던 1948년의 5·10총선과 제2대 1950년 5·30총선에서도 부정행위는 존재했었다. 입후보 등록 방해와 불법 선거 운동이 심했다. 제3대 1954년 5·20총선도 부정행위가 심해 곤봉선거라고 불리기도 했으나, 투개표 과정에서의 직접적인 불법은 잘 알려지지 않았다. 반면에 1956년 정부통령선거부터는 부정 선거가 강화되어 투개표 과정, 특히 개표에서의 부정행위가 문제되었다.

1956년 정부통령선거 결과는 이승만 정권에게 있어 매우 충격적인 것이었는데, 이에 대한 만회와 영구 집권을 위해 대선 직후에 있었던 지방선거 탄압이 이루어졌다. 지방자치단체장의 확보는 실질적인 친정부 선거 운동원들을 만들기 위한 단계였다. 파행적이고 노골적인 부정 선거가 시작된 것은 1956년 지방선거부터였고, 이러한 양상이 1958년 총선에서 더욱 강화되어 이어졌다.

1958년 5·2총선은 노골적인 부정 선거가 이승만 정권에 의해 자행되었지만, 그 결과는 민주당의 호헌선 확보, 강력한 야당의 출현으로 나타났다. 특히 도시 지역에서는 민주당이 자유당을 압도하는 모습을 보였다. 결과적으로 여촌야도 현상이 나타났으나, 심각한 선거 부정행위가 있었던 것을 고려하면 결과로써 선거 자체를 평가하기는 어렵다. 입후보 등록 과정, 선거 운동 과정, 투개표 과정 등의 전반에 걸쳐서 불법이 자행되었음에도 불구하고 자유당 후보자가 낙선하는 상황을 어떻게 해석해야 할까.

주한 미국대사관의 선거 관계 보고서에는 각 지역에서 나타나는 선거 부정행위의 보고와 함께 유권자들의 선거 의식 향상이 거듭해서 이야기 되고 있다. 물론 한국에서의 민주주의 발전을 과장해서 보고하려는 의도가 있을지도 모른다. 그럼에도 불구하고 한국의 유권자들은 몇 번의 선거를 경험하면서, 이를 통해 민주주의의 수단으로써 선거를 인식하는 성장 과정에 있었다. 교육 수준의 급성장과 매스미디어의 확산, 경제적 위기 등 여러 가지 요인이 국민들의 정치에 대한 관심을 높아지게 만들었다. 이는 도시나 지방을 막론하고 마찬가지였다.

자유당에 대한 반감은 이미 1956년 정부통령선거 결과에서 선명하게 드러났고, 이후에도 지속적으로 나타났다. 자유당의 변화가 없는 이상 국민들의 반감이 갑자기 사라질리 없다. 명목상의 인사 이동 조치로는 국민들의 눈을 속일 수는 없었다. 1958년 총선에서 민주당의 선전은 이러한 국민들의 의식이 반영된 결과였다.

그렇다면 자유당의 실정이 분명하게 나타나는데 왜 여촌 현상이 나타났을까. 정치학자인 윤천주는 대도시의 유권자들보다 면(面)지역 유권자들이 여당과 특별하게 관계 깊을 이유가 없음을 지적한 바 있다. 전국적으로 분명하게 나타나는 여촌 현상은 철저한 부정 선거 이외에는 설명하기 어렵다.

장준하(張俊河)는 5·2총선 직후 그 결과에 대해, 현 집권정당은 협잡과 강권으로라도 국민을 제압해서 정권을 유지해 보겠다는 반민주적 생각을 가지고 있다고 말했다.[120] 이와 같은 각계의 비판과 충고가 쏟아졌으나 이승만 정권은 받아들이지 않았다. 이승만은 위기에 처하자 노골적으로 법을 무시하는 발언을 했고, 중요시 하던 언론 보도조차 통제할 수 없을 만큼 궁지에 몰려 있었다. 그리고 그 위기에 대한 대응으로 5 · 2총선 이후의 재선거 부정과 3 · 15부정선거를 강행함으로서 자멸하게 되었다.

120) 장준하, 「民心의 向方: 5 · 2總選을 보고(卷頭言), 『思想界』, 思想界社, 1958년 6월호, 16쪽.

1970년대 '유언비어'의 불온성

/ 오제연 /

1. 머리말

1970년대는 '유언비어'의 시대였다. 유언비어가 1970년대에만 있었던 것은 아니다. 동서고금을 막론하고 어느 장소, 어느 시대든 유언비어는 존재했고, 그 내용과 형식도 다양했다. 1945년 해방 이후 한국현대사에 국한하더라도 앞선 1950~60년대나 그 뒤의 1980년대 이후보다 1970년대에 유언비어가 월등히 많았다고 단정하기 힘들다. 어쩌면 인터넷 공간을 통해 소위 '괴담'들이 난무하는 오늘날 한국사회에서 훨씬 더 많은 유언비어를 찾아 볼 수 있을지도 모르겠다. 그러나 한국현대사에서 '유언비어'가 중요한 의미를 갖게 된 시기는 분명 1970년대였다. 1970년대 유언비어를 의미 있게 만든 장본인은 바로 박정희 정부, 특히 유신체제였다. 무엇보다 유언비어의 날조 유포를 엄단한 '긴급조치'는 역설적으로 1970년대 유언비어의 존재감을 한층 더 부각시켰다.

유언비어의 사전적 정의는 "근거 없이 널리 퍼진 소문"이다. 하지만 유언비어에 대한 규정은 시대적 상황에 따라 달라진다. 따라서 1970년대 유언비어 분석은 당대에 유언비어로 규정된 것들이 무엇인지 밝히는 작업에서부터 시작되어야 한다. 그러나 당시 전파되었던 모든 유언비어들의 내용과 그것을 유포한 사람들을 파악하여 분석하는 것은 불가능하다. 왜냐하면 유언비어는 주로 입에서 입으로 전해는 '소문'이라는 특성상 제대로 기록되지 않기 때문이다. 몇몇 유언비어가 '기록'으로 남아 있기는 하지만 그것은 당시 퍼져있었던 여러 유언비어 가운데 일부에 지나지 않을 가능성이 크다. 게다가 1970년대는 정부에 의해 언론이 극도로 통제되었기 때문에 유언비어의 구체적인 내용이 언론을 통해 알려지는 경우도 드물었다. 당시 경찰, 검찰, 중앙정보부 등 정부기관들이 조사한 기록과 긴급조치 관련사건 재판기록 등에서 문제가 된 유언비어의 구체적인 내용들이 등장하기는 하지만, 정부측 기록은 아직까지 대부분 비공개 또는 일부만 공개된 상태이며,[1] 재판기록은 일부 공간된 것을 제외하면 당사자 외에는 열람이 제한되어 연구 자료로 활용하는데 어려움이 있다. 일제 식민지기 유언비어에 대해서는 일부 연구가 진행된 반면,[2] 해방 이후 유언비어에 대해서는 아직까지 연구가 제대로 이루어지지 않은 까닭도 여기에 있다.

이에 본고는 유언비어의 구체적인 내용 분석보다는 1970년대 당시 유언

---

[1] 국가기록원 검색사이트에서 '유언비어'라는 키워드로 검색되는 기록물은 총 184건이다. 그 중 약 100건 정도가 1970년대 기록물인데, 이 기록물들은 크게 경찰이 생산한 '유언비어 유포 사건' 관련 기록물과, 검찰이 생산한 '긴급조치 9호 위반 사건' 관련 기록물로 나눌 수 있다. 경찰이 생산한 유인물은 현재 대부분 '비공개' 상태이며, 검찰이 생산한 기록은 '부분공개' 상태이다. 참고로 중앙정보부가 생산한 기록물은 국가기록원에서 확인조차 되지 않는다.

[2] 이시재, 「일제말의 조선인 流言의 연구」, 『한국사회학』 20, 1986; 박용하, 「일제말기 유언비어 현상에 대한 일고찰」, 고려대학교 석사학위논문, 1990; 박수현, 「중일전쟁기 '유언비어'와 조선인의 전쟁 인식」, 『한국민족운동사연구』 40, 2004; 변은진, 「유언비어를 통해 본 일제말 조선민중의 위기담론」, 『아시아문화연구』 22, 2011.

비어가 생성되고 확산되는 맥락을 파악하는 데 초점을 맞추고자 한다. 그리고 그 맥락 속에서 당시 유언비어가 가지고 있던 '불온성'을 읽어내고자 한다.

'불온'의 규정 역시 유언비어와 마찬가지로 다양할 수 있다. 일단 사전적으로는 "순응하지 않다"라는 의미가 강하다. 하지만 한국현대사에 '불온'이라는 개념은 항상 '북한' 혹은 '공산주의'와 연결되는 특징을 지녔다. 불온은 늘 어떠한 '배후'를 상정하는 경향이 있지만, 분단과 한국전쟁을 경험하면서 북한이라는 불온의 배후이자 전제가 보다 분명해졌다.[3] 북한을 직접 연결시키기 어려울 경우에는 '용공'이라는 이름으로 불온이 규정되었다. 이는 1970년대도 마찬가지였다. 일례로 1973년 국회에서 한 야당 의원이 '불온'의 기준 또는 한계가 무엇인지를 정부에 따졌을 때, 문화공보부 장관이 나와 "공산주의를 찬양하고 고무하는 것을 불온이라고 보고" 있다고 답변한 바 있었다.[4] 단, 1970년대에는 불온의 범위가 이전보다 더 확대되었다. 특히 박정희 대통령은 유신체제에 대한 비판, 반대, 부정 자체를 불온시 했다.[5]

불온은 이처럼 항상 권력에 의해 규정되었기 때문에 불온으로 규정된 것들 속에서 권력의 의지를 읽어낼 수 있다. 그러나 거꾸로 불온으로 규정된 것들 속에서 불온을 행한 행위자의 능동성을 발견할 수도 있다. 즉 권력으로부터 불온을 탈취하여 행위자에게 돌려줌으로써 불온의 개념을 재구축할 필요가 있는 것이다.[6] 본고 역시 이러한 관점에서 '저항의 잠재력 혹

---

[3] 임유경, 「1960년대 '불온'의 문화 정치와 문학의 불화」, 연세대학교 박사학위논문, 2013, 27쪽.

[4] 채문식(신민당) 의원의 질의와 이에 대한 윤주영 문화공보부장관의 답변(「제86회 문교공보위원회 회의록 제4호」, 대한민국국회사무처, 1973. 6. 1, 7~8쪽, 13쪽).

[5] 박정희, 「담화문(1973. 12. 29)」, 『박정희대통령 연설문집 7』, 대한공론사, 1976, 189쪽. 이 담화문 발표 직후 박정희 대통령은 긴급조치 1호를 발동했다.

[6] 정병욱 외, 「저작비평: '불온'한 자들의 삶, 어떻게 역사로 이야기할 것인가」, 『역사문제연구』 31, 2014, 217쪽.

은 가능성'으로서 유언비어의 '불온성'에 주목하고자 한다. 그리고 이를 통해 기존 연구에서는 잘 드러나지 않았던 1970년대 유언비어의 역사적 의미를 찾아보고자 한다.

2. 일상 속의 유언비어

1970년대 유언비어는 유신체제의 긴급조치와 밀접한 관련을 맺고 있었다. 긴급조치 1호는 3항에서 "유언비어를 날조 유포하는 일체의 행위를 금한다"고 명시했고, 긴급조치 9호는 1항의 첫 번째 항목에서 "유언비어를 날조 유포하거나, 사실을 왜곡하여 전파하는 행위"를 금지하였다.

한국기독교협의회 인권위원회의 조사에 따르면, 1970년부터 1979년까지 10년 동안 국가보안법, 반공법, 노동법, 긴급조치 등을 위반한 죄로 구속된 사람이 총 2,704명(그 중 1,184명은 구류)에 이르며, 이 중 긴급조치 9호의 경우 위반자가 1,370명, 구속자 1,050명이었다. 최근 '진실·화해를 위한 과거사 정리위원회'(이하 진실화해위원회)가 긴급조치 관련사건 판결문 1,412건을 분석한 결과를 봐도, 긴급조치 9호 위반 사건이 1,289건으로 절대다수를 차지하고 있다. 이 1,412건 중 589건이 1심 판결문인데, 1심 판결문 중에서 긴급조치 1호와 4호 위반 사건이 36건, 긴급조치 3호 위반 사건이 9건이며, 나머지 554건은 모두 긴급조치 9호 위반 사건이었으며 관련자는 974명이었다.[7] 이상의 내용을 토대로 긴급조치 위반 사건 판결의 연도별 통계를 살펴보면 다음 〈표 1〉과 같다.

---

7) 진실·화해를 위한 과거사 정리위원회, 『2006년 하반기 조사보고서』, 2007, 291~292쪽.

〈표 1〉 긴급조치 위반 사건 1심 판결 현황

긴급조치	1, 4호	3호	9호(75)	9호(76)	9호(77)	9호(78)	9호(79)	합계
사건수	36	9	126	97	103	177	41	589

* 출처: 진실·화해를 위한 과거사 정리위원회, 『2006년 하반기 조사보고서』, 2007, 296쪽.

그렇다면 구체적으로 어떤 사건들이 긴급조치 위반으로 처리되었을까? 이에 대해서도 진실화해위원회의 판결문 분석을 참고할 수 있다. 진실화해위원회가 589건의 긴급조치 위반 사건 1심 판결문을 분석한 결과는 다음 〈표 2〉와 같다.

〈표 2〉 긴급조치 위반사건 유형별 판결 현황

유형	1, 4호	3호	9호(75)	9호(76)	9호(77)	9호(78)	9호(79)	합계(%)
반유신 재야, 야당 정치활동	12	0	6	14	16	31	6	85 (14.5)
간첩	0	0	1	0	1	0	0	2 (0.3)
학생운동(유신반대, 긴급조치 해제 주장 시위, 유인물 제작)	12	0	24	9	29	100	17	191 (32.4)
기타(음주대화 중, 수업 중 박정희 비판, 유신체제 비판 발언)	12	0	81	70	56	45	18	282 (47.9)
국내재산 해외도피, 공무원 범죄 등	0	0	14	4	1	1	0	20 (3.4)
임금체불, 부당해고 등	0	9	0	0	0	0	0	9 (1.5)
계	36	9	126	97	103	177	41	

* 출전: 진실·화해를 위한 과거사 정리위원회, 『2006년 하반기 조사보고서』, 2007, 296쪽.

〈표 2〉에서 알 수 있듯이 긴급조치 위반 사건 가운데 가장 큰 비중을 차지하는 것은, 음주 중 대화나 수업 중 설명 과정에서 박정희 혹은 유신체제에 대한 비판 발언이 나와 이를 처벌한 경우로 전체의 약 50% 정도를 차지한다. 이는 대부분 긴급조치 1호와 9호에서 금지한 '유언비어 날조 유포 행위' 혹은 '사실 왜곡 전파 행위'에 해당하는 것들이었다. 즉 긴급조치는 큰 틀에서 유신헌법에 대한 비판 및 개정논의를 봉쇄하는 수단이었지만, 실제로는 일상 속에서 분출하는 박정희와 유신체제에 대한 비판을 유언비어로 규정, 단속하는 역할을 더 자주 수행했던 것이다. 또한 이러한 결과는 그만큼 1970년대 한국사회에서 각종 유언비어가 계속 넘쳐나고 있었다는 사실을 함께 보여준다.

1970년대 유언비어의 내용과 전파양식을 좀 더 구체적으로 살펴보자. 우선 내용적으로 보았을 때 1970년대의 유언비어는 크게 특정 사건이 일어났을 때 이와 관련되어 갑작스럽게 확산된 소문과, 특정 사건과 관계없이 유신체제 내내 증폭된 박정희와 유신체제에 대한 비판으로 나눌 수 있다.

특정 사건과 관련한 몇 가지 유언비어 사례들을 소개하면 다음과 같다. 닉슨독트린 이후 1970년 주한미군 감축에 대한 논의가 본격화되자 이와 관련된 유언비어가 돌아 박정희 대통령이 직접 유포자 단속을 명령한 경우,[8] 1971년 12월 대통령의 국가비상사태 선언 후 "전쟁이 일어나니 이민을 가야 된다"와 같이 전쟁 위기와 관련한 20여 종의 유언비어가 유포된 경우,[9] 1972년 유신 선포 직후 유신헌법 제정을 반대하는 유언비어를 퍼트린 사람들이 계엄령 하에서 군법회의에 회부된 경우,[10] 1979년 10월 부마항쟁 당

---

8) 「減軍 유언비어 단속」, 『매일경제신문』, 1970. 8. 4, 1면.

9) 「(주말 기자석) 뜬소문 20여 종... 대책에 부심」, 『경향신문』, 1971. 12. 11, 2면; 「"이민 가야 한다" 유언비어: 5명에 구류 처분」, 『경향신문』, 1971. 12. 23, 7면.

10) 「포고령 위반에 또 실형」, 『동아일보』, 1972. 11. 4, 7면; 「유언비어 3명에게 2~3년」, 『동아일보』, 1972. 11. 20, 7면.

시 "데모로 인해 1명이 사망하고 2명이 자살했다"는 등의 과잉진압 관련 유언비어가 유포된 경우,[11] 그리고 역시 1979년 10월 26일 박정희 피살 직후 이 사건에 "미국 CIA가 개입"했다는 유언비어가 유포된 경우[12] 등이 있다. 그밖에 '화폐개혁설'이나 '물가인상설', 그리고 '행정수도 개발계획' 등 사회경제적 이슈와 관련된 유언비어들도 간간이 유포되었다.[13]

그러나 특정한 사건과 상관없이 일상적으로 박정희 대통령을 비난하고 유신체제와 정부정책을 비판하는 유언비어들이 훨씬 더 많았다. 이는 1970년대 유언비어가 그 이전의 유언비어와 비교했을 때 갖는 가장 큰 특징이었다. 머리말에서도 언급했듯이 1970년대 이전에도 한국 사회에는 많은 유언비어가 나돌고 있었다. 그런데 1970년대 이전 유언비어들은 대부분 특정한 사건을 계기로 유포되었다. 1970년대 이전 언론에서 다룬 몇 가지 유언비어 관련 기사들을 소개하면 다음과 같다. 1947년 초에는 '3·1절 기념식'을 앞두고 좌익과 우익 간의 폭동설이 유포된 바 있었고,[14] 1949년 6월 주한 미군 철수를 앞두고는 미군 철수 후 남북 간의 전쟁설이 유포되었다.[15] 1950년대에는 1953년 초 1차 통화개혁 직후 통화개혁이 또다시 실시될 것이라는 이야기,[16] 또 1956년 3대 정부통령 선거를 앞두고 정부가 미국에서 사온 원자력탐지기로 투표자의 행위를 파악할 수 있다는 이야기 등이 나돌았다.[17] 1960년대에는 주로 학생 시위와 관련하여 유언비어 유포자를 엄

---

11) 「유언비어 유포, 부산 2명 구속」, 『경향신문』, 1979. 10. 22, 7면.

12) 「김재규 단독계획 범행」, 『동아일보』, 1979. 11. 6, 1면.

13) 「(사설) 화폐개혁설 루머의 주변」, 『경향신문』, 1975. 3. 3, 2면; 「(사설) 석탄정책과 연탄파동」, 『경향신문』, 1975. 4. 3, 2면; 「행정수도 건설 곧 구체화」, 『경향신문』, 1977. 2. 14, 1면.

14) 「경거망동 말라」, 『경향신문』, 1947. 2. 28, 1면.

15) 「유언비어 단속: 金 경찰국장 談」, 『경향신문』, 1949. 5. 10, 2면.

16) 「改貨 流言 단속」, 『동아일보』, 1953. 3. 6, 2면.

17) 「5.15선거 경북도 편: 현지보고」, 『경향신문』, 1956. 5. 9, 1면.

벌하겠다는 정부의 원론적인 경고가 종종 나왔고, 한국군의 베트남전 참전
과 관련하여 한국군 사상자에 대한 유언비어가 확산되어 국회에서 문제가
되기도 했다.[18]

　이렇게 특정 사건과 관련하여 유언비어가 퍼지는 양상은 앞서 살펴봤듯
이 1970년대에도 마찬가지였다. 그러나 1970년대에는 이 뿐만 아니라, 이
전 시기와는 달리 특정 사건과 관계없이 국가원수와 정권 자체를 대상으로
한 비판이 유언비어의 형식을 빌려 광범위하게 유포되기 시작했다. 유신체
제 자체가 '비상'과 '긴급'이라는 형식으로만 성립, 유지될 수 있었던 장기지
속적인 커다란 일탈 사건이었기 때문에, 그에 따라 유언비어가 그 대상과
범위를 확장하는 것은 자연스러운 일이었다. 최근 진실화해위원회에서 진
상을 규명한 '오종상 긴급조치 위반사건'은 이러한 양상의 유언비어 속에
담긴 구체적인 내용들을 잘 보여준다.

　1974년 오종상 씨는 버스 안에서 한 고등학교 여학생에게 정부시책에
대한 비판적 발언을 하고, 얼마 후 자신을 찾아 온 이 학생에게 다시 한
번 유신체제의 비민주성에 대해 말을 했다가, 그 학생과 학생의 선생님이
이를 신고하는 바람에 중앙정보부에 의해 구속되었다. 당시 재판에서 오종
상 씨는 "저축은 해서 뭐하나, 샐러리맨들이 적은 봉급에서 일부 공제해 저
축해 놓으면 그 돈을 어떤 특정 개인이 대출해 허비해 버린다. 그러니 수출
증대란 선량한 노동자의 피를 빨아 먹는 일이다." "정부에서는 분식을 장려
하는데 정부고관과 부유층은 분식이라 하여 국수 약간에다 순계란과 육류
가 태반인 분식을 하니 국민이 정부시책에 어떻게 순응하겠느냐." "문인 이
호철은 일본 모 잡지에 정부의 비합리성을 투고하여 발표한 죄로 구속되었
다." "정부에서는 미국 국회의원이 내방하면 일본 돈으로 매수하고 일본 고

---

18) 「파월 국군 전사상 실태 밝히라」, 『경향신문』, 1966. 2. 25, 1면.

관이 오면 달러로 매수하기 때문에 그 사람들이 자기 나라에 돌아가면 우리 정부가 잘한다고 칭찬한다." 등 정부시책을 비난하는 유언비어를 날조 유포했다는 혐의로 유죄판결을 받았다. 여기에 "우리나라가 부패돼 있으니 이것이 무슨 민주체제냐, 유신헌법 체제하에서는 민주주의가 발전할 수 없으니 이런 사회는 일본에 팔아넘기던가 이북과 합쳐서 나라가 없어지더라도 배불리 먹었으면 좋겠다"고 말하여 북한을 찬양 고무 동조하여 이롭게 했다는 혐의도 함께 받았다.[19]

진실화해위원회의 진상규명에 따르면 이 사건은 대화 중 유신체제를 비판하는 단순발언으로 처벌받은 전형적인 사례로서 개인의 표현의 자유, 신체의 자유를 침해한 중대한 인권침해 사건이었다. 여기에 중앙정보부는 오종상을 단순 유언비어 유포뿐만 아니라 반공법 위반으로 몰기 위해 애초 오종상이 "빈곤하게 살 바에는 이북과 합쳐 통일을 해서라도 잘 살게 됐으면 좋겠다"는 취지로 한 발언을 마치 북한과 합쳐져 대한민국이 사라지고 공산주의 사회가 되었으면 좋겠다는 식으로 왜곡 과장하였다.[20]

이 사건은 1970년대 유언비어의 특징을 잘 보여준다. 특히 유신체제 하 한국사회에서 유신체제에 대한 비판이 구체적으로 어떤 내용을 갖고 전파되고 있었는지, 또 유신체제가 무엇을 유언비어로 규정하여 처벌했고 이를 어떻게 북한하고 연결시켰는지 잘 보여준다. 동시에 이 사건은 유언비어의 불온성이 일상에서 '순응'과 교차하는 모습도 함께 보여준다. 즉, 버스라는 일상의 공간에서 우연히 만난 두 사람 중 한 사람은 유신체제를 비판하고 다른 한 사람은 이를 신고했던 것이다. 일상은 이렇듯 불온과 순응이 교차

---

19) 진실·화해를 위한 과거사 정리위원회, 『2007년 하반기 조사보고서』, 2008, 1201~1202쪽.
20) 진실·화해를 위한 과거사 정리위원회, 『2007년 하반기 조사보고서』, 2008, 1202~1229쪽.

하는 지점이었다.

당시 유언비어의 구체적인 내용을 잘 보여주는 또 하나의 사례는, 최근 재심을 통해 무죄선고를 받은 한 여성과 관련된 사건이다. 1977년 당시 평범한 가정주부였던 이 여성은 갑작스럽게 정보기관에 끌려가 조사를 받았다. 혐의는 1977년 8월 서울 강남구에 살고 있는 지인의 집에 놀러가 잡담을 나누다 "박정희 대통령과 비슷한 남성이 유명 여자 탤런트의 집에 들어가는 모습을 본 사람이 있다"고 말했다는 것이었다. 자신이 그 자리에서 그런 얘기를 했는지 기억조차 없던 이 여성은 결백을 주장했지만, 다른 사람에게 이 이야기를 듣고 전했다고만 진술하면 곧 풀려날 수 있다는 수사관들의 교묘한 꾐에 빠져 이를 인정했다가 결국 긴급조치 9호 위반 혐의로 유죄판결을 받았다.[21] 일상에 순응하며 살아가던 평범한 주부가 하루아침에 불온한 정치범이 되어 버린 것이었다. 수감생활 이후에도 이 여성에 대한 감시는 지속됐다. 이 여성은 37년이 지난 2014년 재심을 통해 무죄판결을 받았지만, 그동안 받은 육체적 정신적 상처는 이루 말할 수 없었다. 그런데 당시 이 여성은 이 유언비어와 관련하여 소환된 33번째 사람이었다고 한다. 이 사건은 당시 박정희 관련 유언비어의 구체적인 내용과 더불어, 정부가 박정희 관련 유언비어의 유포자 색출에 얼마나 집착했는지를 잘 보여준다. 그밖에 박정희 관련 유언비어 중에는 "박정희 대통령은 관동군 출신으로 독립군에게 피해를 많이 주었다." "여순반란사건 때 사형을 선고받았다." 등과 같이 과거 박정희의 만주군 복무 및 남로당 활동과 관련된 것들도 있었다.[22]

---

21) 'CBS 김현정의 뉴스쇼'와 피해자 남편의 방송 대담(방송일 2014. 4. 2). http://www.nocutnews.co.kr/news/1216295(검색일 2014. 9. 20).

22) 한국기독교교회협의회 인권위원회, 『1970년대 민주화운동 4』, 동광출판사, 1986, 1745쪽.

다음으로 유언비어가 전파되는 양식을 보면 크게 구전에 의한 전파와, 문자에 의한 전파로 나눌 수 있다. 구전에 의한 유언비어 전파는 가장 일반적이고 전형적인 것이었다. 1972년 10월 유신 직후 동네 사랑방이나 반상회, 혹은 대로변에서 박정희나 유신에 대해 비판적인 발언을 했다가 유언비어를 날조 유포한 혐의로 군사재판에서 유죄판결을 받은 경우,[23] 1975년 학원강사가 강의 중에 유언비어를 유포했다고 해서 긴급조치 9호 위반으로 구속되고 1977년과 1978년에 각각 고등학교 교사들이 수업 내용 일부가 문제가 되어 반공법 위반으로 구속된 경우,[24] 그리고 1978년 12월 총선에서 야당 국회의원 후보가 합동강연회에서 "10대 국회는 2년밖에 못 간다"고 발언했다가 유언비어 유포 혐의로 유죄판결을 받은 경우[25] 등이 대표적인 사례이다. 1979년 10월 박정희 피살 이후에도 택시를 탄 취객들이 택시기사에게 대통령 시해 사건과 관련한 허위사실을 말했다는 혐의로 체포, 입건된 경우가 종종 발생했다.[26]

이렇게 구전을 통해 유언비어가 유포될 때 발견할 수 있는 가장 큰 특징은 '일상성'이다. 유언비어는 주로 동네 이웃집이나 사랑방, 식당, 술집 등에서의 일상적인 모임, 학교와 학원에서의 일상적인 수업, 그리고 버스나 택시 승차와 같은 일상적인 행위 속에서 유포되었다. 유언비어가 갖는 이러한 일상성은 정부의 통제를 어렵게 만들었다. 앞서 언급한 박정희 대통령의 여성 문제와 관련한 유언비어 조사가 정부의 집착에도 불구하고 주먹구구식으로 이루어진 점을 보면, 유언비어의 일상성이 권력에게 얼마나 곤

23) 「계엄 포고령 1호 위반 첫 軍裁」, 『경향신문』, 1972. 11. 1, 7면; 「유언비어' 둘, 징역 3년」, 『동아일보』, 1972. 11. 3, 7면.
24) 신동호, 『70년대 캠퍼스 1』, 도요새, 2007, 315쪽.
25) 「손주항 의원에 징역 3년 6월」, 『경향신문』, 1979. 4. 25, 7면.
26) 「택시서 유언비어, 재미교포를 입건」, 『동아일보』, 1979. 11. 5, 7면; 「택시서 유언비어, 취객 1명을 입건」, 『동아일보』, 1979. 11. 9, 7면.

혹스러운 것이었는지 짐작할 수 있다. 일상은 일견 순응의 영역처럼 보이지만, 권력의 눈을 피해 불온이 퍼질 수 있는 최적의 영역이기도 했다. 간혹 신고자가 있어 일상의 불온이 적발되는 경우도 있었지만, 아마도 적발되지 않고 넘어가는 경우가 훨씬 더 많았을 것이다.

모든 유언비어가 구전으로만 전파되는 것은 아니었다. 문자화되어 유인물을 통해 전파되는 경우도 있었다. 특히 '우편물'은 문자화된 유언비어 전파의 대표적인 수단이었다. 1972년 유신 선포 직후 발생한 '은명기 목사 구속사건'은 '우편물'을 통해 유언비어가 전파되는 양상을 잘 보여준다.

박정희 정부는 1972년 유신 선포 과정에서 군대를 동원하기 위해 계엄령을 발동했다. 그리고 계엄사령관은 포고령을 통해 유언비어 날조와 유포를 엄금했다. 그때부터 불특정 다수에게 '행운의 편지'가 나돌기 시작했다. '행운의 편지'는 발신인을 밝히지 않은 채 "이 편지를 받는 즉시 같은 내용의 편지를 수통 작성하여 발신인 없이 자기가 보내고 싶은 사람에게 보내지 않을 경우 불행한 일이 발생할 것이고 이행하면 행운이 돌아올 것"이라는 단서를 담은 편지를 다른 사람에게 보내어, 같은 내용의 편지가 기하급수적으로 유포되게 하는 편지 릴레이였다. 한국사회에서 행운의 편지는 1950년대 본격적으로 등장하여 1960년대에는 장난처럼 유행하였다. 그런데 유신 선포 직후 정부 비판의 내용을 담은 행운의 편지가 여러 사람들에게 전달되었던 것이다. 이 편지가 얼마나 널리 퍼졌는지는 알 수 없지만 그 중 하나가 1972년 11월 6일 남문교회 은명기 목사 앞으로 전달되었다. 때마침 은목사는 부재중이었는데 부인 이영림이 그 편지를 뜯어보고서, 편지에 지시된 대로 다른 사람들에게 편지를 보내야 되겠다고 생각하여 교회 교인에게 부탁하여 복사하였다. 그러나 이영림은 그 편지를 다른 사람에게 보내기는 곤란하다고 판단하여 결국 폐기해 버렸다. 하지만 이 사실이 알려지면서 먼저 이영림이 체포되고, 계엄령 해제 1시간 전인 1972년 12월

13일 밤 은명기 목사까지 유언비어 관련 포고령 위반 혐의로 구속되었다.

사실 이 사건은 평소 정부에 비판적이었던 은명기 목사를 탄압하는 구실로 확대된 측면이 있었다. 또한 은목사를 함정에 빠트리기 위해 애초 정부기관이 행운의 편지를 보냈을 가능성도 배제할 수는 없다. 하지만 행운의 편지를 처음 받은 부인이 이 편지의 내용대로 이를 복사해 보내려 했던 것에서 알 수 있듯이, '편지'라는 일상적 방식으로 불온한 유언비어가 전파되는 것은 얼마든지 가능한 일이었다. 물론 부인이 이 편지를 보내려다가 결국 폐기한 사실에도 주목할 필요가 있다. 같은 인물 안에서도 일상의 순응과 불온은 끊임없이 교차할 수밖에 없었던 것이다.

3. 언론통제와 불신사조

유언비어는 왜 만연했을까? 이는 당시 언론의 상황과 밀접한 관련이 있었다. 1960년대 중반까지 한국의 언론은 나름의 자율성 갖고 권력에 대한 비판의식을 잃지 않았다. 그러나 1960년대 후반부터 언론의 모습은 달라지기 시작했다. 1960년대 후반 언론의 모습이 바뀐 것은 우선 박정희 정부의 압력이 작용한 결과였다. 특히 박정희 정부는 1964~1965년 한일협정반대운동이 거세게 분출한 이유가 언론의 비판적인 보도 때문이라고 규정하고, 법적 제재, 물리적 폭력 등을 동원하여 언론과 언론인들의 활동을 제약하려 했다.

그것만이 전부는 아니었다. 이 시기 경제개발이 본격화 되면서 신문도 발행 부수 증대, 자매지 간행, 사옥 신축, 시설 확장 등 '경영' 문제에 더 많은 관심을 가졌다. 즉 당시 교육수준 향상에 따른 신문 가독 인구의 증가와 경제발전과 국민소득의 증가로 인한 구매력 향상에 따라 신문 독자 수는 물론 방송 시청자 수가 크게 늘어났다. 이러한 환경 아래서 박정희 정권은 각종 규제를 통해 정치적으로 언론활동의 자유를 계속 제약하면서도 경제적으로는 언론의 기업화를 위한 물량적 지원을 강화하였다. 특히 신문사에 상업성이 강한 자매지의 창·복간을 허용함으로써 이들의 기업화를 촉진시켰다. 반면 언론은 비판적 논조를 크게 약화시켰다.[27] 한마디로 언론의 상업화, 기업화 과정에서 언론과 박정희 정권 사이에 일정한 '흥정' 혹은 '결탁'이 이루어졌고, 때문에 외부적 압력과 관계없이 신문 경영자 레벨에서의 상업주의가 편집자에 대한 압력으로 하달되어 일선 기자나 편집자의 의견과 다른 지면이 제작되었던 것이다.[28]

유신 선포 전후로 정부의 언론 통제는 더욱 강화되었다. 1970년대 들어 한국의 신문 산업은 경영합리화의 문제에 직면하였다. 이에 정부는 프레스카드제를 도입하여 사이비 언론을 줄이고 기자임금을 현실화하겠다고 했다. 언론사들은 1971년 12월 17일 '언론 자율에 관한 결정 사항'이라는 형식으로 프레스카드제를 받아들였다. 그 결과 1971년과 1972년 사이에 전체 기자의 38%에 해당하는 약 2천 명이 해고당했다. 이는 신문기자의 자격, 취재의 자격을 정부가 마음대로 좌우함으로써 결국 언론의 자유를 침해할 수 있는 중대하고도 심각한 정책이었다. 동시에 1972~1973년 정부는 언론의 힘을 약화시키기 위해 일부 중앙지를 자진 폐간 형식으로 없애고, 지방지 역시 1도 1사의 원칙을 앞세워 통폐합을 유도했다. 이는 정부가 언론사의 지역독점 체제를 구축해주는 대신에 정부에 대한 언론의 비판을 무디게 하려는 의도가 담긴 것이었다.

또한 정부는 1971년 12월 27일 국회를 날치기 통과한 '국가보위에 관한

---

[27] 강상현, 「1960년대 한국언론의 특성과 그 변화」, 『1960년대 사회변화연구: 1963~1970』, 백산서당, 1999, 160~162쪽, 176쪽.
[28] 오제연, 「1960~1971년 대학 학생운동 연구」, 서울대학교 박사학위논문, 2014, 270쪽.

특별조치법'에서 규정하고 있는 언론, 출판에 관한 규제권과, 그리고 1972년 유신체제 출범 후에는 긴급조치권을 이용해서 언론을 적극 통제해 들어갔다. 긴급조치는 유신헌법에 대한 비판은 물론 개정 논의까지 봉쇄하였다. 특히 긴급조치에서 규정한 유언비어의 날조 유포 금지조치는 1979년 유신체제 몰락 때까지 언론의 목을 죄는 목줄이었다. 시간이 갈수록 정부의 언론 통제는 일상적인 것이 되어 갔다. 1970년대 전반기까지만 해도 간헐적 개별적으로 언론사 보도내용에 직접 관여하던 유신정권은, 1975년 긴급조치 9호 발동 이후부터 중앙정보부 주도로 보도지침 작성하여 언론사에 내려 보내기 시작했다. 이런 상황에서 신문의 사설은 비판적 성격을 상실했고, 모든 신문사는 똑같은 편집과 내용의 기사를 내보낼 수밖에 없었다. 이처럼 유신체제의 언론 통제가 갈수록 강화되자, 언론인들은 1974년부터 '자유언론실천선언'을 발표하고 언론노동조합 건설에 나서는 등 언론의 자유를 지키기 위해 투쟁했다. 그러나 언론사가 정부의 압력에 굴복하면서 결국 1975년 동아일보에서 163명, 조선일보에서 33명의 기자가 대량 해직되는 사태가 일어났다.[29] 이로써 언론의 자율성과 비판 기능은 완전히 상실되었다.

사람들은 여전히 정치를 비롯한 사회 문제에 관심이 높았지만, 자율성과 비판 기능을 상실한 1970년대 언론은 이러한 욕구를 충족시킬 수 없었다. 그 결과 언론에 대한 사람들의 불만과 비판은 갈수록 커졌다. 한 독자는 1979년 1월 12일자 동아일보 신문평을 통해 신문마다 면수뿐만 아니라 면 배치도 똑같으며 외신 같은 경우는 글자 하나 안 틀리고 똑같은 경우도 있다고 비판하였다. 이러한 독자들의 비판 의식은 신문 구독을 거부하는 행동으로 이어졌다. 광주에 살던 한 독자는 1979년 5월 18일자 동아일보 독

---

29) 김서중, 「유신체제 권력과 언론」, 『유신과 반유신』, 민주화운동기념사업회, 2005, 182~207쪽.

자 투고를 통해, 자신이 그동안 신문 3개를 구독하다가 획일적인 편집과 뉴스 보도에 환멸을 느껴 중앙지 1개만 남기고 나머지는 모두 끊어버렸다고 밝히며, 이에 덧붙여 광주 시내 주택가 골목엔 집집마다 '신문 사절'이란 쪽지 투성이라고 전했다.[30]

유언비어는 언론에 대한 불만과 비판에 비례하여 확산되어갔다. 정부의 통제로 언론이 사실을 제대로 밝히지 않기 때문에 유언비어가 확산된다는 점은 국회에서도 계속 논란이 되었다. 일례로 1973년 10월 10일 국회 문교공보위원회 회의에서 한 야당 의원은 며칠 전인 10월 2일에 발생한, 유신 선포 후 최초의 조직적인 학생시위였던 서울대 학생시위와 관련하여 다음과 같은 발언을 했다.

제가 며칠동안 시골에 가 있었습니다마는 신문도 잘 배달이 되지 않은 문경 옛촌 산골입니다. 문경 옛촌 산골사람들이 제가 그저께 가니까 서울의 대학에서 무슨 일이 일어났다고 하는데 저한테 묻는 사람들이 많이 있어! 그래서 이것은 신문에도 나지도 않고 방송도 되지 않고 시골사람들 이것을 어떻게 알았느냐하는 그러한 이상하다고 생각을 했습니다마는 요새 세상이라는 것이 신문에 잘 나지를 않습니다마는 많은 문제에 있어서… 내일 이러한 말씀을 드릴 기회가 있을 것으로 생각합니다마는 우리나라 사람들이 우리나라에서 일어나고 있는 아주 각박한 사정들 우리가 그것을 매우 중대한 관심사로 생각하는 일 우리네들 생각하고 직결할 우리네 권리와 우리네 자유와 직결되는 이러한 많은 문제가 우리 신문에서 나는 것보다 외국신문을 통해서 알고 외국방송을 통해서 아는 경우가 많습니다. (…) 우리나라 신문에서 우리나라에서 일어나는 일들을 모르고 외국신문을 보고 아는 이러한 사태를 매우 염려스럽게 생각하면서 불행한 사태라고 생각을 하는 것입니다. 또 여기에 한 가지 곁들이지 않을 수 없는 것은 신문에는 나지도 않고 「라디오」도 방송이 되지 않는다고 하더라도 시골사람들이 어제 그저께 서울의 학생들이 무슨 일을 벌리고 있는데…하고 서울서 왔다고 나한테 물어! 그 사람들 그 일에 대해서 신문도 보지

30) 채백, 「박정희 시대 신문 독자의 사회문화사」, 『언론정보연구』 51~2, 2014, 10~13쪽.

않고 「라디오」도 듣지 않았습니다마는 이러한 것을 아는 것은 아주 중요한 사태라고 생각을 하셔야 될 것입니다. 신문에 나지 않는 일이라도 그 저변에서 사람의 입과 입을 통해서 번져가는 이러한 것은 매우 중대한 사태다.31)

유언비어는 언론 기능이 비정상적일 때 보도 욕구를 충족시켜주는 일종의 대안적 보도 구실을 했다. 언론이 제대로 구실을 못하면 못할수록 그 틈을 메우는 것이 유언비어였다. 이처럼 언론통제와 유언비어는 정비례해서 사회에 영향을 줬다. 유언비어의 확산은 언론에 대한 불신을 의미했다. 언론에 대한 불신은 거기에 머물지 않고 언론을 검열하는 권력에 대한 불신으로 이어졌다. 이렇게 언론을 믿지 않고 정부를 믿지 않는 민심은 사회 전반에 불신사조를 조장했다.32)

언론이 통제되고 유언비어가 확산되던 1970년대는 한마디로 불신사조가 지배하던 시대였다. 이러한 불신사조는 정부조차 인정하는 것이었다. 국회에서 여당 의원들은 수시로 사회에 만연한 불신사조를 지적하며 정부의 대책을 요구했다. 일례로 1975년 3월 18일 국회 본회의에서 한 여당 의원은 국무총리에게 다음과 같이 질의했다.

국민들 간에 만연되고 있는 불신사조에 대해서 말씀을 드리겠습니다. 매우 유감된 일이기는 합니다마는 국민들 중에는 특히 도시민이나 지식인들 층에서는 정부를 믿으려 하지 않는 그러한 경향이 있는 것을 솔직히 우리는 시인을 하여야 합니다.

정부가 발표하는 내용보다도 외신의 보도를 믿으려는 경향이 있습니다. 심지어는 우리의 중대한 안보와 관련이 있는 문제조차도 일단은 의심을 하려는 그러한 습성이 있는 것을 매우 유감스럽게 생각을 합니다.

---

31) 채문식(신민당) 의원 질의(「제88회 문교공보위원회 회의록 제1호」, 대한민국국회사무처, 1973. 10. 10, 7쪽).

32) 송건호, 「유언비어와 여론: 역사적으로 본 정보활동」, 『신문과 방송』 40, 1972, 56~58쪽.

이러한 불신사조는 어제 오늘에 비롯된 것은 아니겠습니다마는 그러나 작금에 이르러서 이 불신사조가 더욱더 커져가는 그러한 느낌이 없지 않는 까닭에 본의원은 이 문제에 대해서 정부측의 태도와 정부측의 답변을 요구하는 것입니다.[33]

이 질의에 대해 당시 국무총리였던 김종필은 다음과 같이 대답했다.

물론 사회 불신사조가 있습니다. 이것은 일차적으로는 정부를 맡고 있는 저희들의 책임이 크다고 반성을 합니다. 그렇지만 이러한 불신을 조장하는 그릇된 언행들도 우리 주변에서 끊이지 않고 있다는 것도 반성할 문제라고 생각합니다.[34]

김종필 국무총리의 답변은 1970년대 유언비어와 불신사조에 대응하는 박정희 정부의 양면성을 잘 보여준다. 첫째, 정부 역시 유언비어와 불신사조의 문제를 심각하게 생각하고 있었다. 그래서 사회에 만연한 유언비어에 대해 보다 깊이 있게 분석하고 나름의 대책을 마련하고자 했다. 김종필 국무총리의 위의 발언이 있기 1년 전인 1974년에 정부 내 무임소장관실에서는 "유신 후에도 그 유언비어 등등에 유신정신에 위배되는 경우가 많이 있어서 그 유언비어가 과연 어떻게 해서 발생하는지 그러한 과정이라든지 이런 것에 대해서" '스터디'한 바 있었다. 그리고 그 비용을 '유신 저해요소 제거 대책비'라는 명목으로 예비비에서 충당했다. 원래 유언비어에 대한 분석이나 대책마련은 주로 중앙정보부나 경찰, 검찰과 같은 기관에서 담당했는데, 이번에는 특이하게도 무임소장관실에서 이를 수행한 것이었다. 국

---

33) 김유탁(공화당) 의원 질의(「제91회 국회 회의록 제3호」, 대한민국국회사무처, 1975. 3. 18, 52쪽).

34) 김종필 국무총리 답변(「제91회 국회 회의록 제3호」, 대한민국국회사무처, 1975. 3. 18, 65쪽).

회에서 야당 의원이 그 이유를 추궁하자, 정부는 이것이 '특명'에 의한 것이라고 밝혔다.[35] 여기서 '특명'을 내린 사람이 대통령인지 국무총리인지는 확실치 않으나, 정부 최고위층이 특명을 내려 별도의 분석과 대책 마련에 나설 정도로 유언비어와 불신사조에 대한 정부의 고민은 크고 깊었다. 이 스터디 직후인 1975년 초 비록 기만적인 방식이기는 했으나 유신체제에 대한 신임을 묻는 유신헌법 찬반 국민투표와, 반유신 운동에 나섰다가 투옥된 정치범의 석방 등 일련의 유화적 조치가 잠시나마 이루어진 것도 이러한 정부의 고민과 무관치 않아 보인다.

둘째, 그럼에도 불구하고 이 문제에 대한 정부의 결론은 문제의 본질을 외면한 구태의연한 것이었다. 김종필 국무총리는 불신사조가 결국 '주변'의 '그릇된 언행'에 의한 것이라고 비난하면서 '반성'을 촉구했다. 한마디로 유언비어는 잘못된 것이며, 유언비어로 인한 불신사조의 책임은 유언비어를 만들어내는 사람들에게 있다는 것이었다. 유언비어와 불신사조의 만연을 정부가 심각하게 생각했다 할지라도, 이를 결국 '그릇된' 것으로 간주하는 기본적인 태도는 하나도 바뀐 것이 없었다. 따라서 유언비어와 불신사조에 대한 정부의 대책은 미봉책에 지나지 않았다. 결국 1975년 초 짧은 유화국면이 지난 뒤 5월 13일에 유언비어에 대한 초강경 탄압을 의미하는 긴급조치 9호가 발동되었다.

긴급조치 9호는 박정희와 유신체제에 대한 조그마한 비판도 모두 유언비어로 몰아 탄압할 수 있는 강력한 조치였다. 그러나 긴급조치 9호 발동 이후 유언비어는 더욱 더 확산되었고,[36] 이에 비례해 정부의 단속과 탄압도 강도를 더해갔다. 1977년 1월 24일에는 검찰총장이 전국 검찰에 "국민

---

35) 김명윤(신민당) 의원의 질의와 무임소장관실의 답변(「제90회 법제사법위원회 회의록 제2호」, 대한민국국회사무처, 1974. 10. 21, 5~6쪽).

36) 「민심교란 유언비어 엄단」, 『경향신문』, 1977. 2. 22, 1면.

적 일체감 형성에 장애가 되는 국민총화 저해사범을 발본색원하는데 검찰권을 집중하라"고 명하면서 "특히 타인을 중상 모략하거나 비방하는 행위, 유언비어 날조 유포 행위"를 엄단할 것을 지시했다.[37] 이후 유언비어 관련 사범들이 연이어 체포되자 이에 맞서 야당인 신민당은 1977년 3월 7일 유언비어의 명목으로 인신구속을 함부로 하는 인권침해 사례를 규명하고자 조사위원회를 구성하고, 구속된 사람들을 위한 무료변호에 나서는 한편, 정부에 이러한 인권침해를 중단할 것을 촉구했다.[38] 그러나 정부는 이에 아랑곳없이 3월 12일 전국 공안검사 회의를 열어 "건전한 민심을 현혹케 하거나 선량한 국민의 가치판단을 흐리게 하여 불신풍조를 조장하고 총화단결을 해치는 유언비어 등에 대해" "그 진원을 철저히 가려내 엄단"할 것을 다시 한 번 확인했다.[39] 유언비어에 대한 정부의 강경한 태도는 유신 말까지 계속 이어졌다.[40]

엄단과 더불어 유언비어를 막기 위해 정부가 지속적으로 강조한 것은 바로 유언비어의 배후로서 '북한'의 존재였다. 1970년대 전반기에 고조된 남북대화가 곧 난항을 거듭하다 중단된 후, 정부는 북한의 남한에 대한 비방 방송과 불온전단 살포 소식을 언론을 통해 계속 알렸다. 정부가 강조한 부분은 북한이 불온전단을 통해 "정부 전복을 선동하고 정부 시책을 모략 중상하며 특히 특정인을 중상하는 유언비어를 날조 유포"한다는 것이었다.[41] 이는 유언비어의 원천이 북한 혹은 북한과 연계된 세력들이라는 의미였다. 1970년대 후반 유언비어 단속이 강화된 상황에서 정부는 북한과

---

37) 「총화저해를 발본」, 『매일경제신문』, 1977. 1. 25, 7면.

38) 「유언비어관련인사 변호인단 구성키로」, 『동아일보』, 1977. 3. 7, 1면.

39) 「총화저해사범 엄단」, 『경향신문』, 1977. 3. 12, 1면.

40) 「유언비어 날조 엄단: 전국 공안담당 검사회의」, 『경향신문』, 1979. 6. 26, 7면.

41) 「(사설) 북괴 선전공세 광분의 저의」, 『경향신문』, 1975. 10. 30, 2면.

유언비어의 관계를 보다 분명히 했다. 즉 "최근 북괴가 우리경제의 고도성
장과 국민의 총화를 시기한 나머지 불온유인물 공세를 강화하여 반정부활
동을 선동하는 등 남침 도발에 광분, 특히 최근에는 유언비어와 중상모략
을 전국 각지에 확산시켜 불신풍조를 조성하거나 사회질서를 어지럽히려
는 온갖 수단을 다 동원하고 있다"며 "이와 같은 사회혼란과 혹세무민의
유언비어가 우리 주변에 퍼질 경우 우리 내부의 혼란을 기도하는 북괴의
책동에 말려들어 국가방위력을 약화시킬 뿐 아니라 김일성의 오판을 초래
케 하는 원인이 되므로 앞으로 계속 유언비어 행위를 엄단하겠다"는 것이
었다.[42] 유언비어는 북한이 퍼트린 것이며, 이 유언비어를 믿고 전파하는
행위는 국민의 총화단결을 해치는 이적행위라는 논리였다.

그렇다면 유언비어를 막기 위한 정부의 조치들은 성공했을까? 1975년 3
월 18일 국회 본회의에서 한 무소속 의원은 정부 조치의 한계를 다음과 같
이 지적했다.

> 여당에서는 언필칭 유신체제와 총력안보를 기해야 한다, 이것을 너무 자꾸
> 주장해 왔기 때문에 일반 국민은 귀에 더더기가 앉았어요. 인제 그 말이 잘
> 들어가지를 않아. 아하! 저것은 정권을 유지하고 정권안정을 기하려고 저런 소
> 리를 한다 참다운 얘기를 해도 이렇게 되어 버렸어요. (…) 안보가 중요하다는
> 말을 자꾸 이렇게 여러 번 강조합디다, 강조해도 일반이 그것을 들어주지 않는
> 이유가 뭐냐? 옳습니다. 여러분, 등에 업은 아이에게 호랑이가 온다 이리가 온
> 다, 흔히 이렇게 해요. 그 애가 점점 커 갈 수록에 호랑이가 안 온다, 그런 말
> 저희 어머니나 아버지가 해도 믿지 않아요, 믿지 않아요. 거짓말이다, 이렇게
> 되는 것입니다.[43]

---

[42] 「민심교란 유언비어 엄단」, 『경향신문』, 1977. 2. 22, 1면.

[43] 홍창섭(무소속) 의원 질의(「제91회 국회 회의록 제3호」, 대한민국국회사무처, 1975.
3. 18, 48쪽).

긴급조치 9호로 처벌된 사람들 가운데 유언비어 문제로 처벌된 사람이 가장 많았다는 점이나, 또 1970년대 후반에 정부가 유언비어 엄단을 여러 차례 강조했던 점 등은, 역설적으로 1970년대 내내 유언비어가 끊이지 않고 오히려 계속 확산되고 있었음을 보여준다. 유언비어가 발생하게 된 근본적인 원인을 제거하지 않은 상황에서, 단속과 엄벌, 구태의연한 북한 연계와 국민총화 논리만으로 넘쳐나는 유언비어를 제어하는 것은 사실상 불가능했다. 많은 사람들은 여전히 정부와 언론을 믿지 않았다. 오히려 정부와 언론에 대한 불신은 유언비어를 부정하는 정부나 언론을 더 의심하게 하고, 반면 유언비어의 그럴 듯한 면들을 돋보이게 만들었다.[44]

유언비어는 일상 속에서 권력에 대한 불신, 불만을 조장했고, 확산된 불신, 불만을 기반으로 권력의 통제를 뚫고 더욱 퍼져나갔다. 이는 곧 강고한 것 같아 보이던 유신체제의 균열을 의미했다. 유언비어의 불온성은 바로 여기서 찾을 수 있다. 1970년대 유신체제는 강력한 힘을 가지고 자신에 대한 저항을 무자비하게 탄압했으나, 유언비어의 불온성은 일상의 영역에서 권력에 대한 불신, 불만을 고조시켜 권력의 균열을 가져왔다. 유신체제 하 한국사회는 표면상 조용한 듯 보여도 그것은 어디까지나 폭풍전야의 고요일 뿐이었다.

4. 유언비어에 담긴 공감대

1970년대 유언비어가 만연하면서, 이제 유언비어는 단순한 '뜬소문'을 넘어 국민들의 잠재된 '여론'이 되었다. 언론이 통제되어 있었기 때문에 유신

---

44) 이효성, 「유언비어와 정치」, 『언론정보연구』 25, 1988, 104쪽.

체제에 대한 여론을 정확히 파악하는 것은 쉬운 일이 아니다. 물론 객관적인 지표가 없는 것은 아니다. 1972년 11월 유신헌법 제정을 위한 국민투표에서 유권자의 92.9%가 투표에 참여하여 91.5% 이상의 지지를 보낸 바 있다. 또 1975년 2월 유신헌법에 대한 찬반을 묻는 국민투표에서 이전보다는 줄어들기는 했지만 79.8%의 유권자가 투표하여 73.1%의 지지를 보내기도 했다. 그러나 언론가 막히고 극도로 억압적인 분위기 속에서 정부의 일방독주로 치러진 이들 국민투표가 국민들의 여론을 정확히 반영했다고 볼 수는 없다. 언론에 반영된 여론 역시 권력을 위해 바람직한 것들뿐이었다.

권력에 바람직하지 않은 여론은 대개가 잠재하여 표면에 나타나지 않으며, 이 '잠재된 여론'이 역시 '잠재적 형식'인 유언비어와 필연적인 관련을 맺게 된다. 즉 유언비어 속에는 그 속에 사람들이 공감하는 주장이나 희망과 같은 여론이 들어있는 것이다. 유언비어는 아무데서나 유포되는 것이 아니라, 사람들이 사회에 관심을 갖고 어떤 요구나 희망이 있을 때, 이러한 요구나 희망을 충족시켜주는 수단이 되어 사람들의 입에서 입으로 쉽사리 번지게 마련이다. 한마디로 유언비어의 형성과 확산은 사람들 사이의 공감대에 기반하고 있었다.45)

유신체제 아래서 유언비어가 가졌던 잠재된 여론으로서의 공감대는 '백지'와 관련한 몇몇 사건들에서 찾아볼 수 있다. 대표적인 것이 바로 '동아일보 백지광고 사태'다. 앞서 살핀 것과 같이 1970년대 들어와 정부의 언론통제는 강화되었고, 특히 유신 선포 이후 그 정도가 더욱 강해졌다. 이에 기자들을 중심으로 언론자유를 수호하고자 하는 운동이 지속적으로 일어났고 1974년의 경우 노조 설립까지 시도되었다.

이에 박정희 정권은 자유언론수호운동의 선도적 역할을 하던 동아일보

---

45) 송건호, 앞의 글, 59~60쪽.

에 대해 광고 탄압이라는 방식으로 통제를 시도하였다. 동아일보에 광고를 실었거나 싣기로 계약되어 있던 광고주들에게 압력을 행사하여 광고를 내지 못하게 한 것이다. 이는 이미 1973년 조선일보를 상대로 한 번 효과를 봤던 강력한 언론 통제 수단이었다. 중앙정보부는 광고주들을 남산 조사실로 불러 동아일보와 동아방송, 여성동아, 신동아, 심지어는 동아연감과 계약한 광고를 취소케 하고, 광고를 게재하지 않겠다는 서약서와 보안각서를 쓰게 하였다.[46]

1974년 말부터 광고주들이 하나 둘 광고를 철회하자 급기야 동아일보 광고란이 백지로 나가는 사태가 빚어졌다. 백지광고가 계속되자 이를 보다 못한 원로 언론인 홍종인은 1974년 12월 30일자 동아일보 광고란에 광고비 10만원을 개인 부담하면서 '언론자유와 기업의 자유'라는 제목으로 백지광고 사태를 비난하는 글을 게재했다. 이를 계기로 1975년 1월부터 독자들이 나서서 적은 액수나마 광고비를 지급하고 짧은 문안을 담아 동아일보의 백지광고 속을 조금이나마 채우기 시작했다. 이 운동에는 전국 각지는 물론 해외에서까지 각계각층의 사람들이 동참했다. 1975년 5월 중순까지 동아일보에는 총 1만 352건의 백지광고 격려 문안이 접수되었다.[47] 문안 중 일부를 소개하면 다음과 같다.

- 언론 자유 없이 종교 자유 없다. (한국기독교장로회 여교역자협의회 일동)
- 우리는 애독자 동아가족. 언론자유 보장하라. (아빠는 동아일보, 김석규. 엄마는 여성동아, 이순애. 나는 소년동아, 김호영)
- 언론자유수호. (천주교 춘천교구 주교좌성당 주임 방영구신부의 신도 일동)

46) 진실·화해를 위한 과거사 정리위원회, 『진실화해위원회 종합보고서 4: 인권침해 사건』, 2010, 132쪽.
47) 채백, 앞의 논문, 23쪽.

- 자유의 횃불을 밝히는 기름 한방울의 성의를 표한다. (경남 창영군 아미사 하도암)
- 건투 동아일보. (익명)
- 위정자여 각성하라. (익명)
- 언론자유 민권신장 민주사회건설. (캐나다 한국 민주사회건설협의회, 고문 이상철, 회장 문재린, 부회장 장정문, 전충림 외 회원일동)
- 창피해 죽겠다. (세금 내는 한 백성)
- 외국서적 판매원 여러분, 광고 한 줄로 동아일보 살리자! (일당 4천원 책장사 진경호).
- 이럴 수가 있습니까. (최근 현역서 제대한 두 예비군)
- 경동 동인랑(東仁郎)의 맥박은 동아와 함께 뛰고 있다. (경동고교 3학년생 2명)
- 친구와 저는 불우한 이웃돕기로 신문을 종로 3가에서 판 돈을 이번에는 광고봉쇄로 어려움을 겪고 있는 동아일보를 돕는 데 쓰기로 하고 앞으로 많이 동아일보에 협조하겠습니다. 서부운수 안내원 은·홍.
- 동아일보의 언론자유활동을 축하합니다. (뉴욕, 조지 오글)
- 동아일보 기자님들께. 저의 작은 성의입니다. 끝까지 분투하여 주십시오. (인혁당사건으로 구속된 황현승 처 안보형 올림)
- 자유와 정의 그리고 진리를 위해 혈투하시는 동아일보와 동아방송을 위해 적극적이고 지속적으로 성원하고 기도드리겠습니다. (경동교회 청년회 일동)
- 루터 킹 목사의 탄신일을 맞이하여 Ogle 목사님의 행운을 빌며. (아직 추방되지 않은 Sinnott 신부)
- 문화란에 항상 신세를 지고 있는 음악인, 화가, 연극인, 영화인, 기타 모든 분야의 예술인들은 이런 때 조금이라도 보답합시다. (한 음악인)
- 16일자 한 음악인과 뜻을 같이하며. (한 연극인)
- 정의는 살아있다. (청량중학교 3-3 학생대표 외 16명).
- 우리 근로자들의 조그마한 성의가 동아일보의 큰 용기에 밑거름이 되길 기원합니다. (로스앤젤레스시 거주 노동자 數人)
- 현철아, 동아의 용기를 배워라. (첫 아들의 백날을 맞아)
- 당나귀 귀. (경희대 대학주보사)
- (재 서독 김간호원)

  - 썩은 이를 뽑자. (젊은 치과의사들)
  - 동아 가족의 건투를 빌면서. (무교동 동아사원 단골주점)
  - 동아 죽이면 너도 죽는다. (청량리 김 · 유)[48]

  1974~1975년 동아일보 백지광고 사태 당시 '한국기독교학생총연맹'은 1975년 1월 1일부터 1월 31일까지 1개월 동안 동아일보 백지광고 속에 담긴 격려 문안들을 분석한 바 있다. 이에 따르면 1개월 간 동아일보 백지광고에 실린 격려 문안의 총 수는 2,943건이었다. 이들 격려 문안 중 위 사례의 '(재 서독 김간호원)'처럼 특별한 내용 없이 게재한 사람의 이름 혹은 약간의 신상정보만 나온 것이 23.2%였다. 특정 내용이 있는 경우를 살펴보면, 유신헌법 찬반 국민투표 실시가 공고되기 전인 1월 20일까지는 언론자유 및 동아일보 격려 내용이 53.6%였고, 사회정의 주장이나 정부에 대한 불신, 고발 등의 내용은 17.9%였다. 그런데 국민투표 공고 후 1월 21일부터 31일까지 열흘 동안에는 두 항목의 비율이 각각 36.7%와 36.6%로 거의 같아 졌다. 시간이 지날수록 사회정의 구현을 촉구하며 정부를 불신하고 부조리를 고발하는 내용이 많아졌던 것이다. 그리고 약 3천 건의 격려 문안 중 이름을 제대로 밝히지 않고 지역이나 직업만 밝힌 익명 광고가 58.9%였다. 이는 매우 경직된 정치상황에서 정부의 보복을 두려워 한 독자들이 선택한 일종의 보신책이었다. 또한 게재자의 직업을 밝힌 경우가 전체의 42.2%를 차지하고 있었는데, 그 중 학생이 약 52.4%, 종교인이 13.8%였다. 주부 및 가족단위로 백지광고에 격려 문안을 게재한 경우도 7.6%나 되었다.[49]

  흔히 '백지'는 검열의 결과나 탄압, 불의에 대한 저항, 억울함에 대한 항

---

48) 한국기독교교회협의회 인권위원회, 『1970년대 민주화운동 2』, 동광출판사, 1986, 556~558쪽.

49) 「언론탄압 규탄하는 '민주의 함성'」, 『동아일보』, 1975. 2. 14, 4면.

변 등의 의미를 지닌다. 1933년 스페인 빌바오의 한 주간신문이 2·3면의 만화 외에 8개면 모두를 백지로 발행한 바 있었다. 발행 한 시간 전에 검열 당국에 교정쇄를 제출토록 한 데 대해 반항적 태도를 취한 것이었다. 일종의 무저항의 저항인 셈이었다. 반면 백지는 '백지수표', '백지위임'처럼 상대방에 대한 신뢰의 의미로도 쓰인다.[50] 그런데 동아일보 백지광고 사태에서는 유언비어 문제와 관련하여 '백지'의 의미에 주목할 필요가 있다.

첫째, 동아일보 백지광고 사태에 대한 정부의 대응 태도는 사람들로 하여금 정부의 말보다 '유언비어'를 더욱 신뢰하게 만들었다. 백지광고 사태 당시 정부는 초지일관 이 문제가 정부와 상관없는 동아일보와 개별 광고주 간의 업무상 문제라는 입장을 견지했다. 자신들은 아무런 관여를 하지 않았다는 것이다. 정치권에서도 야당이 문제를 제기했으나 여당(공화당, 유정회)는 침묵으로 일관했다. 그러나 동아일보 백지광고 사태 배후에 정부, 특히 중앙정보부가 있다는 이야기가 사회 전반에 급속도로 확산되었다. 동아일보의 한 독자는 독자 투고를 통해 이 상황을 다음과 같이 꼬집었다.

> 지금 동아사태로 인해서 사회는 불안 속으로 빠져 들어가고 있으며 정부가 언론을 탄압한다는 유언비어가 만연해 가고 있다. 헌데 어째서 정부는 이와 같이 심각한 문제에 대해서 대책을 강구하지 않는지 정말 모를 일이다. 동아일보 무더기 광고해약사태는 신문사와 광고주와의 업무상 문제라고 한 문공부장관의 발언이 사실이라면 어째서 공화당이나 유정회는 동아사태에 대해 한마디 언급조차 하지 않는가. 만일 정말 만의 일이라도, 불행하게도 동아사태가 재정을 고갈시켜 동아일보 자체를 말살시키려는 가장 악랄한 언론탄압이라는 일부 주장이 사실이라면 불신풍조를 제거하겠다는 정부가 바로 불신풍조를 조장하는 엄청난 결과를 초래하는 셈이 될 것이다. (…) 아무래도 문공부장관의 지난 번 발언은 요즘 유행하는 '다 아는 일'을 갖고 한 번 해본 얘기인 것만 같다.[51]

---

50) 「(여적) 백지신문」, 『경향신문』, 2013. 3. 13.

51) 「(조류) 공화, 유정회는 왜 침묵하나」, 『동아일보』, 1975. 1. 17, 6면.

　이 독자는 정부가 언론을 탄압한다는 주장을 '유언비어'라고 둘러치면서
도 결론에서는 '다 아는 일'이라는 유언비어 같은 유행어를 인용하여 정부
를 조롱하였다. 정부의 말대로라면 광고비를 내고 백지광고를 채우고 있는
사람들은 모두 유언비어에 동조하고 이를 유포하는데 가담하고 있는 범법
자들이었다. 물론 정부는 공개적으로 이들을 처벌하지 못했다. 그러기에는
이 유언비어가 너무나 사실에 부합했기 때문이었다. 정부의 개입 부정은
정부에 대한 불신을 더욱 조장했고 반면 유언비어의 신뢰도를 높여줬다.
그런 의미에서 '백지광고'는 그 자체가 유언비어의 온상이었다. 이에 정부
는 백지광고에 격려 문안을 낸 사람들을 뒷조사하여 음성적으로 압력과 탄
압을 가했다. 백지광고 격려 문안에 익명성이 높았던 이유는 여기에 있었
다. 익명성은 백지광고 뿐만 아니라 유언비어 전반이 가진 기본적인 성격
중 하나였다. 그리고 이러한 익명성 위에서 불온은 싹틀 수 있었다.

　두 번째로 주목해야 할 지점은 '백지광고' 속에 담긴 폭넓은 '공감대'이
다. 가끔 장문의 글이 나오기도 하지만, 위의 사례에서 보이듯이 백지광고
속 격려 문안들은 대부분 짧은 한두 줄의 문장으로 되어 있었다. 심지어
특별한 내용 없이 광고를 낸 사람의 이름 혹은 간단한 신상명세만 나오는
경우도 많았다. 그러나 독자들은 이미 그 의미를 충분히 공유하고 있었다.
'언론자유 수호', '정의는 살아있다'와 같은 분명한 메시지가 나온 문안은 물
론 '썩은 이를 뽑자', '당나귀 귀'와 같은 함축적인 문안도, 심지어 어떠한
말도 쓰이지 않은 경우에도 그것이 의미하는 바를 모두가 알 수 있었다.
이와 관련하여 당시 격려광고를 분석했던 한국기독교학생총연맹은 다음
과 같이 결론을 내렸다. "이번 격려광고로 미루어 동아에 대한 중앙정보부
의 개입은 이른바 고관(高官)만 모르는 사실이다."

　백지광고 격려가 지속되고 사회에 영향을 끼칠 수 있었던 원동력은, 환
언하면 1970년대 유언비어가 계속 만들어지고 사회에 파장을 불러일으킬

수 있었던 원동력은, 그 속에 담긴 잠재된 여론으로서의 '공감대'였다. 더 구체적으로는 권력에 대한 불신과 불만 속에서, 백지광고 격려 문안에 가장 자주 등장한 어구인 '자유'와 '정의'를 지향했던 공감대였다. '다 아는 일' 이라는 당시 유행어는 이러한 공감대를 단적으로 보여줬다. 장황한 말보다 짧고 함축적인 문안 속에서 심지어 아무런 말이 없는 백지 위에서 공감의 힘은 유신체제의 탄압을 뚫고 더 큰 위력을 발휘했다.

'백지'와 '공감대'의 관계를 잘 보여주는 또 하나의 사례는 1977년 4월 19일 연세대에서 발생한 '백지선언문 사건'이다. '백지선언문 사건'은 1977년 4월 19일 4월혁명 17주년을 맞이하여 연세대생 4명이 학내에서 '백지' 유인물을 돌린 사건을 말한다. 당시 대학에는 경찰들이 상주하고 있어 학생들이 유인물을 돌리거나 몇 명만 모여도 즉각 제지당하고 체포되는 상황이었다. 이 사건에서도 유인물을 돌리던 학생들은 곧바로 형사들에게 체포되었다. 그러나 경찰은 그들에게 긴급조치 9호를 적용할 수 없었다. 8절 갱지로 된 유인물에는 어떠한 말도 쓰여 있지 않았기 때문이었다. 당황한 형사들이 이 백지를 햇빛에 비춰보고 물에 담가보고 불에 쬐어봐도 헛수고였다. 다리미까지 구해와 다려도 보았다고 한다. 그러나 이 유인물은 말 그대로 백지였다. 집회를 한 것도 아니고 구호를 외친 것도 아니었기 때문에 무언가 주장을 한 것 같기는 하지만 이를 처벌할 수는 없었다. 결국 학생들은 훈방되었다. 몇 시간 뒤 또 일부 학생들이 연세대 내 윤동주 시비 앞에 모여 묵념을 하였다. 경찰은 이 중 2명을 연행했지만 그들 역시 묵념 이외의 어떠한 행위도 하지 않았기 때문에 곧 훈방할 수밖에 없었다.

사실 1977년 4·19 연세대 '백지선언문 사건'이 처음부터 큰 의미를 갖고 계획된 것은 아니었다. 주도 학생들은 원래 4월혁명 17주년을 맞이하여 4월 19일 대규모 시위를 계획했었지만, 이 계획이 어그러지자 최소한 오늘이 4·19라는 것을 알리기 위해 즉흥적으로 종이를 사서 백지 상태로 학생들에게 나누어줬던 것이다. 이들은 백지를 나누어주면서 "오늘은 4·19입니다. 백지성명밖에 낼 게 없습니다"라고 말했다. 윤동주 시비 묵념 역시 같은 맥락에서 이루어졌다.

여기서 주목되는 것은 백지를 나누어 준 학생들을 체포한 형사들이 학생들에게 했던 말이다. 체포된 학생들이 형사들에게 자신들이 무엇을 잘못했냐며 따지자, 유인물이 백지임을 확인하고 당황한 한 형사는 "이심전심 유언비어 유포죄"라고 말했다고 한다.[52] 물론 이 말은 형사가 궁여지책으로 한 말로서 실제로는 적용될 수 없는 죄목이었다. 그래서 학생들은 결국 훈방되었다. 하지만 "이심전심 유언비어 유포죄"라는 말은 유언비어에 담긴 강력한 힘을 정확하게 표현하고 있다. 즉 유언비어가 확산되고 사회에서 영향력을 발휘하기 위해서는 그 유언비어를 구성하는 언어 자체가 중요한 것이 아니라, 그것이 어떤 언어로 이루어졌든 이심전심, 즉 공감대가 필요하다는 것이다. 공감대만 있다면 언어가 없는 백지도 얼마든지 의미 있는 유언비어가 될 수 있었다.

'백지선언문 사건'의 경우 대학에 경찰들이 상주하는 상황에서 유인물 형식으로 무엇인가가 뿌려졌다는 것 자체가 갖는 상징성이 있었고, 특별히 그날이 4·19혁명 17주년 기념일이었기 때문에 백지가 갖는 의미가 다른 학생들에게 쉽게 전달될 수 있었다. 유신체제 하 유언비어도 마찬가지다. 긴급조치와 같은 항시적인 억압 속에서 정부나 언론을 통해서는 알 수 없는 그럴 듯한 이야기들이 일상에 돌아다닌다는 것 자체가 사람들에게 의미가 있었다. 정부와 언론에 대한 불신과 불만이 사회 전반에 만연하면서 유언비어는 자유와 정의를 갈망하는 잠재된 여론으로서의 공감대 속에서 쉽게 확산될 수 있었다. 그 공감대가 클수록 유언비어 확산의 속도와 정도는

---

52) 신동호, 앞의 책, 61~68쪽.

더 빠르고 강해졌고, 이에 비례해서 권력의 균열도 점차 커졌다. 그리고 이러한 1970년대 유언비어의 불온성은 유신체제에 대한 저항의 잠재력이 되었다.

5. 맺음말

1970년대에 만연했던 유언비어는 어디까지 사실이었을까? 유언비어는 100% 정확하지는 않더라도, 일정한 조건과 원인 하에서 어떤 단서나 재료가 주어질 때만 생겨나는 것이므로 전혀 사실무근일 수는 없다. 유언비어는 사실과 비(非)사실이 씨줄과 날줄처럼 얽혀있는 것이다. 이러한 유언비어는 보통 한 사람이 만들어내는 것이 아니고 여러 사람들이 자신들의 지적인 자원을 동원하여 주어진 재료를 비판적으로 검토하고 합리적으로 토론하여 만든 집단적 작품이다. 특히 유언비어는 그것이 유포되는 과정에서 점차 비합리적인 내용이 제거되고 합리적인 방향으로 변해가는 특성이 있다. 즉 합리적인 상상이 가미됨으로써 사회적 현실의 움직임을 실제 이상으로 날카롭게 보여주는 것이다. 그런 의미에서 '집단성'과 '합리성'은 '불온성'과 통하는 유언비어의 기본적인 속성이라고 할 수 있다.[53] 권력이 언론을 비롯한 사회 전반을 통제 억압하는 상황에서, 권력과 언론에 대한 불신과 불만은 일상에서 유언비어의 확산을 가져오고, 유언비어가 확산되면서 잠재된 여론으로 공감대를 얻게 되면, 유언비어는 '집단성'에 기반한 '합리성'을 획득하여, 비합리적인 체제에 대한 불신과 불만을 더욱 증폭시키는 것이다. 이것이 바로 유언비어가 저항의 잠재력으로서 '불온성'을 획득하는

---

[53] 이효성, 앞의 논문, 96쪽.

메커니즘이다.

1970년대 유언비어도 대부분 유신체제의 문제점들을 반영한 합리적인 것들이었다. 1970년대 내내 유언비어가 확산되었다는 점은 유신체제의 모순이 갈수록 심화되고 있었다는 증거였다. 야당인 신민당이 여당인 공화당보다 득표율에서 1.1% 앞섰던 1978년 12월 국회의원 선거부터 분명하게 확인되고, 1979년에 들어와 부마항쟁을 비롯한 각종 사건으로 증폭된 유신체제의 균열은, 이때 갑자기 시작된 것이 아니었다. 권력의 균열은 1970년대 내내 유언비어의 확산과 더불어 점점 커지고 있었던 것이다. 그러나 박정희 정부는 이러한 유언비어의 의미를 제대로 깨닫지 못했고 구태의연한 대응으로 일관했다. 이는 유신체제의 몰락을 재촉했다.

일례로 부마항쟁 당시 유언비어 중에는 "데모하던 여학생이 배가 찢어져 도망가는데도 경찰관이 쫓아가 몽둥이로 때렸다." "데모군중이 반항하면 발포하라는 명령이 내렸다." "마산소요사태 시 학생 3명이 맞아죽었다." "데모군중이 반항하면 발포하라는 명령이 났다." "이번 데모에서 총소리가 군중 속에서 났다." 등 정부의 과잉진압과 관련한 것들이 많았다.[54] 당시 정부는 이를 모두 유언비어로 규정하고 유포자들을 처벌했지만, 부마항쟁에서 사망자가 발생했다는 유언비어는 2011년에 가서야 사실로 확인되었다. 경찰의 보고서에 "왼쪽 눈에 멍이 들고 퉁퉁 부은 채(코와 입에서 피를 흘린 채)" 변사체로 발견되었다고 기재되어 있던 이의 신원이, 유족이 제시한 호적등본의 사망 사유 등을 통해 유치준(당시 51세) 씨로 확인된 것이다. 강경한 시위 진압과 관련한 유언비어는 과장되었지만 엄연히 사실을 반영한 것이었다. 그럼에도 박정희 정부는 시민들의 목소리에 귀 기울이기보다는 이를 사실과 다른 것으로 폄하하고, 항쟁에 "조직적인 불순 세력이

---

54) 한국기독교교회협의회 인권위원회, 『1970년대 민주화운동 4』, 동광출판사, 1986, 1765쪽; 1768쪽.

개입한 징후가 농후하다"고 매도하는데 급급했다. 그동안 일상 속에서 권력에 순응해오던 시민들이 하루아침에 돌변하여 파출소를 부수고 박정희의 사진을 짓밟는 상황을, 박정희 정부는 유언비어를 퍼트리는 불순한 배후 없이는 이해하기 곤란했을 것이다.[55] 하지만 1970년대 내내 사람들은 순응의 일상에서도 유언비어라는 형태로 불온을 키워가고 있었다.

그 불온은 정부와 언론에 대한 불신사조로 표현되었고, 이러한 불신사조는 강고한 유신체제에 점차 균열을 가져왔다. 그리고 잠재된 여론으로서 자유와 정의를 향한 공감대를 확대해 나가면서 강력한 힘을 갖게 되었다. 저항의 잠재력으로서 유언비어의 불온성은 1970년대 말이 되면 선거를 통해서 혹은 항쟁을 통해서 가시적인 저항으로 전환하여 분출하기 시작했다. 본고는 이와 같은 1970년대 유언비어의 맥락과 불온성의 의미를 살피는 데 초점을 맞췄다. 단, 불온이 구체적으로 어떤 계기와 방식으로 일상의 순응을 뚫고 저항으로 전환했는지에 대해서는, 위에서 정리한 유언비어가 불온성을 획득하는 메커니즘을 중심으로 앞으로 더 많은 연구와 분석이 요구된다. 이를 위해 당시 정부가 생산한 유언비어 관련 기록의 공개를 이끌어내면서, 동시에 당시 유언비어의 실상을 증언해 줄 수 있는 구술 자료의 확보에 적극 나설 필요가 있다. 이는 본고의 향후 과제로 삼고자 한다.

끝으로 유언비어가 확산되었던 1970년대의 모습과, '인터넷'을 중심으로 유언비어가 확산되고 있는 오늘의 모습을 비교해 볼 필요가 있다. 물론 민주화가 일정하게 진행된 오늘날의 한국 사회를 유신체제 당시와 동일시할 수는 없을 것이다. 또 인터넷이라는 새로운 매체의 특성을 고려해야만 한다. 그러나 오늘날에도 소위 '괴담'이라는 이름으로 유언비어가 끊임없이 생성, 유포되고 있다면, 그 이유와 의미를 진지하게 따져볼 필요가 있

---

55) 한홍구, 『유신: 오직 한 사람을 위한 시대』, 한겨레출판, 2014, 390~391쪽.

다. 유언비어가 사실과 다르다는 점을 강조하기 전에, 그 배후에 있는 '불순한 세력'을 색출해 처벌하기 전에, 먼저 유언비어 속에 담긴 공감대와 합리성을 성찰하는 것이 현명한 자세이다. 그것이 역사가 우리에게 주는 교훈이다.

제3부
텍스트·인식 읽기

『동아시아사』 교과서의 고대사 서술 분석

'평화 공존' 목표를 저해하는 서술을 중심으로

/ 정동준 /

1. 머리말

21세기에 들어서 국정교과서였던 『국사』 교과서를 검인정의 『한국사』 교과서로 개편하면서 기존 교과서의 과도한 민족주의적 경향이 지적되는 동시에, 자국뿐만 아니라 주변세계에 대한 인식을 할 수 있도록 교과서를 개편해야 한다는 주장이 제기되었다. 그 결과 기존의 『국사』, 『세계사』와 는 다른 형태의 새로운 교과서가 탄생하였는데, 그것이 이 글에서 다루고 자 하는 『동아시아사』 교과서이다. 『동아시아사』 교과서는 자국사도 세계 사도 아닌 제3의 역사를 교과서로 서술하였다는 점에서 세계적으로도 매 우 드문 사례이다.

『동아시아사』 교과서는 2014년 현재 모두 3종이 검정을 통과하여 교육 현장에서 사용되고 있다.[1] 모든 교과서가 총 6개의 장으로 구성되어 있는

데, 이 글에서는 그 중 필자의 전공인 고대사에 해당하는 1장과 2장의 서술을 분석해 보고자 한다.

지금까지 『동아시아사』 교과서의 전근대사 영역에 대해서는 전체적인 틀에 대한 문제 제기를 하거나[2] 한국사 또는 중국사 서술 등 큰 폭으로 분석하기도 하였지만,[3] 세부적인 중단원 또는 주제를 대상으로 집중적인 분석을 하기도 하였으며,[4] 실제 교육현장에서 수업한 내용을 논문으로 발표하기도 하였다.[5] 그러나 이상은 모두 2011년에 간행된 2종의 교과서를 대상으로 한 연구 성과이고, 2015년 1월 현재 2014년에 간행된 3종의 교과서를 대상으로 한 연구 성과는 발표되지 않은 실정이다. 또 특정 국가의 역사나 특정 주제를 중심으로 한 분석은 행해졌으나, 교육목표와 관련된 교과서상의 서술 분석은 2015년 1월 현재 행해지지 않았다.

국정이 아닌 검정이라고는 해도 3종의 교과서는 많은 공통점을 가지고 있다. 특히 서문에서 '동아시아의 평화 공존'을 강조한다는 점에서 더욱 잘 드러난다.[6] '동아시아의 평화 공존'은 『동아시아사』 교과서가 추구하는 핵

---

1) 이 글에서 분석한 『동아시아사』 교과서는 손승철 외, 『고등학교 동아시아사』, 교학사, 2014; 황진상 외, 『고등학교 동아시아사』, 비상교육, 2014; 안병우 외, 『고등학교 동아시아사』, 천재교육, 2014(이하, 각각 '교학사', '비상교육', '천재교육'으로 약칭하고 가나다순으로 배열)이다. 3종 모두 2014년 간행본을 사용하였다.

2) 박근칠, 「〈동아시아사〉 교과서의 기술 내용과 개선 방안: 2012년판 〈동아시아사〉 전근대 부분을 중심으로」, 『동북아역사논총』 40, 2013.

3) 정연, 「〈동아시아사〉 교과서의 한국사 서술 검토: 대단원 I, II를 중심으로」, 『역사교육연구』 14, 2011; 김지훈, 「『고등학교 동아시아사』 교과서의 중국사 서술」, 『사림』 46, 2013.

4) 李成制, 「『동아시아사』 교과서의 「지역간 인구이동과 전쟁」 단원 서술에 대한 試論: 지역국가들의 戰略的 意志와 동아시아세계의 형성」, 『歷史敎育論集』 47, 2011; 이근우, 「동아시아사 교과서 서술 내용에 대한 제언: 동아시아의 문자 '한자'를 중심으로」, 『동북아역사논총』 40, 2013; 윤재운, 「『동아시아사』 교과서의 고대국제관계 서술 검토」, 『大丘史學』 115, 2014.

5) 안명선, 「동아시아 고대사 부분의 역사적 관점」, 『한일교육연구』 18, 2012.

심적인 목표라고 할 수 있기에, 3종 교과서 모두가 강조하였을 것이다. 그렇기 때문에 '평화 공존'이라는 목표에 얼마나 접근하였는가는 『동아시아사』 교과서가 교육적으로 얼마나 우수한지를 평가할 수 있는 중요한 기준이라고 할 수 있을 것이다.

이 글에서는 2014년에 간행된 3종의 『동아시아사』 교과서에서 '평화 공존' 관련 서술이 교육적으로 잘 되어 있는지 평가하고자 한다. 그러기 위해서 고대사 분야에 한정하여 3종 교과서 각각의 지적사항 및 공통 지적사항을 검토하여 무엇이 문제인지를 확인한 후, '평화 공존' 관련 서술을 중국 중심주의적 서술과 민족주의적 서술을 중심으로 집중적으로 분석하도록 하겠다. '평화 공존'을 위해서는 특정 국가의 역사를 과장 또는 축소하지

---

6) 각 교과서의 서문에 '평화 공존'과 관련하여 서술한 부분은 다음과 같다.
  '동아시아사'는 … 이 지역에 대한 이해를 증진하고, 이를 바탕으로 지역의 공동 발전과 평화를 추구하는 안목과 자세를 기르기 위해 기술하였다. … 나아가 동아시아 지역사에 대한 객관적인 이해는 최근 동아시아 국가 간에 야기되고 있는 역사 갈등을 미래 지향적으로 극복하여 동아시아의 평화와 번영의 기반을 마련해 나가는 데에도 기여할 수 있을 것이다. … 이 책을 통하여 … 공존 공생하는 새로운 문화 창조와 사회 발전에 능동적으로 참여할 역량을 배양할 수 있기를 기원한다(교학사, 2~3쪽 '머리말').
  동아시아사는 동아시아의 … 상호 발전과 평화를 추구하는 자세를 기름으로써 상호 협력의 전통을 더욱 강화하고 나아가 동아시아 세계의 지속적인 발전과 항구적인 평화 정착에 이바지하기 위해 개설된 과목입니다. … 나아가 동아시아에 대한 애정을 바탕으로 동아시아 지역에 현존하는 갈등을 해소하는 데 힘쓰며 지역의 상호 발전과 평화에 이바지하는 자세를 가질 수 있기를 기대해 봅니다. 이러한 이해와 애정을 바탕으로 여러분은 현재 동아시아의 갈등을 해결하고 공존의 동아시아 미래를 만들어 가는데 앞장 설 수 있다는 자부심을 가지고 동아시아사를 학습하기 바랍니다(비상교육, 2~3쪽 '인사말').
  동아시아사를 공부하면 … 아울러 이웃 나라 사람들을 이해하고 우리의 미래 구상 속에 그들을 함께 두는 것도 가능해질 것입니다. … 상호 의존성이 고도로 높아짐에 따라 동아시아 공동체를 모색하는 움직임도 나타나고 있습니다. 하지만 동아시아 국가 간에는 영토를 둘러싼 분쟁, 역사 갈등, 체제 간 대립 등 해결해야 할 많은 문제들이 놓여 있습니다. 동아시아사를 통해 이러한 과제를 해결하고, 바람직한 동아시아의 미래를 설계할 수 있었으면 합니다(천재교육, 2~3쪽 '머리말').

않고 균형 있게 서술할 필요가 있는데, 고대사 서술에서 특정 국가의 역사를 과장 또는 축소하는 대표적인 경향이 중국왕조만을 강조하는 중국 중심주의와 반대로 자국만을 강조하거나 타국을 축소시키는 민족주의이기 때문이다.

필자의 전공이 한정되어 있는 만큼, 전공분야 이외의 부분은 해당 분야 전문가들의 자문을 통해 사실 여부를 확인하기는 하였으나,[7] 최종적으로는 필자의 판단에 의해 지적사항을 선택하였다. 따라서 지적사항의 적절성 여부에 대한 최종적인 책임은 필자에게 있다. 관련 연구자들의 많은 질정을 바란다.

2. 고대사 분야의 지적사항

1) 개별 교과서의 지적사항

먼저 본격적인 지적사항의 서술에 앞서서, 이 부분은 개별 교과서의 신뢰도를 평가하기 위한 것이 아니라는 점을 분명히 하고자 한다. 오히려 지적사항의 수정을 통하여 향후 신뢰도를 높여 달라는 학계의 주문이라고 해야 할 것이다. 이러한 전제하에 교학사, 비상교육, 천재교육 순서로 개별적인 지적사항을 서술하고자 한다.

지적사항은 크게 두 가지이다. 사실관계의 오류가 그 하나이고, 균형이 잡히지 않은 서술이 다른 하나이다. 후자의 경우 소수설을 통설처럼 강조한다던가, 덜 중요한 내용은 서술된 반면 중요한 내용이 누락되었다던가,

---

7) 중국고대사 전공의 박근칠, 일본고대사 전공의 이재석, 고구려사 전공의 정호섭(이상 한성대)·이정빈(충북대) 등이 자문해 주셨다. 지면을 빌어 감사드린다.

중요한 내용이 한쪽에 편향된 서술을 하는 경우라고 할 수 있다.

　먼저 교학사의 경우 사실관계의 오류부터 지적하면, 43쪽의 열린 자료 '고구려 유민의 이동' 부분에서 사진 아래에 "고구려 왕자 약광의 묘"라고 설명하고 있는데, 한글로 '묘'라고만 하면 '무덤'을 연상하게 되나 이것은 신사[高麗神社]이기 때문에 '사당'의 성격이어서 적절하지 못하다고 할 수 있다. 따라서 '묘'를 '사당'이라고 하거나 '묘(廟)'라고 한자를 병기하여 오해의 소지를 없애야 한다.

　46쪽의 '동아시아의 국제인 무령왕'에서는 "섬을 뜻하는 일본어인 '사마'에서 유래된 말로"라고 하였는데, '사마'는 섬을 뜻하는 일본어인 '시마'로 수정해야 한다. 같은 46쪽의 '무령왕릉의 구조'에서는 사진 아래에 "오수전: 양나라에서 523년부터 주조되기 시작한 동전이다"라고 설명하였는데, 523년은 동의 부족으로 인해 철전이 주조되기 시작한 해이고,[8] 무령왕릉의 오수전은 동전이 아니라 철전이므로, "양나라에서 523년부터 주조되기 시작한 철전이다"라고 해야 한다.

　50쪽에서 "4세기에 북으로는 위의 공격을 받아 수도인 국내성이 함락되고"라고 하였는데, 4세기에 고구려를 공격하여 수도를 함락시킨 것은 위가 아니라 전연이다. 따라서 "4세기에 북으로는 전연의 공격을 받아 수도인 국내성이 함락되고" 또는 "3세기에 북으로는 위의 공격을 받아 수도인 국내성이 함락되고"라고 수정해야 한다.[9]

　54쪽의 왼쪽 부분 단어설명에서 "사(士) 계급: 주대부터 학문집단으로 존재하였으나 춘추전국 시대에 이르러 … 정치세력으로 발전하였다"라고

8) 『梁書』卷3, 武帝紀下 普通 4年(523) 12月戊午 "始鑄鐵錢."
9) 『三國史記』卷17, 高句麗本紀5 東川王 20年(247) "秋八月, 魏遣幽州刺史毌丘儉, 將萬人, 出玄菟來侵. … 冬十月, 儉攻陷丸都城, 屠之." 同書 卷18, 高句麗本紀6 故國原王 12年(342) "冬十月, 燕王皝遷都龍城 … 十一月, 皝自將勁兵四萬, 出南道 … 諸軍乘勝, 遂入丸都. … 燒其宮室, 毀丸都城而還."

하였는데, 사는 주대 이래 경－대부 아래의 전사집단이었다가 춘추 말기~
전국시대에 기존의 경－대부－사라는 신분질서가 붕괴되면서 학문집단으
로 변화하였다. 따라서 "사(士) 계급: 주대부터 경－대부 아래의 전사집단
으로 존재하였으나 춘추전국 시대에 이르러 … 학문 등 개인능력을 바탕으
로 하는 정치세력으로 발전하였다"라고 수정해야 한다.

56쪽에서 "진대에 마련된 승상의 권한을 약화시키고, 황제의 시종을 중용
하여"라고 하였는데, '시종'은 단순한 심부름꾼의 뉘앙스가 강한 단어여서
오해를 줄 수 있으므로 '비서'로 수정해야 한다. 실제 이 내용에 해당하는
'상서' 등은 비서이지 시종이라고 보기는 어렵다. 같은 56쪽에서 "지방을 13
부로 나누고 각 지역에 중앙에서 파견한 자사를 두었다"라고 하였는데, 문
장대로라면 마치 13부에 자사가 치소를 두고 상주하는 것 같은 인상을 받는
다. 그러나 한 무제 때의 자사는 정해진 치소 없이 관할지역을 돌아다니며
감찰하다가 임무를 마치면 수도로 돌아오는 역할이므로,[10] "지방을 13부로
나누고 각 지역에 중앙에서 자사를 파견하였다"라고 해야 적절하다.

다음으로 균형이 잡히지 않은 서술을 지적하면, 43쪽에 "왜는 나·당 연
합군이 침략해 올지도 모른다는 불안감에 수도를 좀 더 내륙으로 옮겼다"
라고 하였는데, 이러한 내용이 천도의 이유 중 하나라고 지적하는 것은 가
능해도 저것 이외의 다른 이유를 적시하지 않음으로써 마치 가장 큰 이유
인 것처럼 서술하는 것은 문제가 있다. 더군다나 이러한 내용은 당시의 천
도와 관련된 사료에서 확인되지 않는 추정에 불과하다. 그렇기 때문에 저
러한 서술보다는 "왜는 나·당 연합군이 침략해 올지도 모른다는 불안감에
변경 및 수도로 오는 길목에 여러 성을 축조하는 등 방어태세를 강화하였

---

10) 紙屋正和, 「漢代刺史の設置について」, 『東洋史研究』 33-2, 1974, 39~41쪽; 長嶋健太
郎, 「漢代刺史の職掌とその展開」, 『立正大学東洋史論集』 17, 2005, 1~5쪽; 小嶋茂稔,
『漢代国家統治の構造と展開』, 東京, 汲古書院, 2008, 168~186쪽.

다"고[11] 서술하는 것이 적절하다고 할 수 있다.

45쪽에는 "신라는 7세기 중엽부터 당의 제도와 문화를 적극적으로 수용하였다. 당의 관리 제도에 골품제의 요소를 더하여 제도를 정비하였으며"라고 하였는데, 문장만 보아서는 신라가 굉장히 당의 제도 수입에 적극적인 것처럼 느껴지지만, 오히려 수용 과정에서 신라화되거나 아예 수용하지 않는 경우가 많기에 표현을 더 완화시켜야 한다. 실제 신라는 백제나 왜에 비해 당의 제도 수입에 덜 적극적이기도 하였고, "당의 관리 제도에 골품제의 요소를 더하"였다기보다는 "골품제적 요소가 강한 전통적인 신라의 제도에 당의 관리 제도의 요소를 더하"였다는 것이 적절한 평가일 것이다.[12]

같은 45쪽의 지도 위 사진에는 "고구려 사신의 모습이 그려진 사마르칸트의 벽화"라는 설명이 되어 있는데, 이 사신이 고구려 사신인지 여부는 차치하더라도 지도를 배치한 목적이 '교류'를 보여주고자 한다는 점에서 실제로 파견된 것으로 오해할 소지가 많다. 이 벽화의 사신은 실제 파견된 것이라기보다는 당으로부터 어떤 모본이 전해져서 그려진 고대 한국인에 대한 이미지 혹은 고구려에 대한 정보를 바탕으로 묘사되었다는 견해가 제시된 바 있다.[13] 따라서 실제 교류를 보여준다고 단정하기는 어렵기 때문에, '당대의 주요 교역로'라는 지도의 사례로 보여주기에는 적절하지 못하다.

50쪽에서 "백제는 … 남조인 제·양과 밀접한 관계를 맺었고"라고 하였

---

11) 『日本書紀』 卷27, 天智紀 3年(664) "是歲, 於對馬嶋·壹岐嶋·筑紫國等置防與烽. 又於筑紫築大堤貯水, 名曰水城." 同 4年(665) 8月 "遣達率憶禮福留·達率四比福夫於筑紫國, 築大野及椽二城."

12) 신라의 중요 관사인 13개 部·府는 당의 영향 이전부터 존재하던 것이 대부분이고, 4등관제 정도가 당의 요소가 더해진 것인데 그나마도 舍知가 추가되어 신라화되었다. 신라의 관사제에 당의 영향이 크지 않고 오히려 이전 왕조들의 영향이 컸다는 것에 대해서는 鄭東俊, 「新羅の中央官制における中國王朝の影響について: 中央官司の構成を中心に」, 『史滴』 35(早稻田大), 2013 참조.

13) 정호섭, 「鳥羽冠을 쓴 人物圖의 類型과 性格」, 『嶺南學』 24, 2013, 113~118쪽.

는데, 백제가 남조와 밀접한 관계를 맺은 건 제가 아니라 송부터이므로 제 앞에 '송'도 추가해야 적절하다고 할 수 있다. 양 다음인 진과의 관계 또한 소원했던 것은 아니기에, "백제는 … 남조와 밀접한 관계를 맺었고"라고 하는 것이 적절하다고 할 수 있다.[14)]

53쪽의 '백강 전투 후 왜의 대응' 부분을 보면 왜가 백제의 부흥운동을 지원한 이유로 "그동안 지속되어 왔던 백제와의 밀접한 관계", "나·당연합군이 바다를 건너 왜를 침략할 수 있다는 위기의식"이라는 두 가지를 들었는데, 실제 부흥운동 지원의 가장 중요한 목적은 대외전쟁을 통한 천황 권력의 강화라는 견해가 제시되어 있다.[15)] 따라서 이 부분에 대한 내용이 추가되어야 균형 잡힌 서술이라고 할 수 있다.

마지막으로 62쪽의 왼쪽 연표에서 "384 백제 불교 공인"이라고 하였는데, 공인 여부는 해석에 따라 의견이 달라질 수 있어서 적절하지 못하다.[16)] 따라서 해석이 들어간 "공인"보다는 사실관계를 적시하는 "수용"이 적절한 표현이라고 할 수 있다.

다음으로 비상교육의 경우 사실관계의 오류부터 지적하면, 43쪽의 오른쪽 부분에 "도호부: … 도독부와 그 밑의 주를 관할함."이라고 하였는데, 이 내용대로라면 '도호부-도독부-주-현'으로 이어지는 수직적인 관계가 떠오르게 된다. 그러나 실제로는 한 등급 낮은 현을 제외한 도호부, 도독부, 주는 모두 같은 등급에서 서열상의 차이에 불과하고, 행정상의 편의를 위해 도독부가 주를, 도호부가 도독부를 대표하는 역할을 할 뿐이어서

---

14) 『宋書』卷97, 夷蠻傳 百濟國 "高祖踐阼, 進號鎭東大將軍. 少帝景平二年, 映遣長史張威詣闕貢獻."『陳書』卷4, 本紀4 廢帝 光大元年(567) 9月丙辰 "百濟國遣使獻方物."

15) 山尾幸久, 『古代の日朝關係』, 東京, 塙書房, 1989, 417~418쪽.

16) 사료상으로는 『三國史記』卷24, 百濟本紀2 枕流王 元年(384) 9月에 "胡僧摩羅難陀自晉至, 王迎之, 致宮內禮敬焉, 佛法始於比."라고 되어 있어, 불교가 수용된 사실만을 기록하고 있다.

상하관계라고 보기는 어렵다.[17] 따라서 "도호부: … 주변의 여러 도독부와
주를 대표함"이라고 수정해야 할 것이다.

  같은 43쪽의 아래쪽 '당 태종과 연개소문'에서 "당과 고구려는 643년에
격돌하였다"라고 하였는데, 당이 고구려를 공격한 것은 645년이므로 수정
해야 한다.[18] 49쪽의 '동아시아의 국제인'에서 "장보고는 일찍이 당에 건너
가 무령군소장(武寧君小將)이 되었으나"라고 하였는데, 한자가 잘못되었으
므로 '무령군소장(武寧軍小將)'으로 수정해야 한다.[19]

  61쪽에서 "그에 대한 대가로 백성에게 조·용·조를 납부하게 하였고,
부병의 의무를 지게 하였다"고 하였는데, 이것은 부병제가 농민 전체를 대
상으로 하는 듯한 오해를 일으키는 서술이다. 같은 61쪽 '당의 통치제도'라
는 그림 설명도 유사한 오류를 범하고 있다. 당의 부병제는 지정된 지역의
상층 농민만 대상으로 하여 전체 농민을 대상으로 하는 징병제/개병제와는
전혀 다른 제도이다.[20] 따라서 "지정된 지역의 무기와 의복 부담이 가능한
백성에게는 부병의 의무를 지게 하였고, 그 이외의 백성들에게는 요역의
의무를 지게 하였다"라고 수정해야 한다.

  다음으로 균형이 잡히지 않은 서술을 지적하면, 42쪽에서 "4세기부터 본
격화된 삼국의 투쟁에서 백제가 먼저 흥기하였으나"라고 하였는데, 아마도

---

17) 柳元迪, 「唐 前半期 都督府와 州의 統屬關係」, 『東洋史學研究』 22, 1985. 이와 관련하
   여 礪波護는 도독부를 주의 특별한 형태라고 간주하고(『唐代政治社会史研究』, 京都,
   同朋舍, 1986, 236쪽), 張創新은 도독부를 주와 동급의 지방정부로 인식하였다(「
   唐朝地方政府行政編制論要」, 『史学集刊』 1994~2, 6~7쪽).

18) 『三國史記』 卷21, 高句麗本紀9 寶臧王上 4年(645) 4月 "世勣自通定濟遼水至玄菟, 我
   城邑大駭, 皆閉門自守. 副大摠管江夏王道宗將兵數千至新城, 折衝都尉曹三良引十餘
   騎直壓城門, 城中驚擾, 無敢出者."

19) 『三國史記』 卷44, 列傳4 張保皐 "二人如唐, 爲武寧軍小將, 騎而用槍, 無能敵者."

20) 金羨珉, 「唐代 府兵役의 性格에 관하여」, 『中國古中世史研究』 16, 1996; 기꾸찌 히데
   오(菊池英夫)/김선민 옮김, 「부병제도의 전개」, 『세미나 수당오대사』, 서경, 2005.

근초고왕 시기의 영역 확대를 지칭하는 내용일 것이다. 그러나 근초고왕의
영역 확대에 대해서는 이미 비판적인 견해들이 많이 제시되었다.[21] 따라
서 내용 자체를 삭제하거나 "고구려와의 대결에서 승리하였다" 정도로 사
실만 적시하는 것이 적절하다고 생각된다.

같은 42쪽의 아래 부분에 '일본에 남아 있는 백제의 흔적'에서 여러 명칭과
사진을 제시하고 있는데, 제시된 것들 중 상당수는 백제와 직접적인 관련이
없어 보여서 실제로 백제와 관련 있는 것으로 한정하여 설명할 필요가 있다.

마지막으로 천재교육의 경우 사실관계의 오류부터 지적하면, 39쪽 오른
쪽의 '진의 통치조직'이라는 그림에 9경 아래에 군이 배치되어 있는데, 이
것은 마치 9경과 군이 상하관계인 것처럼 오해할 소지가 있다. 9경은 중앙
관부, 군은 지방관부여서 역할이 다를 뿐만 아니라, 실질적 의미에서도 중
앙에서 태수를 통제하는 것은 9경이 아니라 그 위의 3공이다.[22] 그러므로
9경과 군의 관계를 상하관계로 오해하지 않도록 그림을 다른 방식으로 수
정할 필요가 있다.

48쪽에서 "전연과 후연은 지금의 베이징을 중심으로 세력을 키워"라고
하였는데, 마치 두 왕조의 수도 내지 중심지가 베이징이었던 것처럼 해석
된다. 그러나 후연은 베이징에 수도를 둔 적이 없었고, 전연도 베이징이
중심인 기간은 350~357년 정도로 짧았다. 전연과 후연 모두 요서(遼西)의
용성(龍城, 지금의 朝陽)에 수도를 둔 기간이 18년(342~350, 397~407)으로

---

21) 林永珍, 「全南地域 石室封土墳의 百濟系統論 再考」, 『湖南考古學報』 6, 1997, 136~
138쪽 등 마한 정복에 대해서는 그 시기를 5세기 후반 또는 6세기 중반으로 늦춰 보
는 경우가 많다. 遼西 등 해외지역의 영역지배에 대해서는 1990년대 이래로 부정되
어, 단기간 점거 또는 완전 부정의 견해만 제시되어 있다.

22) 末次信行, 「漢代の地方統治政策について: 地方長吏の在職期間の考察を中心として」,
『東方学』 68, 1984에 따르면, 3공은 군국에서 올린 정보를 바탕으로 지방관의 고과를
행하였다고 한다.

가장 길었고, 나머지 기간에도 鄴(河北省 동남부, 357~370)과 중산(中山, 河北省 중부, 385~397)에 수도를 두었다.23) 따라서 "전연과 후연은 지금의 랴오시 지역을 중심으로 세력을 키워"라고 수정해야 한다.

49쪽 오른쪽의 '효문제의 칙령'에서 "그의 이러한 정책은 북위가 화북 지방을 통일하는 밑거름이 되었다"라고 하였는데, 효문제는 북위가 화북 지방을 통일한 439년보다 한참 후인 471년에 즉위하였다.24) 사실의 선후관계가 뒤바뀐 명백한 오류이므로, 삭제하거나 "그의 이러한 정책은 북위가 화북 지방에서 안정적으로 통치하는 밑거름이 되었다"고 수정해야 한다.

50쪽에서 "신라는 한강 유역을 장악한 후 남조 및 수·당과 직접 교류에 나섰다."라고 하였는데, 신라는 한강 유역 장악 후 북제 즉 북조와도 교류하였다.25) 따라서 "신라는 한강 유역을 장악한 후 남북조 및 수·당과 직접 교류에 나섰다."라고 수정해야 한다.26)

---

23) 『資治通鑑』 卷97, 晉紀19 顯宗成皇帝下 咸康 8年(342) 10月 "燕王跳遷都龍城, 赦其境內." 同書卷98, 晉紀20 孝宗穆皇帝上之下 永和 6년(350) 3月乙巳 "儁拔薊, 執王佗, 斬之. … 儁入都于薊, 中州士女降者相繼." 同書卷100, 晉紀22 孝宗穆皇帝中之下 升平元年(357) 11月癸酉 "燕主儁自薊徙都鄴." 同書卷102, 晉紀24 海西公下 太和 5年(370) 11月戊寅 "燕散騎侍郎餘蔚帥扶餘·高句麗及上黨質子五百餘人, 夜, 開鄴北門納秦兵, 燕主暐與上庸王評·樂安王臧·定襄王淵·左衛將軍孟高·殿中將軍艾朗等奔龍城" 同書卷106, 晉紀28 烈宗孝武皇帝中之上 太元10年(385) 12月丙申 "垂始定都中山." 同書卷109, 晉紀31 安皇帝甲 隆安元年(397) 10月甲申 "魏克中山, 燕公卿·尙書·將吏·士卒降者二萬餘人."同 10月丁亥 "燕人有自中山至龍城者, 言村跋涉珪衰弱, 司徒德完守鄴城. 會德表至, 勸燕主寶南還, 寶於是大簡士馬, 將複取中原."

24) 『魏書』 卷4上, 世祖紀4上 世祖太武帝 太延 5年(439) "六月甲辰, 車駕西討沮渠牧犍, … 九月丙戌, … 牧犍與左右文武五千人面縛軍門, 帝解其縛, 待以藩臣之禮. 收其城內戶口二十餘萬, 倉庫珍寶不可稱計." 『魏書』 卷7上, 高祖紀7上 高祖孝文帝 延興元年(471) 8月丙午 "卽皇帝位於太華前殿, 大赦, 改元延興元年."

25) 『三國史記』 卷4, 新羅本紀4 眞興王 25年(564)·33年(572) 3月 "遣使北齊朝貢."

26) 비상교육, 52쪽에는 "신라는 6세기에 백제의 중개를 받아 처음으로 남조와 외교관계를 맺었으나, 한강 유역을 장악한 후에는 직접 남북조와 외교관계를 맺었다"라고 정확하게 서술되어 있다.

61쪽 오른쪽의 '견당사가 타고 간 배'에서 "한반도의 삼국과 일본에서는 … 견당사라고 하였다"라고 하였는데, 일본은 당시에도 견당사라고 불렀지만, 삼국은 그렇게 불렀다는 근거를 찾을 수 없다. 삼국의 사신을 견당사라고 하는 것은 1990년대 이후 제기된 연구자의 견해이므로[27] 당시의 사실인 것처럼 서술해서는 안 된다. "일본에서는 … 견당사라고 하였다"라고 수정해야 한다. 63쪽 아래에 "탐구 1: 자료3에서 수 양제가"라고 하였는데, 자료3에는 수 양제가 등장하지 않는다. "자료4"로 수정해야 한다.

다음으로 균형이 잡히지 않은 서술을 지적하면, 36쪽에서 고구려의 발전단계와 관련하여 "연맹왕국"이라는 용어를 사용하고 있는데, 이 용어는 현재는 통설적 지위의 용어라고 하기 어렵다. 균형 잡힌 서술을 위해 부체제 등 다른 전문용어를 사용하기 어렵다면, 학생들의 이해를 위해 굳이 전문용어를 쓰지 않고 설명하는 것이 낫지 않을까 한다. "연맹왕국"이라는 용어가 들어서 바로 이해할 수 있는 것이 아니기에, 전문용어를 통한 설명이 오히려 학생들에게 이해를 어렵게 할 수 있는 부분이기 때문이다.

49쪽 오른쪽의 연표에서 "538 백제, 일본에 불교 전파"라고 하였는데, 이것을 곧바로 사실로 받아들일 위험성이 크다. 백제가 일본에 불교를 전파한 시기에 대해서는 538년, 552년의 2가지 설이 논쟁 중이므로,[28] 그 중한 가지를 단정적으로 연표에 집어넣는 것은 위험하다. 54쪽의 '구법승 엔닌과 해상왕 장보고'에서 "장보고는 … 암살당하였다. 엔닌이 감사 편지를

---

27) 權惠永, 『古代韓中外交史: 遣唐史硏究』, 一潮閣, 1997.

28) 538년설은 『上宮聖德法王帝說』・『元興寺伽藍緣起并流記資財帳』에 있는 欽明天皇 7년(또는 8년) 戊午의 기록에, 552년설은 『日本書紀』 卷19, 欽命天皇 13년 10월의 기록에 근거하고 있다. 전자의 경우 『日本書紀』에 欽明天皇이 540년에 즉위한 것과 달리 532년(또는 531년)에 즉위한 것으로 되어 있어서 그 7년(또는 8년)은 538년이 되는 것이다. 후자의 경우 해당 부분의 문장 자체는 후대의 윤색이 많이 가해져 있으나, 그 시기에 불교 전래라는 사실이 있었던 것은 분명하다고 주장한다.

쓴 지 6년이 흐른 846년의 일이었다."라고 하였는데, 이 또한 사실로 확
정하기 어렵다. 장보고의 사망 시기에 대해『삼국사기』는 846년,『속일
본후기』는 841년으로 되어 있는데, 내용을 면밀히 검토해 보면 846년이
오히려 가능성이 낮다.[29] 49쪽의 사례처럼 단정적인 표현은 피해야 할
것이다.

56쪽의 왼쪽에서 "화친: 나라와 나라가 혼인을 통해 우호관계를 맺는 것
을 말한다."라고 하였는데, 설명된 내용은 화친의 한 형태이지, 화친이라는
단어를 설명하는 정의로서는 부족하다. "국가 간에 평화적인 관계를 맺는
것"이라는 일반적 정의와 다른 설명을 교과서에 게재할 수는 없다는 점에
서, 일반적 정의로 수정하거나 아예 설명을 빼는 것이 좋을 것이다.

59쪽에서 "북조는 동쪽의 강대국이었던 고구려 및 북방 지역에서 세력을
떨치던 돌궐과 우호관계를 맺고자 여러 차례 사절을 파견하였다"라고 하였
는데, 내용상의 문제는 없으나 이것은 돌궐이 존재하였던 552년 이후의 북
제와 북주가 병립하는 시기에 한정되는 것이다. 따라서 이대로라면 북조=
북제·북주가 되므로, 유연이 북방에서 세력을 떨치던 북위의 화북 통일시
기(439~534)에 대한 설명이 누락된다. 따라서 "북조는 동쪽의 강대국이었
던 고구려 및 북방 지역에서 세력을 떨치던 유연·돌궐과 우호관계를 맺고
자 여러 차례 사절을 파견하였다"라고 수정해야 한다.

64쪽의 '동아시아 외교의 승부사, 김춘추'에서 "왜를 찾아갔다. 그러나
거기에서도 백제와 왜를 갈라놓는 데 실패하고 말았다."라고 하였는데, 이
것은 마치 김춘추가 전통적인 우호관계였던 백제와 왜를 갈라놓기 위해 왜
에 파견된 듯한 서술이다. 그러나 당시에는 다이카 개신으로 친백제세력이
위축되고 친신라세력이 강화되고 있었으므로,[30] 왜를 신라 쪽으로 적극적

---

29) 이미 국정교과서 시기의『국사』교과서에 대해서도 같은 지적이 이루어진 바가 있다(윤
재운, 「남북국시대의 해양문화와 교과서 서술」,『韓國史學報』16, 2004, 141~142쪽).

으로 끌어들이기 위한 목적이라고 해야 할 것이다. 따라서 "왜를 찾아갔다.
그러나 거기에서도 왜를 신라 쪽으로 끌어들이는 데 실패하고 말았다."라
고 수정해야 한다.

　같은 부분에서 "고구려와 백제가 신라와 당 사이의 교통로를 장악하고
있었으므로,"라고 하였는데, 시기는 명시되지 않았지만 648년 김춘추의 당
파견에 대한 설명이다. 이 당시에는 고구려와 백제가 신라와 당 사이의 교
통로를 "위협"하고 있기는 하였으나 "장악"하였다고 보기는 어려울 것이다.
만약 교통로를 "장악"하였다면 파견 자체가 사실상 불가능하였을 것이기
때문이다. 따라서 "고구려와 백제가 신라와 당 사이의 교통로를 위협하고
있었으므로,"라고 수정해야 한다.

　70쪽에서 "독서삼품과를 실시하여 하급 관료만을 충원하였다"라고 하였
는데, 실제로는 대사 이하의 하급 관료가 독서삼품과의 시험대상이고, 시
험에 합격하면 나마 이상의 중급 관료가 되는 것이므로,[31] "독서삼품과를
실시하여 중급 관료를 충원하였다"라고 수정해야 한다.

　71쪽에서 일본의 관리 등용에 대해 "군의 관리는 과거를 통하지 않고"라
고 하였는데, 서술 자체는 맞으나 마치 중앙관리의 등용에는 과거가 있는

---

[30] 대화개신 이후 蘇我氏 등 친백제세력이 축출되고, 친신라세력인 高向玄理 · 僧旻 등
이 집권했기 때문이다.
　『日本書紀』卷24, 皇極紀 4年(645) 6月戊申 "天皇卽起入於殿中, 佐伯連子麻呂 · 稚犬
養連網田斬入鹿臣." 同 6月己酉 "蘇我臣蝦夷等臨誅, 悉燒天皇記 · 國記 · 珍寶. 船史惠
尺卽疾取所燒國記而奉獻中大兄. 是日, 蘇我臣蝦夷及鞍作屍許葬於墓, 復許哭泣." 同
書 卷25, 孝德紀 皇極天皇 4年(645) 6月庚戌 "是日, 奉號於豐財天皇曰皇祖母尊, 以中
大兄爲皇太子, 以阿倍內麻呂臣爲左大臣, 蘇我倉山田石川麻呂臣爲右大臣, 以大錦冠授
中臣鎌子連爲內臣, 增封若干戶云云. … 以沙門旻法師 · 高向史玄理爲國博士."
[31] 『三國史記』卷38, 雜志7 職官上 國學 "諸生讀書以三品出身, … 若能兼通五經 · 三史 ·
諸子百家書者, 超擢用之 … 凡學生, 位自大舍已下至無位, 年自十五至三十皆充之, 限
九年, 若朴魯不化者罷之, 若才器可成而未熟者, 雖踰九年許在學, 位至大奈麻 · 奈麻以
後, 出學."

듯이 오해를 줄 수 있다. 따라서 일본에는 과거제가 없었음을 전제로 하고 서술하는 방향으로 수정해야 한다.

이상의 내용들은 각 교과서가 개별적으로 수정해야할 내용들이어서, 문제의 정도가 크다고 하기는 어렵다. 다음 절에서는 2개 이상의 교과서에서 유사한 오류를 범한 경우를 검토할 것인데, 이것은 이 절에서 검토한 오류들보다 그 영향이 심각하다고 할 것이다.

2) 공통 지적사항

이 절에서는 2개 이상의 교과서에서 공통적으로 지적할 수 있는 사항들을 검토할 것이다. 이것은 단순히 특정 교과서만의 문제가 아니라는 점에서 개별 교과서의 지적사항보다 심각한 문제라고 할 수 있다. 이것도 앞절과 마찬가지로 단순한 사실관계의 오류와 균형이 잡히지 않은 서술로 나누어 검토하도록 하겠다.

먼저 단순한 사실관계의 오류로는 연대와 관련된 문제를 들 수 있다. 특히 역대 중국왕조의 건국 또는 멸망연대와 관련하여 오류 또는 누락이 많이 보이고 있다. 예를 들어, 교학사의 경우 29쪽의 오른쪽 연표에서 "기원전 202 한의 건국"이라고 하였는데, 한의 건국시기는 기원전 206년이고 기원전 202년은 초를 멸망시키고 통일한 시점이다.[32] 따라서 "기원전 206 한의 건국" 또는 "기원전 202 한의 통일"이라고 수정해야 한다.

다음으로 41쪽의 '남북조시대 왕조의 변천'이라는 도표에서 "오(223~280)"

---

[32] 『漢書』 卷1上, 本紀1上 高帝 元年(B.C.206) 2月 "羽自立爲西楚霸王, 王梁・楚地九郡, 都彭城. 背約, 更立沛公爲漢王, 王巴・蜀・漢中四十一縣, 都南鄭." 同書 卷1下, 本紀1下 高帝 5년(B.C.202) 12월 "圍羽垓下. 羽夜聞漢軍四面皆楚歌, 知盡得楚地, 羽與數百騎走, 是以兵大敗. 灌嬰追斬羽東城 楚地悉定, 獨魯不下. 漢王引天下兵欲屠之, 爲其守節禮義之國, 乃持羽頭示其父兄, 魯乃降."

라고 하였는데, 오가 연호를 칭하고 독립을 선언한 것은 222년이다.[33] 이
와 관련하여 천재교육의 75쪽에서 "오(229~280)"라고 한 것도, 229년은 손
권이 황제에 즉위한 시기라는 점에서[34] 오류라고 할 수 있다. 둘 모두 "오
(222~280)"이라고 수정해야 한다.

한편 비상교육의 경우 41쪽의 '위진남북조시대의 전개'라는 도표에서 5
호16국의 시작연대, 동위/북제의 교체연대, 양/진의 교체연대 등이 누락되
어 있는데, 각각 "316", "550", "557"을 추가해야 한다.[35]

다음으로 지명 표기의 통일에 대한 문제이다. 교학사의 경우 31쪽 · 49
쪽 · 52쪽에서 "요서", 39쪽 · 42쪽에서 "요동", 비상교육의 경우 33쪽 · 44쪽
에서 "요서"라고 한자음대로 지명을 표기하였는데, 다른 부분의 "베이징",
"산둥"처럼 대부분의 중국 지명을 현지발음 표기로 하는 원칙에 따라 "랴오
시", "랴오둥"으로 수정해야 할 것이다. 두 가지 표기를 한 교과서에서 사용
하거나 교과서마다 서로 다른 표기를 사용할 경우 학생들에게 혼동을 일으
키게 할 우려가 크다.

다음으로 개념의 통일에 대한 문제이다. 교학사 10쪽, 비상교육 50쪽에
서는 "중원", 천재교육 12쪽에서는 "중국 본토"라는 유사한 개념을 사용하

---

[33] 『三國志』卷47, 吳書2 吳主孫權傳 黃武元年(222) "是歲冬, 魏王受漢禪, 遣使以權爲吳
王, 詔使周與使者俱往. … 自是之後, 帝旣彰權罪, 周亦見疏遠, 終身不用. 權遂改年,
臨江拒守."

[34] 『三國志』卷47, 吳書2 吳主孫權傳 黃龍元年(229) "夏四月, 夏口 · 武昌並言黃龍 · 鳳凰
見. 丙申, 南郊卽皇帝位, 是日大赦, 改年."

[35] 『晉書』卷5, 帝紀5 孝愍帝 建興 4年(316) 11月乙未 "使侍中宋敞送牋于曜, 帝乘羊車,
肉袒銜璧, 輿櫬出降." 『北齊書』卷4, 帝紀4 文宣帝 天保元年(550) 5月 "甲寅, 進相國,
總百揆, 封冀州之渤海長樂安德武邑 · 瀛州之河間高陽章武 · 定州之中山常山博陵十郡,
邑二十萬戶, 加九錫, 殊禮, 齊王如故. 魏帝遣兼太尉彭城王韶 · 司空潘相樂册命曰, …
戊午, 乃卽皇帝位於南郊, 升壇柴燎告天曰, …" 『陳書』卷1, 本紀1 高祖上 太平 2年
(557) 10月戊辰 "是日, 梁帝遜于別宮. 高祖謙讓再三, 羣臣固請, 乃許." 同書 卷2, 本紀
2 高祖下 永定元年(557) 10月乙亥 "高祖卽皇帝位于南郊, 柴燎告天曰, …"

고 있는데, 앞의 둘은 같은 용어임에도 정의가 다르고 교학사와 천재교육
은 같은 개념인데 용어가 달라 혼동을 일으키게 하고 있다.[36] 내용상 어느
한 개념이 틀렸다고 하기는 어렵지만, 일단 용어를 한가지로 통일한 후 개
념도 혼동이 없도록 엄밀하게 정의할 필요가 있을 것이다.

다음으로 교학사 57쪽, 천재교육 67쪽의 오른쪽 부분에 고구려의 태학
관련 서술이 있는데, 백제의 경우에도 최근 「진법자 묘지명」이 발견되어
태학의 존재가 증명되었다.[37] 따라서 백제에도 태학이 존재하였다는 서술
을 추가하는 것이 어떨까 한다.

마지막으로 교학사 29쪽·56쪽, 비상교육 31쪽, 천재교육 34쪽에 군국제
와 관련된 설명이 있지만, 셋 모두 "군현제와 봉건제를 절충한 군국제"라고
만 설명할 뿐 구체적으로 어떻게 절충하였는지 제시하지 않고 있어서 봉건
제와 군국제의 차이가 잘 이해되지 않는다. 일단 봉건제와 군국제는 직할
지는 황제(천자)가 직접 통치하고, 그 이외의 곳에는 제후를 봉하여 자치권
을 준다는 점에서 공통된다. 차이점은 ①봉건제에서는 직할지가 군현제가
아닌 반면 군국제에서는 그것이 군현제라는 점, ②봉건제에서는 직할지가
수도 주변에 국한되지만 군국제에서는 직할지가 최대 절반에 이를 정도로

---

[36] 각 교과서에 써 있는 '중원' 또는 '중국 본토' 개념의 정의는 다음과 같다.
중원: 중원(中原)은 중국 문화의 발상지인 황허 강 중류·하류 지역의 평원으로, 한족
의 본거지인 주나라가 있던 곳을 지칭하던 표현이다. 한족의 세력 확대에 따라 전근
대 중국에 대한 명칭으로 사용되었다(교학사, 10쪽).
중원: 한족 본래의 생활 영역인 황허 강 중·하류 유역이 이에 해당되었으나, 이후
한족의 세력이 확대되면서 허난 성을 중심으로 하는 화북 평원을 지칭하게 됨(비상
교육, 50쪽).
중국 본토(China proper): 중국 역사의 중심지였던 만리장성 이남 지역을 일컫는 말
로, 화북, 화중, 화남 지역을 포함한다(천재교육, 12쪽).
[37] 김영관, 「百濟 遺民 陳法子 墓誌銘 硏究」, 『百濟文化』 50, 2014; 정동준, 「「陳法子
墓誌銘」의 검토와 백제 관제」, 『韓國古代史硏究』 74, 2014; 김영심, 「遺民墓誌로 본
고구려, 백제의 官制」, 『韓國古代史硏究』 75, 2014.

범위가 넓다는 점, ③봉건제에서는 천자와 제후, 제후와 읍의 수장이 각각
의제적 혈연관계를 맺지만, 군국제에서는 황제와 제후왕(군과 동급의 제
후) 또는 군수(군의 지방장관: 나중에 태수로 개칭), 제후왕과 열후(현과 동
급의 제후) 또는 현령(또는 현장)이 각각 군신관계를 맺는다는 점이다. 즉
영역의 절반 가까이가 군현제, 나머지가 봉건제인 체제가 군국제라고 하면
이해가 빠를 것이다.

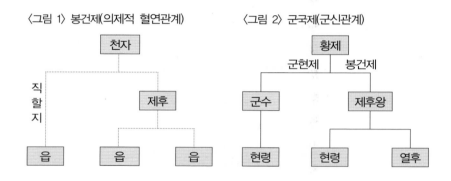

〈그림 1〉 봉건제(의제적 혈연관계)   〈그림 2〉 군국제(군신관계)

　그렇기 때문에 건국 이래 한의 발전과정은 봉건제로 되어 있는 영역을
어떤 방법으로 군현제로 개편하느냐 하는 과정이었다. 그러한 점에서 군국
제는 절충적이기도 하지만 군현제로의 이행을 염두에 둔 임시적이기도 한
것이었다. 그 구체적인 과정에 대하여 최근의 연구 성과를 참고하면, ①초
를 멸망시키는 과정에서 전국시대 제후 출신이 중심인 공신들의 힘을 이용
하기 위해 그들을 제후왕에 책봉하였다가, ②초 멸망(기원전 202) 후 '천하
의 안정'이라는 대의명분 아래 반란 위험이 적은 황족 유씨도 제후왕에 책
봉하는 대신 공신들이 책봉된 열후에 대해 세습 보장을 약속하는 합의를
도출하였고, ③고조 말기(기원전 195 전후)에는 수많은 공신 제후왕의 반
란을 '천하의 안정'이라는 명분으로 진압하고 그 자리에 유씨를 책봉하였기

에, 대부분의 제후왕을 유씨가 차지하게 되었다고 한다.[38] 그 이후 끊임없
는 제후왕에 대한 견제 속에 오초칠국의 난(기원전 154)처럼 유씨 제후왕
들이 다시 반란을 일으켰다가 진압당하면서 무제 때에 군현제로 이행하게
된 것이었다.

이러한 봉건제와 군국제의 차이를 명확히 하지 않고서는 채 80년도 존
속되지 않은 군국제를 굳이 교과서에 포함시켜야 할 의미가 없을 것이다.
군국제에서 군현제로의 이행은 토착세력 중심의 간접 지배를 파견된 지방
관 중심의 직접 지배로 전환시키는 과정이라는 점에서 한국사나 일본사에
서도 참고로 할 부분이 많기 때문이다.

다음으로 균형이 잡히지 않은 서술에 해당하는 내용들이다. 먼저 교학
사 43쪽에서 "고구려는 돌궐과 연결하여 수에 대항하였다", 천재교육 50쪽
에서 "고구려는 대외 확장을 노리던 수·당에 맞서 돌궐 및 백제, 왜와 연
결하였다", 51쪽의 '더 알아보기'에서 "삼국통일전쟁은 동돌궐·고구려·백
제·왜의 연합으로 고립된 신라와"라고 하였는데, 고구려가 돌궐과 연결
또는 연합하였다는 이 서술은 근거가 약하다. 이 서술의 근거는 607년 돌
궐 계민가한의 아장(牙帳)에서 수 양제가 고구려 사신을 발견한 사건이
다.[39] 이 사건은 실제로 고구려 사신이 돌궐에 접촉하기 위해 계민가한의
아장에 갔다가, 수에 저자세로 일관하던 계민가한에 의해 수 양제에게 넘
겨진 것이었다. 고구려는 돌궐과 연결하려는 의도를 가지고 있었지만 돌궐
은 그것에 동의하지 않았던 것이다.[40] 이러한 점에서 돌궐과 고구려의 연
결이라는 서술은 삭제하거나 '접촉'이나 '교류' 등 완화된 표현으로 수정해

---

38) 楯身智志, 「漢初における郡国制の形成と展開: 諸侯王の性質変化をめぐって」, 『古
代文化』 62-1, 2010.

39) 『隋書』 卷3, 煬帝紀上 大業 3年 8月乙酉; 同 卷67, 裴矩傳; 同 卷84, 突厥傳.

40) 이정빈, 「607년 고구려 동돌궐 교섭의 배경과 목적」, 『歷史學報』 225, 2015.

야 할 것으로 생각된다.[41] 적어도 소위 '십자형 외교'에서 돌궐은 제외해야 하는 것이다.

다음으로는 율령제 관련된 내용에 오류 또는 최신 연구 성과가 반영되지 않아서 생기는 문제가 다수 발견된다. 이것은 일일이 지적하기보다는 먼저 최신 연구 성과를 소개한 후 그에 따라 각각의 지적사항을 어떻게 수정하여야 하는지 제시하는 것이 효과적일 것이다.

율령제에 대한 일반적 이해는 "형법으로서의 율과 행정법으로서의 령을 법전으로 편찬하여 운용하는 체제"라고 할 수 있을 것이다. 그런데 이 율령제라는 개념은 기본적으로 서진의 태시율령(268) 이후에만 적용되는 것이어서, 조위 이전의 율령을 이러한 개념으로 설명하는 것은 명백한 오류이다. 그럼에도 불구하고 후술하듯이 모든 교과서가 조위 이전의 율령까지도 이러한 개념에 기초하여 서술하고 있는 듯이 보인다.

조위 이전의 율령은 율에도 형법 이외의 행정법적인 내용이 들어 있고, 령에도 형법적인 내용이 들어 있어 형법과 행정법이라는 구분이 아니었다. 이에 대하여 수호지진간·장가산한간 등 출토문자자료가 등장하기 이전에는 기본법 즉 법전화된 법령으로서의 율과 추가단행법으로서의 령이라는 개념으로 정의하였다.[42] 그러나 출토문자자료의 등장 이후 율에서도 추가단행법이 다수 존재하였음을 알게 되어 율과 령 모두 추가단행법으로서 법전화된 것이 아니라는 견해가 유력하다.[43]

---

[41] 고구려는 돌궐과 지속적으로 교류하였다(노태돈,『고구려사 연구』, 사계절, 1999, 428~429쪽). 그러나 그러한 교류를 통해 수·당에 대항하려고 긴밀히 군사적으로 연계한 흔적은 찾기 어렵다.

[42] 中田薫,『法制史論集 4』, 東京, 岩波書店, 1964, 6~9쪽; 堀敏一,「晋泰始律令の成立」,『東洋文化』60(東京大), 1980, 24~33쪽.

[43] 冨谷至,「晋泰始律令への道: 第一部秦漢の律と令」,『東方学報』72, 2000, 89~92쪽; 滋賀秀三,『中国法制史論集』, 東京, 創文社, 2003, 31~35쪽; 廣瀬薫雄,『秦漢律令研究』, 東京, 汲古書院, 2010, 28~29쪽.

이러한 조위 이전의 율령에 대해서 임시로 '원시율령'이라고 정의하기도 하지만,[44] 그에 대하여 이것은 태시율령 이후의 체계를 완성형태로, 당 이후의 율령제를 변형 또는 퇴행으로 파악한 것이어서 적절하지 않다고 비판되고 있다.[45] 고대 일본의 율령제와 그 모델인 당의 율령제를 완성형태로 전제한 후 그 이전의 형태를 미숙한 것으로, 그 이후의 것을 변형 내지 퇴행으로 파악하는 이러한 구분은 점차 비판을 받는 추세이다.

따라서 모든 교과서에서 서술하고 있듯이, 한국고대사나 일본고대사에서 율령제의 영향관계를 논할 때에 당의 율령제(또는 그와 같은 형태인 태시율령 이후의 율령제)만을 모델로서 염두에 두려고 하는 경향에는 문제가 있다고 할 수 있을 것이다.[46] 특히 모든 교과서가 삼국이 태시율령의 영향 하에서 율령을 반포하였다는 기존 견해에[47] 바탕을 두고 있지만, 그러한 견해는 태시율령과 삼국 율령의 비교를 행하지 않은 것은 물론, 삼국과 서진(또는 동진)의 관계를 충분히 검토하지 않고 나온 것이어서 근거가 매우 취약하다고 할 수 있다.

이러한 점들을 전제로 하였을 때, 비상교육 44쪽, 천재교육 50쪽에서 다이카 개신에 대하여 "당의 율령제도를 본떠"라고 하였는데, 이것은 일본 율령의 형성과정에서 삼국의 영향을 가능한 배제하고 당의 영향만을 강조하는 일본학계 일부의 입장을 그대로 받아들인 것에 불과하다. 다이카 개신이 중앙집권체제를 지향하였고 당 유학생의 영향 하에 이루어진 것도 맞지

---

44) 滋賀秀三, 앞의 책, 2003, 31~35쪽.

45) 廣瀬薫雄, 앞의 책, 2010, 23~25쪽.

46) 洪承祐, 『韓國 古代 律令의 性格』, 서울大學校 博士學位論文, 2011, 244~266쪽; 鄭東俊, 「高句麗·百濟律令における中国王朝の影響についての試論」, 『国史学』 210, 2013; 同 「新羅律令に対する中国律令の影響」, 『法制史研究』 63, 2014; 大隅清陽, 「大宝律令の歴史的位相」, 『日唐律令比較研究の新段階』, 東京, 山川出版社, 2008.

47) 田鳳德, 「新羅의 律令攷」, 『서울大學校論文集: 人文社會科學』 4, 1956; 盧重國, 「百濟律令에 대하여」, 『百濟研究』 17, 1986.

만, 제도 자체가 당의 율령제도를 본뜬 것인지는 불분명하기 때문이다. 오히려 삼국의 제도를 모델로 하였을 가능성도 많다.

다음으로 비상교육 56쪽에서 "당대 완성된 율령"이라고 하였는데, 율령은 당대 이후에도 존재하였고 계속 변화하였으므로 당대의 율령을 완성형태로 파악하는 것은 문제가 있다. 앞서 서술하였듯이 이러한 견해를 처음 주장하였던 일본학계에서도 최근에는 이러한 서술을 지양하려고 하고 있다.

다음으로 천재교육 53쪽에서 "7~8세기 이후 동아시아 각국은 한자, 유교, 불교, 율령 등의 문물을 공유하게 되었다", 58쪽에서 "고구려는 … 책봉·조공관계를 맺고 불교와 율령 등을 받아들였다"라고 하였는데, 서술 자체에는 큰 문제가 없다. 그러나 만약 이 율령이 "형법으로서의 율과 행정법으로서의 령을 법전으로 편찬한 것"이라는 일반적인 이해에 기초한 것이라면, 이러한 서술은 문제가 있다. 고구려는 물론 동아시아 각국에서 수용한 율령 중 "형법으로서의 율과 행정법으로서의 령을 법전으로 편찬"하였음이 확실한 것은 8세기 이후 일본의 율령밖에 없기 때문이다. 나머지의 경우에는 7세기 이후의 신라처럼 그러하였을 가능성은 있어도 사료 부족으로 사실 자체가 입증되지 않았거나, 7세기 이전의 삼국이나 일본처럼 조위 이전의 율령을 수용하였을 가능성이 높다.[48]

다음으로 교학사 55쪽에서 "전국을 통일한 후에는 죄를 처벌하는 율(律)과 행정적인 국가 조직이나 제도 등을 규정하는 령(令)을 만들어 황제를 정점으로 하는 관료제를 확립하였다.", 비상교육 59쪽에서 "한대에 제정된 행정법규인 영은 그 내용이 형벌적 성격이 강하여 율을 보조하는 데 그쳤다. 그러나 서진 시대에 이르러 영이 율로부터 완전히 분리되어 기본 법전

---

[48] 주46과 같음.

으로 병립되었다."라고 하였는데, 이것은 앞서 서술하였듯이 태시율령 이
후의 율령 개념에 해당되거나 태시율령 이전의 율령 개념을 잘못 파악한
것이다. 특히 전자는 태시율령 이후의 율령 개념을 진의 통일기까지 끌어
올린 명백한 오류이고, 후자는 전체적으로 큰 문제는 없으나 한대의 영을
일괄적으로 행정법규라고 파악하기는 어렵다는 점에 문제가 있다고 할 것
이다. 이와 관련하여 비상교육 64쪽의 '율령과 유교의 결합'에서 "진·한:
형법 위주 법률"이라고 하였는데, 행정법의 비중이 적다는 점에서 내용 자
체는 맞지만, 그 특징으로서 더 중요한 "추가단행법 위주의 법률"이라는 내
용이 추가되어야 할 것이다.

　　마지막으로 교학사 57쪽에서 "율령은 백제가 가장 먼저 3세기 후반 고이
왕 때 반포하였다.", 천재교육 70쪽의 왼쪽 '삼국의 율령 반포'에서 "260년
백제 고이왕", 본문에서 "삼국은 중앙집권국가가 형성되던 초기에 율령을
반포하여 국가체제를 정비하였다. 고구려는 소수림왕, 백제는 고이왕, 신
라는 법흥왕 때였다."라고 하였는데, 고이왕대 백제의 율령 반포는 사료에
도 나타나지 않을 뿐만 아니라 1980년대 이후의 백제 율령 관련 논문에서
도 언급된 적이 없다.[49] 아직 정설이 없다고 할 수 있는 상황이므로, 이
내용은 삭제하는 것이 좋을 것이다. 또 비상교육 62쪽의 경우 이러한 문제
를 의식한 것인지 백제는 물론 고구려, 신라의 율령 반포에 대한 내용까지
도 구체적으로 서술되지 않았는데, 정설이 없는 백제를 제외하더라도 연대
와 근거가 확실한 고구려, 신라의 율령 반포에 대해서는 역시 구체적으로

---

[49] 고이왕대 율령 반포설은 『三國史記』 卷24, 百濟本紀2 古爾王 29年 正月에 의거한 것
이지만, 해당 내용은 편찬시기가 앞서는 『舊唐書』 百濟傳의 내용과 일치하므로 대체
로 사비시대 이후의 법령이 소급되어 기록된 것으로 파악한다. 백제의 율령 반포 시
기에 대해서는 근초고왕(盧重國, 앞의 글, 1986; 朴林花, 「百濟 律令 頒布時期에 대한
一考察」, 『慶大史論』 7, 1994) 또는 5세기(정동준, 『동아시아 속의 백제 정치제도』,
일지사, 2013, 104~108쪽; 洪承祐, 「百濟 律令 반포 시기와 지방지배」, 『韓國古代史
研究』 54, 2009)로 추정하고 있다.

서술할 필요가 있을 것이다.

정리하자면, 2개 이상의 교과서에서 공통적으로 발견되는 지적사항은 사실관계와 관련하여 연대의 오류, 표기법의 통일, 개념의 불일치, 최신 발견사료의 누락, 제도 설명의 부족 등을 들 수 있었고, 균형 잡힌 서술과 관련하여 외교관계와 율령제에 대한 오해에 기반을 둔 서술들을 들 수 있었다.

다음 장에서는 앞서 검토한 내용들 중 '평화 공존'과 관련되는 서술들을 선별하여 평가해 보고자 한다. 그 중에서도 중국 중심주의적 서술이나 자국 중심의 민족주의적 서술이 반영된 부분에 대해 세밀히 검토하고자 한다.

3. '평화 공존' 목표를 저해하는 서술

1) 중국 중심주의적 서술

중국 중심주의적 서술이란 앞서 서술하였듯이 동아시아사 서술에서 중국왕조의 역사만을 특별히 강조하는 경향을 가리킨다. 구체적으로 말하자면 ①중국 문명의 우수성 또는 한족의 문화적 우월성을 지나치게 강조하는 경우, ②중국적 요소의 전파만을 언급하고 주변국 상호 간의 영향이나 독자적 요소를 축소 또는 언급하지 않는 경우, ③중국왕조의 특정 부분을 모델로 제시한 후 그와 다른 것에 대해서는 낮게 평가하는 경우 등이라고 할 수 있다. 이러한 경향은 동아시아사를 지나치게 중국 중심으로 인식하게 함으로써 '평화 공존'을 저해하는 요소라고 할 수 있다.

먼저 중국 문명의 우수성 또는 한족의 문화적 우월성을 지나치게 강조하는 경우는 공통 지적사항에서 언급하였던 중국 본토/중원의 개념을 들 수 있다. '중원'이라는 용어는 그 자체가 이미 한족의 우월성을 전제로 한 것이고, '중국 본토'라는 용어 또한 '중원'보다는 상대적으로 덜 하지만 역시 한족의 우월성을 강조한다는 점에서 근본적인 차이가 없다. 정확하게 대상을 지칭하거나 적절한 용어는 아니지만 '중국대륙'·'화북·화중·화남 지역' 등처럼 보다 중립적이고 균형 잡힌 용어를 사용하려는 시도가 필요해 보인다.

또 비상교육 61쪽의 부병제 관련 서술도 마찬가지이다. 본래 부병제는 일부 지역 상층 농민의 경비 부담을 전제로 하는 제도인 것이 당시의 현실인데, 이것을 마치 전국 일반 백성을 대상으로 한 개병제(징병제)인 것처럼 서술하는 것은 분명한 과장이자 과대평가이기 때문이다. 이러한 서술의 원인은 당의 각종 제도를 지나치게 높게 평가하는 인식이 전제되었기 때문이라고밖에 생각할 수 없다.

다음으로 중국적 요소의 전파만을 언급하고 주변국 상호 간의 영향이나 독자적 요소를 축소 또는 언급하지 않는 경우는 공통 지적사항에서 언급하였던 다이카 개신 관련 서술을 들 수 있다. 삼국의 제도를 모델로 하였을 가능성이 훨씬 높은 다이카 개신에 대하여 당의 영향만을 일방적으로 강조하는 것은 중국적 요소의 전파만을 언급하는 전형적인 사례이다. 중국적 요소의 전파나 영향을 무조건 서술에서 배제하라는 것이 아니라, 확실한 근거 없이 추정만으로 그렇게 서술해서는 곤란하다는 것이다. 확실한 근거 없이 추정만으로 중국적 요소의 전파만을 언급한다는 것은 결국 중국 문명의 우월성을 과장하고 주변국의 독자성을 축소·왜곡하는 것에 다름 아니기 때문이다. 이것은 중국 중심적 동아시아 인식에서 벗어나고자 하는 동아시아사의 교육 목표와도 배치되는 것이다.

교학사 45쪽의 "신라는 7세기 중엽부터 당의 제도와 문화를 적극적으로 수용하였다. 당의 관리 제도에 골품제의 요소를 더하여 제도를 정비하였으며"라는 서술도 마찬가지이다. 실제 신라의 상황은 당의 제도 수용에 대해서 적극적이라고 하기 어려움에도 적극적으로 수용하였다고 서술한 것은 "최신 선진문물을 주변국에서 무조건적으로 수용하는 것이 당연하다"라는 인식을 전제로 하였다고밖에 볼 수 없는 것이다. 주변국의 독자성을 지나치게 무시한 사례라고 할 것이다.

마지막으로 중국왕조의 특정 부분을 모델로 제시한 후 그와 다른 것에 대해서는 낮게 평가하는 경우는 율령 관련 서술에서 거의 공통적으로 나타나고 있다. "형법으로서의 율과 행정법으로서의 령으로 구성되어 법전으로 편찬된 율령"이라는 개념이 역대 중국왕조 중에서도 몇몇 특정 왕조에만 적용이 가능함에도 불구하고, 마치 통시대적 현상인 것처럼 서술되고 있다. 그러다 보니 주변국에서 수용한 율령 또한 당연히 저러한 개념일 수밖에 없는 것처럼 서술될 수밖에 없다. 그러나 실제 상황은 그렇지 않다는 데에 문제가 있다.

이러한 서술이 나타나게 된 것은 역사를 지나치게 정적으로 파악하는 데에 있지 않은가 한다. 율령과 같은 제도 또한 고정 불변이 아니라 시간과 공간에 따라 다양하게 변화하는 것임에도 불구하고, 그것을 마치 고정 불변인 것처럼 서술하면서 발생하는 문제인 것이다. 역사에서 가장 중요한 것이 시간의 흐름과 그에 따른 변화, 공간의 차이와 그에 따른 변용이라는 점을 고려하면, 역사를 교육하려는 교과서가 가장 중요한 부분을 놓치고 있는 것이다. '평화 공존'을 교육 목표로 하는『동아시아사』교과서라면 더욱 이런 부분이 필요할 것이다.

무엇보다 율령에 대한 이러한 서술이 과거의 일본학계 연구 성과에 기초한 것이라는 점도 문제라고 할 수 있다. '과거의 연구 성과'여서 최근의 연구 성과가 반영되지 않은데다가, 일본학계에서는 고대 일본 율령의 기원을 밝히기 위해 주로 당을 전후한 시기를 중심으로 중국왕조 율령을 연구하였기 때문에 그 이외의 시기에 대해 관심을 덜 기울였다는 문제가 있기 때문이다.

전자는『동아시아사』교과서에 '수호지 진간'·'장가산 한간'에 대한 언급이나 사진 제시 등은 많이 되고 있으나, 정작 그에 대한 연구 성과는 제대로 반영되지 않았기에 발생한 문제라고 볼 수 있다. 후자는 중국왕조 율령의 변천사 전체를 파악한 바탕 위에서 각각의 율령을 평가한 것이 아니라, 당의 율령이 고대 일본 율령의 모델이 되었다는 것에 주목하여 당의 율령을 중심으로 각각의 율령을 평가한 것이기에 정확한 평가라고 하기 어려울 것이다.

물론『동아시아사』교과서가 중국 중심주의적 서술로 일관되어 있다고 주장하려는 것은 아니다. 다만 중국 중심주의적 서술을 지양하기 위해 많은 노력을 기울였음에도 불구하고, 여전히 중국 중심주의적 서술이 적지 않은 부분에서 남아 있음을 지적하여 향후 각 교과서의 수정·보완에 도움이 되기를 바랄 뿐이다.

2) 민족주의적 서술

『동아시아사』교과서에서 중국 중심주의적 서술보다 더욱 경계해야 할 것은 민족주의적 서술일 것이다. 동아시아사라는 과목을 새로이 설정한 가장 큰 이유가 '자국 중심의 민족주의적 역사 서술에서의 탈피'이기 때문이다. 그렇기 때문에『국사』또는『한국사』보다 많은 부분에서 진일보한 측면도 인정되기는 하지만, 여전히 민족주의적 서술이라고 파악할 수 있는 부분도 많다.

민족주의적 서술이란 앞서 서술하였듯이 자국만을 강조하거나 타국을 축소시키는 경향을 가리킨다. 구체적으로 말하자면 ①자국의 역사에 대하여 실제 이상으로 과장하거나 타국의 역사에 대하여 실제 이상으로 낮게 평가하는 경우, ②과거의 역사임에도 대상이 되는 특정 국가의 입장에서만 서술하거나 오히려 특정 국가의 입장을 배제하고 자국의 입장에서만 서술하는 경우, ③특정 국가의 역사를 강조하기 위해 실제보다 연대를 끌어올리는 경우 등이라고 할 수 있다. 이러한 서술 경향은 동아시아의 역사를 지나치게 자국 중심으로 인식하게 함으로써 국가 간에 역사를 둘러싼 경쟁을 부추겨 '평화 공존'을 저해하는 요소라고 할 수 있다.

먼저 자국의 역사에 대하여 실제 이상으로 과장하거나 타국의 역사에 대하여 실제 이상으로 낮게 평가하는 경우는 공통 지적사항에서 언급하였던 고구려와 돌궐의 연결에 대한 서술을 들 수 있다. '수/당에 대항하는 중심축으로서의 고구려', '활발한 대외교류를 통해 성장한 강대국 고구려'라는 평가를 전제로 하였기에, 남아 있는 근거가 적은 돌궐과의 연결이 지나치게 강조되는 결과로 나타난 것이다.

다음으로 교학사 62쪽의 연표에서 "384 백제 불교 공인"이라고 한 것 또한 백제의 불교 수용을 실제보다 한 단계 높게 평가하였다는 점에서 앞선 사례들과 마찬가지라고 할 수 있다. 또 비상교육 42쪽에 있는 '일본에 남아 있는 백제의 흔적' 관련 서술 또한 실제로 백제와 관련 있는 것과 그렇지 않은 것을 구분하지 않고 있어, 고대 일본에 대한 백제의 영향을 실제보다 과장한 서술에 가깝다고 할 수 있다. 이것은 백제를 과장하는 것은 물론 고대 일본을 지나치게 낮게 평가하는 측면까지 있어 동아시아사 서술에서는 지양해야 하는 부분이라고 할 수 있다. 또한 양국관계를 '백제가 왜에 선진문물을 하사'한다는 식으로 단순하게 파악하게 할 우려도 있다.

이와 다소 다른 방식의 민족주의적 서술도 있다. 천재교육 54쪽의 '구법승 엔닌과 해상왕 장보고'에서 "장보고는 … 암살당하였다. 엔닌이 감사 편

지를 쓴 지 6년이 흐른 846년의 일이었다.”라고 한 것은 결국 자국 역사서
인 『삼국사기』만을 존중하고, 타국 역사서인 『속일본후기』를 낮게 평가한
결과라고밖에 볼 수 없다. 이미 언급하였듯이 『삼국사기』의 연대에는 의
문점이 많고, 『속일본후기』의 연대는 전후관계가 자연스럽고 실제와 부합
하는 면이 있다. 이러한 상황에도 불구하고 위와 같은 서술을 한다는 것은
결국 역사학의 기본인 사료비판 없이 자국 역사서를 무조건 우위에 놓는
민족주의적 사고방식이 전제가 되지 않으면 상정하기 어렵다. 인물이나
사건뿐만 아니라 사료에 대해서도 균형 잡힌 사고와 평가가 요구되는 것
이다.

마지막으로 타국의 역사에 대해 실제보다 과장한 매우 드문 사례도 있
다. 천재교육 71쪽에 “군의 관리는 과거를 통하지 않고”라고 서술한 부분인
데, 과거제가 존재하지 않은 고대 일본에 대해 서술하면서 마치 중앙에는
과거가 있는 듯이 실제보다 과장된 서술을 한 것이다. 이것은 ‘과거제’가
동아시아 공통의 제도라고 선입견을 가졌거나, 한국에는 연구자가 적은 일
본고대사 분야의 서술을 하면서 일본학계의 연구 성과를 무비판적으로 수
용한 결과가 아닌가 한다. 어느 쪽이 원인이던 간에 반드시 주의를 기울여
야 할 부분이다.

과거의 역사임에도 대상이 되는 특정 국가의 입장에서만 서술하거나 오
히려 특정 국가의 입장을 배제하고 자국의 입장에서만 서술하는 경우는 비
상교육 42쪽에 “4세기부터 본격화된 삼국의 투쟁에서 백제가 먼저 흥기하
였으나”라고 한 부분을 들 수 있다. 이것은 철저하게 백제의 입장만이 강조
된 서술이지만, 실제와 부합한다고 보기는 어렵다.

이렇게 적극적으로 특정 국가의 입장을 강조한 것과는 달리 수동적으로
특정 국가의 입장을 강조한 경우도 있다. 천재교육 64쪽의 ‘동아시아 외교
의 승부사, 김춘추’에서 “고구려와 백제가 신라와 당 사이의 교통로를 장악

하고 있었으므로,"라고 서술한 것은 철저하게 신라의 입장만이 강조된 서술이지만, 실제와 부합하지는 않는다. 나당연합의 필요성을 강조하려는 신라의 역사 서술에서는 이러한 과장을 할 수도 있겠지만, 삼국을 동일한 기준에 놓고 서술해야 하는 교과서에서 이러한 서술을 하는 것은 곤란할 것이다.

이보다 더욱 심각한 것은 왜와 관련된 서술이다. 왜와 관련된 서술임에도 왜의 입장은 배제되고 타국의 입장만이 강조된 서술이 많이 보인다. 예를 들어, 교학사 43쪽에 "왜는 나·당 연합군이 침략해 올지도 모른다는 불안감에 수도를 좀 더 내륙으로 옮겼다"라고 한 것, 천재교육 64쪽의 '동아시아 외교의 승부사, 김춘추'에서 "왜를 찾아갔다. 그러나 거기에서도 백제와 왜를 갈라놓는 데 실패하고 말았다."라고 한 것은 각각 신라/당, 백제의 입장만 강조되었을 뿐 왜의 입장이나 내부 정세가 제대로 반영되지 않은 서술이다. 교학사 53쪽에 '백강 전투 후 왜의 대응'에 대한 서술에서 부흥운동 지원의 가장 중요한 목적인 대외전쟁을 통한 천황 권력의 강화라는 부분이 빠진 것 또한 왜의 입장이나 내부 정세를 제외하고 백제나 신라/당의 입장을 강조한 내용이다.

자국 역사에 대한 과장만큼이나 타국 역사에 대한 폄하나 인식 부족 또한 민족주의적 역사 서술의 대표적인 병폐라는 점에서 많은 경계를 필요로 하는 부분이다. 근본적으로는 일본고대사 연구자, 그 중에서도 한일관계사가 아닌 일본 내부의 문제를 중점적으로 다루는 연구자가 절대적으로 부족하다는 데에서 기인한 문제이다. 그러나 현실적으로 그러한 문제를 단기간에 해결할 수 없다면, 일본고대사에 대해서 서술하는 과정에서 보다 주의를 기울여야 할 것이다.

마지막으로 특정 국가의 역사를 강조하기 위해 실제보다 연대를 끌어올리는 경우는 공통 지적사항에서 언급하였던 백제의 율령 반포를 고이왕대로 보는 문제일 것이다. 이것은 백제의 경우 율령 반포에 대한 기록이 남아 있지 않다는 데에서 기인하는 문제이지만, 그렇다 하더라도 이 사례처럼 가능하면 연대를 끌어올리는 경향은 민족주의적 역사 서술의 대표적 병폐 중 하나이다.

이러한 '연대 끌어올리기'는 마치 "먼저 시작되면 무조건 우수한 것"이라는 잘못된 역사관을 심어줄 우려가 있는데다가, 그렇게 끌어올린 연대 이후의 역사를 지나치게 정체된 것으로 평가하게 만드는 결과를 초래하여 '정체성론'에 빠질 위험성까지도 존재한다. 사료적 근거에 의해 뒷받침될 수 있다면 연대가 앞서더라도 아무런 문제가 될 수 없겠지만, 단순한 추정에 의해 연대를 끌어올리는 것은 연대 경쟁을 조장하여 일본의 '구석기 조작사건'처럼 역사를 왜곡시킬 소지가 많다. 이러한 연대 경쟁은 국가 간 역사를 평등이 아닌 우열로만 인식하게 하므로, '평화 공존'을 위협하는 요소가 될 가능성이 크다.

물론 중국 중심주의적 서술 부분과 마찬가지로 『동아시아사』 교과서가 민족주의적 서술로 일관되어 있다고 주장하려는 것은 아니다. 다만 민족주의적 서술을 지양하기 위해 많은 노력을 기울였음에도 불구하고, 여전히 민족주의적 서술이 적지 않은 부분에서 남아 있음을 지적하여 향후 각 교과서의 수정·보완에 도움이 되기를 바랄 뿐이다.

4. 맺음말

지금까지 2014년에 간행된 3종의 『동아시아사』 교과서에서 '평화 공존' 관련 서술이 교육적으로 잘 되어 있는지 평가하기 위하여, 고대사 분야에 한정하여 3종 교과서 각각의 지적사항 및 공통 지적사항을 검토하여 무엇이 문제인지를 확인한 후, '평화 공존' 관련 서술을 중국 중심주의적 서술과 민족주의적 서술을 중심으로 집중적으로 분석하였다. 검토한 결과는 아래와 같다.

3종 교과서 각각의 지적사항과 공통 지적사항은 모두 사실관계의 오류와 균형이 잡히지 않은 서술로 나누어 볼 수 있었다. 특히 공통 지적사항의 경우 그 영향이 크다는 점에서 더욱 심각한 문제라고 할 수 있었는데, 사실관계와 관련하여 연대의 오류, 표기법의 통일, 개념의 불일치, 최신 발견사료의 누락, 제도 설명의 부족 등을 들 수 있었고, 균형 잡힌 서술과 관련하여 외교관계와 율령제에 대한 오해에 기반을 둔 서술들을 들 수 있었다.

'평화 공존' 관련 서술 중 중국 중심주의적 서술에는 ①중국 문명의 우수성 또는 한족의 문화적 우월성을 지나치게 강조하는 경우, ②중국적 요소의 전파만을 언급하고 주변국 상호 간의 영향이나 독자적 요소를 축소 또는 언급하지 않는 경우, ③중국왕조의 특정 부분을 모델로 제시한 후 그와 다른 것에 대해서는 낮게 평가하는 경우 등을 들 수 있었다. 구체적으로는 ①은 자사, 부병제 등 중국왕조 제도에 대한 과대평가, ②는 주변국 간의 영향관계나 독자적 요소를 중국왕조의 영향으로 잘못 파악하는 사례, ③은 율령 관련 서술이 이에 해당되었다.

'평화 공존' 관련 서술 중 민족주의적 서술에는 ①자국의 역사에 대하여 실제 이상으로 과장하거나 타국의 역사에 대하여 실제 이상으로 낮게 평가하는 경우, ②과거의 역사임에도 대상이 되는 특정 국가의 입장에서만 서술하거나 오히려 특정 국가의 입장을 배제하고 자국의 입장에서만 서술하는 경우, ③특정 국가의 역사를 강조하기 위해 실제보다 연대를 끌어올리는 경우 등을 들 수 있었다. 구체적으로는 ①은 고구려의 대외교류, 백제의 불교 및 대외교류, 장보고의 사망연대, 고대 일본의 관리 등용 등이, ②는 백제의 선진성 강조, 신라의 입장에서만 서술된 나당연합의 필요성, 왜의 입장이 사라진 왜에 대한 서술 등이, ③백제 율령의 반포 연대가 이에 해당되었다.

이 글에서는 교과서에 서술된 내용만을 분석대상으로 하였기에, 실제 교육현장에서 여타의 참고서적 등을 활용하여 어떤 식으로 보완하여 교육이 이루어지는지는 검토하지 못하였다. 이것은 전적으로 필자의 한계라고 할 것이다.

이 글의 목적은 중국 중심주의적 서술이나 민족주의적 서술을 지양하기 위해 많은 노력을 기울였음에도 불구하고, 여전히 그러한 서술이 적지 않은 부분에서 남아 있음을 지적하여 향후 각 교과서의 수정 · 보완에 도움이 되게 하려는 것이다. 지적사항의 나열로 인해 교과서 편찬자나 교육현장에 종사하시는 분들의 사기를 떨어뜨리지 않기를 바란다.

마지막으로 이 글을 작성하면서 대외관계나 율령 관련 서술 필자가 주로 연구해온 분야에 대해서는 보다 세밀한 분석과 대안 제시가 필요하다는 생각을 하게 되었다. 그에 대한 분석을 다음 과제로 미루면서 글을 마치고자 한다.

탄원서에 나타난 서독인들의 동백림사건 인식

/ 이정민 /

1. 들어가며

동백림사건은 사건 발생 당시 국내외에서 큰 파장을 불러일으켰다. 국내에서는 이 사건이 관련자만 200명 가까이 되는 대규모 공안사건이기도 했고, 유럽에 거주하던 학자·예술가·유학생·광부·간호사 등 지식인층이 연루되었다는 점 때문에 대중들에게 충격을 가져다주었다. 한편 독일연방공화국(BRD, 이하 서독)과 프랑스 등 유럽에 거주하고 있던 한국인들을 중앙정보부가 임의로 소환해 옴으로써, 동백림사건은 남한정부와 해당 정부들 사이에서 주권침해사건으로 발전하게 되었다.

이러한 상황 속에서 특히 남한정부와 서독정부가 첨예하게 대립하기도 했지만, 세계각지 특히 서독의 일반시민들 역시 다양한 경로를 통해 사건에 대해 항의하고 관련자 석방 및 귀환을 요구했다. 이들이 이러한 주장과 요구를 위해 선택한 수단 중 대표적인 것이 바로 탄원서였다. 탄원서를 보낸 사람들은 주로 사건 관련자들의 가족, 이웃, 동료들 또는 사건의 부당함을 고발하고자 했던 지식인 등이었다. 이들은 대한민국 대통령, 외무부, 본(Bonn) 주재 남한대사관 또는 서독 연방대통령, 연방총리, 외무부 등 다양한 정부관계자들에게 탄원서를 보냈다. 이 중에서는 개인 또는 여러 사람들이 함께 한 차례 탄원서를 보내는 경우도 있었지만, 지속적으로 탄원서를 보내며 관련자들을 돕고자 했던 경우 역시 존재했다.

　탄원서는 그 기본목적이 관련자들의 구명(救命)이기 때문에 내용의 다양성이라는 측면에서는 한계를 지닐 수밖에 없는 글이다. 그럼에도 불구하고 탄원서를 통해 우리는 발송자들이 관련자들과 그 사건에 대해서 어떤 사상적 기반을 가지고 어떠한 생각을 가지고 있었는지, 즉 그들의 사유(思惟)와 인식을 엿볼 수 있다. 남한과 서독은 같은 분단국가였고 반공주의 체제 아래 있었지만, 서독정부와 서독시민들은 남한에 비해서 동백림사건에 대해 유연하게 접근하였다. 특히 탄원서를 발송한 서독시민들은 서독정부보다도 더욱 반공주의에서 자유로운 모습을 보여주었다. 이는 동백림사건 관련자들에 대해 기본적으로 간첩이라는 시각으로 접근했던 남한시민 및 남한 언론과도 대조된다. 결국 동백림사건 탄원서를 통해 서독과 남한이 동백림사건에 대해 다르게 접근했던 모습의 일면을 볼 수 있고, 양국 각계각층의 분단체제 인식 및 반공주의가 서로 어떻게 달랐는지에 대해서 비교할 수 있는 토대가 될 수 있다.

　동백림사건 탄원서를 분석한 연구 성과는 아직 존재하지 않는다. 그뿐만 아니라 탄원서 자체에 대해서 지금까지 논의가 충분히 이루어지지도 않았다. 남한언론에서는 중앙정보부의 사건 발표 및 재판 경과 보도에 집중하여 탄원서 자체를 거의 언급하지 않았고, 관련자들은 탄원서가 발송될 당시 감옥에 있어서 관련 상황을 잘 알지 못했기 때문에 그들의 회고록에서 탄원서에 대한 언급은 찾아볼 수 없다. 남한의 지식인들 역시 탄원서와 관련된 상황을 모르기는 마찬가지였다.

본 연구는 동백림사건과 관련된 다양한 탄원서들을 유형화하고 그 안에 담긴 주장을 분석하고자 한다. 이러한 과정을 통하여 동백림사건에 대한 탄원서 발송자들의 인식 및 대처방법이 남한정부 및 서독정부와는 어떻게 달랐는지 비교할 수 있을 것이다. 또한 그러한 인식과 대처방법이 냉전이라는 세계사적 상황 속에서 어떠한 의미를 갖는지도 도출해낼 수 있을 것이다.

'서독 외무부(Auswärtiges Amt) 정치문서보관소' 소장문서(독일어), '독일국립공문서관(Staats Archiv)'에서 소장하고 있는 독일 연방대통령실(Bundespräsidialamt) 및 독일 연방총리실(Bundeskanzleramt) 문서(독일어), 대한민국 외교통상부와 대통령기록관 소장문서(한국어)에는 탄원서들이 각각 독립된 문서철로 존재하고 있다. 본 연구에서는 이 문서철들에 소장되어 있는 탄원서 286통을 분석대상으로 삼고자 한다.[1]

2. 남한정부와 서독정부의 동백림사건 인식

동백림사건 탄원서에 나타난 서독인들의 동백림사건 인식을 보다 깊이 있게 살펴보기 위해서는, 사건해결의 또 다른 당사자였던 남한정부와 서독정부의 동백림사건 인식을 알아보고 이를 서독인들의 인식과 비교하는 과정이 필요하다. 보다 정확한 비교를 위해서는 당시 남한 지식인들의 동백

---

[1] 이 문서철들에는 서독인들과 서독 외무부가 피의자들을 돕기 위해 단순 행정사항을 논의한 문서도 있지만, 본 연구에서는 분석대상에서 제외하였다. 다만 탄원서 내용을 분석하면서 필요한 경우에는 이 문서들의 내용도 언급할 것이다.

림사건 인식도 살펴보아야 하지만, 사건 관련자들과 정부 관계자들의 회고 이외에서는 동백림사건 자체에 대한 언급을 거의 찾을 수가 없는 실정이다. 따라서 본 연구에서는 서독시민으로 대표되는 탄원서 발송자들과 양국 정부의 인식을 비교하는 방법을 사용할 것이다. 본 장에서는 남한정부와 서독정부의 동백림사건 인식에 대해 간단하게 언급하고자 한다.[2]

1) 남한정부의 동백림사건 인식

동백림사건은 1967년 6·8총선 때 이루어진 부정선거에 대해 반대시위가 치열하게 일어나고 있던 1967년 7월 8일부터 발표되었다. 피의자만 200명에 달하는 '해방 이후 최대의 간첩단사건'이 7차례에 걸쳐 발표되자 사회 분위기는 부정선거 규탄에서 '간첩단사건'으로 급격히 전환되었고, 반대시위는 급속히 사그라졌다.[3]

남한정부는 동백림사건에 대해 일관되게 간첩단이라는 관점에서 접근했고, 이러한 인식은 중앙정보부와 검찰에 그대로 이어졌다. 이는 당시 동백림사건을 담당한 이종원 서울지방검찰청 부장검사의 견해에서 단적으로 나타난다. 그는 북한의 대남공작노선이 "①제2전선 형성, ②인정역용(人情逆用)의 공작방법, ③폭력과 비폭력 공작의 병행, ④거점 확보, ⑤북한 내각의 대남공작 직접 가담" 등으로 변화했고, 동백림사건은 이러한 흐름 속에서 일어난 조직적 간첩사건이라고 밝혔다.[4]

---

[2] 동백림사건과 관련하여 남한정부와 서독정부가 벌인 외교갈등 과정에 대해서는 李正民, 「東伯林事件을 둘러싼 南韓政府와 西獨政府의 外交葛藤」, 『사림』 50, 2014 참조.

[3] 全津雨, 「東伯林事件과 '6·8不正選擧': 李應魯사망과 '尹伊桑파동'을 계기로 재 추적한 眞相」, 『新東亞』 355(1989년 4월호), 東亞日報社, 380~382쪽.

[4] 李鐘元, 「北傀의 對南工作樣相變化: 東伯林事件을 中心으로」, 『檢察』 創刊號(1968년 5월), 大檢察廳.

재판과정에서 검찰은 피고들에게 동베를린(Ostberlin)에서 북한 첩보원과의 접촉, 북한 방문, 북한 측에서 주는 자금 수수, 노동당 가입, 다른 이들을 포섭하려고 한 혐의를 들어 형법 98조(간첩)를 비롯하여 국가보안법과 반공법 위반을 적용하였다.[5] 하지만 피고들에게는 정치적 동기보다는 개인적 동기가 강했고, '지하조직'의 존재여부는 끝까지 밝혀지지 않았다. 1968년 7월 30일 대법원에서 이례적으로 피고들에게 국가보안법 2조와 형법 98조의 간첩조항이 무리하게 적용되었다고 판결을 내렸지만,[6] 검찰은 동백림사건이 조직적 간첩단사건이라는 입장을 바꾸지 않았다.

남한정부가 동백림사건을 계속 간첩단사건이라고 인식했다는 사실은, 재판 종료 이후 박정희 정부와 중앙정보부, 검찰 등에서 취한 행동을 통해 단적으로 드러난다. 첫째로 남한정부에서는 최규하 외무부장관, 박경원 내무부장관, 이호 법무부장관, 김형욱 중앙정보부장 명의로 된 1969년 8월 1일자 편지를 해외 각지의 교민들에게 보냈다. 이 편지에서는 정부의 경제개발 성과를 선전하는 내용에 이어, 북한의 대남공작이 심해져 북한의 간계에 빠지는 이들이 있었다고 하면서 동백림사건을 그 예로 들었다. 이어서 1969년 9월 1일부터 11월 30일까지를 북한과 접선한 이들의 자진신고기간으로 지정하여 공포한다고 밝혔다.[7] 이 편지는 남한정부가 동백림사건이 조직적인 간첩단사건이었다는 입장을 고수하면서 이를 체제선전에 계속 이용하고 있음을 보여주고 있다.

둘째로 검찰의 대검공안담당 한옥신 검사는 『간첩재판의 판단과 사상:

5) "서울 주재 서독대사관 Glosauer의 보고서(1967. 11. 30.)", *IB5 82. 70 92. 23, Bestand 37 Bd. 57 344, Prozess - Verschleppte Koreaner(재판 - 납치된 남한인들)*.

6) 「破棄還送이 던진 問題點」, 『京鄕新聞』 1968년 7월 31일자, 7면.

7) "최규하 외무부장관, 박경원 내무부장관, 이호 법무부장관, 김형욱 중앙정보부장→해외교민들(1969. 8. 1.)", *IB5 82. 70 92. 23, Bestand 37 Bd. 45 479, Verschleppte Koreaner(납치된 남한국적자들)*.

동백림거점 공작단사건을 중심으로』를 출판한 뒤 1969년 10월 31일 이 책을 편지와 함께 서독 연방대통령실에 보냈다. 이 책은 각 심급(審級)의 기소장과 판결문을 수록한 책이었다. 이 편지에서 한옥신은 자신들이 도덕적 정당성을 가지고 재판을 진행했다는 것을 증명하기 위해 이 책을 썼다고 밝혔고, 이 책을 통해 서독정부와 연방의회가 남한의 '사실적' 상황을 이해 해주길 바란다고 요청했다.[8] 남북한의 '특수한' 상황을 서독정부와 연방의 회가 전혀 이해해주지 않았지만, 자신들이 동백림사건과 관련하여 취했던 입장 및 조치는 정당했다는 것이다.

2) 서독정부의 동백림사건 인식

서독정부가 동백림사건에 대해서 초기에 문제제기한 부분은 주권침해문 제였다. 남한정부가 중앙정보부 요원들을 유럽에 파견하여 관련자들을 본 국으로 송환하는 과정에서, 관련자들이 거주하고 있는 국가 정부들과 사전 협의 없이 관련자들을 연행했기 때문이다.[9] 따라서 서독정부는 이 사건을 납 치(Entführung) 및 유괴(Verschleppung)로 규정하였다.[10] 서독정부는 1967년 7월 4일 최덕신 주독(駐獨)대사를 초치(招致)하여 해명을 요구한 데에 이

---

[8] "한옥신→연방대통령실 Dr. Gustav Heinemann(1969. 9. 29.)", *B122, Nr. 5484, Bundespräsidialamt: Korea(1)[독일대통령실 한국관련서류(1) 한국경제개발원조, 한국 경제부총리의 방독, 동백림사건관련서류, 서신들, 사건관련 양국대통령간의 서신, 영 부인들의 서신들].*

[9] 동백림사건과 관련하여 해외에서는 총 30명(서독 16명, 프랑스 8명, 미국 3명, 영국 2명, 오스트리아 1명)이 연행되었다. 그런데 서독 연행자 중 정규명의 아이(3세)가 포 함되어 있어, 서독에서는 총 17명이 연행된 것으로 공식 발표하였다(국정원과거사건 진실규명을통한발전위원회, 「1967년 '동백림사건'」(2006. 1. 26.), 국가정보원, 35쪽).

[10] 본 연구에서는 동백림사건 관련자들의 '연행'에 대하여 설명할 때, 서독의 입장을 기 술(記述)할 때에는 '납치'라는 표현을 사용하고, 남한의 입장을 기술할 때에는 '소환', 그 외의 경우에는 '연행'이라는 표현을 사용하도록 하겠다.

어,11) 1967년 7월 6일 각서와 1967년 7월 13일 구상서 및 각서를 통해 납치 의혹 해명, 납치에 가담한 본 주재 남한대사관 직원 3명 추방, 피의자 전원 석방 및 귀환을 요구하였다.12)

남한정부가 납치에 가담한 대사관 직원 3명을 본국귀환 조치하고 불기소 처분된 6명이 서독에 귀환하자, 서독정부는 피의자 전원 석방 및 귀환에 초점을 맞추었다. 이는 남한정부의 조치를 통해 주권침해 논란이 일단락되었다고 판단하면서, 남아있는 피의자 10명(정규명의 아이를 포함하면 관련자 11명)을 모두 석방시켜 서독으로 귀환시키는데 집중하기 위해서였다.13)

그런데 서독정부의 조치에서 특징적인 것은 서독정부가 마지막까지 남한정부와 외교적 관계라는 틀을 유지한 상태에서 사건을 해결하고자 했다는 점이다. 당시 서독과 남한은 같은 분단국으로서 냉전이라는 국제질서 속에 있었고, 그런 상태에서 같은 자본주의 진영국가인 남한과 갈등이 지속되는데 부담을 느꼈기 때문이다. 서독정부는 또한 남한과 외교관계를 유지하고 있어야 피의자들을 도울 수 있다고 생각했다.14) 그렇기 때문에 서

---

11) "서독 외무부 법무국 Thierfelder→서독 외무부 법무국 Gawlik(1967. 7. 28.)", *V4 88 5777/67, Bestand 83 Bd. 948 Bd. 1, Entführung von Südkoreanern aus der Bundesrepublik Deutschland(독일연방공화국에서의 남한 국적인들의 납치사건)*.

12) "서독 외무부의 각서(1967. 7. 6.)", "서독 외무부의 구상서(1967. 7. 13.)", "서독 외무부의 각서(1967. 7. 13.)", *IB5 82.70 92.23, Bestand 37 Bd. 58 345, Verschleppte Koreaner. Verschwinden südkorean. Staatsangehöriger(납치된 남한인들. 남한국적자들의 실종)*.

13) 본 연구에서는 동백림사건과 관련하여 연행된 이들에게는 '관련자', 관련자 중에서도 재판에 회부된 이들을 재판과 관련하여 서술할 때에는 '피의자'라는 표현을 사용하도록 하겠다.

14) "서독 외무부 법무국의 보고서(1967. 12. 13.)", *IB5 82.70 92.23, Bestand 37 Bd. 58 345, Verschleppte Koreaner. Verschwinden südkorean. Staatsangehöriger(납치된 남한인들. 남한국적자들의 실종)*.

독정부는 중앙정보부 활동 이전인 1967년 여름으로 독·한 관계와 관련자들의 상황을 되돌리는 것을 목표로 삼았다.[15] 서독정부는 남한과의 외교관계 자체에 위협이 될 수 있는 조치는 자제하고자 하는 모습을 보였다.

게다가 서독정부는 주권침해문제 이외에 자신들이 동백림사건에 개입할 수 있는 여지가 적다고 인식했다. 피의자들이 남한정부의 통치권 아래에 있었기 때문에, 서독정부는 남한정부가 외국에서 자신들의 국적자를 소환할 수도 있고, 그들의 귀국을 거부하거나 시민권을 박탈할 수도 있다고 생각했다.[16] 서독과 남한은 당시 모두 UN에 가입되어 있지 않았기 때문에 국제사법재판소의 강제재판권이 적용될 수 없었다. 또한 남한은 「국제분쟁의 평화적 해결을 위한 헤이그 협약」(1899년 7월 29일, 1907년 10월 18일) 이행국에도 속하지 않아서 상설중재재판 위임 역시 불가능했다.[17]

결국 피의자들이 재판에 회부된 후 서독정부는 재판이 빨리 종결되도록 유도한 후에 피의자들의 감형 및 석방을 이끌어낸다는 '단계별 계획(Stufenplan)'을 세웠다.[18] 그런데 3심(상고심)에서 간첩죄의 무리한 적용이 문제 되어 대법원에서 원심파기환송이 선고되기는 했지만,[19] 피의자들은 1심과 2심(항소심), 4심(재항소심)에서 예외 없이 모두 중형을 선고 받았다. 재판상황을 지켜보던 서독정부는 결국 재항소심 종결 후 외무부 정

---

15) "서독 외무부의 언론 발표문(1969. 3. 31.)", IB5 82.70 92.23, Bestand 37 Bd. 45 479, Verschleppte Koreaner(납치된 남한국적자들).

16) "서독 외무부의 연방의회 질의 관련 보고서(1968. 3. 29.)", IB5 82.70 92.23, Bestand 37 Bd. 419, Parlamentarische Anfragen. Prozess Kang, Yun(연방의회 질의. 강빈구 및 윤이상 재판).

17) "서독 외무부 법무국의 보고서(1967. 12. 13.)", IB5 82.70 92.23, Bestand 37 Bd. 58 345, Verschleppte Koreaner. Verschwinden südkorean. Staatsangehöriger(납치된 남한인들. 남한국적자들의 실종).

18) "서독 외무부의 각서(1968. 4. 6.)", IB5 82.70 92.23, Bestand 37 Bd. 417, Verschleppte Koreaner(납치된 남한국적인들).

19) 「破棄還送이 던진 問題點」, 『京鄕新聞』 1968년 7월 31일자, 7면.

치국장 파울 프랑크(Paul Frank)를 특사로 파견하여, 피의자 석방과 관련하여 남한정부와 비밀 합의를 하기에 이른다.[20] 이것은 양국 정부가 사건을 '정치적으로' '조용히' 해결하는 길을 선택했음을 의미했다.

3. 동백림사건 탄원서 현황[21]

사건 발생 직후부터 서독 외무부, 서독 연방총리실, 서독 연방대통령실, 본 주재 남한대사관에는 지속적으로 항의전화와 탄원서가 들어왔다. 이러한 탄원서들은 서독 외무부 정치국(1국) 및 법무국(5국), 서독 연방총리실, 서독 연방대통령실, 대한민국 외교부에서 각각 문서철에 편입하여 소장하였다. 특히 서독 외무부 정치국에서는 항의서한만을 독립된 문서철로 보관하거나, 관련자 이름별로 문서철을 만든 후 여기에 각 관련자들에 해당되는 탄원서를 나누어 보관하기도 하였다.

탄원서는 발송빈도에 따라 크게 1회적 탄원서와 지속적 탄원서로 나눌 수 있다. 1회적 탄원서는 221통(77.3%), 지속적 탄원서는 65통(22.7%) 존재한다. 1회적 탄원서는 개인 또는 여러 사람이 서명을 모아서 양국 정부에 보낸 탄원서를 의미한다. 작곡가 윤이상(尹伊桑)의 경우 헤르베르트 폰 카

---

20) "서독 외무부 정치국장 Paul Frank 특사의 보고서", *IB5 82. 70 92. 23, Bestand 37 Bd. 45 479, Verschleppte Koreaner(납치된 남한국적자들)*.

21) 본 장의 탄원서 현황은 '서독 외무부(Auswärtiges Amt) 정치문서보관소' 소장문서 (독일어), '독일국립공문서관(Staats Archiv)'에서 소장하고 있는 독일 연방대통령실 (Bundespräsidialamt) 및 독일 연방총리실(Bundeskanzleramt) 문서(독일어), 대한민국 외교통상부와 대통령기록관 소장문서(한국어)를 대상으로 하였다. 286통은 현재 남한과 서독정부에서 소장하고 있는 문서들인데, 현재 접근할 수 있는 이 문서들은 탄원서의 일부에 불과하다. 이 문서철에는 '목록'으로만 존재하는 탄원서들도 다수 존재하고 있기 때문에 실제로는 더 많은 탄원서들이 있었을 것으로 보인다.

라얀(Herbert von Karajan)과 스트라빈스키(Igor Strawinsky) 등 세계 각국의 음악가들이 공동 서명하여 함부르크 예술 자유 아카데미(Freie Akademie der Künste in Hamburg) 명의로 박정희 대통령에게 탄원서를 보냈다.[22] 지속적 탄원서는 발신자들이 관련자들에 대한 일을 서독 외무부 당국과 지속적으로 논의하면서 관련자들의 무죄를 주장한 탄원서를 의미한다. 이들은 재판 변호사 비용 지급, 관련자들의 수감생활 편의를 위한 영치금 문제 등을 논의하면서 그들이 간첩이 아님을 주장했다. 지속적 탄원서의 존재는 이들이 동백림사건을 잊지 않고 관련자들의 상황에 계속 관심을 가졌음을 의미한다.

〈표 1〉 동백림사건 탄원서 발송시기

시기							1967년(153통)						
							6월	7월	8월	9월	10월	11월	12월
수량							2	40	11	11	20	8	61
시기	1968년(81통)												
	1월	2월	3월	4월	5월	6월	7월	8월	9월	10월	11월	12월	
수량	9	16	11	16	4	4	3	1		10		7	
시기	1969년(28통)												
	1월	2월	3월	4월	5월	6월	7월	8월	9월	10월	11월	12월	
수량	7	4	3	6	1	2	1	2	1			1	
시기	1970년(12통)									1971년(1통)		불명	
	1월	2월	3월	4월	5월	6~8	9월	10~11월	12월	1월			
수량	1	2		4	1		1		3	1		11	
합계	286통												

탄원서의 발송 시기는 〈표 1〉과 같이 주로 사건 발생 초기인 1967년 7~10월(84통, 29.4%)과 1심 재판(1967년 12월 6일 구형, 13일 선고) 전후

---

[22] "Hamburg 예술 자유 아카데미→박정희 대통령(1967. 10. 13.)", *IB 5 82,70 92.23, Bestand 37 Bd. 60 347, Protestschreiben - Verschleppte Koreaner(G-Z)*[항의문 - 납치된 남한인들(G-Z)].

(61통, 21.3%)에 집중되었다. 2심(항소심) 재판(1968년 3월 28일 구형, 4월 13일 선고) 및 4심(재항소심) 선고(1968년 11월 21일 구형, 12월 5일 선고) 전후에도 탄원서가 집중적으로 발송되었다. 발송 시기와 관련하여 주목할 만한 점은 마지막까지 사형을 선고 받았던 정규명(鄭奎明)이 1970년 성탄절 특사(特赦)로 사면됨으로써 동백림사건 관련자들이 모두 석방될 때까지 탄원서가 끊이지 않았다는 점이다. 이 점은 남한 내에서 1심 재판 이후 동백림사건에 대한 관심이 사그라졌던 점과 대조된다.

탄원서를 발송국가별로 살펴보면 서독이 266통(93%), 프랑스 6통(2.1%), 남한 2통(0.7%), 네덜란드나 미국 등 기타국가 11통(3.8%)으로, 탄원서 대부분이 서독에서 서독인들에 의해서 발송되었음을 알 수 있다. 본 연구에서 주된 연구대상으로 삼은 문서철이 서독정부의 것이었음을 감안하더라도, 기소되어 수감된 이들 중 서독관련자들이 가장 많았음을 고려할 때 서독인들이 탄원서를 보내는데 적극적이었음을 알 수 있다.

탄원서를 발송한 이들은 대부분 관련자들의 가족 및 친척, 이웃 및 동료들(111통, 38.8%)이었다. 하이디 강(Heidi Kang)은 서울에서 자신의 남편인 강빈구(姜濱口)와 함께 체포되었다가 불기소 처분되어 서독으로 귀환한 후, 남편의 구명을 위해 지속적으로 양국 정부에 탄원서를 보냈다. 작곡가 윤이상의 악보를 출판하던 보테운트보크(Bote & Bock) 출판사의 쿤츠(Dr. Harald Kunz), 대학생 최정길(崔正吉)의 집주인이었던 에바 에어리히(Eva Ehrlich) 등 역시 이러한 범주에 포함된다.

서독 학술계의 지식인들 역시 관련자들과 개인적 친분이 많지는 않지만 넓은 의미에서는 관련자들의 동료에 포함될 수 있었다. 작곡가 윤이상을 위해 탄원서를 보낸 함부르크 자유 예술 아카데미 소속 음악가들, 물리학 박사과정 중이던 정규명을 위해 탄원서를 보낸 서독 내 각 대학교의 물리학자들이 이러한 '동료'들이었다. 특히 수십 명이 공동 서명하여 발송된 집단적 탄원서는 피의자들의 지인(知人)들이 주도하여 작성된 경우도 소수 있지만, 피의자들과 각별한 친분이 있을 것으로 여겨지지 않는 이러한 학술계 '동료'들이 주도하여 보낸 경우가 대부분이었다.

둘째로 관련자들이 살고 있던 지역의 정치인들(14통, 5.1%)도 소수 있었다. 노르트라인-베스트팔렌(Nordrhein-Westfalen)주 내무부장관은 이 지역에서 박성조 교수 등 한국인 2명이 납치된 것에 항의하여 서독 외무부에 항의서한을 보냈다.[23] 그 외에는 발송자의 신원이 정확히 파악되지 않았다.

동백림사건 탄원서에서 탄원의 대상이 된 이들은 주로 서독에서 연행된 17명(아이 1명 포함)이었다. 본 연구의 분석대상인 탄원서 286통 중에서 특정인물이 아니라 사건 전반에 대해 항의한 것은 96통(33.6%)에 이른다. 특정인물을 위한 탄원서 중에서 집중적으로 탄원의 대상이 된 것은 윤이상(71통, 24.8%), 정규명(41통, 14.3%), 최정길(23통, 8.0%), 강빈구(28통, 9.8%)였다. 윤이상의 경우 유럽에서 인지도가 높았기 때문에 여러 음악가들이 탄원서를 보냈다. 정규명의 경우 최종 심급에서까지 사형이 선고되었고, 관련자들을 모두 석방하기로 한 1969년 1월 특사회담 내용이 비공개 처리되었기 때문에 정규명의 사형집행을 막기 위한 탄원서가 회담 이후에도 계속 이어졌다. 강빈구의 경우 서울에서 체포되었기 때문에 처음에는 서독정부의 관리대상으로 제외되었는데, 강빈구의 구명을 위해서도 힘써 줄 것을 서독정부에 요청하는 탄원서가 이어졌다. 이는 강빈구의 아내인 하이디 강의 노력이 어느 정도 영향을 미친 것으로 보인다. 프랑스에서 연행된 화가 이응로 역시 저명인사였기 때문에 구명을 요청한 이들이 많았을

---

[23] "Nordrhein-Westfalen주 내무부장관→서독 외무부(1967. 8. 1.)", *V4 88 5777/67, Bestand 83 Bd. 955 Bd. II, Entfuehrung von Suedkoreanern aus der Bundesrepublik (독일연방공화국에서의 남한 국적인들의 납치)*.

것으로 보이지만, 본 연구가 분석대상으로 삼은 문서철에서는 주로 서독에서 보낸 탄원서들 위주로 보관되어 있어 이응로에 대한 탄원서는 4통 (1.3%)에 불과하다.

4. 동백림사건 탄원서의 내용

1) 사건 초기: 납치사건에 대한 항의

사건 초기에 발송된 동백림사건 탄원서는 납치사건에 대한 항의(69통, 24.1%)가 주를 이루었다. 이는 남한 중앙정보부가 불법행동을 행하면서 서독의 주권을 침해한 것에 대한 항의였고, 이 점은 서독정부의 초기 주장과도 일맥상통하는 것이었다.

서독에서 한국인 납치가 인지되기 시작한 1967년 6월말부터 관련자들의 가족, 이웃과 동료들은 서독정부와 남한정부에 한국인 납치상황에 대해 알리고, 이를 항의하는 편지를 보냈다.[24] 윤이상의 악보를 출판하던 보테운 트보크 출판사에서는 1967년 7월 7일 서독과 남한 대통령, 서독 외무부에

---

[24] 관련자들의 한국인 동료들이 서독인들에게 도움을 요청하여, 서독인들이 그들을 대신해 탄원하는 경우도 있었다. 예를 들면 게르하르트 얀(Gerhard Jahn) 외무부 차관은 익명의 한국인들로부터 편지 두 통을 받았다. 첫 번째 편지의 발신인은 자신을 베를린 자유대학에 다니고 있으며 윤이상의 친구인 김○○이라고 밝혔다. 두 번째 편지의 발신인은 자신을 남한 출신 외국인노동자이며 광부 박성옥(朴成玉)의 친구인 정○○이라고 밝혔다. 이 편지들의 내용은 발신자들이 각각 윤이상과 박성옥의 납치상황을 얀 변호사에게 알린 것이었다. 이들은 남한의 비밀경찰이 윤이상과 박성옥을 납치했다고 주장하며 납치정황에 대해서 상세히 묘사했다. 얀은 이 편지에서 언급한 사건에 대해 서독 외무부 및 연방형사국(Bundeskriminalamt)에서 진상파악을 할 것을 지시 및 요구했다(“김○○→Gerhard Jahn→서독 외무부(1967. 6. 27.)”, 위의 문서; “정○○→Gerhard Jahn→서독 외무부(1967. 6. 27.)」, 위의 문서).

윤이상 납치사실을 알리고 윤이상의 귀환을 촉구하는 편지를 보냈다.[25]

한편 납치사건이 일어나자 서독정부가 사건을 사전에 인지하였는지, 납치에 협력했는지 의혹이 제기되었다. 탄원서 중에는 서독정부가 이러한 의혹에 대해 해명할 것으로 요구하는 내용도 있었다. 뮌헨(München)의 루트비히 – 막시밀리안스(Ludwig-Maximilians) 대학교 학생대표는 1967년 7월 11일자 탄원서에서 서독당국이 납치를 사전에 알았거나 이를 묵인했다는 의혹을 언급하며, 이를 반박하거나 인정할 것을 요구했다.[26]

서독정부가 남한정부에 보다 강력하게 대처하도록 촉구하는 내용의 탄원서도 있었다. 이는 서독정부가 납치사건에 대해 소극적으로 대처하고 있다는 인식에서 비롯된 것으로 보인다. 라인란트 – 팔츠주(州)의 기독민주학생연합(RCDS)이라는 단체에서는 남한대사관에 1967년 7월 5일자 공개편지를 보내면서, 이를 서독 외무부에도 알렸다. 이들은 서독 외무부가 납치에 가담한 대사관 직원 및 남한 대사를 기피인물(persona non grata)로 지정하도록 요구했다.[27] 자연의친구청소년단(NFJD) 라인란트 – 팔츠(Rheinland-Pfalz) 지부에서 서독 외무부에 보낸 1967년 7월 6일자 탄원서의 요구사항은 다른 탄원서에서도 상당수 나타나는 내용이었다. 이들은 "①남한과 외교관계 단절, ②남한에 대한 경제원조 중단, ③서독정부의 공식사과, ④외국인 모두를 보호하기 위해 경찰이 조치를 내릴 것" 등을 요구했다.[28] 특히 남한에 대한 경제 원조를 중단하라는 요구는 전체 탄원서 중 31통(10.8%), 남한과 외교관계를 단절하라는 요구는 41통(14.3%)에서 나타난다.

---

25) "Bote & Bock→서독 외무부(1967. 7. 7.)", *V4 88 5777/67, Bestand 83 Bd. 955 Bd. I, Entführung von Südkoreanern aus der Bundesrepublik Deutschland(독일연방공화국에서의 남한 국적인들의 납치).*

26) "Ludwig-Maximilians 대학교→서독 연방외무부장관 Brandt(1967. 7. 11.)", 위의 문서.

27) "기독학생민주연합(RCDS)→서독 연방외무부장관 Brandt(1967. 7. 5.)", 위의 문서.

28) "자연친구청소년단→서독 연방외무부장관 Brandt(1967. 7. 6.)", 위의 문서.

서독정부가 강력한 조치를 내릴 것을 요구하면서, 실제로 물리적 압박을 취한 경우도 있었다. 기센(Gießen)의 유스투스-리비히(Justus-Liebig) 대학교에서는 정치학을 공부하던 대학생 최정길(崔正吉)이 납치되었다. 이 대학교 정경대학 학장과 총장은 1967년 7월 21일자 탄원서에서 최정길의 귀환을 요구하면서, 최정길이 귀환하기 전까지 한국인을 입학시키지 않기로 결정했음을 남한정부에 통보했다.29)

이와 같이 사건 초기에 발송된 동백림사건 탄원서는 중앙정보부의 불법행동 및 서독 주권침해에 대한 항의였고, 이러한 점은 서독정부의 초기주장과도 일치했다. 하지만 탄원서를 보낸 이들은 사건해결을 위한 구체적 방법에 대해서는 서독정부와 인식을 달리하고 있었다. 서독정부는 남한과 외교관계를 유지하는 선에서 사건을 마무리하고자 하였다. 이 때문에 사건 초기 때부터 피의자 전원 석방 및 귀환을 주장하기는 했지만 이러한 목적을 위해 남한정부를 압박하는 데에는 소극적인 자세를 보였다. 반면 남한정부는 이러한 요구가 여론에 떠밀려 나온 '쇼' 내지는 '제스처(gesture)'에 불과하며, 몇 사람만 석방시키면 서독정부도 만족할 것이라고 인식했다.30) 남한정부는 서독정부의 피의자 전원 석방 및 귀환 주장을 진지하게 받아들이지 않고, 이러한 요구에 성실하게 응하지도 않았다. 하지만 서독정부는 이에 맞서 적극적인 조치를 취하여 남한과의 외교관계 자체에 영향을 미치는데 부담을 느꼈다.

---

29) "Justus-Liebig 대학교 총장→본 주재 남한대사관(1967. 7. 21.)", *V4 88 5777/67, Bestand 83 Bd. 955 Bd. II, Entfuehrung von Suedkoreanern aus der Bundesrepublik (독일연방공화국에서의 남한 국적인들의 납치)*.

30) 「최덕신 주독대사→최규하 외무부장관(1967. 7. 24, GEW-07187)」, 『V.1 훈령 및 보고-독일 관련자, 1967』; 「최덕신 주독대사→최규하 외무부장관(1967. 7. 25, GEW-07198)」, 위의 문서. 「동백림거점 북괴 대남적화 공작단사건에 대한 관계국의 반응 및 외무부 조치」, 18009~18012쪽.

반면 탄원서를 보낸 이들은 서독정부의 소극적 대처에 이의를 제기했다. 이들은 사건을 해결하기 위해서 서독정부에서 적극적으로 행동할 것을 요구했다. 남한에 대한 경제원조 중단, 남한과 외교관계 단절 요구가 바로 그것이었다. 학술계에서는 사건해결을 위해 적극적인 제재 조치를 취하기도 했다. 기센 유스투스-리비히 대학교에서 한국인들을 입학시키지 않기로 결정한 것이 대표적 사례이다. 이러한 제재 움직임은 1968년 여름까지 피의자들이 귀환하지 않을 경우 남한과 문화적 관계를 단절하겠다는 서부 독일 총장회의(WRK) 결정,[31] 남은 피의자들의 서독 귀환이 확정될 때까지 남한 유학생들에 대한 장학금을 중단한다는 독일학술교류처(DAAD) 1969년 1월 12일자 결정으로 이어졌다.[32]

2) 재판 시작 이후: 동백림사건 피의자들을 위한 구명활동

동백림사건 피의자들에 대한 재판이 시작되자, 탄원서는 피의자들을 구명하는 방향으로 초점이 바뀌었다. 물론 이때에도 서독정부에 남한에 대한 경제원조 중단, 남한과 외교관계 단절 등을 요구하며 서독정부에서 보다 적극적으로 사건 해결을 위해 노력하도록 촉구하는 목소리는 계속되었다.

첫째로 탄원서 발송자들은 관련자들이 간첩이 아님을 피력했다(56통, 19.6%). 이러한 주장은 남한과는 서로 다른 서독의 법적관념, 그리고 탄원서 발송자 개인들의 경험이 기본 바탕이 되었다.

서독은 남한과 같이 분단 상태에 있었지만, 1961년 베를린 장벽이 세워

---

31) "서울 주재 남한대사 Ferring→서독 외무부 정치국(1968. 11. 28.)", *IB5 82.70 92.23, Bestand 37 Bd. 418, Verschleppte koreanische Staatsangehoerige*(납치된 남한국적자들).

32) "독일학술교류처(DAAD) 회의록(1969. 1. 12.)", *IB5 82.70 92.23, Bestand 37 Bd. 45 479, Verschleppte Koreaner*(납치된 남한국적자들).

지기 전까지 동-서베를린 간에 어느 정도 자유왕래가 이루어졌다. 베를린
장벽이 세워진 이후에도 이러한 왕래가 제한적으로 바뀌기는 했지만 동-
서독 왕래가 완전히 중단되지는 않았다. 심지어 서베를린에서는 동독의 집
권공산당인 사회주의 통일당(SED)도 허용되고 있었다.[33) 동독을 승인하거
나 동독과 수교하는 나라들과 관계를 설정하지 않도록 규정한 '할슈타인
독트린(Hallstein-Doktrin)'이 아직 존재하기는 했지만, 서독 특히 서베를린
은 자유로운 분위기가 유지되고 있었던 것이다. 서독인들은 북한을 방문하
여 전쟁 때 헤어진 가족을 만나는 행위 등은 서독의 법적 관념에 따르면
죄가 되지 않는다고 믿었다.[34)

게다가 동백림사건 최대 쟁점 중 하나는 '지하조직 존재여부'였는데, 이
는 재판이 끝날 때까지 규명되지 않았다. 결국 서독인들은 피의자들이 간
첩조직의 일원이었다는 것을 믿지 않았다.[35) 피의자들에게 간첩죄가 적용
되지 않을 경우 북한 방문 등에 대한 형량은 반공법 4조 1항을 적용하여
징역 7년을 넘지 않는 정도가 되는데,[36) 불법적 납치와 수감생활로 인해
피의자들이 이미 그 정도의 대가를 치렀다는 인식 또한 존재했다.

---

33) "서울 주재 남한대사 Ferring→서독 외무부(1967. 11. 24.)", *IB5 82.70 92.23, Bestand
37 Bd. 57 344, Prozess - Verschleppte Koreaner(재판 - 납치된 남한인들).*

34) "Hans Zender→서독 연방총리 Dr. Kurt Kiesinger(1968. 3. 16.)", 위의 문서.

35) "Johann Wolfgang Goethe 대학교 총장→Hessen주 문교부장관 Dr. Ernst Schütte 교수
(1967. 8. 22.)", *IB5 82.70 92.23, Bestand 37 Bd. 58 345, Verschleppte Koreaner.
Verschwinden südkorean. Staatsangehöriger(납치된 남한인들. 남한국적자들의 실종).*

36) "서독 외무부 정치국 Caspari의 보고서(1968. 8. 1.)", *IB5 82.70 92.23, Bestand 37 Bd.
417, Verschleppte Koreaner(납치된 남한국적인들).*
반공법 제4조 (찬양, 고무 등) ①반국가단체나 그 구성원 또는 국외의 공산계열의
활동을 찬양, 고무 또는 이에 동조하거나 기타의 방법으로 반국가단체(국외공산계
열을 포함한다)를 이롭게 하는 행위를 한 자는 7년 이하의 징역에 처한다. 이러한
행위를 목적으로 하는 단체를 구성하거나 이에 가입한 자도 같다. (국가법령정보센
터 http://www.law.go.kr/ 2015. 8. 27. 검색)

피의자들과 서독에서 함께 했던 경험을 통해 피의자들이 간첩이 아님을 증명하고자 하는 사례도 많았다. 보테운트보크 출판사의 쿤츠, 윤이상과 친분을 가지고 있던 권터 프로이덴베르크 교수(Günter Freudenberg)는 윤이상이 반공적이면서 공산권의 예술관에 반대해왔음을 강조했고 이러한 내용을 1심 재판에서 증언하기도 했다.[37] 윤이상의 이웃인 리스벳 쾬케(Lisbeth Köhnke)는 자신이 경험했던 윤이상의 인품에 따라서 그가 간첩이라는 것을 믿지 않는다고 밝혔다.[38] 정규명의 지인인 파울 마스만(Paul Maßmann) 목사는 정규명이 북한에 있는 가족들을 만나기 위해 북한과 접촉하기는 했지만, 자신이 정규명과 교류하면서 그가 반공주의자라는 걸 알게 되었다고 밝혔다.[39]

피의자들의 경력을 소개함으로써 그들이 간첩이 아님을 피력한 경우도 있었다. 한스 위르겐 비슈네프스키(Hans-Jürgen Wischnewski) 연방경제협력부(BMZ) 장관은 박정희 대통령에게 보낸 탄원서에서, 강빈구 교수와 하이디 강은 박정희 대통령이 1964년 서독을 방문했을 때 박정희 대통령과 육영수 여사의 통역을 맡았고, 이때에 맞춰 두 사람이 박정희 대통령의 책 『우리 민족이 나아갈 길』을 독일어로 번역하기도 했음을 설명했다.[40]

둘째로 탄원서 발송자들은 이 사건으로 인해 관련자 가족들이 불행한

37) "Dr. Harald Kunz→서독 외무부 정치국 Bassler(1967. 12. 15.)", IB5 82.70 92.23, Bestand 37 Bd. 419, Komponist Isang Yun(작곡가 윤이상); "서울 주재 남한대사 Ferring →서독 외무부(1968. 3. 7.)", IB5 82.70 92.23, Bestand 37 Bd. 419, Parlamentarische Anfragen. Prozess Kang, Yun(연방의회 질의. 강빈구 및 윤이상 재판).

38) "Lisbeth Köhnke→서독 연방총리 Kiesinger(1967. 9. 18.)", *IB5 82.70 92.23, Bestand 37 Bd. 60 347, Protestschreiben - Verschleppte Koreaner(G-Z)[항의문 - 납치된 남한 인들(G-Z)]*.

39) "Paul Maßmann 목사→서독 연방외무부장관 Scheel(1970. 2. 8.)", IB5 82.70 92.23, Bestand 37 Bd. 57 553, Diplomphysiker Tschung Kyu Myung(물리학 석사 정규명).

40) "서독 연방경제협력부장관 Wischnewski→박정희 대통령(1969. 3. 26.)", *IB5 82.70 92.23, Bestand 37 Bd. 45 479, Verschleppte Koreaner(납치된 남한국적자들)*.

운명 속에서 살아가게 되었음을 강조했다(14통, 4.9%). 이러한 언급은 관련자들이 간첩이 아니라는 기본인식 위에서 이루어진 것이고, 감성적 호소의 성격을 강하게 띠었다.

윤이상 부부가 동백림사건으로 인해 서울로 소환되면서, 윤이상 부부의 두 아이는 윤이상 지인들의 도움을 받아 학교 기숙사에 맡겨져서 생활해야 했다. 이 학교 기숙사는 방학 때에는 문을 닫았기 때문에 윤이상의 지인들은 아이들의 새로운 거처를 알아보아야 했다. 윤이상 부부의 부재가 길어지면서 아이들의 경제적 상황 역시 어려워졌다. 이에 윤이상의 지인인 쿠어트 샤르프(Kurt Scharf) 목사 등은 서독정부에 이러한 상황을 알리고, 윤이상 부부의 석방 및 귀환을 촉구했다.[41]

강빈구 부부가 서울에서 체포된 후, 강빈구의 아내인 서독인 하이디 강은 곧 석방되었다. 하지만 강빈구 교수는 계속 수감 중이었다. 소아마비를 앓고 있던 첫째 딸은 하이디 강과 함께 서독에 가서 살게 되었던 반면, 둘째 딸은 서울 조부모(강빈구의 부모) 집에서 살게 되었다. 강빈구의 지인들, 그리고 하이디 강 본인도 서독정부와 남한정부에 이러한 상황을 계속 언급하면서 남편 강빈구의 석방을 지속적으로 호소했다.[42]

셋째로 마지막 재판 때까지 계속 사형을 선고 받은 정규명의 사형집행을 막기 위한 구명활동이 계속되었다(8통, 2.8%). 정규명의 사형집행을 막아달라는 목소리는 1심 재판 때부터 나왔지만, 이때에는 아직 판결이 확정되지 않은 상태였다. 1969년 3월 31일 재상고심에서 정규명의 사형이 확정

[41] "Berlin-Brandenburg 개신교회 비숍 Kurt Scharf→서독 외무부 정치국(1968. 2. 16.)", IB5 82.70 92.23, Bestand 37 Bd. 416, Verschleppte koreanische Staatsangehörige(납치된 남한국적자들).

[42] 「Amnesty International의 Rolf Vorderwülbecke→서독 연방총리 Willy Brandt(1970. 4. 26.)」, 『IB 5 82.70 92.23, Bestand 37 Bd. 56 552, Verschleppte Koreaner - Kang(납치된 남한국적인들 - 강빈구)』.

되었지만,43) 이미 1969년 1월 프랑크 특사 방한 때 정규명 역시 1970년까지 단계적 감형 후 사면조치 한다고 합의가 되어있었다. 다만 이 합의사항은 일반에는 공개되지 않았다.44) 그 때문에 정규명의 사형집행이 이루어질 것을 두려워한 이들은 정규명이 1969년 광복절 특사 때 무기징역으로 감형될 때까지 지속적으로 탄원서를 보냈다.45)

넷째로 서독인들은 단순히 탄원서를 보내는 데에서 끝난 것이 아니라 피의자들을 실제적으로 돕기도 하였다. 그들은 피의자들의 재판 변호사 비용 또는 수감생활 편의를 위해 자금을 모아서 송금했다. 특히 윤이상의 경우 수감생활 중 지병인 심장병이 악화되었는데, 송금된 돈은 지병 치료에도 사용되었다.46) 게다가 윤이상의 경우 옥중에서 오페라 『나비의 꿈(Ein Schmetterlingstraum)』을 집필했는데, 보테운트보크 출판사는 오페라 집필에 필요한 악보 등을 지원했다.47) 이 오페라는 1969년 2월 22일 뉘른베르크(Nürnberg)에서 초연(初演)되었는데, 뉘른베르크 시(市)에서는 윤이상이 이 초연에 참석할 수 있도록 해달라고 요청했다.48) 윤이상은 1969년 2월 25일 병보석으로 석방된 후 1969년 3월 30일 서독에 귀환하여 이 요청이

---

43) "연방언론정보국(Bundespresseamt) 보고서(1969. 3. 31.)", *IB5 82.70 92.23, Bestand 37 Bd. 45 479, Verschleppte Koreaner(납치된 남한국적자들)*.

44) "서독 외무부 정치국→서독 외무부 장관실(1969. 8. 12.)", 위의 문서.

45) "Amnesty International 사무총장 Martin Ennals→서독 외무부장관 Brandt[Walter Scheel이 맞는데 발송자가 잘못 적음 - 필자](1969. 7. 31.)", *IB5 82.70 92.23, Bestand 37 Bd. 46 480, Protestschreiben verschleppte Koreaner(항의서한 - 납치된 남한국적자들)*.

46) "Dr. Harald Kunz→서울 주재 서독대사 Ferring(1967. 9. 30.), *IB5 82.50 82.70, Bestand 37 Bd. 56 343, Entführung von Südkoreanern aus der Bundesrepublik(독일 연방공화국에서의 남한 국적인들의 납치)*.

47) "Dr. Harald Kunz→서독 외무부 정치국 Bassler(1967. 9. 20.)", 위의 문서.

48) "Nürnberg 시장 Dr. Urschlechter→서독 외무부 정치국(1969. 1. 9.)", *IB5 82.70 92.23, Bestand 37 Bd. 46 480, Verschleppte Koreaner - Komponist Isang Yun(납치된 남한국적자들 - 작곡가 윤이상)*.

이루어지지는 않았다.49)

탄원서를 보낸 서독인들은 관련자들이 서독으로 귀환한 이후 다시 이전처럼 정상적으로 생활할 수 있도록 돕기도 했다. 그들은 또한 이를 위해 서독정부가 필요한 조치를 행하도록 촉구하기도 했다. 서독정부 역시 관련자들의 서독 재정착을 위해 필요한 부분을 지원했다.

임석훈(林錫勳)은 동백림사건 이전에는 베를린시 의회의 장학금을 받으면서 베를린 공과대학(TU)에서 박사과정을 공부하고 있었다. 하지만 동백림사건 이후 서독에 귀환했을 때 더 이상 서베를린에 머물 수 없는 상황이 되었다. 중앙정보부에서는 임석훈이 베를린에 머물면 북한과 다시 접촉할 수 있다고 보았다. 또는 북한 측에서 임석훈에게 보복행위를 가할지도 모른다는 염려도 있었다.50) 그래서 임석훈은 프랑크푸르트 공과대학에서 박사과정을 하기로 하였는데, 헤센주(Hessen州)와 독일학술교류처는 임석훈의 장학금을 시기별로 나누어 분담하기로 하였다.51)

광부 박성옥은 1969년 5월 8일 서독으로 귀환했다. 노동계약이 3달 후면 만료되는 상황이었지만, 박성옥은 계약을 연장하는 것을 꺼렸다. 수감생활 중 건강을 상하여 계속 광부 일을 하기가 어렵게 되었기 때문이다.52) 그 때문에 박성옥은 광부를 그만둔 후 건축업에 대해서 공부해 건축 관련 직

---

49) "서울 주재 서독대사 Ferring→서독 외무부 정치국(1969. 2. 25.)", 위의 문서; "서울 주재 서독대사 Ferring→서독 외무부 정치국(1969. 3. 28.)", 위의 문서.

50) "서독 외무부 문화국(4국) Beckers의 보고서(1969. 5. 20.)", *IB5 82.70 92.23, Bestand 37 Bd. 57 344, Verschleppte Koreaner - Student Lim Sok Hoon(납치된 남한국적자들 - 대학생 임석훈).*

51) "서독 외무부 정치국 Heide-Bloech→Johann Wolfgang Goethe 대학교 자연과학사연구소 소장 Dr. Willy Hartner(1970. 1. 13.)", 위의 문서.

52) "박성옥→서독 외무부 정치국 Heide(1969. 5. 19.)", *IB5 82.70 92.23, Bestand 37 Bd. 46 480, Verschleppte Koreaner - Bergleute Song-Chil Kim und Park Sung Ok(납치된 남한국적자들 - 광산근로자 김성칠과 박성옥).*

업으로 전환하기를 바랐다. 하이디 강은 박성옥과 면담을 하면서 이러한 내용을 들은 후 서독 외무부에 이를 알렸고,[53] 서독 외무부에서는 박성옥이 직업을 전환하는데 필요한 절차를 자문하며 도왔다.[54]

5. 나가며

본 연구에서는 동백림사건 탄원서의 현황과 특징에 대해서 살펴보았다. 동백림사건 탄원서 발송자들은 남한정부 및 서독정부와는 동백림사건에 대해 다른 인식 및 접근방법을 보여주었다. 먼저 남한정부는 반공주의적 인식 아래 정치적 계산에 따라 동백림사건에 접근했다. 반면 서독정부는 납치사건 관련 진실규명과 관련자 석방 및 귀환에 집중했지만, 냉전이라는 세계질서 아래에서 남한과의 외교관계를 유지하는 범위 안에서 사건을 해결하려고 했다. 이 때문에 서독정부가 취한 조치들은 탄원서 발송자들이 판단하기에는 소극적으로 보였다.

탄원서 발송자들은 사건 초기에는 납치사건 진상규명, 재판 시작 이후에는 피의자 구명에 초점을 맞췄다. 이는 외면적으로는 서독정부가 취한 조치와 일치했다. 하지만 탄원서 발송자들은 피의자들이 간첩이 아닌데도 부당하게 납치를 당한 후 수감되어 가혹한 형량을 선고 받고, 일부는 가족 전체가 불행한 운명 가운데 처하게 된 현실에 주목했다. 탄원서 발송자들은 간첩이 아닌 이들이 간첩죄로 처벌 받는 것에 주목하여 피의자들이 부

---

53) "Heidi Kang→서독 외무부 정치국 Heide-Bloech(1969. 6. 23.)", *IB5 82.70 92.23, Bestand 37 Bd. 46 480, Verschleppte Koreaner - Kang(납치된 남한국적자들 - 강빈구)*.

54) "서독 외무부 정치국 Heide-Bloech→Heidi Kang(1969. 7. 3.)", 위의 문서.

당한 처우에서 벗어나도록 만드는데 집중했고, 탄원서를 통해 이를 이루어 내고자 하였다. 이러한 주장이 가능했던 데에는 탄원서 발송자들은 서독정부와 달리 외교관계라는 형식에 매여 있지 않았다는 점이 작용했다. 그 덕분에 탄원서 발송자들은 서독정부와 달리 적극적 주장을 할 수 있었다.

다만 탄원서 발송자들은 정부 및 관공서보다 동백림사건에 대해서 확보할 수 있는 정보가 적었다. 특히 1969년 1월 서독특사의 비밀회담 내용은 일반인이 접근할 수 없는 성격의 것이었다. 또한 일부 법학교수나 변호사를 제외하고는 동백림사건과 관계되는 법률적 문제에 대해서도 무지했다. 이 때문에 탄원서에는 근거 없는 추측과 일부 부정확한 정보가 포함되어 있었다.

탄원서 발송자들이 피의자 가족들의 비극적인 운명을 언급하면서 그들의 구명을 요청했다. 탄원서 발송자들에게는 법적 집행능력이 없었고, 이들이 얻을 수 있는 정보 역시 정부에 비하면 제한적이었다. 그러한 상황에서 부당한 처벌로 인해 관련자뿐 아니라 그 가족들이 당하게 될 고통에 초점을 맞춘 호소는 이들이 할 수 있는 최선의 선택이었다.

그렇다면 동백림사건 탄원서는 동백림사건 해결과정에서 어떠한 역할을 하였을까? 이를 직접적으로 규명하는 것은 쉽지 않은 일이다. 다만 분명히 확인할 수 있는 것은 서독정부가 남한정부와 동백림사건과 관련하여 교섭을 진행할 때 가장 염두에 두고 있었던 것 중 하나가 "여론/대중(Öffentlichkeit)"이었다는 점이다. 서독정부는 서독 내 일반인들이 사건에 대해 어떻게 생각하고 있었는지 계속 의식하며 남한정부와의 협상 때에도 이를 지속적으로 피력했다. 이를 통해 서독정부는 동백림사건 해결 없이는 한독관계가 어려움에 부딪힐 수밖에 없다고 남한정부에 각인시킬 수 있었는데, 여기서 서독정부가 말하는 '해결'은 서독의 여론이 원하는 "피의자 전원 석방 및 서독 귀환"이었다. 특히 서독에서 박정희 대통령과 육영수 여사에게 보낸 탄원서는 사건 초기부터 1970년까지 총 18통에 달한다. 비록 남한정부가 이 탄원서들에서 사건 관련자들이 간첩이라는 입장만 되풀이하는 듯 원론적인 대답만을 했지만, 적어도 서독 각계각층에서 지속적으로 들어오는 탄원서가 남한정부에 압박으로 작용했을 것은 예상할 수 있다. 일반시민들이 동백림사건을 잊지 않고 지속적으로 관심을 가지고 있으면서 탄원서라는 방식으로 실제 행동에 나섰을 때, 이는 서독정부가 동백림사건을 해결하는 데 밑바탕이 되었다고 할 수 있다.

스코틀랜드 왕가의 '신성한' 혈통 만들기
알렉산더 2세와 성 마가렛 숭배

/ 이상동 /

1. 서론

성 마가렛(St Margaret of Scotland, c. 1045~1093)은 스코틀랜드의 왕실 성인(royal saint)이다. 1093년 그녀가 사망했을 때, 성 마가렛의 육신은 스코틀랜드 동부에 위치한 던펌린 수도원(Dunfermline Abbey)에 안장되었다.[1] 이후 던펌린은 성 마가렛을 숭배하는 수도원이 되었다. 던펌린은 마가렛이 스코틀랜드로 망명 온 뒤 2년 후, 1070년 스코틀랜드 왕 말콤 3세(Malcolm Ⅲ, 1031~1093)와 결혼식을 올린 장소이기도 하다.[2] 그녀는 앵글로색슨 혈통의 잉글랜드 왕족 출신으로 어머니, 여동생 그리고 남동생인

1) Walter Bower, *Scotichronicon*, eds. D.E.R. Wat et al., 9 vols. (Aberdeen: Aberdeen University Press, 1987~1999) [이하 *Chron. Bower*], iii, pp.77~79; Turgot, *Life of St. Margaret, Queen of Scotland*, trans. William Forbes-Leith (Edinburgh: William Paterson, 1884), pp.80~81.

2) *Chron. Bower*, iii. 53; Turgot, *Life of St. Margaret*, 29.

에드거 애설링(Edgar Atheling, c. 1051~1126)과 함께 1068년 스코틀랜드에 발을 디뎠다.[3] 1066년 노르망디공 윌리엄(William the Conqueror)이 이끄는 노르망디 출신들에 의해 '노르망디 정복'으로 일컬어지는 사변 후의 일이었다.

당시 스코틀랜드의 토착 교회는 켈트식(Celtic) 교회 전통을 따르고 있었다.[4] 로마식 교회 문화에서 독실한 기독교도로 성장했고, 더구나 11세기 수도원 개혁과 관련된, 소위 '개혁된' 교회 문화를 접했던 그녀에게 켈트풍의 스코틀랜드 토착 교회의 모습은 충격적이었을 만큼 생소했을 것이다.

스코틀랜드의 왕비가 된 후 마가렛은 기독교도로서의 독실한 삶을 유지하면서도[5] 제도적 차원에서는 스코틀랜드 교회에 로마식 교회 체제를 도입시키고자 했다. 물론 스코틀랜드 교회 개혁과 관련하여 그녀의 기여도를 놓고 학자들 간에 이견이 존재한다.[6] 하지만 이들 모두가 공통적으로 그녀

---

[3] *Early Sources of Scottish History: 500~1286*, ed. A.O. Anderson, 2 vols. (Edinburgh: Oliver & Boyd, 1922) [이하, *ESSH*, ii. p.23; John of Fordun, *Johannis de Fordun, Chronica Gentis Scotorum*, ed. W.F. Skene (Edinburgh: Edmonston and Douglas, 1871) [이하 *Chron. Fordun.*], pp.200~202.

[4] G.W.S. Barrow, *The Kingdom of the Scots: Governmnet, Church and Society from the Eleventh to the Fourteenth Century,* 2nd ed. (Edinburgh: Edinburgh University Press, 2003), p.151. 켈트족은 산발적으로 흩어져 살았고 이주(migration)문화라는 오랜 전통이 있었다. 이런 전통 아래에서 각각의 교회들은 독립적인 존재로 교회 위계 질서에 구속받지 않았다(Ian Bradley, *The Celtic Way* (London: Darton, Longman & Todd Ltd., 1993), pp.23~24).

[5] 한 때 마가렛의 고해성사를 담당했고 그녀의 일대기를 작성한 투고트(Turgot, c. 1050~1115)에 따르면 마가렛은 어려서부터 독실했다. 기독교의 규율을 따르는 삶을 살았을 뿐만 아니라 기독교 가르침의 정수인 '사랑'을 몸소 실천했다. 그 사례를 간략히 소개하자면 다음과 같다. 결혼 후, 그녀는 남편 말콤과 더불어 매일 밤 6명의 가난한 자를 불러 그들의 발을 씻어주었다. 매일 아침 기도를 마친 후 9명의 어린 고아들을 불러 음식을 먹였다. 정기적으로 300명의 가난한 이들을 왕실 홀(royal hall)로 초대하여 그들을 대접했다(Turgot, *Life of St. Margaret*, pp.61~63).

[6] 본 논문에서는 지면의 제한과 논지의 전개상 11세기 말 마가렛과 스코틀랜드 교회의 변화를 놓고 벌이는 논쟁에 대해서 살펴보지는 않겠다.

의 업적으로 인정하는 부분이 있는데, 그것은 그녀가 캔터베리 대주교 란
프랑크(Lanfranc, 1070~1089)의 도움을 받아 베네딕트회 소속 수도사들을
스코틀랜드의 던펌린으로 초빙했다는 점이다.[7] 그녀는 수도원 개혁을 이
끌던 베네딕트회가 스코틀랜드에 뿌리를 내릴 수 있도록 길을 터주고자 했
는데, 그 첫 터전으로 선택한 곳이 던펌린이었다. 그리고 아들 여섯과 딸
둘을 신앙심을 기반으로 하여 훌륭히 키워냈다는 점도 업적이라면 업적일
텐데, 특히 여섯 아들 중 에드거(Edgar, 재위기간: 1097~1107), 알렉산더 1
세(Alexander I, 재위기간: 1107~24), 그리고 데이비드 1세(David I, 재위기
간: 1124~53)가 왕좌에 올랐으며, 이들은 그들 어머니가 그러했듯 스코틀
랜드 교회 개혁에 힘썼다.[8]

성 마가렛의 신앙심과 종교적 계율을 따르는 삶은 자식들에 의해 숭앙
되었다. 그녀의 딸 마틸다는 더럼(Durham)의 수도원장이자 한 때 마가렛
의 고해성사를 담당했던 투고트(Turgot, c. 1050~1115)에게 어머니의 '성스
러운(saintly)' 삶을 기록해달라고 요청했다.[9] 성 마가렛의 삶이 후대에 전
해지고 그녀에 대한 존경과 숭배가 지속되길 원했던 마틸다의 마음이 읽히
는 대목이다.

왕좌에 오른 성 마가렛의 세 아들 역시 어머니가 묻힌 던펌린을 번성시

[7] Lanfranc, *The Letters of Lanfranc Archbishop of Canterbury*, eds. H. Clover and M. Gibson (Oxford: OUP Oxford, 1979), pp.160~163.

[8] 그녀의 딸 마틸다(Matilda, c. 1080~1118)는 잉글랜드 왕 헨리 1세(c. 1068~1135)의 왕비가 되었다. 그녀의 독실한 신앙심과 영적인 삶은 높이 평가받았다(Richard Oram, *David I: The King Who Made Scotland* (Stroud: The History Press, 2008), p.145). 위에서 언급한 세 왕들은 어머니의 가르침을 이어 받아 스코틀랜드 토착 교회를 켈틱풍에서 벗어나 로마식 교회 전통과 개혁적 교회 문화 위에 재건하고자 했다(A.A.M. Duncan, *Scotland: The Making of the Kingdom* (Edinburgh: Mercat Press, 1975), pp.117~132, 150~151).

[9] Turgot, *Life of St. Margaret*, p.19.

킴으로써 어머니에 대한 존경과 숭배의 마음을 표현했다. 에드거는 캔터베리 대주교 안셀무스(Anselm, 재임기간: 1093~1109)에게 캔터베리의 수도사들을 던펌린으로 파견해 줄 것을 요청했고,[10] 알렉산더 1세는 아버지 말콤 3세의 유골을 잉글랜드 북동쪽에 위치한 타인머스(Tynemouth)에서 던펌린으로 이장시켜 성 마가렛 옆에 모시기도 했다.[11] 특히 데이비드 1세의 던펌린 후원을 주목할 만한데, 그는 던펌린 수도원의 지위를 소수도원(priory)에서 수도원(abbey)로 격상시켰다.[12] 그리고 그는 캔터베리 대주교 윌리엄(William of Corbeil, 재임기간: 1123~1136)에게 수도원으로 승격된 던펌린의 초대 수도원장이 될 수도사를 보내 줄 것을 요청하기도 했다.[13] 하지만 무엇보다도 던펌린 수도원의 건축양식을 로마네스크풍으로 변모시킴으로써 성 마가렛 숭배를 위한 공간적 기틀을 마련했다는 점이 강조되어야 할 것이다.[14]

　　성 마가렛의 아들들이 왕좌에서 물러나고 그 후손들이 집권하게 되면서

---

[10] *Early Scottish charters prior to A.D. 1153: with notes and an index,* ed. Archibald Campbell Lawrie (Glasgow: James MacLehose and Sons, 1905), no.25.

[11] William of Malmesbury, *Gesta Regum Anglorum: The History of the English Kings,* i, eds. R.A.B. Mynors, R.M. Thomson and M. Winterbottom (Oxford: Clarendon Press, 1998), pp.464~465; John of Fordun, *John of Fordun's Chronicle of the Scottish nation,* ed. W. F. Skene (Edinburgh: Edmonston and Douglas, 1872), 208; *ESSH,* ii. p.53.

[12] *The Charters of David I: The Written Acts of David I King of Scots, 1124 ~ 53, and of his son Henry, Earl of Northumberland, 1139 - 52,* ed. G.W.S. Barrow (Woodbridge: Boydell Press, 1999) [이하 *The Charters of David I*], pp.63~64. 소수도원에서 수도원으로 승격되기 위해서는 소속 수도사가 12명 이상이어야 했다(*The Catholic Encyclopedia,* http://www.newadvent.org/cathen/).

[13] *The Charters of David I,* pp.63~64, no.22.

[14] 던펌린의 로마네스크식 교회 건물은 1150년에 봉헌되었다(*The Charters of David I,* p.136; *A Scottish chronicle known as the Chronicle of Holyrood,* ed. Marjoire Ogilvie Anderson (Edinburgh: Edinburgh University Press, 1938), p.35).

성 마가렛에 대한 스코틀랜드 왕실의 관심은 차차 사그러들기 시작했다. 특히 반세기에 가까운 윌리엄(William, 재위기간: 1165~1214)의 집권기와 그 뒤를 이은 알렉산더 2세(Alexander Ⅱ, 재위기간: 1214~1249)의 집권 초기에 그러했다.15) 하지만 알렉산더 2세의 집권 말인 1249년에 던펌린 수도원과 성 마가렛 숭배 의식에서 중요한 전환점을 마련하게 된다. 바로 성 마가렛이 교황으로부터 공식적으로 시성 받게 된 것이다. 이로써 성 마가렛은 던펌린 근방의 평신도들과 성직자들, 그리고 성인의 신성한 힘을 전해 듣고 찾아오던 순례자들에만 국한되어 인정받던 지역 성인이 아니라 기독교 세계 전체에서 인정받는 '보편적 성인'의 반열에 오르게 되었다.

간략히 정리하자면 왕실 성인으로서 성 마가렛에 대한, 그리고 왕실 성인 숭배 공간인 던펌린에 대한 스코틀랜드 왕실의 관심과 후원이 1170년에

15) 각각의 수도원과 교회가 왕으로부터 어느 정도의 관심을 받았는지는 왕이 베푼 후원의 양과 비례할 것이다. 왕의 후원은 해당 기관과 관련하여 제정된 법령을 통해 실행되었다. 왕의 재위기간에 공포된 법령이 어느 기관과 관련하여 제정된 것인지 살펴보면 왕이 애착을 갖던 곳을 규명하는데 도움이 될 것이다. 에드거와 알렉산더 1세의 경우는 남아 있는 자료가 없으므로 논외로 할 수밖에 없다. 데이비드는 그의 치세 동안 총 216개의 법령을 제정했다. 그 중 29개가 던펌린을 위한 것으로 가장 많은 수를 차지한다. 다른 수도원/교회의 경우 중 몇 개의 사례를 보면 다음과 같다. 세인트앤드루스 대성당(St Andrews Cathedral)와 관련해서 17개, 켈소 수도원(Kelso Abbey) 9개, 콜딩햄 수도원(Coldingham Priory) 7개, 아일 오브 메리 수도원 (Isle of Mary Priory) 7개의 법령이 제정되었다(*The Charters of King David I*). 말콤 4세(Malcolm IV, 1141~1165)는 재위 기간 동안 총 213개의 법령을 제정했는데, 그 중 세인트앤드루스 대성당(St Andrews Cathedral)과 관련된 것이 23로 가장 많다. 다음으로 던펌린 14개, 스콘 수도원(Scone Priory) 13개, 켈소 10개, 홀리루드 수도원 (Holyrood Abbey) 9개 등이 있다(*The Acts of Malcolm IV King of Scots 1153~1165, Regesta Regum Scottorum*, I, ed. G.W.S. Barrow (Edinburgh: Edinburgh University Press, 1960) pp.57~58). 윌리엄은 총 590개의 법령 중 55개를 아브로스 수도원 (Arbroath Abbey)과 관련하여, 37개를 켈소, 36개를 멜로우즈 수도원(Melrose Abbey), 34개를 세인트앤드루스와 관련하여 제정했다. 콜딩햄과 더불어 던펌린과 관련해서는 24개가 제정되었다(*The Acts of William I King of Scots, 1165~1214, Regesta Regum Scottorum*, II, ed. G.W.S. Barrow (Edinburgh: Edinburgh University Press, 1971)).

서부터 1230년대까지는 감소했다가 1249년 성 마가렛의 시성을 통해 역사적 전환점을 맞이했다는 것이다. 본고는 이런 역사적 변화를 바탕으로 성마가렛의 시성 과정을 고찰하고자 하는데, 그 중에서도 특히 알렉산더 2세의 치세 후반기(13세기 중반)에 성인 숭배 의식 공간으로서의 던펌린이 재인식되는 배경을 집중적으로 살펴보고자 한다. 이를 통해 성 마가렛 숭배의식과 던펌린의 번영을 통해, 즉 왕실 성인 숭배 의식을 부각시키고 왕실성인 숭배 의식 공간을 신성화함으로써[16] 알렉산더 2세가 획득하고자 했던 것, 그리고 그 동기를 살펴보려 한다.

2. 1249년 성 마가렛의 시성

알렉산더 2세는 성 마가렛의 시성을 바랐다. 그는 1245년 제 1차 리용공의회(First Council of Lyon)에 참석한 세인트앤드루스(St Andrews) 주교데이비드(David de Bern)를 통해 교황 이노첸시우스 4세(Innocentius IV, 재임기간: 1243~1254)에게 자신의 뜻을 전했다.[17] 교황은 1245년 7월 27일세인트앤드루스, 던켈드(Dunkeld) 그리고 던블레인(Dunblane) 주교들에게성 마가렛의 생애와 그녀가 행한 기적에 대해 조사할 것을 명한다.[18] 이듬해인 1246년 8월 13일 교황이 글래스고(Glasgow)와 세인트앤드루스 주교

---

16) 왕실 성인을 숭배하는 공간으로서 던펌린을 고찰하고 그 공간의 신성화와 성인 숭배 의식을 발전을 살펴보기 위해서는, 던펌린에서 행해겼던 의식/의례 그리고 공간 구조에 대한 검토 역시 필요하다. 이와 관련해서는 후속 논문에서 분석할 예정이다.

17) D.E.R. Watt, *Medieval Church Councils in Scotland* (Edinburgh: Continnuum-3PL, 2000), pp.87~88.

18) *Registrum de Dunfermelyn liber cartarum Abbatie Benedictine S.S. Trinitatis et B.Margarete Regine de Dunfermelyn*, ed. Bannatyne Club (Edinburgh, 1842) [이하 *Registrum de Dunfermelyn*], no.281.

들에게 보낸 서신을 보면, 지난번 작성된 보고서에 증인들의 이름과 진술 내용이 포함되어 있지 않다며 추가 조사를 명한 것이 드러난다.[19] 교황의 명에 따라 로마에 위치한 사비나(Sabina) 사제급 추기경(cardinal priest)의 감독 하에 성 마가렛의 생애와 기적에 대한 재조사가 이루어지게 되었고, 1249년 9월 16일 마침내 교황은 성 마가렛을 성인의 반열에 올리도록 재가했다.[20]

시성을 위한 검증이 워낙 엄격하고 철저했기 때문에 다른 경우와 마찬가지로 성 마가렛의 시성을 위한 검증과정에서 교황이 후보자 검증을 아예 거부하거나 재조사를 요구하는 일은 빈번했다.[21] 사실 후보자에 대한 검

---

[19] *Registrum de Dunfermelyn,* no. 285.

[20] *Registrum de Dunfermelyn,* no. 290. 추기경단은 주교급 추기경 (cardinal bishops), 사제급 추기경 (cardinal priests) 그리고 부제급 추기경 (cardinal deacons)으로 구분된다. 주교급 추기경은 로마 근처에 위치한 교구의 주교를 칭한다. 12세기 초까지 7개의 교구(오스티아(Ostia), 포르토(Porto), 산타루피나(Santa Rufina), 알바노(Albano), 사비나(Sabina), 투스쿨룸(Tusculum, 오늘날의 프라스카티 (Frascati)), 프레이네스테 (Præneste, 현재의 팔레스티나 (Palestrina))였으나, 교황 칼릭스투스 2세 (Calixtus II, 1119~1124)가 산타루피나와 포르토를 통합한 이후로 6개가 되었다. 주교급 추기경들은 교황을 도와 교황청에서 일하며 교회의 중요한 행정업무를 책임졌다. 세계 각지의 주교 교구장과 교황청 소속의 고위 성직자 중 일부로 구성되는 사제급 추기경단은 로마의 주요 성당의 명의 주임 사제 자격을 부여받는데, 이는 로마의 성직자들이 교황 선출에 참여했던 오래된 전통이 반영된 것이다. 끝으로 부제급 추기경은 교황청에서 교황의 업무를 보좌했는데, 그 직책은 로마가 7개의 구역으로 분할되어 부제들이 각각의 구역을 관리하던 것에서 유래했다. 구역을 분할하던 제도가 폐기된 이후에도 그 직책은 유지되어 추기경들에게 적용되었다(*The Catholic Encyclopedia*, http://www.newadvent.org/cathen/03333b.htm#p).

[21] André Vauchez, *Sainthood in the later Middle Ages,* trans. Jean Birrell (Cambridge: Cambridge University Press, 2005), pp. 33~57. 이노첸시우스 3세 이전에도 후보자를 시성하기 전에 그가 성인의 반열에 오를 수 있는지 자격 조건을 검토하기는 했다. 예를 들어 교황 칼릭스투스 2세가 1120년 클뤼니를 방문했을 때, 그곳에서 성 위그 (Saint Hugues, 1024~1109)의 시성을 청원 받았다. 교황은 그 성인의 삶과 그가 행한 기적을 기록한 문서를 살펴본 후, 증인 출석을 요구했다(Vauchez, *Sainthood in the later Middle Ages*, pp. 33~34). 하지만 당시만 해도 시성 후보자의 삶과 기적을 기록하는데 있어 공식적인 요건 사항과 기준이 명확하지 않았다. 검증 절차는 여전히

증이 더욱 엄정한 체계를 갖추게 된 것은 교황 이노첸시우스 3세(Innocnet Ⅲ)의 재임 시절(1198~1216)인 1200년경이다. 성인의 반열에 오를 수 있는 자격 조건은 기본적으로 두 가지였는데, 후보자가 성스러운 삶을 살았는 지, 그리고 그가 행했다고 간주되는 기적이 사실인지가 관건이었다. 이 두 요건 중 이노첸시우스 3세는 특히 두 번째 요건, 기적의 사실성을 강조했 는데, 악마적 기원/동기를 갖고 있는 기적도 있을 수 있기 때문이었다.[22]

간단했고 증인은 몇 가지 기본적인 질문만을 받았을 뿐이다(Vauchez, *Sainthood in the later Middle Ages*, p.35; Rachel Koopmans, *Wonderful to Relate: Miracle Stories and Miracle Collecting in High Medieval England* (Pennsylvania: University of Pennsylvania Press, 2010), p.124). 로버트 바틀렛(Robert Bartlett)은 2006년 저작 *The hanged man: A story of miracle, memory and colonialism in the Middle ages* 에서 성 토마스 켄틀루프(St Thomas Cantilupe, c. 1218~1282)의 시성을 위한 검증(시성 절 차는 그가 죽은 지 25년 후인 1307년에 개시되었다)에 대해 고찰했다. 그의 연구는 후보자에 대한 검증이 얼마나 엄격하고 체계적이었는지를 실제 사례를 통해 잘 보여 주고 있는데, 그에 따르면 교황 클레멘스 5세(Clemens V, 1305~1314)에게서 위임받 은 3명의 조사 위원들은 성 토마스 켄틀루프의 삶과 그에 대한 평판, 그리고 사후 그가 행한 기적에 대한 증언을 들었다. 특히 동일한 기적에 대해 여러 명의 증인들을 소환하여 증언을 들었다(Robert Bartlett, *The hanged man: A story of miracle, memory and colonialism in the Middle ages* (Princeton: Princeton University Press, 2004), p.1). 이는 검증 과정에서 기적이 얼마나 신중하고 꼼꼼하게 조사되었는지 보여주는 대목이다.

[22] Vauchez, *Sainthood in the later Middle Ages*, pp.36~49. 이노첸시우스의 엄격한 후보 자 검증에 대한 입장은 1215년 4차 라테란 공의회에서 명확해졌다. 공의회 62조항은 "교황의 승인을 받지 않는 한 새로운 성물은 공식적으로 숭배될 수 없다"고 선언했다. 비록 62 조항은 교황의 시성권을 언급하지 않았지만, 새로운 성물이 숭배 대상인지 아닌지를 교황이 판가름 한다는 것으로 교황으로부터 시성 받지 않은 성인의 성물 숭배를 통제 할 수 있음을 뜻했다(Vauchez, *Sainthood in the later Middle Ages*, p.29; N. Hermann-Masquard, *Les reliques des saints: formation coutumière d'un droit* (Paris: Éditions Klincksieck, 1975), p.101; Medieval Sourcebook: Twelfth Ecumenical Council: Lateran IV 1215, canon 62, http://www.fordham.edu/halsall/basis/lateran4.asp. 성물은 그 성물과 관련된 성인을 숭배하는 의식과 그 성물을 보유하고 있는 성소를 번성 시키는데 중요한 역할을 했다. 새로운 성물에 대한 숭배를 통제하는 것은 성인 숭배 의식들 간에 위계를 형성시키기도 해서, 중요하거나 혹은 많은 양의 성물을 보 유하고 숭배하는 성인 숭배 의식은 그렇지 못한 경우보다 대중들 사이에서의 인지도 와 인기에서 우위를 점했다.

　이노첸시우스의 이런 방침은 시성 후보자 검증에 그대로 반영되게 되었다. 1185년부터 1417년까지의 시성 후보자 검증 과정을 검토한 적이 있는 앙드레 보셰(André Vauchez)에 따르면 13세기 전반기에는 후보자의 삶이나 평판보다는 그가 행한 기적이 더 중시되었다. 이는 이노첸시우스 3세가 후보자를 검증할 때 기적을 엄밀히 살펴야 함을 강조했기 때문인 것으로 파악된다.

　그런데 1260년대 후반부터는 시성 검증과정에 있어 기적의 중요도가 줄어들기 시작한다. 특히 1300년 이후에는 검증 사례의 70%이상이 후보자의 도덕적 삶에 대한 고증으로 무게중심이 옮겨지게 된다.[23] 13세기 중·후반기는 13세기 초에 등장한 탁발수도회(mendicant order)가 급속도로 번성하던 시기이기도 한데, 그들이 강조하던 자선과 청빈을 갖춘 삶을 교황 역시 높이 평가했고, 이는 또 성인 후보자를 검증하는데 있어 성인의 삶과 평판을 강조하도록 했을 것이다. 13세기 시성을 받은 계율성직자 중 2/3가, 14세기에는 3/4이 탁발수도회 소속 성인으로[24] 다른 수도회의 경우와 비교하여 그 수가 압도적인 이유가 여기에 있을 것이다.

　성 마가렛의 경우는 1240년대 후반에 검증 과정을 거쳤기 때문에 기적의 중요성이 감소하기 시작하던 1260년대의 검증 경향에 영향을 받지 않았다. 검증절차에 있어 1240년대의 시대적 풍조에 따라 그녀가 행한 혹은 그녀와 연관된 기적을 엄격하게 검증되었다. 당시의 검증 경향에 덧붙여, 성 마가렛의 후보자 검증에서 기적이 신중하게 검토된 또 다른 이유도 있었다. 바로 증인 채택에 있어 문제가 있었기 때문이다. 그녀에 대한 검증은 그녀 사후 150여 년이 지나서 시작되었는데, 이런 상황에서는 당연히 그녀 삶을 직접 목격한 이를 증인으로 소환하는 것이 불가능했다. 이에 따라,

---

23) Vauchez, *Sainthood in the later Middle Ages*, pp.500~501.

24) *Ibid.*, pp.261~263.

조사된 기적도 그녀가 생전에 행한 기적이 아닌 사후에 일어난 기적들이었
다. 성 마가렛의 「기적 모음집(collection of miracles)」만[25] 놓고 봐도 그녀
가 생전에 직접 행한 기적을 찾아보기는 어려웠고,[26] 검증이 진행되던 시
기로부터 최근에 발생한 기적들만이 수록되어 있을 뿐이다. 다시 말해 시
성을 청원하기 위해 성인의 기적을 수집하고 기록했던 던펌린의 수도사들
이 증인 채택이 불가능한, 그래서 검증 과정에서 실효성이 없는 기적들이
아니라 검증 시기로부터 근래에 발생하여 검증이 보다 잘 이루어질 수 있
는 기적을 수록하여 증인 채택이 가능하도록 했다는 것이다.

성 마가렛이 교황의 인정을 받아 성인의 반열에 오르는 데 넘어야 할
과제는 행적 조사와 기적 검증의 어려움 말고도 비용의 측면과 관련된 문
제가 있었다. 1310년부터 1330년까지 바스(Bath)와 웰스(Wells) 주교였던
존(John de Drokensford)의 기록부를 통해 알 수 있듯이, 교황의 명을 받아
후보자의 삶과 기적을 조사하기 위해 파견된 심사관들은 체류하는 동안 극
진한 대접을 받았다. 증인을 소환하고 증언을 기록하고 필사하는 작업을

---

25) 성 마가렛이 행했다고 믿어지는 기적들을 익명의 던펌린 수도원의 수도사(들)이 기록
한 것이다. 이 모음집은 15세기 필사본으로 17세기에 스페인 사절단 중 한 명이 잉글
랜드에서 반출한 것이다. 이는 다시 로버트 바틀렛이 마드리드(Madrid)의 문서고
[Madrid Biblioteca Real, MS II. 2097]에서 발굴했다(*The miracles of St Aebba of
Coldingham and St Margaret of Scotland*, ed. Robert Bartlett (Oxford: OUP Oxford,
2003) [이하 *Miracula*], xxxiv).

26) 성 마가렛 생전에 일어났던 기적이 하나 전해지는데, 그녀가 소장했던 성경책과 관련
된 기적 이야기다. 그 내용은 성 마가렛이 그녀의 성경책을 강물에 빠뜨린 후, 한참
이 지나 물가에서 그것을 발견했는데, 믿기지 않을 정도로 성경책의 상태가 깨끗했다
는 것이다(Turgot, *Life of St. Margaret*, pp.66~68; *Chron. Bower*, iii, p.79; *ESSH*, ii,
pp.59~88). 또 다른 기적이 성 마가렛의 사망 직후 일어났다고 전해진다. 그 기적 이
야기에 따르면, 성 마가렛이 그녀의 남편인 말콤 3세를 뒤따라 1093년에 사망했고
그녀의 시신을 에딘버러 성에서 던펌린으로 옮겨야 했다. 에딘버러 성을 벗어날 당
시, 구름과 같은 안개가 성 마가렛의 가족과 그 일행을 에워쌌다. 그 결과 에딘버러
성을 포위하고 왕위 찬탈을 도모하던 도널드(Donald Ban)의 공격으로부터 보호받을
수 있었다(*Chron. Bower*, iii, pp.77~79).

위해 우선 공증인이 고용되었다. 시성을 받기 위해 후보자 검증을 청원한 측에서는 그 절차를 총괄할 대리인을 세우는데, 그에게도 적지 않은 수수료를 지불해야 했다. 그리고 검증 관련 서류들을 원활하게 제공받고 안전하게 보관하기 위해 영향력 있는 이들에게 뇌물 형태의 선물도 제공되었다. 교황으로부터 시성 인증에 성공하면 이를 축하하는 축제와 축하연도 열리게 되는데 이 또한 막대한 금전이 소모되는 일이었다.[27]

성 마가렛의 시성을 축하하는 축하연에 든 비용이 얼마인지 기록으로 남아 있지 않다. 하지만, 비록 시기적/지역적 차이가 있기는 하나 다른 사례를 통해 대강의 비용을 추정해 볼 수 있다. 성 이브(St Yves, 시성된 해: 1347)의 시성을 축하하기 위한 축제와 축하연으로 3,000플로린스(florins, 300파운드 상당. 잉글랜드 왕 헨리 3세(Henry Ⅲ, 1207~1272)의 연간 수입은 34,000파운드였다)를 지출했다. 성 브리짓(St Bridget of Sweden, 1391)의 경우 5,000더커스(ducats, 500파운드)를, 성 제발드(St Sebald, 1425)는 5,000플로린스(500파운드)를, 성 오스먼드(St Osmund, 1457)는 731파운드 13실링(shilling)을 지출했다.[28] 이처럼 막대한 지출을 감수해야 했으므로 이 비용을 감당할 수 있는 쪽이 종교기관이나 왕국의 군주들일 수밖에 없었다.[29]

스코틀랜드의 성 마가렛의 경우, 그녀의 시성을 청원했던 알렉산더 2세가 경제적 비용의 일부를 책임졌을 것으로 보인다. 알렉산더 2세의 통치기에 왕실의 재정은 풍요로웠기 때문에[30] 그 비용을 후원하는 데 커다란 부

---

[27] Vauchez, *Sainthood in the later Middle Ages*, pp.64~65.

[28] *Ibid.*, p.66.

[29] 비용이 부족할 시에는 그것을 충당하기 위해 자금을 모아야했다. 예를 들어 1327년 바스와 웰스의 주교인 존은 그의 전임자였던 윌리엄 마치(William March)의 시성을 위한 검증 절차를 청원했는데, 비용을 마련하고자 자신의 교구 내 성직록에서 나오는 수입의 1/10을 징수하기로 했다(*Ibid.*, p.64, no.10).

담은 없었을 것으로 보인다. 자료의 부족과 부재에도 불구하고 추정해 보
자면, 알렉산더는 던펌린 수도원에 직접적인 경제적 지원을 함으로써 수도
원이 시성 절차 비용을 감당할 수 있게 했을 것이다. 1236년에 알렉산더는
던펌린 수도원에 (던펌린에서 얼마 떨어져 있지 않은) 돌라(Dollar)에 위치
한 산림을 하사하고, 1237년에는 돌라에 위치한 토지를 하사했다.[31] 1249
년 1월에는 던펌린 근처에 위치한 머슬버러(Musselburgh)에서 자유로이 사
냥할 수 있는 권한을 부여했다.[32] 이는 알렉산더가 부담해야할 시성 비용
의 일부였을 것이다. 이처럼 알렉산더는 재정적 지원을 통해 왕실 성인인
마가렛이 공식적으로 성인의 반열에 오르기를 원하는 자신의 마음을 표현
한 것으로 보인다.

　알렉산더의 후원 외에도 교황의 지원도 있었던 것으로 보인다. 사실 성
마가렛이 시성을 받기 전까지 교황이 던펌린을 후원할 이유는 없다. 하지
만 일단 시성을 인정하고 나면 교황은 시성 받은 성인의 숭배 의식과 숭배
공간이 번창하길 바라는 마음으로 후원을 시작한다. 이는 곧 기독교가 번
성하는 길이고 교황청의 영향력을 영적·세속적으로 확대하는 길이기 때
문이었다. 이런 맥락에서 성 마가렛이 시성을 받고 며칠 후인 1249년 9월
21일 교황 이노첸시우스 4세는 던펌린 수도원을 방문하는 순례자들에게
40일간의 벌을 면해주는 면벌부(Indulgence)를 하사하겠다고 공포했다.[33]
이 면벌부의 발급은 많은 순례자들을 던펌린으로 인도하기에 충분했을 것

---

30) David Ditchburn, "Saints and Silver: Scotland and Europe in the age of Alexander II," in *The Reign of Alexander II*, 1214~49, ed. Richard Oram (Leiden: Brill, 2005), 203; Richard Oram, "Introduction: An overview of the reign of Alexander II," in *The Reign of Alexander II*, p.46.

31) *Registrum de Dunfermelyn*, nos. 75~76.

32) *Ibid.*, no.77.

33) *Ibid.*, nos. 290~291; *ESSH*, ii, p.87.

이다. 성소를 방문한 순례자들은 성인에게 감사의 마음으로 기부나 헌금을 했다. 그렇게 모인 자금이 성 마가렛의 시성에 든 비용의 일부로 충당되었을 것이다.

이처럼 순례자들을 성인의 유골이 안장된 곳으로 인도하면서 면벌부를 발급하고, 이를 통해 자금을 모으는 것은 당시 드문 일이 아니었다. 예컨대 교황 이노첸시우스 4세는 웨스트민스터 사원 재건축 비용을 지원하기 위해 1245년 7월 26일 런던(London), 링컨(Lincoln), 윈체스터(Winchester) 교구에서 교회에 기부를 한 이들에게 면벌부를 발급해 줬다. 교황 이노첸시우스 6세(Innocentius VI, 1352~62)와 교황 우르바누스 5세(Urbanus V, 1362~70) 역시 1360년대 요크(York)에서 진행되었던 재건축 사업을 후원하기 위해 면벌부를 발급했다.[34]

3. 알렉산더 2세의 수도원 후원과 정치적 야심

알렉산더 2세가 처음부터 성 마가렛과 던펌린에 애착이 있었던 것은 아니다. 이런 사실은 앞에서 언급한 것처럼 알렉산더가 수도원을 비롯한 교회 기관을 위해 제정한 법령을 통해 알 수 있다.[35] 알렉산더는 재위기간 중 총 396개의 법령을 제정했다. 그 중 아브로스 수도원과 멜로우즈 수도

---

34) Suzanne Lewis, "Henry III and the Gothic Rebuilding of Westminster Abbey: The Problematic of Context," in *Traditio: Studies in Ancient and Medieval History, Thought, and Religion,* eds., E. A. R. Brown, B. E. Daley and J. J. O'donnell et.al. (New York: Fordam University Press, 1995), pp.162~163; R. N. Swanson, *Indulgences in Late Medieval England: Passports to Paradise?* (Cambridge: Cambridge University Press, 2007), p.63.

35) 각주 15를 참조하라.

원과 관련된 법령이 각각 33개와 32개로 가장 많은 수를 차지한다.[36) 아브
로스 수도원은 그의 아버지 윌리엄이 성 토마스 베켓(St Thomas Becket,
c. 1118~1170)에게 헌정하기 위해 설립한 곳이다. 아버지와의 추억이 아브
로스 수도원을 후원한 주된 이유 중의 하나일 것이다.

아울러 아브로스 수도원과 관련해 제정된 10개의 법령은 알렉산더의 취
임 초기인 1215~6년 사이에 제정되는데, 이는 그의 정치적 의도와 관련이
있다. 1215~7년에는 스코틀랜드와 잉글랜드가 전쟁 중이었다. 알렉산더는
아브로스를 후원함으로써 일찍이 잉글랜드 왕 헨리 2세(Henry Ⅱ, 재위기
간: 1154~1189)와 갈등 관계에 있었으며 1170년 헨리의 기사들에 의해 살해
된 이후 반(反)잉글랜드 왕이라는 상징성을 띠고 있던 성 토마스 베켓의 신
성한 힘을 내세우며 잉글랜드와의 전쟁을 승리로 이끌고자 했던 것이다.[37)

알렉산더는 멜로우즈 수도원 그리고 아브로스와 관련하여 비슷한 수의
법령을 제정했다. 하지만 그가 가장 애착을 가지고 있던 곳은 멜로우즈였
다. 이 수도원은 1136년 데이비드 1세가 설립했고 초기 수도사들은 요크셔
(Yorkshire)의 리보 수도원(Rievalux Abbey)에서 온 이들이었다.[38) 알렉산

---

36) *Handlist of the Acts of Alexander II, 1214~49*, ed. J. Scoular (Edinburgh: University
of Edinburgh, 1959) [이하 *Handlist*], i. 다른 교회 기관의 경우를 살펴보면 다음과 같
다: 스콘 수도원(Scone Abbey) (법령 개수: 20), 쿠퍼 수도원(Coupar Abbey) (14), 콜
딩햄 수도원(Coldingham Abbey) (15), 뉴배틀 수도원(Newbattle Abbey) (18), 글래스
고 대성당(Glasgow Cathedral) (20), 켈소 수도원(Kelso Abbey) (11), 던펌린 수도원
(Dunfermline Abbey) (7), 발머리노 수도원(Balmerino Abbey) (7), 페이즐리 수도원
(Paisley Abbey) (6), 홀리루드 수도원(Holyrood Abbey) (8), 캠버스케넷 수도원
(Cambuskenneth Abbey) (5), 인차프레이 수도원(Inchaffray Abbey) (4), 브리 수도원
(Beuly Abbey) (4), 그 외 등등.

37) *Handlist*, i. nos. 1, 8, 13, 17, 18, 19, 21, 23, 33, 44; Keith Stringer, "Kingship, Conflict
and State-Making in the Reign of Alexander II: The War of 1215~17 and its Context,"
in *The Reign of Alexander II*, pp.99~156.

38) Richard Fawcett and Richard Oram, *Melrose Abbey* (Stroud: The History Press, 2004),
p.20.

더는 종교적 후원과 개인적 차원의 신앙심이 정치적 지지자들을 확보하는
데 효과적인 수단이 될 수 있음을 자각했다. 또 본인의 정치적 권위를 강화
하기 위해 교회에 대한 자신의 영향력을 활용할 수 있다고도 보았다.

그런 목적을 달성하기에 가장 용이한 곳이 바로 멜로우즈였다. 다시 말
해 스코틀랜드 남동부에 위치한 멜로우즈는 노섬브리아(Northumbria), 갤
로웨이(Galloway), 컴브리아(Cumbria)와 남동부 기타 지역에서 영적이고
정치적이며 경제적인 중심지 역할을 하고 있었다. 특히 1240년대에 노섬브
리아의 영향력 있는 귀족들이 자신들의 매장지로 멜로우즈를 선택했다는
사실은 당시 멜로우즈 수도원의 지위와 영향력이 어떠한가를 명확히 보여
준다.[39] 당시 수도사들은 왕의 대리인으로서 국경지역을 관리할 수 있었
는데, 알렉산더는 멜로우즈를 자신의 영향력 아래에 둠으로써 정치적으로
불안정하던 국경지역의 보안을 강화하고 잉글랜드 북부 지역으로 진출하
고자 했다.

알렉산더가 멜로우즈를 중요시 했다는 사실은 다른 데에서도 드러난다.
그는 1235년 멜로우즈의 수도사인 길버트(Gilbert)를 정치적 갈등 요소가
잠재해 있는 갤로웨이(Galloway) 지역의 주교로 임명했다.[40] 더 나아가 갤
로웨이에 위치한 던드레난 수도원(Dundrennan Abbey)과 글렌루스 수도원
(Glenluce Abbey)의 수도원장직이 공석이 되자 멜로우즈의 수도사를 그 자
리에 앉혔다.[41]

1240년대까지 던펌린 수도원은 알렉산더의 관심을 끌지 못했다. 던펌린

---

[39] Emilia Jamroziak, "Making friends beyond the grave: Melrose Abbey and its lay
burials in the thirteenth century," *Citeaux: Commentarii Cistercienses*, 56 (2005),
pp.323~336.

[40] Oram, "Introduction: An overview of the reign of Alexander II," 44; Fawcett and
Oram, *Melrose Abbey*, p.30.

[41] Fawcett and Oram, *Melrose Abbey*, p.31.

수도원과 관련하여 제정된 법령은 단지 7개에 불과할 정도였다.[42] 선대왕들은 왕좌에 오르자마자 던펌린 수도원이 이전 세대의 왕실로부터 부여 받아 누리고 있던 특권들을 재승인했다. 하지만 알렉산더가 던펌린의 특권을 재승인한 것은 그가 왕위를 승계한지 십수 년이 지난 1227년에서였다.[43] 이는 아브로스 수도원과 관련하여 제정된 33개의 법령 중 16개가, 멜로우즈 수도원의 경우는 32개 중 13개가 1227년 이전에 공포된 것과 극명한 대조를 이룬다.[44] 하지만 알렉산더는 특히 1245년 성 마가렛의 시성을 위한 검증 청원에서 보이듯이 1240년대 들어서부터 던펌린 수도원으로 눈길을 돌리기 시작했다.

그 배경을 몇 가지 측면에서 살펴볼 수 있다. 첫째, 잉글랜드 왕 헨리 3세가 참회왕 에드워드(Edward the Confessor, 1066년 사망)에 대한 숭배의식을 통해 그랬듯이 왕권이 불안정하고 정치적으로 혼란스러운 상황에서 왕족 출신의 성인은 왕권 강화를 위해 중요한 정치적 정당성을 마련해 주었다.[45] 다시 말해 왕실 성인을 부각시킴으로써 군주 본인이 성인의 신성한 혈통을 이어받았음을 강조하는 것이다. 이를 통해 군주는 자신이 영적으로 우월한 존재라 일반 속인들이 범접할 수 없는 그런 초월적인 대상임을 과시할 수 있었다. 또한 왕국 외부에 존재하는 세력과 갈등이 벌어진 상황에서 왕실 성인의 존재와 그에 대한 숭배는 민족적 자긍심을 고양시키는 장치이기도 했다. 신성한 혈통을 지닌 왕은 도덕적 정당성과 우월성을

---

42) *Handlist,* i, nos. 116, 117, 149, 150, 230, 236, 293; *Registrum de Dunfermelyn,* nos. 74, 75, 76, 77, 78, 79, 80.

43) *Registrum de Dunfermelyn,* nos. 78, 74; *Handlist,* i, nos. 116~117.

44) *Ibid.,* i, nos. 1, 8, 13, 17, 18, 19, 21, 23, 33, 44, 46, 50, 58, 66, 78, 101. 멜로우즈 수도원의 경우는 다음을 보라. *Handlist,* i, nos. 3, 4, 5, 9, 30, 31, 98, 106, 301, 302, 303, 309, 315.

45) John M. Theilmann, "Political Canonization and Political Symbolism in Medieval England," *The Journal of Britain Studies,* 29, no.3 (1990), pp.242~243.

갖고 있으며 성인의 가호를 받는다고도 여겨졌고, 그의 통치 하에 있는 왕국과 신민들 역시 성인의 은총을 받는 거룩한 혜택을 누린다는 자긍심을 고취시킬 수 있었다.

실제로 알렉산더가 왕위에 오른 이후 스코틀랜드 내부, 특히 북부와 서부 지역에서 여러 차례의 반란에 직면하게 된다. 1220년대와 30년대 서부 하일랜드(Highland), 헤브리디스(Hebrides: 스코틀랜드의 북서쪽 열도) 및 (스코틀랜드의 남서쪽에 위치한) 갈로웨이와 같은 지역들은 물론 맥윌리엄 가문(MacWilliams) 또한 왕권에 도전하며 반란을 일으켰다.[46] 동남부 지역에 정치적 기반을 두고 있던 스코틀랜드 왕실은 이들 반란의 근거지인 북서부 지역에 권력기반이 부족했고 지리적으로 접근이 쉽지 않아 이 지역에 대한 적절한 통제권을 행사하지 못하고 있었다.

뿐만 아니라 알렉산더는 잉글랜드와도 정치적으로 대립관계에 있었다. 1236년 알렉산더는 잉글랜드 공주 출신 조안(Joan, 1210~1238, 잉글랜드

---

[46] Richard Oram, *Alexander II, King of Scots 1214~1249* (Edinburgh: John Donald, 2012), pp.71~107; Oram, "Introduction: An Overview of the Reign of Alexander II," p.35~43. 맥윌리엄 가문은 윌리엄(William fitz Duncan, 1147년 사망) 이래로 형성되었다. 그는 말콤 3세의 손자로, 말콤과 그의 첫째 부인 사이에서 난 장자인 던컨 2세(Duncan II, 1094년 사망)의 아들이다. 아직 장자상속제가 확립되지 않았던 시절로, 윌리엄은 데이비드를 이어 왕좌에 오르기로 되어 있었다. 그러나 데이비드는 자신의 아들 헨리(Henry, 1114~1152)가 성인이 되자 왕위 계승자로서의 윌리엄의 지위를 박탈하고, 헨리에게 그 지위를 넘겼다. 대신 윌리엄은 모레이(Moray)를 비롯하여 스코틀랜드의 광범위한 영토를 분할 받았다. 1147년 윌리엄 사후, 윌리엄에게 제공된 스코틀랜드 남부 지역의 영토는 그의 아들에게 상속되었으나 모레이는 왕에게로 귀속되었다. 이후 맥윌리엄 가문은 모레이에 대한 소유권과 더 나아가 왕위 계승권을 주장하면서 심심찮게 스코틀랜드 왕에 맞서 반란을 일으켰다. 1234년 알렉산더 2세가 맥윌리엄 가문을 격파하고 몰락시킬 때까지 왕권을 위협하는 골칫거리 중의 하나였다(Oram, *David I*, 2004), pp.73~74, 84~85, 182~186; Richard Oram, *Domination and Lordship: Scotland 1070~1230* (Edinburgh: Edinburgh University Press, 2011), pp.64, 140~143, 155~158, 174~178, 186~193; Oram, "Introduction: An overview of the reign of Alexander II," p.41; Oram, *Alexander II*, p.96).

왕 존(John, 재위기간: 1199~1216)의 딸이자 헨리 3세의 누이)과 결혼할 당
시(1221년) 결혼지참금으로 받은 잉글랜드 북동부와 스코틀랜드 남동부에
위치한 (데이비드 1세 이래로 스코틀랜드와 잉글랜드 사이에 분쟁이 된 지
역인) 노섬브리아(Northumbria)에 대한 통치권을 잉글랜드 왕에게 본격적
으로 요구했다.[47] 이 갈등은 1237년 일명 '요크 협정(Treaty of York)'으로
알려진 협상을 통해 마무리되었다.[48]

　　그런데 1244년에 또다시 스코틀랜드와 잉글랜드 사이에 갈등이 스코틀
랜드 귀족인 월터 비세트(Walter Bisset)에 의해 불거지게 된다. 비세트는
스코틀랜드의 아쏠(Atholl)의 영주를 살해한 혐의로 알렉산더에게 추방형
을 받았다. 그런데 그는 참회의 순례를 떠나는 대신 잉글랜드 왕 헨리 3세
에게로 달려가 알렉산더가 그에 맞서 전쟁을 도모하고 있다고 허위로 진술
했다. 양국 사이의 긴장관계가 고조되기는 했지만 다행히 콘월(Cornwall)
영주 로버트(Robert)를 포함한 잉글랜드의 귀족들의 중재로 긴장의 수위가
낮아지기는 했다.[49] 이런 정치적 갈등을 경험하면서 알렉산더는 정통성

---

[47] Oram, *Alexander II*, pp.137~141. 알렉산더가 노섬브리아에 대한 통치권을 결혼 이후
　　부터 1236년까지 근 15년 동안 요구하지 않았던 것은 그의 왕비 조안과의 관계 때문
　　으로 보인다. 알렉산더와의 사이에서 자식을 두지 못했던 조안은 1237년 '요크 협정'
　　이후 잉글랜드로 돌아갔고, 1238년 그곳에서 사망한다. 알렉산더는 그녀의 잉글랜드
　　행과 그곳에서의 죽음에 대해 무관심으로 일관한다(*Ibid.*, 146~147). 이를 통해 볼 때
　　부부로서 이 둘의 관계는 1237년 혹은 그 이전에 이미 소원했던 것이 분명하다. 따라
　　서 1236년에 불거진 노섬브리아에 대한 통치권 논란은 알렉산더와 조안과의 관계에
　　문제가 생기고 난 이후, 아니면 적어도 문제가 생기면서 시작된 것으로 보인다.

[48] '요크 협정'을 통해 알렉산더는 노섬브리아 지역에 대한 통치권을 포기한다. 그 대가로
　　헨리 3세로부터 노섬브리아에 위치한 것으로, 200라이버리이트(librate: 토지 단위로, 1
　　년에 1파운드의 수확을 올릴 수 있는 토지의 양)의 토지를 분할 받았다(*Ibid.*,
　　142~148). 또 알렉산더의 아버지 윌리엄이 헨리 3세의 아버지인 존에게 지불하기로 한
　　15,000마크(merk: 은전으로, 2/3 파운드에 해당하는 가치)를 탕감해준다(*Anglo-Scottish
　　Relations, 1174-1328*, ed. E. L. G. Stones (Oxford: OUP Oxford, 1970), no.7).

[49] Oram, *Alexander II*, pp.158, 168-169; Walter Scott, *The Border Antiquities of England
　　and Scotland* (London, 1814), vol.ii. p.161.

확립과 왕권 강화를 위해 왕실 성인 즉, 성 마가렛 숭배 의식을 부각시킬 필요성을 느꼈을 것이다. 하지만 물론 이것만으로 1245년 시성을 위한 검증을 교황에게 청원한 것으로 상징되는, 성 마가렛에 대한 알렉산더의 태도 변화를 설명하기에는 충분치 않다.[50]

왕국 내·외부에서 발생한 정치적 갈등과 더불어 알렉산더는 1230년대부터 헨리 3세가 웨스트민스터 사원(Westminster Abbey)에 애정을 갖고 1240년대에 본격적으로 재건 사업을 벌인 것에 크게 영향을 받은 것으로 보인다. 헨리는 총 40,000파운드가 넘는 금액을 웨스트민스터에 투자했다. 당시 헨리의 연간 수입이 34,000파운드였던 것을 고려하면 엄청난 액수인 셈이다. 이는 서양 중세 시대를 통틀어 교회 건축물 축조에 단일 인물로는 가장 큰 금액을 후원한 사례에 해당한다.[51]

---

[50] '던펌린 수도원 기록부(Registrum de Dunfermelyn)'는 데이비드 1세 시절부터 스코틀랜드 왕들이 던펌린 수도원과 관련하여 제정한 법령들을 수록하고 있다. 기록부는 알렉산더가 던펌린과 관련하여 7개의 법령을 제정했다고 전하고 있다. 관련 법령을 일체의 누락 없이 모두 수록하지는 않았을 것이다. 이 가정을 인정하더라도 법령이 제정된 시점을 보면, 1227년, 1231년, 1236년 1237년 그리고 1249년으로(Registrum de Dunfermelyn, nos. 78, 74, 80, 79, 75, 76, 77; Handlist, i, nos. 116, 117, 149, 150, 230, 236, 293), 1249년 1월에 제정된 법령을 제외하고 1240년대에 던펌린을 위해 제정된 것이 없다. 다시 말해, 1245년 청원 당시 왕실 성인으로서 성 마가렛과 왕실 성인 숭배 공간인 던펌린에 대한 알렉산더의 관심과 애정이 증폭되었다고 보기에는 (던펌린과 관련하여 제정된) 법령의 수가 미미하다. 이런 맥락에서 알렉산더가 경험했던 정치적 갈등만으로는 성 마가렛과 던펌린에 대한 그의 태도를 변화를 설명하기에 부족하다는 것이다.

[51] R. Allen Brown, H. M. Colvin and A. J. Taylor, The History of the King's Works: The Middle Ages, 2 vols. (London: HMSO, 1963), I, pp.155~157; D. M. Palliser, "Royal Mausolea in the Long Fourteenth Century (1272~1422)," in Fourteenth Century England III, ed. W. M. Ormrod (Woodbridge: Boydell Press, 2004), p.3. 헨리 3세의 웨스트민스터 사원 재건 사업과 비교될 수 있는 교회 건축물 축조 사업으로 대략 10,000파운드를 들여 루이 9세가 생샤펠(Sainte-Chapelle)에서 벌인 사업이다(Christopher Wilson, "Calling the Tune? The Involvement of King Henry III in the Design of the abbey Church at Westminster," Journal of the British Archaeological Association, 161 (2008), p.84, n. 2).

헨리가 참회왕 에드워드에게 애착을 갖게 되고 웨스트민스터 사원 최고 후원자로 자리매김한 것은 1233년과 1238년 사이로 보인다.[52] 이는 1232년 윈체스터(Winchester) 주교 피터(Peter des Roches, 사망: 1238)가 왕의 최측근이자 강력한 후원자인 휴버트(Hubert de Burgh)를 몰락시켰던 정치적 위기의 시기와 일치한다.[53] 정치적 곤경을 극복하기 위해 헨리는 왕실 성인의 도움이 필요하다고 자각했을 것이다.[54] 그래서 1241년 헨리는 참회왕 에드워드를 위해 새로운 성소(shrine)을 축조하기로 결정했다. 1245년에는 웨스트민스터 사원을 재건축하기로, 1246년에는 사후 본인의 육신을 참회왕 에드워드 곁에 안장시키기로 결심했다.[55] 이후 그의 계획은 현실화되었다.

---

[52] D. A. Carpenter, "King Henry III and Saint Edward the Confessor: The Origins of the Cult," *English Historical Review* CXXII, no.498 (2007), pp.868~873.

[53] F. M. Powicke, *The Thirteenth Century: 1216~1307*, 2nd ed.(Oxford: Clarendon Press, 1962), pp.43~48; D. A. Carpenter "The Fall of Hubert de Burgh," *Journal of British Studies* 19 (1980), pp.1~17.

[54] 사실 참회왕 에드워드는 앵글로색슨 혈통의 왕실 성인이다. 노르만 정복 이후 잉글랜드를 노르만 왕가가 통치했기 때문에 앵글로색슨 출신의 왕실 성인을 숭배하는 것이 의미가 없어 보일 수 있다. 하지만 앵글로색슨 왕가와 노르만 왕가의 결합은 1100년 잉글랜드 왕 헨리 1세(Henry I, 재위: 1100~1135)와 성 마가렛의 딸인 마틸다의 결혼을 통해 이루어졌다. 다시 말해 성 마가렛은 앵글로색슨 혈통의 공주 출신이고, 그의 딸 마틸다는 앵글로색슨의 혈통을 이어받았기 때문에 마틸다와 헨리 1세와의 혼인을 통해 앵글로색슨과 노르만 혈통의 결합이 이루어진 것이다.

[55] Carpenter, "King Henry III and Saint Edward the Confessor," p.871. 13세기 후반기부터 참회왕 에드워드에 대한 헨리 3세의 숭배와 후원은 다음을 보라. D. A. Carpenter, "Westminster Abbey and the Cosmati pavement in politics, 1258~1269," in *Westminster Abbey: The Cosmati pavements*, eds. Lindy Grant and Richard Mortimer (Aldershot: Ashgate Publishing Limited, 2002), pp.37~49; D. A. Carpenter, "Westminster Abbey in Politics, 1258~1269," in *Thirteenth Century England VIII*, eds. Michael Prestwich, Richard Britnell and Robin Frame (Woodbridge: Boydell Press, 2001), pp.49~58; Paul Binski, "Reflection on La estoire de Seint Aedward le rei: hagiography and kingship in thirteenth-century England," *Journal of Medieval History* 16 (1990), pp.333~350.

이 사업을 통해 헨리는 자신의 신앙심과 성 에드워드와의 관계를 공개
적으로 과시할 수 있었고 교회에 대한 권한도 증가시킬 수 있었다. 헨리
3세가 잉글랜드 왕실 성인에 대한 숭배를 강조하고 왕실 성인 숭배 공간
인 웨스트민스터를 웅장한 사원으로 변모시키는 과정은 잉글랜드 왕과
(비록 현실적으로는 그렇지 못했지만) 경쟁관계에 있던 스코틀랜드 왕 알
렉산더 2세를 자극하기에 충분했을 것이다. 헨리 3세가 참회왕 에드워드
숭배 의식과 웨스트민스터를 번창시킴으로써 왕권을 강화하고 본인의 정
통성을 확고히 하기 위해 '신성한' 혈통을 과시하려고 했던 것처럼, 알렉산
더 역시 성 마가렛 숭배 의식과 던펌린이 지니고 있는 의미에 대해 자각했
을 것이다.

이에 더하여, 1244년부터 시작된 성 에드먼드(St Edmund of Canterbury)
의 시성을 위한 검증[56] 역시 알렉산더가 교황에게 성 마가렛의 시성을 청
원하기에 충분한 자극제였을 것이다. 1244년이라는 시점이 알렉산더 2세
가 교황에게 성 마가렛의 시성 검증을 청원한 1245년 직전이었음을 감안할
때, 성 에드먼드의 검증과정은 왕실 성인의 의미와 그 영향력을 인식하고
있던 알렉산더가 성 마가렛을 공식적으로 성인의 반열에 올려놓아야겠다
는 마음을 행동으로 옮기도록 동기부여를 했을 것이기 때문이다.

정치적 관점과는 다른 측면에서도 알렉산더는 성 마가렛의 신성한 힘을
내세울 필요가 있었던 것으로 보인다. 알렉산더와 조안 사이에는 자식이
없었다. 1238년 조안이 사망하자 알렉산더는 1239년 메리(Mary de Coucy)
와 재혼했다.[57] 왕위를 계승할 후계자를 원했던 간절한 마음이 그의 시선

---

[56] Innocent IV, *Attendentes quod* [April or May 1245], *Thesaurus Novus Anecdotorum*,
III, ed. Martène and Durand, col. 1844 (Potthast, 1645).

[57] *The chronicle of Melrose: from the Cottonian manuscript, Faustina B. IX in the British
Museum: a complete and full-size facsimile in collotype*, eds. Alan Orr Anderson and
Marjorie Ogilvie Anderson (London, 1936) [이하 *Chron. Melrose*], s.a. 1239.

을 성 마가렛과 던펌린으로 돌리는데 한몫했을 것이다.[58] 당시 여성 성인
은 임신과 출산 그리고 육아에서 신성한 힘을 발휘할 수 있다고 여겨졌기
때문이다. 비록 알렉산더 재위 시기로부터 2~3세기 후의 사례이기는 하지
만, 1450년과 1451년에 제임스 2세의 부인인 메리(Mary of Guelders)가 그
리고 1512년 제임스 4세의 부인인 마가렛(Margaret Tudor)이 출산할 당시
성 마가렛의 속옷을 쥐고 있었다는 일화가 전해진다.[59] 임신과 출산에 있
어 성 마가렛의 잠옷이 갖고 있다는 성스러운 힘에 대한 당대의 믿음이 반
영된 일화인 셈이다.

이런 믿음으로 던펌린을 왕실 구성원들의 출산 장소로 이용되었다. 현존
하는 기록에 의하면 데이비드 2세(David Ⅱ)와 그의 쌍둥이 형제인 존(John)
이 1324년 던펌린에서 태어났다.[60] 로버트 3세(Robert Ⅲ)의 왕비인 아나벨
라(Annabella, c. 1350~1401)도 그녀의 아들 제임스 스튜어트(James Stewart)
를 1394경에 던펌린에서 출산했다.[61] 찰스 1세(Charles I) 역시 1600년에
던펌린에서 태어났다.[62] 또한 15세기 중반에 작성된 연대기(*Auchinleck
Chronicle*)는 던펌린 수도원의 내벽에 아이 혹은 성 마가렛의 친족이 매장

---

[58] 하지만 알렉산더 3세로 불리는 그의 아들은 던펌린이 아니라 록스버러(Roxburgh)에
서 1241년 9월 4일에 태어났다(*Chron. Bower*, v, p.167). 왕의 법령 제정 일/장소에
따르면 알렉산더 2세는 1241년 8월 31일에 록스버러에 머물렀다(*Handlist*, i, no.251).
그는 아마도 록스버러에서 멀지 않은 곳에 위치한 멜로우즈 수도원을 방문하여 성
왈더프에게 아들의 출생에 대해 감사하는 기도를 드린 것으로 보인다.

[59] 메리의 사례는 다음을 보라. *Miracula*, xxxviii-xxxix. 제임스 4세의 부인 마가렛의 경
우는 다음을 보라. *Accounts of the Lord High Treasurer of Scotland*, eds., T. Dickson
and J. Balfour Paul, 4 vols. (Edinburgh, 1877~1902), iv, p.334.

[60] *Chron. Fordun*, i, pp.350~351; *Chron. Bower*, vii, 35; Michael Penman, *David II,
1329~71* (Edinburgh: John Donald, 2004), p.19.

[61] E.W.M. Balfour-Melville, *James I, King of Scots 1406~1436* (London: Methuen & Co,
1936), pp.281~283.

[62] Richard Cust, *Charles I: A Political Life* (NY: Routledge, 2005), p.2.

되었다고 전하고 있다.[63] 이 진술의 진실성 여부를 단정하기는 어렵지만 어쨌든 던펌린이 왕실 구성원들의 출산을 위한 장소로 간주되고 있었다는 시대적 분위기는 충분히 읽을 수 있다.

1240년부터 던펌린은 수도원장 로버트(Robert de Keldeleth, 1240~1252)[64]의 관리·감독 하에 있었다. 알렉산더가 던펌린과 성 마가렛의 의미를 자각하던 시절 로버트의 존재는 그가 던펌린에 마음을 여는 데 있어 중요한 역할을 한 것으로 보인다. 그 둘은 서로 친밀한 관계에 있었는데, 이는 알렉산더가 교황 이노첸시우스 4세에게 로버트가 미트라(mitre)와 반지를 착용할 수 있도록 허락해 달라고 청원했으며 교황이 1245년 5월 3일 그 요청을 수락한 것에서 잘 알 수 있다.[65] 또한 1249년 알렉산더 3세(Alexander Ⅲ, 1241~1286)가 일곱 살의 어린 나이에 왕위를 계승했을 때, 로버트가 왕실의 사법과 행정을 책임지는 상서(chancellor)로 임명된 것에서도 이 사실을 엿볼 수 있다.[66]

---

63) Christine McGladdery, *James II* (Edinburgh: John Donald, 1990), Appendix 2: The 'Auchinleck chronicle', f. 122v.

64) 그는 로버트는 제프리 3세(Geoffrey Ⅲ, 1238~1240)를 이어 수도원장직에 취임했고, 제프리 이전에는 윌리엄 2세(William Ⅱ, 1223x1226~1238)가 던펌린의 수도원장이었다(D.E.R. Watt and N.F. Shead eds., *The Heads of Religious Houses in Scotland from the 12th to the 16th Centuries* (Edinburgh, Scottish Record Society, 2001), p.68; *Registrum de Dunfermelyn*, pp.xi~xiii).

65) *Registrum de Dunfermelyn*, no.279. 교황의 승인을 받은 고위성직자와 주교들만이 의식을 거행할 때 미트라와 반지를 착용할 수 있었다.

66) *ESSH*, ii, 564. 로버트는 교황과도 긴밀한 관계를 형성했다. 교황과의 관계에서 역대 던펌린의 수도원장 중 가장 성공한 사람이다. 그런 관계는 던펌린이 교황으로부터 특혜를 받는 것으로 연결되어 1245년 5월 5일 이노첸시우스 4세는 글래스고 주교구의 '지역장이자 재무담당자(dean and treasurer)'를 통해 던펌린의 수도사들과 수도원장이 어떠한 법적 이유로도 교황청으로 소환되지 않을 것이라는 특권을 부여했다(*Ibid.*, ii, nos. 280, 600). 이에 앞서, 1245년 4월 27일에 교황은 던펌린은 불공정한 파문으로부터 보호받을 것이라고 공포하기도 했다. 로버트 개인으로 보면, 언제 임명되는지는 알 수 없으나 교황의 채플린(papal chaplain)으로서 교황을 보좌했다(*Ibid.*, ii, no.599).

4. 결론

1093년 성 마가렛 사후 그녀의 자식 세대를 거치면서 성 마가렛 숭배 의식은 번성했다. 하지만 12세기 후반 윌리엄의 재위 시기부터 성 마가렛 숭배 의식과 던펌린이라는 공간은 스코틀랜드 왕실의 관심에서 멀어지게 된다. 이런 경향은 알렉산더 2세의 통치하에 있던 1230년대까지 지속되었다. 원래 알렉산더 2세는 그의 통치 초기에 던펌린 수도원보다는 멜로우즈나 아브로스에 대해 더 큰 애착을 가지고 있었다. 그런데 1240년대, 특히 1245년 성 마가렛의 시성을 위한 검증 청원이 상징적으로 보여주듯이 성 마가렛 숭배 의식과 던펌린에 대한 그의 태도에 변화가 나타난다. 왕실 성인 숭배와 왕실 성인 숭배 공간을 번창시킬 필요성을 자각하고 실천적으로 활동하게 된다.

그 이유를 몇 가지 측면에서 설명해보자면, 우선 왕국 내외 세력과 겪었던 정치적 갈등으로부터 왕권 강화와 정통성 확립의 필요성을 자각하게 된 정치적 차원이 있다. 성 마가렛의 신성한 도움을 받아 왕위 후계자를 출산하고 왕권을 영속화하고자 하는 개인적인 욕망 또한 무시할 수 없다. 던펌린의 수도원장인 로버트와의 친밀한 관계 또한 알렉산더로 하여금 던펌린에 마음을 열도록 하는 사적인 계기가 되었을 것으로 보인다.

하지만 가장 큰 자극제로 작용한 것은 잉글랜드 왕 헨리 3세가 진행하던 웨스트민스터 사원의 재건이었다. 헨리 3세는 자신의 취약한 왕권을 강화하기 위해 왕실 성인 참회왕 에드워드의 힘을 빌리고자 했다. 그리고 1240년대 초부터 웨스트민스터 사원에서 건축물 축조를 시작한다. 왕실 성인 숭배를 위한 공간을 웅장하게 확장함으로써 왕실 성인 숭배 의식의 번창을 꾀했다. 이러한 헨리의 시도는 알렉산더로 하여금 왕실 성

인 숭배와 왕실 성인 숭배 공간이 주는 의미를 자각하도록 하는 자극제
였을 것이다.

헨리와 알렉산더 모두, 그들이 왕실 성인 숭배 의식을 강조하고 왕실 성
인 숭배 의식 공간을 번성시킴으로써 추구하고자 했던 바는 궁극적으로
'차별화'이다. 본인이 성인의 혈통을 타고 난 신성 혈통임을 강조함으로써
영적인 우월성과 도덕적 정통성을 동시에 확보할 수 있다는 계산에서였던
것이다. 이는 곧 왕권을 강화시키는 수단이기도 했고 대립관계에 있던 국
가에 활용할 정치적 선전수단이기도 했다.

알렉산더 2세 이후 스코틀랜드 왕실 구성원 다수가 던펌린을 매장지
로 선택하여 육신의 안식처로 삼았다. 예를 들어 알렉산더 3세의 왕비
마가렛(Margaret)이 1275년에, 알렉산더 3세와 마가렛의 자식인 데이비드
(David)와 알렉산더(Alexander)가 1281년과 1284년에 각각 던펌린에 매장되
었다. 몇 해 후 1286년에 알렉산더 3세가, 1327년에 로버트 1세(Robert I)의
왕비 엘리자베스(Elizabeth)가, 1329년에 로버트 1세, 1332년에 로버트의
최측근인 토마스 랜돌프(Thomas Randolph)가, 1338년에 로버트의 또 다
른 측근이자 여동생인 크리스티나 부르스(Christian Bruce)의 세 번째 남편
인 앤드류 모레이(Andew Moray)가, 1356~7년 크리스티나 부르스가, 1353
년에 로버트의 또 다른 여동생 마틸다 부르스(Matilda Bruce)가[67] 던펌린
에 매장되었다. 이처럼 던펌린이 단순히 왕실 성인을 숭배하는 공간에 국
한된 것이 아니고 그 의미는 더 확장되어 왕실 구성원들의 육신의 안식처
까지 되었다. 이는 13세기 중반 왕실 성인 마가렛과 왕실 성인 숭배 공간
인 던펌린의 정치적이고 왕권적인 의미와 가치가 재조명된 이후 성 마가

---

[67] Steven Boardman, "Dunfermline as a royal mausolem," in *Royal Dunfermline*, ed.
Richard Fawcett (Edinburgh: Society of Antiquaries of Scotland, 2005), p.150; *Chron.
Bower*, vii, pp.65, 275, 305; *Chron. Fordun*, i, p.363.

렛과 던펌린에 대한 스코틀랜드 왕가의 입장과 태도가 반영된 결과물이라
할 수 있겠다.[68]

---

[68] 1420년 로버트 스튜어트를 마지막으로 스코틀랜드 왕실 구성원은 더 이상 던펌린을
왕실 구성원의 매장지로 선택하지 않았다. 사실 던펌린이 스코틀랜드 왕의 관심 밖으
로 밀려난 것은 1371년 로버트 2세(Robert II, 재위: 1371~1390)가 왕위를 계승하고 스
튜어트 왕조가 시작되면서이다. 스튜어트 왕조는 데이비드 2세(David II, 1324~1371)
가 왕위 승계자를 낳지 못하고 사망한다면 로버트 2세가 왕위를 계승한다는 1326년
의 결정(Ranald Nicholson, *Scotland: the later Middle Ages* (Edinburgh: Oliver &
Boyd, 1974), p.116)에 따른 것으로, 합법적인 과정을 통해 새 왕조가 들어선 것이다.
새 왕조는 설립 당시부터 정통성을 갖고 있으며, 그렇기에 이전의 왕조와의 연속성을
통해 정통성을 인정받을 필요가 없었던 것이다. 이런 이유에서 로버트 2세는 이 전
왕조, 즉 캔모어 왕조(Canmore dynasty)의 상징인 성 마가렛을 숭배할 필요가 없었
다. 대신 로버트는 스튜어트 가문의 창시자인 월터(Walter Fitz Alan, 1106~1177)가
설립했고 로버트 본인의 선조들이 매장되어 있는 페이즐리 수도원(Paisley Abbey)를
더 중요하게 여긴 것으로 보인다. 월터(Walter Fitz Alan)와 관련해서는 다음을 참조
하라. W.M. Metcalfe, *A History of Paisley 600~1908* (Paisley: Alexander Gardner,
1909), pp.4~5. 페이즐리 수도원과 스튜어트 가문과의 관계는 다음을 참조하라. G.W.S.
Barrow, "The earliest Stewarts and their lands," in Barrow, *The Kingdom of the Scots*,
pp.314~316.

출처

이 책에 실린 글들은 저자들의 선행 연구를 일부 수정·보완하여 작성된 것이다. 출처는 다음과 같다.

제1부 의례·공간 읽기

■한영화 ㅣ 신라 사면의 의례와 공간
　출처: 『역사와 현실』 94, 2014

■이현주 ㅣ 신라 중대 신목왕후(神穆王后)의 혼인과 위상
　출처: 『여성과 역사』 22, 2015

■박재우 ㅣ 고려전기 영토관념과 변경(邊境)
　출처: 『한국중세사연구』 35, 2013

찾아보기

필자소개(논문게재순)

■ 한영화 | 성균관대학교 사학과 연구교수

성균관대학교 사학과 박사(한국고대사 전공)

주요 저서 및 논문으로는 『고대 동아시아 재편과 한일관계』(공저, 경인문화사, 2010), 「신라의 '錄囚'와 災異觀」(『사림』 57, 2016), 「신라와 고려의 형률 운용과 계승성: 모반죄·불효죄와 결장배류형을 중심으로」(『한국고대사연구』 80, 2015), 「신라의 五逆과 통치이념」(『사림』 53, 2015), 「한국 고대사회의 형벌권의 추이: '율령' 반포 이전을 중심으로」(『한국사학보』 47, 2012) 등이 있다.

■ 이현주 | 성균관대학교 초빙교수

주요 논문으로는 「신라 중대 만월태후의 자기인식과 '성덕대왕신종(聖德大王神鍾)'」(『여성과 역사』 27, 2017), 「신라 중고기 왕실여성과 불교: 영흥사의 창건과 도유나랑을 중심으로」(『사림』 60, 2017), 「신라 중대 효성왕대 혜명왕후와 '正妃'의 위상」(『한국고대사탐구』 21, 2015), 「신라 중대 왕후의 책봉과 위상 정립」(『역사와 현실』 95, 2015), 「신라 중고시기 왕실여성의 칭호: 〈蔚州川前里書石〉 銘文을 중심으로」(『신라사학보』 27, 2013) 등이 있다.

박재우 ┃ 성균관대학교 사학과 교수

서울대학교 국사학과 박사(한국중세사, 고려사 전공)

주요 저서 및 논문으로는『고려시대사 1』(공저, 한국역사연구회, 2017),『고려전기 대간제도 연구』(새문사, 2014),『고려 국정운영의 체계와 왕권』(신구문화사, 2005), 「고려 최씨정권의 권력행사와 왕권의 위상」(『한국중세사연구』46, 2016), 「고려전기 姜邯贊의 관료 진출과 정치활동의 성격」(『역사학보』228, 2015), 「고려 최씨정권의 政房 운영과 성격」(『한국중세사연구』40, 2014), "The Social Background of the Implement of Confucian Politics in Early Kory?", *Acta Koreana*, vol.18 (2015) 등이 있다.

권순홍 ┃ 성균관대학교 사학과 대학원 박사과정(한국고대사 전공)

주요 논문으로는『고구려 초기의 都城과 改都: 태조왕대의 왕실교체를 중심으로』(성균관대학교 석사학위 논문, 2014), 「고구려 '도성제'론의 궤적과 함의」(『역사와 현실』102, 2016), 「민족주의 역사학의 표상, 신채호 다시 생각하기」(『역사비평』117, 2016), 「고구려 초기의 都城과 改都」(『韓國古代史研究』78, 2015) 등이 있다.

조성산 ┃ 성균관대학교 사학과 교수

고려대학교 사학과 박사(한국근세사, 조선사 전공)

주요 저서 및 논문으로는『정조와 정조이후』(공저, 역사비평사, 2017),『19세기 조선의 문화구조와 동역학』(공저, 소명출판, 2013),『조선 후기 낙론계 학풍의 형성과 전개』(지식산업사, 2007), 「18~19세기 조선 봉건 · 군현제 논의의 역사적 전개」(『역사학보』236, 2017), 「연암그룹의 夷狄 논의와『春秋』」(『한국사연구』172, 2016), 「조선후기 성호학파(星湖學派)의 고학(古學) 연구를 통한 본초학(本草學) 인식」, *Korean Journal Of Medical History*, vol.24 (2015), "The Yeonam Group's Anthologies of Korean Literature Written in Classical Chinese and Adherence to the Chinese Civilization in the Mid-18th and Early 19th Centuries", *Korea Journal*, vol.55 (2015) 등이 있다.

● 이혜린 ┃ 성균관대학교 사학과 대학원 박사과정(한국근대사 전공)

주요 논문으로는 『1920년 대한민국임시정부 대통령불신임운동 연구』(성균관대학교 석사학위 논문, 2014), 「1932년 일본의 재상해한인 체포활동과 프랑스조계당국의 대응」(『사림』 62, 2017) 등이 있다.

● 김진흠 ┃ 성균관대학교 사학과 대학원 박사과정(한국현대사 전공)

주요 논문으로는 『1958년 5·2총선 연구: 부정선거를 중심으로』(성균관대학교 석사학위 논문, 2012), 「1950년대 이승만 대통령의 '불교 정화' 유시와 불교계의 정치 개입」(『사림』 53, 2015), 「제1공화국 시기 지방자치법 개정의 배경과 목적: 1956년 제2차 지방자치법 개정을 중심으로」(『梨花史學硏究』 48, 2014) 등이 있다.

● 오제연 ┃ 성균관대학교 사학과 교수

서울대학교 국사학과 박사(한국현대사 전공)

주요 저서 및 논문으로는 『6월 민주항쟁: 전개와 의의』(공저, 한울아카데미: 한울엠플러스, 2017), 『한국현대 생활문화사: 1950년대: 삐라 줍고 댄스홀 가고』(공저, 창비, 2016), 『학생운동의 시대』(공저, 선인, 2013), 「동백림 사건의 쟁점과 역사적 위치」(『역사비평』 119, 2016), 「1960년대 한국 대학축제의 정치풍자와 학생운동」(『사림』 55, 2016), 「1960~70년대 박정희 정권과 대학생의 '동학농민전쟁' 인식」(『역사문제연구』 19, 2015), 「4월혁명의 기억에서 사라진 사람들: 고학생과 도시하층민」(『역사비평』 106, 2014), 「1970년대 대학문화의 형성과 학생운동: '청년문화'와 '민속'을 중심으로」(『역사문제연구』 16, 2012) 등이 있다.

🔖 **정동준** | 성균관대학교 사학과 연구교수

성균관대학교 사학과 박사(한국고대사 전공)

일본 와세다대학 박사(동아시아고대사 전공)

주요 저서 및 논문으로는『한국고대 문자자료연구 백제(상), (하)』(공저, 주류성, 2015),『동아시아 속의 백제 정치제도』(일지사, 2013), 「5세기 동아시아에서의 책봉호의 정치적 의미: 백제 및 남조 주변제국에 수여된 장군호를 중심으로」(『역사와 세계』 52, 2017), 「백제의 지방통치제도에 미친 중국왕조의 영향: 漢代~南北朝時代 지방통치기구와의 비교를 중심으로」(『역사학보』 232, 2016), 「총론: 동아시아적 관점에서 본 한국 고대 군제(軍制)」(『역사와 현실』 97, 2015), 「新羅の中央官制における中國王朝の影響について」(『史滴』 35, 2013) 등이 있다.

🔖 **이정민** | 성균관대학교 사학과 대학원 박사과정(한국현대사 전공)

주요 논문으로는『東伯林事件을 둘러싼 南韓政府와 西獨政府의 外交葛藤』(성균관대학교 석사학위 논문, 2010), 「동백림사건을 둘러싼 남한정부와 서독정부의 초기 외교갈등」(『사림』 50, 2014) 등이 있다.

🔖 **이상동** | 성균관대학교 사학과 연구교수

스코틀랜드 스털링대학교(University of Stirling) 박사(서양중세사 전공)

주요 논문으로는 「1320년 '아브로스 선언(Declaration of Arbroath)': 역사성과 현재성의 합주」(『영국연구』 38, 2017), 「만들어진 컬트: 성 토마스 베켓(St. Thomas Becket) 숭배 의식과 '베켓 성수(Becket's water)'」(『역사학보』 232, 2016), "Recreating the Devotional space of Dunfermline Abbey Between Ca. 1124-1180", *Comitatus: A Journal of Medieval and Renaissance Studies*, vol.46 (2015), 「로버트 브루스의 심장 (분리)매장에 담긴 메타포와 정치성」(『동국사학』 58, 2015) 「성 마가렛 숭배 공간 변화의 의미: 1250년 성 마가렛의 유골 이장(translation)」(『서양중세사연구』 35, 2015) 등이 있다.